Känguruherz

Doris Herrmann

Känguruherz

Doris Herrmann
Känguruherz

Co-Autor und Lektorat: Michael Gaida (Deutschland)
Bildnachweis: Illustrationen und Fotos im Anhang aus dem Privatbesitz von Doris Herrmann, Basler Münster mit freundlicher Genehmigung von Guido Studer, Basel, Doris am Uluru mit freundlicher Genehmigung von Ursula Weiss, Boppelsen

Satz: Christof von Allmen, Basel
Umschlaggestaltung: Babette Nawrath, Bottmingen
Produktionsleitung: Jeannine Lehmann, Münchenstein

978-3-347-04175-2 (Paperback)
978-3-347-04176-9 (e-Book)

2. Auflage 2020
© 2020 Doris Herrmann, Autorin und Herausgeberin
www.herrmann-doris.ch
Verlag und Druck:
tredition GmbH, Halenreie 40–44, D-22359 Hamburg
www.tredition.de

Meinen Eltern Trudel und Siegbert, Rosa Hunziker, genannt ‚Tante‘, sowie meinem Bruder Peter gewidmet

Inhaltsverzeichnis

Vorwort von Doris Herrmann

Es gibt Märchen, in denen ist die Rede von sprechenden Tieren, verzauberten Menschen und manch anderen geheimnisvollen Dingen zwischen Himmel und Erde. Nicht selten spielen Menschen, die durch materielle oder physische Bedingungen ihres Lebens eingeengt sind, darin eine entscheidende Rolle. Sie treten in Kontakt mit jenen unsichtbaren Mächten, die über ihr Schicksal wachen und bestimmen. Viele dieser handelnden Personen sind das, was man als ‚naiv' im Sinne einer ursprünglichen Offenheit bezeichnen könnte.

Ich möchte mich keineswegs über Gebühr auf das Märchen berufen, zumal ich selber nicht sehr viele gelesen habe und ich mir obendrein als Anhängerin der Naturwissenschaft eine gewisse Nüchternheit bewahren möchte. Dennoch kommt es mir im Rückblick auf mein Leben manchmal so vor, als seien auch hier zauberhafte Kräfte bei diesem oder jenem Ereignis mit im Spiel gewesen. Hierbei nur an Zufälligkeiten zu glauben, fällt mir schwer, vor allem dann, wenn sich – wie bei mir geschehen – Künftiges im Traum mitteilte.

Seit der Zeit, da ich mir meiner engen, geradezu schicksalhaften Verbindung mit den Kängurus und ihrer Heimat Australien bewusst bin, spüre ich, dass in meinem Leben, selbst dann, wenn es traurig und voller Widrigkeiten war, letztlich nichts umsonst gewesen ist. Mehr noch, je älter ich wurde, desto klarer wurde mir, dass viele meiner Schritte – nicht nur die in einer persönlichen Krise, sondern auch die im „Sonnenschein des Lebens" – einer unsichtbaren ‚Führung' unterworfen waren. Traumhaft sicher geführt zu werden, dieses Gefühl hatte ich in der Tat ein paar Mal in meinem Leben!

Zwar bin ich von Geburt an gehörlos und mein Sehvermögen ist mittlerweile fast vollständig geschwunden, doch gerade durch diese Einschränkungen habe ich lernen müssen, mich zeitlebens auf das für mich Wesentliche zu konzentrieren. Zugleich haben sie mir geholfen, eine Wahrnehmung der Welt zu bewahren, die – und nun wähle ich das Wort auch für mich selber – ich ‚naiv' nennen möchte. Obgleich ich, wie viele andere auch, oft die Scheuklappen des Vorurteils trug, so habe ich mir doch eine Empfänglichkeit bewahrt, eine Widmung auch für die kleinen Dinge, an denen ein ,normaler', nicht Behinderter meist achtlos vorübergeht.

Auch wenn es seltsam anmutet, so bin ich der Überzeugung, dass ich es gerade meiner Behinderung verdanke, dass mir ein etwas feineres Gespür erwuchs für die geheimen, unsichtbaren Bande zwischen Mensch und Tier sowie den Kräften der Natur im allgemeinen.

Um es paradox zu sagen: Es erscheint mir mitunter, als sei mir durch die Ermangelung des Hörens und nun auch des Sehens so etwas wie ein ,sechster Sinn' erwachsen! Doch ich will nicht übertreiben.

Obgleich ich aufgrund meines mangelnden Hörvermögens die Sprache in all ihren Feinheiten nie habe richtig erleben können, so habe ich doch eines ihrer Wunder kennen gelernt. Seit jener Zeit, als ich mühsam erlernte, mit meiner Stimme Silben und Worte zu formen, habe ich begriffen, dass wir mit dem Laut eine geistige Verbindung zur realen Welt der Dinge, aber auch der der Gedanken und Gefühle knüpfen. Welche Qual es dagegen bedeutet, namenlosen Dingen zu begegnen, die höchst lebendig sind, das habe ich einige Male erfahren und in diesem Buch beschrieben.

Es war das Känguru – oder sollte ich besser sagen, der Geist des Kängurus –, von dem ich in der Kindheit ,eingefangen' wurde, wodurch sich mein Leben danach in einer Art mentaler Symbiose mit diesem Tier gestaltete. Das Känguru hat mein Leben in mancherlei Hinsicht dominiert. Aber es gab mir auch Halt in seelisch schwierigen Situationen. Als Behinderte war ich stets darauf angewiesen, mich täglich neu zu überwinden und dem Leben positiv und aufgeschlossen gegenüberzustehen. Eben darum weiss ich jene diskrete Hilfe zu schätzen, die ich durch dieses Tier erfuhr. Stets waren es Wohltaten, die meine Seele direkt und unmittelbar ansprachen.

Warum all das geschah, was geschah – ich weiss es nicht. Und mit diesen Worten bin ich wieder beim Märchen. Auch dort können die Personen zumeist nicht sagen, wie und was genau ihnen widerfuhr. Eben dies nenne ich den märchenhaften Aspekt meines Lebens. Die Kräfte, die an meiner Verbindung zum Känguru mitwirkten, sind mir letztlich unbegreiflich geblieben. Und es ist ein gutes Gefühl, um die Unantastbarkeit dieses grossen Geheimnisses zu wissen.

Doris Herrmann

Ich entdecke die Kängurus – oder entdecken sie mich?

Viel Blau und Grün und immer wieder Düfte!
Ein mit dünnen Wolkenstreifen überzogener zartblauer Himmel leuchtet über den ziegelroten Dächern der Rheinstadt. Ich bin knapp drei Jahre, habe mein Bett verlassen und stehe, nur mit Hemd und Hose bekleidet, an der halboffenen Balkontür. Ein kühler Luftzug streift mich. Ich spüre den kommenden sonnenreichen und schönen Tag. Ich laufe ins Badezimmer. Dort recke, strecke und drehe ich mich voller Lebensfreude. Dabei betrachte und befühle ich meinen Körper und streiche mir mit der Hand durch meine krausen Haare.

Plötzlich steht meine Mama vor mir, lacht mich liebevoll an und streichelt meinen Kopf. Erstaunt und verblüfft betrachte ich sie in ihrer völligen Nacktheit und werde mir meiner eigenen kleinen, flachen Brust mit den zwei winzigen rosa Punkten gewahr – ich habe mich selber entdeckt!

Dies sind die ersten, bewusst aufgenommenen Bilder, an die ich mich erinnere. Des weiteren erinnere ich mich an viele Spaziergänge, die ich an der Hand meiner Mutter oder eines Kindermädchens durch hüglige Landschaften unternahm, bis meine Beine so müde waren, dass ich im Kinderwagen gefahren werden musste.

Meine ersten intensiven von Farben, Düften und Formen erfüllten Eindrücke bewirkten, dass ich eines Nachts träumte, wie und woher ich in dieses „plötzliche" Dasein gekommen war: Körperlos schwebe ich über herrlich grüne Wiesen und Wälder unter einer wärmenden Sonne und einem blauen Himmel, nichts als ein reines, empfangendes Fühlen!

Es ist dies ein unvergesslicher Traum aus meiner Kindheit, an den ich mich noch heute oft erinnere, wenn ich mich gedanklich mit dem Leben und dem Tod beschäftige.

Die Suche nach dem zweibeinigen Tier
Dagegen erinnere ich mich nur flüchtig, wie ich mit den Nachbarskindern in unserem grossen Hinterhof spielte. Dass eine Ursache un-

serer mitunter heftigen Streitereien meine Gehörlosigkeit war, ahnte ich damals noch nicht. Dieses Handicap bewirkte jedoch, dass die Kommunikation zwischen mir und den Anderen zeitweilig völlig gestört war. Oft rissen mir die Kinder mit Gewalt Schaufel oder Sandform aus den Händen, was mich sehr wütend machte, denn ich liebte es nicht, meine leeren Hände anschauen zu müssen. So fühlte ich mich ständig von ihnen ausgestossen. Ich sass dann unbeteiligt da, stumm, manchmal weinend, ohne zu protestieren, da ich mich gegen die Übermacht nicht zu wehren wusste. Zudem machten mir die boshaften Gesichter Angst. Brachten mich meine Mutter oder das Dienstmädchen dann fort, so lief ich schnurstracks zurück zu den Kindern, weil mir ihre Gesellschaft lieber war, trotz der häufigen Zurückweisungen, die ich erfuhr. Erst im Alter von etwa neun Jahren wurde ich mir meiner Taubheit völlig bewusst.

Bereits im frühen Kindesalter war ich oft umgeben von den Hunden und Katzen aus unserer Nachbarschaft. Aber auch bei Verwandten oder in der Umgebung unseres Ferienchalets suchte ich ihre Nähe und war bald mit ihnen vertraut. Dies galt auch für die anderen Tiere, denen ich im nahe gelegenen Zoologischen Garten begegnete. Sehr bald wurde mir klar, dass alle Geschöpfe, die ein Fell, einen Schwanz, hochstehende Ohrmuscheln und eine Schnauze haben und auf allen Vieren laufen oder springen, Säugetiere sind. Und dass jene, die auf zwei Beinen watscheln oder rennen und beim Auffliegen die Flügel ausbreiten, Federkleid und Schnabel haben, zu den Vögeln gehören. Und dass schliesslich die, welche auf zwei Beinen aufrecht laufen, Kleidung tragen, kein Fell, dafür aber lange Kopfhaare besitzen, die Menschen sind.

Bald schon hatte ich soviel Zutrauen zu den Tieren gewonnen, dass sie für mich mit das Wichtigste wurden in einer Welt lebendiger Wesen. Insgeheim entstand in mir der Wunsch, unter den Säugetieren auch solche zu finden, die auf zwei Beinen stehen und laufen und die mir die so ersehnten Gespielen sein konnten. Dies lag gewiss daran, dass ich die Tiere als friedliche Wesen empfand, ganz im Gegensatz zu den Menschen.

An meine erste Begegnung mit den Kängurus erinnere ich mich nur verschwommen. Doch dieses Wenige hat sich mir stark eingeprägt.

Ich muss wohl etwa drei Jahre alt gewesen sein, als ich bei einem meiner Zoobesuche plötzlich wie angewurzelt am Kängurugehege stehen blieb: Atemlos betrachtete ich die hoch aufgerichteten Tiergestalten jenseits der Gitterstäbe. An Grösse überragten sie mich bei weitem, ihre „Hände" baumelten lässig über ihren Bäuchen und sie standen auf zwei Beinen! Ich war begeistert! Ihren dicken Schwanz, die Abwinklung der Beine und den Beutel hatte mein kindliches Auge noch nicht erfasst.*

Bis mein Empfinden und mein Verständnis für diese Tiere richtig erwacht waren, sollten aber noch etliche Jahre vergehen. Zunächst gab es noch eine Überfülle anderer schöner und wichtiger Gegenstände und Erlebnisse, an denen ich mich lernend ausprobieren und wachsen konnte und die für meine Entwicklung im Vordergrund standen.

In meinem Kinderzimmer fanden sich viele Puppen und Plüschtiere, ein Hund, ein Bär, eine Giraffe u. a. Was fehlte, war ein Känguru! Hatte denn niemand, weder Mutter, Vater noch die Verwandten meine ‚Entdeckung' im Basler Zoo bemerkt?! Oder waren jene für mich sensationellen Empfindungen für sie unsichtbar? Hatte ich denn keinerlei Emotion gezeigt?

Heute bin ich mir ziemlich sicher, dass, hätte ich damals bereits einen diesen seltsamen „Zweibeiner" als Stofftier besessen, meine Liebe zu diesen Tieren gewiss nicht nur wach geblieben, sondern sich vermutlich noch verstärkt hätte. Bestimmt wäre ein Stoffkänguru fortan zu meinem unzertrennlichen Lebensgefährten geworden, den ich überall mit mir genommen hätte. Die mir zugedachten vierbeinigen Spielgefährten, die mir ohnehin plump und hässlich erschienen, hätte ich dann gewiss gänzlich links liegen lassen.

Gespürte Laute

Ich erinnere mich, dass ich trotz meines fehlenden Gehörsinns bereits in den ersten Lebensjahren sehr lärmempfindlich war. Lange wussten meine Eltern nicht, warum ich mit Wimmern auf das laut

*Vor längerer Zeit entdeckte ich zu meiner Überraschung in einem alten Album ein Foto. Meine Mutter hatte es beschriftet: „Im Basler Zoo". Zu sehen ist meine mit mir schwangere Mutter, die auf einer Bank vor einem mächtigen Baum sitzt. Sie ist damit beschäftigt, ein Jäckli für mich zu häkeln. An ihrer Seite sitzen meine Verwandten. Dieser Anblick berührte und fesselte mich auch gedanklich auf seltsame Weise. Erst wenige Jahre vor ihrem Tod gestand mir meine Mutter, dass sie in ihrer Jugendzeit überhaupt nichts von Kängurus gewusst habe, bis zu dem Zeitpunkt, als sie sie zum ersten Mal – vielleicht an jenem Tag – im Zoo sah. Ich versuchte sie auf's genaueste auszufragen. Doch sie betonte immer wieder, sie könne sich an nichts mehr erinnern.
War jener Augenblick vielleicht ein magischer gewesen, in welchem der ‚Geist der Kängurus' über meine Mutter und damit auch über mich, die ich noch in ihrem Leib weilte, gekommen war...? Diese Frage ist Anlass für wundervolle Spekulationen, eine gültige Antwort werde ich wohl nie bekommen.

gestellte Radio reagierte. – Als ich drei Jahre alt war, nahm man mich mit auf die Basler Herbstmesse. Mama dachte, ich könnte an dem bunten Treiben dort ebensolche Freude haben wie die anderen Kinder. Stattdessen verursachte das intensive Durcheinander der Erschütterungen von Karussells, Schiessbuden, dröhnenden Musiken, Gepolter und Getrampel in mir Angst und Unruhe. Von alledem ahnte Mama nichts. Weinte oder wimmerte ich, rüttelte sie mich nur an der Hand.

Heute fragen mich oft erstaunt die Leute, ob ich denn richtig hören könne, bis ich ihnen erkläre, dass mir, anstelle der Ohren mein gesamter Körper als Sinnesorgan zum „Hören" zur Verfügung steht. Dank meines fein entwickelten Fühlens und einer höheren Empfindsamkeit an der Hautoberfläche, bin ich imstande, verschiedene Arten von Vibrationen, wie Gewitterdonner, das Rütteln oder leise Zittern von Motoren, Schritte auf Holzboden und das Klopfen anderer Personen an Türen oder Wände wahrzunehmen. Selbst das Lärmen meiner Nachbarn und deren Musik, sehr laut geführte Gespräche und Hundegebell entgehen mir nicht. Geräusche im unteren bis mittleren Frequenzbereich, die merkliche Schwingungen der Luft, des Bodens, des Tisches und anderer Gegenstände auslösen, mit denen ich gerade direkten Kontakt habe, dringen zwar nicht an meine Ohren, gehen dafür aber durch meinen ganzen Körper. Sie durchlaufen mich vom Kopf bis zu den Füssen oder umgekehrt, und auf diese Weise nehme ich sie wahr. Sehr heftige oder krachende Töne dringen dagegen bis in mein inneres Ohr. Die Trommeln der so genannten Guggemusik bei der Basler Fasnacht, eine Fahrt durch einen Eisenbahntunnel oder das Gebrüll einer Flugzeugturbine sind mir unerträglich. Dagegen liegen Geräusche oder Klänge in den höheren Frequenzen, wie Zischen oder Geigenspiel, für mich im Bereich des nicht Wahrnehmbaren.

Namenlose Dinge, die sich bewegen

Ich denke zurück an mein viertes Lebensjahr, als mir eine Verständigung in der Lautsprache noch nicht möglich war. Die vermutlich einzigen „Worte", die ich beherrschte, waren die Gebärden für „ja"und für „nein". Ansonsten wiesen Mama oder das Dienstmädchen auf die jeweiligen Gegenstände. Lehnte ich etwas ab, schüttelte ich den Kopf. Wollte ich etwas haben, nickte ich oder griff danach. Mein Ausdruck bei Unwohlsein war jederzeit für jedermann leicht zu deuten, doch Gemütsbewegungen, wie Angst oder Unzufriedenheit, konnte ich mit Gebärden kaum wiedergeben. Entdeckte ich Objekte aus Holz, Metall,

Glas oder Gummi, die sich durch ihren mechanischen Antrieb wie von selber zu bewegen schienen, war es mir unmöglich nach dem Warum und Wieso zu fragen. So klärte mich eben auch niemand über die Bedeutung jenes kleinen, grünen, stets pulsierenden „Lichtgeistes" am Radio auf, dessen unheimlich „lebendige" Gegenwart mich immer wieder aufs neue erschaudern liess.

Einmal, im Winter in Arosa (Bündnerland), schrie ich während des Mittagessens auf dem Balkon ununterbrochen, ohne mich zu beruhigen, bis meine Mutter mich schalt und ins Bett steckte. Erst zehn Jahre später konnte ich ihr alles erklären: Es war ein Luftbläschen in der Glastür gewesen, das eine solch unbeschreibliche Angst in mir ausgelöst hatte. Ich hatte neben der offenen Tür gesessen, die ganz an die Wand gelehnt war. Auf dieser bemerkte ich den winzigen, aber sehr hellen Lichtreflex jenes Luftbläschens, welcher sich ständig veränderte. Er wurde grösser, er wurde kleiner, dicker und dünner, je nachdem, wie sich die Tür dank meiner eigenen Bewegungen hin- und her bewegte und so zu meinem Schrecken dieses ‚Glühteufelchen' hervorzauberte.

Sensationen und Entdeckungen

Winterzeit im Berner Oberland. Einmal vor der abendlichen Dämmerung nahmen mich meine Eltern mit auf einen Spaziergang im Schnee. Und da erlebte ich zum ersten Mal, wie ich in Ekstase geriet: Die von der Abendsonne zartrosa gefärbten Schneeberge, der tief leuchtend rotviolette Himmel darüber – dieses wundervolle Naturschauspiel bewegte und erregte mich in meinem Innersten! Die feurigen Himmelsfarben ruhten fortan in mir und begleiteten mich mein ganzes Leben, und manchmal schien es, als habe jenes grosse Leuchten mir Kraft verliehen. Wenn ich die australischen Sonnenauf- und -untergänge mit ihren vielfältigen und wundersamen Farbnuancen erlebte, überfiel mich oft eine ähnlich tiefe emotionale Erregung, die jedes Mal auch meine Erinnerung an das grosse Leuchten über den Schweizer Bergen in mir wachrief.

Jeden Sommer und Winter verbrachten wir die Ferien in unserem Chalet im Berner Oberland. Das bedeutete für mich im Sommer ein herrliches Grün der Alpwiesen mit ihren vielen Blumen und flatternden Schmetterlingen und im Winter die weisse Pracht des Schnees mit vielen Eiszapfen, die von den Dächern und Vorsprüngen herabhingen. Diese Eindrücke bereiteten mir grosses Vergnügen.

Bereits in der Kindheit galt mein Interesse den Tieren und mein Forscherdrang begann sich früh schon herauszubilden. Gespannt beobachtete ich jeden Tag die Vögel, wie sie die Körner aufpickten, die Mama aufs Balkonbrett gestreut hatte. Doch einmal wollte ich etwas anderes ausprobieren und „experimentierte". Ich formte einen Schneeball, legte ihn auf das Futterbrett und wartete. Bald flog eine Meise herbei und begann, an dem Schneeball herumzupicken. Plötzlich machte sie merkwürdige Bewegungen: Sie spuckte die bohnengrossen Schneestückchen aus, pickte wieder, spuckte, pickte, spuckte erneut und immer so fort schnell hintereinander. Mama und ich mussten herzlich lachen!

Heute, da ich mich in der Verhaltensforschung recht gut auskenne, weiss ich natürlich, dass das fortwährende Auspicken des Schneeballs kein Spiel, sondern reale Futtersuche war.

Auch Insekten faszinierten mich. Hier waren es vor allem die sehr kleinen, krabbelnden und kriechenden Wesen, wie zum Beispiel Ameisen. Stundenlang konnte ich bäuchlings auf dem Teppich liegen und solch ein winziges Geschöpf beobachten. Nicht selten war ich so versunken in diese kleine Welt, dass ich heftig weinte, wenn eines dieser Insekten plötzlich auf Nimmerwiedersehen in einer Teppichmasche verschwand und so diesem fesselnden Erlebnis ein Ende bereitete.

Viele Jahre später, ich war bereits Anfang zwanzig, bereitete es mir noch immer grosses Vergnügen, mich in diesen Mikrokosmos zu vertiefen und die Ameisenwege zu beobachten, die über das lange Sims oberhalb meines Bettes führten. Es war eine richtige kleine, lebendige Szenerie dort oben, auf einer „Bühne" mit Büchern und Figürchen, theatralisch ausgeleuchtet von meiner Nachtischlampe. Mich störten die Tierchen auf ihren geschäftigen Wegen nicht am geringsten. Im Gegenteil. Es war ein besonderes Vergnügen für mich, Zucker als Leckerbissen auszustreuen, um dann bequem vor dem Einschlafen noch lange dem Gewimmel zuzuschauen. Doch dann träumte ich eines Nachts, dass vier riesige Ameisen sich gewaltsam auf mich stürzten, so dass ich im Schlaf laut um Hilfe schrie, worauf mein Papa erschrocken zu mir eilte und fragte, was denn sei…

Wie alle kleinen Kinder versuchte auch ich, die Tätigkeiten der Erwachsenen nachzuahmen. Zum Beispiel bei einem Bauern im Berner Oberland. Mit dabei war Topi, der Zwergpudel meiner Verwandten, mit dem ich nach Herzenslust spielen durfte. Auf einem Spaziergang kamen wir an einem Kuhstall vorbei, in dem ein Bauer auf seinem Melkschemel sass und einen grossen Eimer unter das Euter einer Kuh gestellt hatte. Mit einem nassen Lappen wischte er das weissrosa Euter ab, bevor er mit seiner Arbeit begann. Worum es hier ging, wusste ich nicht. Mir war nicht einmal klar, woher die Milch kam, die ich täglich trank. Kaum waren wir zu Hause, rannte ich in die Küche, holte einen kleinen Eimer, machte einen Wischlappen nass und setzte mich damit bei Topi nieder. Mit dem nassen Lappen griff ich nach seinem Bäuchlein, was ihm natürlich missfiel und er sich wehrte, bis meine Eltern eingriffen.

Andererseits war ich der festen Überzeugung, dass vierbeinige Wesen ein ebensolches Bewusstsein haben wie wir Menschen, und dass sie in Notsituationen unsere Helfer sein konnten. So auch Topi. Eines Tages halfen wir auf der Alpwiese beim Heuen. Plötzlich kam ich in Nöte und suchte vergeblich nach einem Häuschen. Ich hielt mich mit aller Macht zurück, um ja keine Schläge zu bekommen. Niemand bemerkte mein rasch wachsendes Unbehagen. Doch ich konnte nicht sprechen, um meinen dringenden Wunsch zu äussern. Da begann Topi, die Wiese auf seine Art zu bearbeiten. Mit seinen Vorderpfoten grub er ein tiefes Loch, wohl weil er nach Mäusen oder Knochen suchte oder seine Vorräte dort zu verstecken gedachte. Ich dagegen glaubte fest, er habe dieses Loch extra für mich gegraben, zog hurtig mein Höschen herunter und erleichterte mich...

Schulzeit

Nachdem wir umgezogen waren und nun im Basler Vorort Riehen wohnten, kam ich in den Kindergarten der dortigen Taubstummenanstalt. Hier galt mein grosses Interesse mehr den herrlichen Farben der Wandtafeln als dem Unterricht oder den gemeinsamen Spielen. Ich entdeckte hier, dass man Kreide verwischen konnte, was ich auch gleich an einem Kreidebild praktizierte. Die Betreuerin reagierte auf meine Handlung sehr unfreundlich, schickte mich hinaus und verschloss zusätzlich hinter mir die Tür. Verschreckt lief ich durch die Gänge, öffnete Tür um Tür, ohne dass mich die anderen Klassen hereinliessen. Zuletzt verirrte ich mich in einen langen Gang, dessen Türen allesamt verschlossen waren. Verzweifelt wimmernd hockte ich mich dort nieder.

Dies waren nun gewiss keine guten Vorzeichen, und da auch meiner Mama die gesamte Einrichtung und deren Personal nicht sonderlich sympathisch erschienen, nahm sie mich wieder von dieser Schule und engagierte eine Hauslehrerin für mich.

Doch ich geriet vom Regen in die Traufe. Diese Frau, an deren Gesicht ich mich nicht mehr erinnere, schloss mich häufig ins WC ein, wenn meine Eltern ausser Haus waren. Ich durchlitt furchtbare Ängste und schrie, da ich glaubte, dass sich die Tür nie wieder öffnen werde! Doch all mein Schreien und Jammern halfen nichts. Glücklicherweise bemerkten meine Eltern schon bald, was los war und entliessen die boshafte und sadistische Person.

Dann, am 1. Mai 1938 traf Rosa Hunziker bei uns ein. Sie entstammte einer grossen Bauernfamilie im Kanton Aargau und war dazu ausersehen, Kindermädchen und Erzieherin für mich zu sein. Schon nach wenigen Tagen, noch bevor ich begonnen hatte richtig sprechen zu lernen, nannte ich sie liebevoll bei dem Namen, den sie sich mir gegenüber selber gegeben hatte: „Tante"!

Mit vier Jahren war ich in der Vorschulstufe, wo ich voller Freude und Eifer das Sprechen und Schreiben erlernte. Tante machte mich mit den Namen meiner Eltern, Verwandten und Freunde vertraut, ebenso mit den Namen von Tieren und wichtigen Gegenständen. Tante zeichnete und malte schöne, anschauliche Bilder von Dingen verschiedenster Art und schrieb zu jedem ein Zettelchen mit dem entsprechenden Wort. So konnte sich alles meinem Gedächtnis leichter einprägen. Dies inspirierte mich so, dass ich anfing, neue Wörter zu erfinden. So deutete ich zum Beispiel mit dem Finger auf die Sonne, zeichnete sie, versuchte ein passendes Wort zu finden und schrieb dann darunter: „OR".* Dann drückte ich verzweifelt den Bleistift in Tantes Hand, woraufhin sie schrieb: „SONNE".

Oh diese Farben...!

So oft ich konnte, beobachtete ich als Kind den Himmel mit all seinen Erscheinungen und Veränderungen. Dabei waren es vor allem seine unendlich vielfältigen Farbenspiele, die mich zutiefst beeindruckten. Diese Erlebnisse waren so stark, dass ich nicht selten davon träumte, wie sich die Wolken rostrot oder rot, orange oder gelbbraun färbten. Einmal ging ich mit Tante spazieren, als wir von schweren, dunklen Gewitterwolken überrascht wurden. Stumm schaute ich Tante

---

*Wie überrascht war ich Jahrzehnte später, als ich durch Zufall erfuhr, dass im Französischen „Gold" oder „golden" „or" hiess. Ähnlich „oro" im Italienischen. So falsch hatte ich also damals mit meiner Charakterisierung der Sonne also nicht gelegen…

ins Gesicht, deutete mit dem Finger zuerst auf die Wolken und dann auf ihr schwarzes Kleid!

Wenige Jahre später war ich fähig, kleine Sätze zu bilden und zu sprechen. Auf Wanderungen beobachtete ich Berge, Himmel und Wolken und erfreute mich an den bunten Alpenblumen. Oben sagte ich: „Himmel fährt ... Wolke fährt ... Sonne fährt." Waren die Berge von Nebel umhüllt, artikulierte ich: „Der Berg ist ab." Bei solcher Gelegenheit beobachtete ich zum ersten Mal einen Sonnenuntergang. Zu sehen, wie die glühend rote Sonne hinter dem Horizont versank, war für mich ein tiefgreifendes Erlebnis, und ich stiess ganz aufgeregt hervor: „Die Sonne ist abgefallen!"

Eines Nachmittags flochten Tante und ich mit Papierstreifen, deren Farben sich mir fest einprägten: Lachs und Elfenbein. Später in der Berufsschule kombinierte ich Lachs als Ausgangston mit gefühlsbetonten Farben wie Rostrot, hellem Beige, dunklem Grün, Türkisblau, zartem Rot und nicht zuletzt auch Zitronengelb. Jahrzehnte später, bei meinem ersten Australienaufenthalt, sollte ich zu meiner grossen Überraschung erleben, dass eben diese Farben auch in der dortigen Natur dominierten. So fanden sich Lachs oder auch Fuchsrot bei den roten Riesenkängurus mit ihren weissen Wangenstreifen, das Rostrot in der für Zentralaustralien typischen Erde, das intensive Türkisblau war das des Himmels, Zitronengelb fand sich in den Akazienblüten und so weiter.

Als ich im fortgeschrittenen Alter die sorgsam aufbewahrten, mittlerweile verstaubten Hefte mit meinen Kinderzeichnungen aus dem Keller holte und sie betrachtete, wurden zu meinem grossen Erstaunen, aber auch ebenso grossen Schrecken viele Erinnerungen plötzlich wieder wach. Auf einer Fahne ist sogar das politische Emblem der Hitlerzeit zu erkennen. Stand doch in der Vorkriegszeit am deutschen Bahnhof inmitten des schweizerischen Dorfes eine Hakenkreuzfahne, die man nicht übersehen konnte! Ausserdem fand ich in den Heften skurrile Figuren und Gesichter mit senkrechten Stirnfalten und zackigen Lippen, die auf böse Blicke hindeuteten, wie ich sie mitunter von meiner Familie oder den Dienstmädchen erntete, wenn ich mich wieder mal recht eigensinnig benommen und nur das getan hatte, was mir gerade passte. Ich stiess unter meinen Kinderzeichnungen auch auf Figuren, deren Riesenhände nur zwei Finger aufweisen und deren lange Fingernägel direkt aus ihrem Rumpf „spriessen." Sie sind Ausdruck einer Bedrohung, die ich empfand, wenn man mich packte oder auf der Strasse an der Hand festhielt und alle meine Befreiungsversuche vergebens waren. Fingernägel hatten aber auch noch eine andere grosse Wirkung auf mich, denn ich liebte es, über Mamas glatte und wundervoll rot lackierte Fingernägel zu streichen, wobei ich sie stets bat, auch mir die Daumennägel zu lackieren.

Von verzauberten Menschen und beseelten Dingen

Im Frühling 1940 fürchtete man im Raum Basel ein Überschreiten der Schweizer Grenze durch deutsche Truppen. Die Lage wurde als so bedrohlich eingeschätzt, dass wir uns zu unserer Sicherheit in Grindelwald einquartierten. Die Kriegsgeschehnisse waren mir damals, im Alter von 6 Jahren, praktisch noch nicht bewusst. Lediglich die riesigen Koffer und der grosse Reisekorb deuteten darauf hin, dass die Familie viele Monate von zu Hause fortbleiben würde. Anfangs war es für mich völlig ungewohnt, erstmals nur mit Tante und Peter, meinem jüngeren, gleichfalls gehörlosen Bruder* im Chalet zu leben. Ich vermisste jedoch nicht nur meine Eltern, die noch nicht gleich mitgekommen waren, sondern mein geliebtes Spielzeug, das beim hastigen Einpacken gänzlich vergessen worden war. Zum Glück kamen nach einigen Tagen die Eltern zu uns herauf, und Mama überreichte mir eine schwere Schuhschachtel. Beim Aufmachen konnte ich mich vor Freude kaum halten: Es war eine Lokomotive, die man mit dem Schlüssel aufziehen und laufen lassen konnte. Ich liebte sie sehr, da ich sie als ein ‚beseeltes‘ Wesen ansah, ein ‚Tierchen‘ aus Blech mit Rädern, mit einem Motörchen anstelle innerer Organe. Auf Spaziergängen trug ich dieses Blechtierchen liebevoll im Arm mit mir herum und nahm es sogar mit ins Bett…

Täglich ‚studierte‘ ich nach dem Mittagessen „Schmeils Tierleben“, und noch viele Stunden danach beschäftigte ich mich in Gedanken mit dem, was ich auf den Abbildungen eingehend betrachtet hatte. Eines Abends stellte ich fest: „Der Vogel hat keinen Arm“ (die Flügel konnte ich noch nicht einordnen), und: „Der Vogel hat kein Ohr.“ Die Abbildungen von Skeletten, Gebissen, aufgeschnittenen Bäuchen von Tieren und Menschen interessierten mich stark. Dass die Bauchhöhle mit Eingeweiden gefüllt ist, wusste ich bereits, erkundigte mich aber bei Tante, wohin die von den Zähnen zerkaute Nahrung gehe. Sie erklärte mir in sehr vereinfachender Weise, dass der Magen Salate, Mus, Äpfel oder Kartoffeln zu Säften presse, die dann direkt

*Meinem Bruder, dessen Leben und dessen Schicksal mir und meiner Familie immer sehr nahe war, habe ich ein gesondertes Kapitel („Mein Bruder und ich“) gewidmet.

ins Blut gingen, während die Reste durch den Darm zum Ausgang gelangten.

Dass Menschen und Dinge verzaubert werden können, war für mich etwas Selbstverständliches. Nun geschah es, dass mein Papa einmal wieder als Hilfssoldat einrücken musste. Ich hatte keine Ahnung, warum Papa so lange fort blieb, und ich vermisste ihn von Tag zu Tag mehr. Seine persönliche Gegenwart als Familienoberhaupt trug sehr zu meinem Wohlbefinden bei!

Eines Nachmittags wollte Mama mit mir spazieren gehen, doch viel lieber wäre ich hinunter zum kleinen Bahnhof mit seinen Zügen und der faszinierenden Rangierdrehscheibe gelaufen. Folglich war ich mürrisch. Mama verstand es jedoch, mich umzustimmen, und bald darauf genossen wir den gemeinsamen langen Spaziergang über die Alpenwiesen mit ihren vielen Blumen. Auf dem Heimweg blieb Mama plötzlich stehen und lauschte, lief zur Steinmauer am Wege, schaute in ein Mauerloch und hob mich hoch. Im Halbdunkel sah ich eine seltsame kleine Gestalt auf zwei dünnen Beinchen hin- und her schaukeln. Meinem Blick bot sich ein nacktes, rundliches Körperchen, ein possierlicher Kopf und ein breites Mäulchen. Meine Mama flüsterte „Baby" und machte Watschelbewegungen dazu. Ich war wie gelähmt vor Entsetzen. Es juckte mich am ganzen Körper. Beim Lippenablesen hatte ich „Papa" verstanden und war nun der festen Überzeugung, dass mein Vater in dieses bizarre Figürchen verzaubert worden sei! Ich wusste ja noch nichts von der Vogelbrut. Doch erholte ich mich bald von der unglaublichen Erscheinung und akzeptierte für mich das offenbar unwiderruflich Geschehene. Nun ging ich täglich zu jener Steinmauer und genoss jedes Mal ein glückliches Wiedersehen mit Papa! Darüber vergass ich fast mein Interesse an dem kleinen Bahnhof mit der romantischen Berner-Oberland-Bahn der 30er Jahre.

An warmen Tagen hielt Tante mit mir die Lektionen im Wald oder auf der Bergwiese ab. Während der Pausen, aber auch sonst in jeder freien Minute zog es mich zu meinem Lieblingsplätzchen, einem wunderschönen, unberührten Stückchen rauen Waldbodens mit Steinen, Moosen, Alpenkräutern, Preisel- und Erdbeeren. Dort herrschte ein reges Leben. Der Boden war von allerlei Käfern, bunten Schmetterlingen, Schnecken und Würmern bevölkert. Anfangs scheute ich mich ein wenig vor der Vielzahl dieser Lebewesen, doch schon bald gewann meine Neugier die Oberhand. Unermüdlich konnte ich dort sitzen oder liegen, liess Ameisen, Käfer und andere Insekten über meine Arme und Hände krabbeln und beobachtete sie dabei eingehend.

Einmal nahm ich eine Schüssel aus der Küche, füllte sie mit Erde, Steinen, Moos und Pflanzen, setzte allerlei Tierchen hinein, nahm sie mit nach Hause und füllte viel Wasser dazu, nicht ahnend, dass die armen Kreaturen, darunter auch Würmer und Raupen, so nicht überleben konnten. Insektenstiche fürchtete ich wenig; ich freute mich vielmehr, in der Schule nicht schreiben zu müssen, wenn meine rechte Hand stark angeschwollen war.

Dank dieser glücklichen Zeit im Bergdorf, des schönen Beisammenseins mit Tante und der Familie sowie der vielen, die Aufmerksamkeit schärfenden Entdeckungen in der neuen Umwelt machte meine Entwicklung rasche Fortschritte. Vor dem Einschlafen hatte ich meist das grosse Bedürfnis, mich mit jemandem über all die neuen Ereignisse und Eindrücke des täglichen Lebens zu unterhalten. Dieser Jemand musste viel Geduld aufbringen, an meinem Bettrand sitzen und mir stundenlang zuhören. Denn ich redete und redete – zumeist schwer verständlich – über Eisen-, Berg- und Schwebebahnen, über die Tierwelt, den Körperbau und tausend andere Dinge mehr. Gegen Ende unseres langen Aufenthaltes im Bergdorf waren mir bereits beinahe alle Bezeichnungen für die täglichen Gegenstände, ebenso wie viele Tätigkeits- und Eigenschaftswörter vertraut.

Erregende Tierwelt

Als ich fast sieben war, besuchten Tante und ich den Basler Zoo. „Schau, da spricht der Papagei…", sagte Tante. Ich blickte sofort auf diesen bunten Vogel, der angekettet auf einer Stange sass und mit offenem Schnabel Zungenbewegungen machte. Erwartungsvoll schaute ich mir seinen Schnabel genauer an, im Glauben, man könne von ihm ablesen.

„Au, au, der Löwe ist böse; der Löwe frisst Menschen", sprach Tante halb ernst, halb scherzhaft, und ich betrachtete schaudernd das ockergelbe Wesen mit dem mächtigen Maul, aus dem furchterregende Zähne blitzten.

„Der Elefant hat einen Rüssel." – „Der Tiger ist auch böse." – „Die Giraffe hat einen langen Hals." – „Das Zebra hat Streifen…"

Tante bemühte sich sehr, mir die Gestalt des jeweiligen Tieres zu erklären. Sie griff ans Rockband, dehnte es aus und fuhr mit einer Hand hinein, um mir die Bauchtaschen der Kängurus begreiflicher zu machen. Aber dass diese Tiere ihre Jungen im Beutel tragen, war für mich noch nicht zu verstehen. Mir fehlte einfach das entsprechende Interesse.

Umso mehr zog es mich zu den grossen Affen, vor allem den Schimpansen. Dabei bemerkte ich bald, dass die Primaten wie die Menschen auf zwei Beinen gingen und keinen Schwanz hatten. Gespannt verfolgte ich, wie sie brav am Tisch ihre Suppe löffelten und geschickt mit dem Roller fuhren. Als ich am nächsten Tag die Tiere zu Hause zeichnen sollte, konnte ich mich nur schwer an ihre exakten Formen erinnern und bildete sie nicht als Affen, sondern als plumpe schwanzlose Hunde ab, die auf vier Beinen gingen. Der mächtige Rumpf mit dem tiefsitzenden Kopf und den überlangen Armen boten für mich keinen Reiz, diese Tiere als Gespielen zu empfinden.

Eines Tages, ich war etwa neun, besuchte ich mit meiner Familie ein Basler Cafe, das sich inmitten eines Tropariums befand. Der halbdunkle Raum war angefüllt mit Trophäen verschiedener afrikanischer Tiere. An den Wänden gab es Aquarien und Terrarien mit exotischen Fischen, Schlangen und sogar Krokodilen. Während ich mir die feine Torte schmecken liess, hatte ich stets ein Auge auf die Fische, deren Verhalten mir auffällig und seltsam erschien. Immer wieder kam es vor – und dies in allen Aquarien –, dass sich drei Fische zusammenfanden, um, mit ihren Köpfen zum Mittelpunkt gewandt, eine perfekte Sternformation miteinander zu bilden.

Am nächsten Tag zeichnete ich die seltsamen Sterne mit drei dikken, drei dünnen und drei langen Fischen. Dieses Phänomen beschäftigte mich und ist mir bis heute ein Rätsel geblieben, da ich es nie wieder danach in irgendeinem öffentlichen oder privaten Aquarium habe beobachten können.

Wo wächst ein Kindlein?

Bei meinen Aufenthalten auf dem Lande entdeckte ich viel Neues und Schönes, auch, wie aus den Eutern der Kühe Milch gemolken wurde, was ich als Kleinkind nicht begriffen hatte. Später durfte ich dabei sein, wie eine Mutter ihr Kind stillte, und ich konnte es kaum fassen, dass es tatsächlich Milch war, die da aus der Brust floss.

Wie alle Kinder meines Alters beschäftigte mich natürlich die Frage „Woher kommen die Babys?", mit der ich Tante immer wieder ‚bombardierte.' Worauf ich von ihr auch die immer gleichen Antworten erhielt: „Vom lieben Gott" oder „durch ein Wunder vom lieben Gott" oder „als grosses Wunder, es ist ein Geheimnis". Das befriedigte meinen Wissensdrang jedoch keineswegs. So fragte ich mich, wie und wo wächst das Kindlein? Vielleicht in den Wolken oder irgendwo an einem streng verborgenen Ort, unter Obhut des lieben Gottes, bevor es schliesslich herunterkommt und seine Eltern mit seinem plötzlichen Dasein überrascht?

Als Topi, der Zwergpudel, uns eines Morgens seine frisch geworfenen Welpen präsentierte, bestand für mich das eigentliche Rätsel darin, wie diese lieben, kleinen Jungen durch das Fenster gekommen waren?! Und es warf die Frage auf, ob es wirklich der liebe Gott oder sonst irgendein himmlisches Wesen war, das auch die Eier in die Vogelnester in den Wäldern und Fluren und sogar in das Nest unserer Kanarienvögel legte?

Eines Nachts träumte ich dann, dass auch die Menschenbabys in etwa fünfzehn Zentimeter langen, quaderförmigen ,Eiern' heranwuchsen...!

Einmal, als Tante mir eine Geschichte über Meisen vorgelesen und dabei ausführlich alles vom Nestbau bis zum Flüggewerden der Jungvögel erklärt hatte, platzte ich hochbeglückt heraus: „Nicht wahr, Tante, du hast früher auch zwei Eier ausgebrütet, solange bis Peter und ich ausgeschlüpft waren!" Das ständige Zusammenleben mit ihr auch ausserhalb der Schulstunden hatte mich nämlich zu der Überzeugung gebracht, dass sie meine eigentliche Mutter sein müsse. Erst mit 10 Jahren wusste ich, unter wessen Herzen ich wirklich gewachsen war.

So gross ist die Welt

Zum achten Geburtstag bekam ich von Tante eine Pflanzenpressmappe. Nach einem langen, kalten Winter sah ich mit Freuden den Frühling nahen und konnte es kaum erwarten, bis sich in unserer waldreichen Umgebung herrliche Blumenteppiche ausbreiteten. Mit Eifer und Begeisterung gingen Tante und ich daran, die Pflanzen zu pressen und ihre Namen kennen zu lernen. Tante kaufte ein Pflanzenbestimmungsbuch und versuchte mit mir, die uns unbekannten Arten zu identifizieren. Diese Stunden zählten für mich zu den schönsten, da sie mich auf anschauliche und praktische Weise mit dem Leben in der Natur vertraut machten.

Wie und wo alles wuchs, wie aus Keimlingen zuerst zarte Wurzeln nach unten und dann feine Triebe nach oben sprossen und sich beim grösser Werden in blüten- und früchtetragende Pflanzen verwandelten, all das faszinierte mich sehr. Auch weshalb beispielsweise die Bienen über die weisse Blütenpracht der Obstbäume summten, machten mir Tantes eingehende Erläuterungen und ihre klaren Kreidezeichnungen an der Wandtafel verständlich.

Zum Thema ‚Masse und Gewichte‘ erteilte mir Tante eine spannende Unterrichtsstunde. Sie bastelte einen Massstab von einem Meter Länge und schritt mit diesem einen langen Wiesenpfad zwischen zwei Wäldchen ab. Ich half ihr beim Ausmessen und Zählen. Es war nicht ganz leicht, die Zahlen im Kopf zu behalten. Am Schluss waren wir stolz auf unsere gelungene Arbeit. Ich staunte sehr, dass wir die grosse Distanz selber hatten messen können. Ein anderes Mal wagten wir es mit einem zehn Meter langen Seil auf einer geraden Strasse. Ich hielt das eine Ende fest und Tante ging mit dem andern voran, bis das Seil straff war; dann drückte sie ihr Ende auf den Boden, und ich ging nun an ihr vorbei und tat dasselbe. So wechselten wir uns ab und zählten: zehn, zwanzig, dreissig, … hundert, hundertzehn, hundertzwanzig, … Einen ganzen Kilometer vermassen wir auf diese Weise, eine Länge, die mir damals ungeheuerlich vorkam.

Als Kind hatte ich die Vorstellung, die Welt sei flach und unendlich weit, der blaue Himmel eine Decke darüber, bestückt mit Mond und Sternen. Als Tante mir das Märchen von Frau Holle vorlas, glaubte ich, viele Kilometer unter der Erde sei noch eine Art Erdgeschoss mit einer herrlich grünen Landschaft und einem ähnlich blauen Himmel wie der unsere. Die Sonne wandere während des Tages über den Himmel und krieche dann abends durch einen riesigen Schacht hinunter ins Untergeschoss, von wo sie am Morgen durch einen zweiten Schacht auf der anderen Seite der Welt wieder hervorkomme.

Obschon ich unseren grossen Atlas immer wieder genüsslich betrachtete, anfänglich nur wegen der Farben, mit denen die Länder koloriert waren, dann, um überall nach der winzigen Schweiz zu suchen, wusste ich doch nichts von einer Kugelform unserer Welt, da wir zu Hause keinen Globus besassen. Und so bescherte mir die erste Bibelstunde bei Tante eine schlaflose Nacht, denn meine Vorstellungen waren so fest mit einer endlosen, flächigen Welt verknüpft, dass es mich schauderte, als ich von der unheimlichen Finsternis hörte, jener pechschwarzen Tiefe, in der es keine Sonne, keinen Mond und keine Sterne gab und die der Erschaffung der Erde vorausging.

Die Geschichte über das Paradies hingegen faszinierte mich bis zum Sündenfall. Dieser erschütterte mich, weil in meiner Phantasie das vertriebene Menschenpaar viele Kilometer durch die Einöde ziehen musste, die aus Sand, Steinen und Geröll bestand. Besorgt erkundigte ich mich bei Tante, wie denn Adam und Eva das Paradies verlassen hatten. „Sie sind zu Fuss gegangen!" lautete ihre kurze und bündige Antwort.

Eines Abends inszenierte ich ein Schauspiel über „die Erschaffung der Welt". Zuschauer waren die Familie, meine Grosseltern und unsere Hausangestellten. Die Schiebetüren dienten als Vorhang, der Salon wurde zur Bühne, über die die Dunkelheit vor der Schöpfung hereinbrach. Ich, als „lieber Gott", knipste alle Lampen an, stellte die Zimmerpflanzen auf den Boden, dazwischen die Tiere aus Stoff oder Porzellan. Zuletzt platzierte ich einen schönen Apfel auf dem Gummibaum. Dann verschwand ich hinter dem Ohrensessel. Meine Mutter nahm auf mein Geheiss den Apfel, biss hinein und fühlte grosse Scham, bis ich „zürnend" zum Vorschein kam und sie „vertrieb"...

Wie sieht so ein Känguru aus?

An verregneten Sonntagen sass ich oft mit meinen Kinderbüchern auf dem Sofa und schaute mir die Bilder an. Dabei waren es vor allem populäre Abenteuerbücher, die meine Kinderwelt eroberten. Ihnen verdanke ich es wohl, dass die Kängurus mit ihrem dicken Schwanz, dem Beutel und den kurzen Armen, die häufig darin vorkamen, sich mir mehr und mehr einprägten. Ich war acht Jahre alt, als wir im Basler Zoo eine ganze Weile vor dem Kängurugehege standen. Wieder versuchte Tante, mich auf die Kängurumütter mit den vollen Beuteln aufmerksam zu machen, indem sie ihren Rock mit den Händen ausdehnte. Ich beäugte jedes Tier genau, ohne aber die Bauchtasche mit den herausschauenden Jungen wahrzunehmen. Dafür verfolgte ich ihre eigentümliche Art der Fortbewegung, die es bei keiner anderen Tierart gibt: Zuerst beide Vorderpfoten nach vorn auf den Boden setzend, die Hinterbeine hebend, die sie dann auch nach vorne setzen, zuletzt den Schwanz zwischen den Hinterbeinen hindurchschiebend und gleichzeitig die Vorderpfoten wieder nach vorn setzend. Diese sonderbaren und dennoch geschmeidigen Hoppelbewegungen beeindruckten mich sehr. Obgleich das im Zoo Gesehene eine grosse innere Erregung bei mir ausgelöst hatte, so schwieg ich doch beharrlich, selbst dann noch, als wir im Zoorestaurant bei Tee und Kuchen sassen. Kein Wort kam über meine Lippen. Trotz verschiedenster Ablenkungen bewahrte ich die Flamme des Erlebnisses bis zum folgenden Abend in mir. Im Badezimmer dann probierte ich nach der Abendtoilette ganz für mich diese merkwürdige, seltsam elegante und faszinierende Fortbewegungsart! Einem Känguru fiel sie – dank seines starken Schwanzes, der den Körper stützt – gewiss leichter. Ich dagegen brachte nur ein unbeholfenes Hasengehoppel zustande.

Über der weissen Berglandschaft erstreckte sich das herrliche Blau des Himmels. Der meterhohe Pulverschnee glitzerte in den kräftigen Sonnenstrahlen, und die Schneekristalle tanzten als feinste Leuchtkügelchen über ihm. Ich war etwa acht Jahre alt. Vom Bergdorf kommend stapfte ich mit meiner Familie auf Umwegen heimwärts. In wenigen Stunden würde die Abenddämmerung uns einhüllen. Der lange, steile Weg wollte einfach nicht aufhören. Ich fühlte mich erschöpft, das machte mich übellaunig. So hielt ich meine Augen fest auf den Weg vor mir geheftet und blickte kaum zu einem der Mitgehenden auf. Die Strecke war von den vielen Schlittenfahrten stark und regelmässig gewellt. Brav lief ich mit meinen genagelten Bergschuhen, zwei Schritte steil, zwei Schritte flach, zwei Schritte steil, zwei Schritte flach und so fort. Das grelle Weiss der Schnees ringsum sowie die Eintönigkeit meiner Bewegungen versetzten mich in einen Zustand der Geistesabwesenheit, einer Trance ähnlich. Und so sah ich plötzlich vor mir auf dem Weg ein Känguru, das sich in derselben Richtung bewegte wie wir. In graziösem Zeitlupentempo stieg diese merkwürdige Gestalt hinauf, immer zuerst die beiden Vorderpfoten auf die Schwellenhöhe setzend, dann die Hinterfüsse hinaufhebend, während die untere Hälfte des muskulösen, langen Schwanzes den Hinterkörper hochstemmte und nachzog. Und dies Schwelle für Schwelle. Diese kräftigen, malerischen Eindrücke halfen mir über meine Müdigkeit hinweg, sodass ich es frohgemut bis nach oben schaffte. Natürlich war mir damals bereits bewusst, dass Kängurus nicht im Schnee leben*, ohne dass ich jedoch genau hätte sagen können, wo und wie sie wirklich lebten.

Meine starken Empfindungen für diese Tiere hatten nun einen festen Ankergrund gefunden. Nach aussen wurde dies jedoch noch nicht sichtbar, wo viele andere für mich wichtige Dinge in den Vordergrund traten. Da war zum Beispiel die Schule mit ihren täglichen Artikula-

---

*Wie staunte ich, als ich 50 Jahre später beim Besuch eines kleinen Tierparks im schneebedeckten Berner Mittelland etliche zwerghafte, dunkelbraune Kängurus, so genannte tasmanische Wallabies, geschickt auf ihren Hinterbeinen durch das ca. 30 cm hohe Weiss hüpfen sah, wo sie hübsche Spuren hinterliessen. Es war für mich wie ein Traum. Doch begriff ich sofort, dass diese kleinen Vertreter wohl aus dem kälteren Süden Australiens, vielleicht sogar direkt von der Insel Tasmanien stammten, wo manchmal auch etwas Schnee liegt.

tions- bzw. Sprachübungen und anderen Unterrichtsfächern. Doch es konnte passieren, dass mir auf Spaziergängen Bilder von Kängurus vor mein geistiges Auge traten, die allerdings rasch wieder verschwanden. Diese ‚Versiegelung‘ meines Interesses war vermutlich auch darin begründet, dass ich, wie andere Kinder auch, meine ganz persönlichen Wünsche und Sehnsüchte hatte. So war es einer meiner Herzenswünsche, mit ‚normalen‘ Kindern in eine ganz normale Schule zu gehen. Auch wenn ich von Tante und meiner Familie gut und lieb umsorgt wurde, hatte ich doch oft mit Bitterkeit zu kämpfen, wenn mir mitunter sogar durch Schläge bedeutet wurde, folgsamer und weniger eigenwillig zu sein.

Eines Tages – ich war neun – besuchte ich mit Mama, Peter und Tante eine grosse Weihnachtsschau in einem Basler Kaufhaus. Darin gab es einen Zirkus mit mannshohen Figuren. Sie wurden von Motoren bewegt, die sich hinter den Kulissen befanden. Der groteske Anblick der Clowns flösste mir Furcht ein, und ich wimmerte leise vor mich hin.

Leicht erbost drückte Mama fest meine Hand. Still widmete ich mich weiter den Darbietungen und sah zu meiner Überraschung eine Parade aufrecht hüpfender Kängurus direkt an der Brüstung vorbeiziehen. Diese lieblich-anmutigen Gestalten beruhigten mich auf der Stelle. Doch ich verlor kein Wort darüber, so als müsse ich diese kostbaren Gefühle in der Tiefe meiner Seele vor der garstigen Aussenwelt beschützen und bewahren.

Einige Zeit darauf kam es zu einem aussergewöhnlichen Erlebnis, das mich stark prägte und bis in mein späteres Leben als Känguruforscherin begleitete. Eines Sonntags ging ich allein mit meinem Vater in den Basler Zoo. Dort standen wir eine Weile vor dem Stall einer Kängurugruppe. Da richtete sich plötzlich eines der Tiere auf und warf seinen Oberkörper so weit nach hinten, dass es mich schauderte. Doch ich blieb tapfer und hielt mich still. Es folgten immer wieder Träume, in der diese ungeheure Erscheinung auftauchte. Sie liessen mich zusammenfahren, rissen mich oft aus dem Schlaf und bedrängten mein kindliches Gemüt mit der Frage, ob es auch bei den Kängurus Gut und Böse gäbe…

Erwachende Phantasie

Diese Gedanken wurden bald abgelöst durch andere Themen. So besichtigten Tante und ich mehrmals das Basler Völkerkundemuseum.

Als Ergänzung dieser Besuche las sie mir Geschichten oder Märchen aus anderen Weltregionen vor. Dies war mein allerliebstes Schulfach, denn es lieferte mir den Stoff, den meine Phantasie, die so gerne ins Grenzenlose schweifte, benötigte.

Das, was ich im Museum von den dortigen Objekten der Naturvölker aufgenommen hatte, setzte ich daheim zeichnerisch oder malerisch in groteske und phantastische Darstellungen um. Tante gefiel dies weniger, und sie forderte mich zu ‚sinnvollerem‘ Tun auf. Meiner Begeisterung tat das keinen Abbruch. Höchstwahrscheinlich lag es an meiner übersteigerten Einbildungskraft, die mir vorgaukelte, die Gesichtsmasken, Kostüme und Bekleidungen aus Holz, Stroh, Palmblättern, Ton oder Tierhäuten seien echte Gesichter aus Fleisch und Blut! Die Empfänglichkeit meiner Seele für diese Eindrücke war so stark, dass mich der Anblick eines schreitenden Schwarzen mit schirmartigen Kopf und an Stielen hängenden Glotzaugen masslos erschreckte und ich mich erst dann beruhigte, als ich seine Beine betrachtete und erkannte, dass sie sich von denen normaler Menschen nicht unterschieden.

Während des Krieges fielen die Kohlentransporte für unsere Zentralheizung aus. Darum wurden im Haus drei Holzöfen samt Ofenrohren installiert. Auch diese bereicherten meine Phantasie: Einmal zeichnete ich auf der ganzen Wandtafel waag- und senkrecht verlaufende Ofenrohre und dazu breitere Kammern voll Feuer. Dann viele Menschen, die blindlings durch die dunklen Rohre wanderten, bis sie plötzlich hinunter in das Feuer fielen. Lachend zeigte ich dies meiner Mutter. Aber sie rief mir nur erbittert zu: „Ich will nicht mehr hinschauen!" Die heftige Reaktion verstand ich nicht, hatte ich doch überhaupt keine Ahnung von der Wirklichkeit der Judenvernichtung. Meine Mama meinte es gut, mir nichts davon zu erzählen, um mich nicht in panische Angst zu versetzen, eben weil sich meine Familie jeden Tag vor einem eventuellen plötzlichen Übertritt der Deutschen in die Schweiz fürchtete. Dennoch haftet dieser Phantasie eines Kindes etwas Mysteriöses an, ohne dass ich es ausdrücklich Hellsichtigkeit nennen möchte.

Meine grosse Liebe und Leidenschaft zu jener Zeit aber war das Theaterspielen, alleine oder mit anderen. Einige Stoffe, die ich zur Aufführung brachte, entstammten Märchen oder Marionettenspielen auf dem grossen Theater oder leiteten sich von Kinofilmen oder Bilderbüchern her. Doch meistens handelte es sich um von mir selbst erfundene Geschichten. So schleppte ich einmal in unserem Garten vor teils entsetzten, teils lachenden Zuschauern meinen Bruder, ganz in einen Bettbezug eingeknöpft, auf eine Erhöhung aus Stühlen und Brettern. Die Szene nannte ich: „Wie ein Räuber mit einem verschleppten Kind in eine Scheune zum Übernachten aufs Heu schleicht." Dass Peter während der ganzen Szene brav blieb und keinen Unwillen zeigte, bewahrte mich vor dem strafenden Eingriff der Zuschauenden. Als Kostümierung benutzte ich übrigens Stoffreste, die ich mit Wonne aus einer grossen Schachtel in der „Schatzkammer" des obersten Stockwerkes herauswühlte. Ich nähte die passenden Stücke zusammen oder verwendete Sofaüberzüge. Zum Schminken bekam ich farbige Kreiden oder Mutters Lippenstifte. Ein anderes Mal führte ich vor dem ‚Hauspublikum' eine ‚Hexenschau' mit wilden Tänzen und wechselnder Verkleidung auf.

Doch bei diesen Hexenspielen* ging es in erster Linie um eine Überwindung meiner zahlreichen Ängste, die Ausdruck meiner kommunikativen Verunsicherung waren und an denen ich viele Jahre litt. So war es mir kaum möglich, alleine in einem Zimmer zu bleiben oder ins Dorf zum Einkaufen zu gehen. Unheimlich war es auch für mich, wenn ich wusste, dass sich niemand ausser mir in unserem grossen Einfamilienhaus befand. Ich fühlte mich dann irgendwie von Gespenstern ‚umzingelt'.

Bei den Pfadfindern

Eines Nachmittags besuchte ich zum ersten Mal mit Tante das historische Museum in Basel. Dort besichtigten wir den grossen Rittersaal, und Tante erklärte mir: „Schau, das sind die bösen Soldaten in ihren schweren Eisenanzügen; den Harnischen, die sie vor Hieben, Stichen und Schlägen schützten! Da, an den Wänden hängen die scharfen und spitzen Hellebarden, Morgensterne, Dolche, Degen, Armbrüste und Schutzschilder! Und dort stehen die Kanonen mit

---

*Doch auch im fortgeschrittenen Alter hatte ich noch Freude am Mummenschanz. 1983 bei einem Künstler-Maskenball in Basel, trat ich noch einmal als Hexe in einem alten, seidenen, grüngestreiften Rock auf, den ich auf dem Flohmarkt erstanden hatte. Auf dem Kopf trug ich eine selbstgebastelte skurrile Krone aus Draht und Perlen. Mein ganzes Gesicht hatte ich fuchsrot bemalt, die Wangen mit senkrechten weissen Streifen versehen und meiner Nasenspitze einen pechschwarzen Punkt verpasst. Diese gewiss etwas sonderbare „Maskierung" hätte allerdings nur ein Eingeweihter verstehen können, entsprach sie doch, wenngleich etwas stilisiert, in ihrer Gestaltung dem Aussehen des roten Riesenkängurus. Doch ich hütete mich etwas davon zu verraten aus der begründeten Furcht, irgendeine spasshafte Bemerkung könne meine Gefühle verletzen. Aber genau diese waren mir heilig.

ihren schwarzen Kugeln zum Beschiessen der Häuser! Schau nur, die grossen Bilder der Kriege und der Schlachten!"

Mir wurden die vielen Requisiten und Darstellungen vom Schlagen, Töten und Blutvergiessen zu viel, und ich brauchte etliche Tage, um all dies irgendwie zu verarbeiten.

Einige Wochen später. An einem prächtigen Frühlingstag machten Tante und ich einen grossen Spaziergang. Dabei gingen wir von Haus zu Haus und läuteten, denn Tante sammelte Geld für das Rote Kreuz. Ich verfolgte ihre Tätigkeit sehr aufmerksam und fragte sie, um was es ginge. Sie begann lange, ausführlich und sehr vereinfacht über den Zweiten Weltkrieg zu sprechen, jedoch ohne die Hintergründe zu erwähnen.

„Heute ist überall Krieg, nur nicht in der Schweiz. Die bösen deutschen Soldaten sind in viele Länder einmarschiert und machen mit ihren Kanonen viele, viele Häuser kaputt, schiessen oder schlagen viele Menschen tot. Viele Menschen und Kinder haben keine Häuser mehr, sind arm und haben zerrissene Kleider und Schuhe. Das ist sehr, sehr traurig. Wir müssen für die armen Menschen viel, viel Geld sammeln, damit sie wieder Häuser, Kleider und Essen bekommen können."

„Haben die deutschen Soldaten auch Harnische an?" fragte ich sofort. „Nein, es gibt keine Harnische mehr, sie sind viel zu schwer zum Tragen!" sagte Tante ein wenig lächelnd.

Von diesem Tag an gehörte der Krieg zu meiner Welt, so dass ich plötzlich das Gefühl hatte, während des Krieges geboren worden zu sein. Noch wusste ich nicht, wann der Krieg begonnen hatte und glaubte, er werde niemals mehr aufhören. Die grauenvollen Bilder in den Zeitungen und die Erklärungen, die Tante mir gab, erschütterten mich zutiefst. Bei Tischgesprächen mündeten viele Fragen in die immerwährende Antwort: „Krieg, Krieg…"

Die militärischen Paraden, Märsche, Marschmusik und die einheitliche Bekleidung der Schweizer Soldaten faszinierten mich so sehr, dass ich oft davon träumte, selber in schmucker Uniform loszuziehen. Bei Ausflügen band ich mir jedes Mal das Kopftuch um Schultern und Taille, genau so, wie ich es bei den Soldaten mit ihren zusammengerollten Pelerinen gesehen hatte.

Gerade zehnjährig, entdeckte ich, dass auch Kinder uniformiert anzutreffen waren. Es waren Buben in khakifarbenen Hemden und Mädchen in blauen Blusen, beide mit cowboyartigen Hüten und farbenfrohen Krawatten. Von ihnen sprach ich nun jeden Tag, war es doch mein grösstes Verlangen, ihnen auch anzugehören.

Im Frühjahr 1944 trat ich glücklich und stolz der Pfadfinderinnen-Gruppe* „TROTZ ALLEM", einer Sonderabteilung für Behinderte, bei. Schon während der Woche freute ich mich auf unsere Übungen am Samstagnachmittag, die in einem Lokal in Basel oder im Wald stattfanden. Dabei war mir der Gruss, ein Handzeichen am Hut, mit dem die Pfadfinder einander begrüssten, besonders wichtig. Ich lernte Spurenlesen, Feuer machen, Suppe kochen, sowie allerlei Spiele.

In unserem ersten Sommerlager ging mir der Anblick behinderter Pfadfinderinnen in Rollstühlen, mit Beinschienen und an Krücken, aber auch der der Blinden sehr zu Herzen, obgleich ich selbst zu ihnen gehörte. Anfangs glaubte ich, den anderen Pfadfinderinnen gegenüber nicht Fröhlichkeit, sondern frommes Mitleid zeigen zu müssen. So verschwand ich bei einem heiteren Spielabend unbemerkt aus dem Saal, verkleidete mich im Schlafraum und kehrte mit einem Heiligenschein aus einer gelben Pfadikrawatte als „Engel" wieder zurück. Dann pflanzte ich mich direkt vor der grossen Schar auf, faltete die Hände und sprach in schwer verständlichen Worten ein Gebet für die Heilung aller ihrer Gebrechen! Ich stellte mir dabei vor, die Anwesenden würden sich nach meiner innigen Fürsprache wieder normal, ganz ohne Krücken, Beinschienen und Rollstühle, bewegen. Die Reaktion allerdings verblüffte mich, denn fast alle zeigten sich sehr erheitert! Erst mit der Zeit wurde mir bewusst, dass die meisten Behinderungen ein Leben lang unheilbar bleiben.

Vom ersten Augenblick an fühlte ich mich im Pfadfinder-Lager wie zuhause. Dies lag vor allem an der liebevollen Betreuung durch die Führerinnen und wohl auch an der etwas weniger strengen Erziehung, als ich sie vom Elternhaus her gewohnt war.

Hier ein von meiner Führerin leicht korrigierter Brief an meine Mama, der zeigt, welche Fortschritte im sprachlichen Ausdruck meinem neu errungenen Lebensgefühl zu danken waren:

„Liebe Mama,
ich danke vielmals für den Brief und das Paket. Viele Pfadfinderinnen haben eine blauen Pfadikleid. Ich muss es auch brauchen. Willst du ein Pfadikleid in Albanvorstadt 36 kaufen. Ich will Peter lieben, hüte Peter. Peter soll nicht tot werden und darf nicht über das Fenster

*In der Schweiz nennt man die Pfadfinder allgemein „Pfadis."

bücken. Warst du auch schon in der Badeanstalt? Ich habe zu wenig Fehler, ich darf die Uniform behalten. Ich will immer gute Laune, gehorsam, Wort wahrsein. Ich muss nicht lügen. Wenn ich schreie, muss ich Angst haben. Ich bin glücklich. Ich kann schön schreiben und langsam sprechen. Sprache von Note 1–2 und schreiben 1–2. Ich bin immer dem ganzen Tag folgsam und sparsam. Alle Pfadi sparen heissen Wasser. Die Führerin dankt für Sparsam „merci". Ich habe einen Pfadinamen bekommen. Er heisst: Bienli. Es ist schön in Adelboden. Wir haben Blumengeschenklein bekommen von Tante. OO, sagten manche Pfadi.

Viele liebe Grüsse von
Deine „Bienli"

Als Absender hatte ich anstelle meines Namens und der Lageradresse eine kleine Zeichnung gesetzt, die mich auf einer Panzersperre aus Beton zeigte. Viele Reihen dieser Panzersperren standen während des Krieges überall entlang der Schweizer Grenze, um Übertritte der Deutschen zu verhindern. Diese Gebilde besassen für mich etwas sehr Imponierendes, so dass auf ihnen zu stehen auch bedeutete, sich selber als eine gute und tapfere Pfadfinderin darzustellen.

Zehn Jahre blieb ich bei dieser Behinderten-Gruppe. Ich arbeitete mich nach oben, bis ich nach diversen bestandenen Prüfungen, die ihren sichtbaren Ausdruck in einer mit vielen Abzeichen bestückten blauen Bluse fanden, zuletzt Gruppenleiterin wurde.

Es war eine schöne Zeit. Viele Male erlebte ich Lager in den Bergen, einmal sogar in Holland am Meer. Wir kampierten wiederholt in romantischen Zelten und erlebten so manches Abenteuer. Weitere fünf Jahre war ich als einzige Behinderte treues Mitglied der nicht behinderten „Rangers", einem der höheren Ränge, bei denen ich völlig akzeptiert wurde und einige ihrer Übungen auch selber leiten durfte.

Im Winter 1944/45 wuchs die Kriegsgefahr erneut. Fast jede Nacht konnten wir die Blitze des Gefechtsfeuers erblicken, die den Horizont erhellten. Tagsüber sah man ab und an aufsteigende Rauchwolken, die den Bombardierungen folgten. Es waren schwere Kämpfe, bei denen die Alliierten die Deutschen gewaltsam aus dem Elsass vertrieben und anschliessend in Deutschland einmarschierten. Die unheimlichen, vom Dröhnen der Bombengeschwader und den Explosionen beherrschten Nächte raubten uns allen den Schlaf. Wenn ich weinte, kam Tante zu mir herüber und beruhigte mich: „Die Guten vertreiben jetzt die bösen Deutschen ins Feuer."

Aus Furcht vor Bombenangriffen war im grenznahen Gebiet des Nachts strenge Verdunklung angeordnet. In unserem Korridor und in der Toilette gab es aber keine Rollläden. So behalf man sich in der Dunkelheit mit dem Abdecken der Lampen oder mit blauen Glühbirnen. Dies löste jedoch bei mir solche Ängste aus, dass ich mich eine Zeitlang kaum mehr aufs „Örtchen" traute.

Im Mai 1945 – wir sassen gerade beim Frühstück – sagte Mama: „Heute oder morgen wird der Krieg vorbei sein."

Am folgenden Nachmittag fuhren Tante, Peter und ich mit dem Tram bis zur nahen Grenze, um die Endphase des Geschehens zu verfolgen. Doch es war nichts zu sehen. Es war ein prächtiger, warmer Tag, die Obstbäume blühten, die Felder, an denen wir entlang spazierten, waren herrlich grün. Auf unserer Fahrt mit dem Tram sahen wir von den Fenstern aus, was in der Stadt Basel vorging: Flüchtlingsströme, Leute beim Verteilen von Sonderzeitungen oder grossen Flugblättern, lebhaft diskutierende Menschen und vieles mehr. Ich glaube mich zu erinnern, im Tram fröhliche und jubelnde Fahrgäste erblickt zu haben. Ich weiss aber noch genau, dass Tante plötzlich zu mir sagte:

„Jetzt ist der Krieg zu Ende!"

Daheim zurück, fragte ich Tante und Mama, ob es nun morgen Orangen und Bananen geben werde, denn ich hatte es satt, jahrein, jahraus nur Äpfel und Birnen essen zu müssen. Sie entgegneten aber nur, die werde es noch lange nicht geben, da die Eisenbahnschienen zerstört seien und erst wieder aufgebaut werden müssten.

In ihren Bann gezogen

Es durchfuhr mich wie ein Blitz!
Einen Tag nach Kriegsende weihte mich Tante zum ersten Mal eingehender in die Hintergründe der Entstehung des zweiten Weltkriegs ein. Zu diesem Zweck nahm sie mich mit in ihr Schlafzimmer und zeigte mir auf der an die Wand genagelten grossen Weltkarte die Kriegsgebiete. Bei dieser Gelegenheit lehrte sie mich auch gleich die fünf Kontinente, wobei sie zuletzt auf eine riesige, purpurrote Insel wies und sagte: „Das ist Australien." Ich betrachtete dieses konturenreiche Gebilde, das mir nicht nur völlig fremd, sondern auch als ein am Rande der Welt gelegenes Gebiet erschien, von dem ich nicht einmal hätte sagen können, ob es dort Lebewesen gab. Und doch prägte sich mir der Anblick dieser seltsamen Insel fest ein, wurde wie ein Samenkorn in eine Furche meines Gedächtnisses gelegt. Wie sehr Australien einmal zu einer Art Lebensmittelpunkt für mich werden sollte, ahnte ich damals natürlich noch nicht.

An einem schönen, strahlenden Maitag setzte sich Tante mir gegenüber an den Tisch, öffnete das Schullesebuch und blickte mich munter lächelnd an:„Heute habe ich eine lange Zoogeschichte für dich." Sie las sie mir vor, und ich sprach das, was ich von ihren Lippen Wort für Wort ablas, nach.* Trotz des mühevollen Vorgangs ermüdete ich nicht. Im Gegenteil, ich genoss diese spannende Tiergeschichte. Da war zuerst von Affen die Rede, dann von Elefanten, darauf kamen die Raubtiere und viele andere Zoobewohner.

Obwohl viele Tiere an die Reihe kamen, hätte ich doch keinem von ihnen besondere Beachtung geschenkt, wäre nicht plötzlich ein seit langem in Vergessenheit geratenes Exemplar wieder aufgetaucht: Das KÄNGURU! Bei diesem Wort blickte mich Tante heiter an und vollführte mit den Händen Kängurusprünge. Dabei zeigte sie, welch hohe Sätze dieses Tier sogar mit vollem Beutel machen kann. Ich lachte fröhlich mit, weil sich die Stimmung im Unterricht auf so unerwartete Weise belebte.

---

*Dies ist das für einen Hörbehinderten allerwichtigste Training.

35

Einige Tage später besuchten wir das Naturhistorische Museum. Tante gab mir die Schulaufgabe, verschiedene Tiere zu zeichnen, was mich nicht sonderlich reizte. Als ich schliesslich etliche Zeichnungen angefertigt hatte, packten wir alles zusammen. Gerade wollte ich dem Ausgang zustreben, da fühlte ich plötzlich, wie mich Tante leicht am Arm stupste und mir bedeutete, nochmals mit ihr zurückzugehen. Sie stellte meinen Schemel vor eine Vitrine und forderte mich mit verschmitztem Lächeln auf, zuallerletzt noch dieses eine Tier zu zeichnen. Es war ein Känguru! Zunächst unwillig setzte ich mich hin und zeichnete. Tante war nicht ganz zufrieden mit meiner Darstellung, nahm selber den Bleistift zur Hand und korrigierte die Umrisse. Dann gab sie mir den Auftrag abzuschreiben, was auf dem Täfelchen stand. Also kritzelte ich den Text darunter – und kam dabei aus der Verwunderung kaum heraus, denn dort stand, dass Kängurus nur von Pflanzen lebten.

„Fressen sie etwa auch Tulpen, Schlüsselblumen und Sonnenblumen?" fragte ich. „Du weisst doch, sie fressen nur Gras!" erwiderte Tante stirnrunzelnd.

Wenige Tage darauf waren wir wieder im Zoo. Tante eilte vor mir her, eine Liste der Tiere in der Hand, die sie mir zeigen wollte. In raschem Tempo ging es an vielen Gehegen vorüber, auch an denen der Kängurus. Dennoch konnte ich nicht widerstehen und warf einen raschen Blick zu ihnen hinüber. Und da durchfuhr es mich wie ein Blitz! Es mag seltsam klingen, aber genau so war es. Unwillkürlich machte ich einen Luftsprung. Der innere Funke war zur Flamme geworden, die innige Verbindung mit den Kängurus hergestellt! Und so sollte es fortan bleiben.

Anderntags gingen wir bei strahlendem Sonnenschein spazieren. Plötzlich hielt ich im Laufen inne und fing an über die Wasserpfützen zu hüpfen, dass meine Zöpfe nur so flogen. „Känguru, Känguru!" rief Tante heiter, sobald ich mich nach ihr umdrehte.

Heute kann ich sagen, dass meine übergrosse Zuneigung erst dadurch richtig gefördert wurde, dass jemand diese mit Sympathie und Frohsinn begleitete, wie Tante dies tat.

Nun ging es auch in unseren Schulstunden munterer zu, und bei jeder sich bietenden Gelegenheit redete ich über Kängurus. Bald waren Wandtafel, Schulhefte, Zeitungsränder, ja sogar das Trottoir voll von ihren Abbildungen. Durch entsprechende Übung gelang es mir bald, die Darstellung hüpfender, stehender und spielender Kängurus, mit vollem oder leerem Beutel, zeichnerisch zu verfeinern. Bei Spaziergängen hüpfte ich über die Wiesen oder in den Wald, bis Tante mir zurief, ein Känguru sei durchgebrannt und sie müsse heute Abend den Wärter benachrichtigen, denn es springe in den Matten umher... Ich wollte nun alles über dieses Tier möglichst ganz genau wissen. So unterbrach ich einmal unsere Handarbeitsstunde mit der mich brennend beschäftigenden Frage, wieso das Kängurubaby im Beutel so gut versorgt sei und was es da drinnen eigentlich tue. (Ein Thema, an dem ich später einmal wissenschaftlich arbeiten sollte.) Tante starrte mich sprachlos an und überlegte einen Moment. Dann beschied sie mir, ich solle erst die Häkelarbeit beenden, danach werde sie mir etwas zeigen. Meine Spannung wuchs. Sie brachte das seit meiner frühen Kindheit unvergessene „Schmeils Tierleben" und blätterte darin herum, bis sie gefunden hatte, wonach sie suchte.

„Das Junge kommt als winziges Wesen von kaum zwei Zentimetern auf die Welt und wird von der Kängurumutter mit den Lippen von unten (dies erläuterte Tante nicht näher) bis ins Innere des Beutels getragen. Darin saugt es Milch, bis es grösser wird und zum ersten Mal nach sieben Monaten herausschaut."

Fassungslos blickte ich Tante an, ausserstande, das Ungewöhnliche dieses Geburtsvorgangs zu begreifen. Tante zeigte mir nun die Abbildung eines neugeborenen, fötusartigen Kängurus. Wochenlang beschäftigte mich dieses Wunder, denn als nichts Anderes erschien mir die Pflege durch die Kängurumutter.

Ein ferner Kontinent taucht auf

Ich fragte Tante nach dem Herkunftsland der Kängurus, worauf sie, ohne zu überlegen sagte, dies liege in Afrika. Doch beim nächsten Besuch im Naturhistorischen Museum entdeckte ich auf der geographischen Tafel als Heimatangabe eine grosse, scharlachrot markierte Insel, unter der ich las: Australien.

An einem Sonntagmorgen vergnügte ich mich mit Papa am Frühstückstisch. Fröhlich lächelte ich ihn an. Er hob seine Augenbrauen und musterte mich, als ahne er, dass ich etwas im Schilde führte. Nach kurzem Zögern fasste ich mir ein Herz: „Wenn ich in Australien bin, packe ich die Kängurus, streichle sie und füttere sie mit Gras."

Mit zusammengezogenen Stirnfalten sah er mich an: „Du kannst die Kängurus niemals anfassen und streicheln. Sie sind sehr scheu und springen ganz schnell fort!"

„Ich werde ihnen aber nachrennen, vielleicht kann ich sie fangen…", entgegnete ich fest überzeugt.

Eine Bekannte meiner Mutter, die bei uns zu Besuch weilte, erzählte, ihr Vater sei im Jahre 1900 in Australien gewesen, wo er mit dem Handel von Schafwolle zu tun hatte. Er sichtete damals eine grosse Herde Kängurus, die aber rasch verschwand. Bis zu diesem Zeitpunkt hatte ich durch die Lektüre von Abenteuergeschichten den Eindruck gewonnen, Kängurus seien menschenfreundliche und zutrauliche Tiere. Und nun das! Diese Neuigkeiten waren so fremd wie niederschmetternd für mich. Doch damit konnte und wollte ich mich nicht abfinden. Australien blieb mein Traumland, auch wenn eine nahe Begegnung mit den Kängurus nun in unerreichbare Ferne gerückt schien. Hinzu kam, dass die Reisekosten in den Nachkriegsjahren astronomisch hoch waren, so dass all dies vorerst eine schöne Phantasie bleiben musste. Also deponierte ich jeden Geldschein, den ich ersparte, auf der Bank.

Bin ich selber ein Känguru?!

Sommerferien in den Bergen. Tante und ich wanderten am Abbachfall vorbei und weiter hinauf. Während wir auf die schönen Alpwiesen hinunter blickten, fragte ich mich und dann auch Tante, ob ein Känguru wohl dort hinunterhüpfen könne. Lachend erklärte sie mir, dass es wohl in den Tod spränge, da es viel zu steil und zu weit sei. Dass solch eine Einschätzung durchaus trügerisch sein kann, habe ich Jahrzehnte später in Australien erlebt.

Bei uns daheim ging es von der Haustür über eine ziemlich steile Treppe hinab bis zum Gartentor. Infolge meiner geburtsbedingten Gleichgewichtsprobleme war ich hier stets ängstlich und daher besonders vorsichtig, bis Tante eines Tages rief: „Doris, schau! Wie schnell die Kinder hinunter springen! Du machst es zu langsam! Hopp, hopp, geh mit und mach' es so wie sie…!"

Ich sah, dass alle anderen tatsächlich lange vor mir unten angelangt waren. Da, mit einem Mal, fühlte ich den Stachel des Ehrgeizes in mir. Ich wollte und ich würde mit ihnen mithalten! Dadurch innerlich angespornt, begann ich den anderen Kindern nachzueifern. Bald schon gelang es mir, räumliche Hindernisse zu überwinden oder geschickt zu umgehen. Auch mein Tempo war bald so schnell wie das ihre. Beherzt und voller Übermut nahm auch ich nun mit känguruähnlichen Sätzen mehrere Stufen auf einmal den Hang hinunter oder hüpfte waghalsig auf dem Weg ins Dorf über einen kleinen Bach, ohne ins Wasser zu fallen. Sogar Sprünge von einer mehr als einen Meter hohen Mauer oder über die Heustocken während der Erntezeit waren kein Problem mehr für mich!

Zu meinem Geburtstag schenkte mir Tante ein winziges, holzge-schnitztes Känguru. Ich war glücklich und studierte es sorgsam von allen Seiten. Sehr bald schon hatte ich seine Form verinnerlicht, und „schnitzte" nun bei jedem Abendessen Kängurus aus Hartkäse oder knetete sie aus Brot. So entstand eine „Dekoration", die bei meinen Tischgenossen teils Entzücken, teils Missfallen erregte. Bei einem Abendessen verkündete ich plötzlich, dass draussen im Gang zwei Kängurus herum hüpften und stampfte lange mit den Füssen. „Du sollst nicht laut sein." schimpfte meine Mama, worauf ich frech lachend betonte: „Es ist aber doch wahr, die Kängurus hüpfen draus-sen herum!"

Traf ich zufällig auf Kängurubilder oder -geschichten in einer Illus-trierten, so gab ich mir grosse Mühe, meine Erregung zu verbergen. Trotzdem bemerkten es die anderen sofort und machten sich über mich lustig. Das kränkte mich, denn es berührte mein intensives, in-times Empfinden.

Kontakte mit dem Judentum

Es waren ausgelassene und fröhliche Tage, bevölkert von realen und fiktiven Kängurus, ihren Abbildungen und meinen Vorstellun-gen, aber auch konkreten Begegnungen mit ihnen im Zoo. Sogar in meinen Träumen tauchten sie nun auf.

Doch eines Abends brach die schicksalhafte Wirklichkeit des Lebens in unsere Familie hinein, ihre Schatten auch über mich wer-fend. Nach einem Abendessen las meine Mama mit tief ernstem Ge-sicht einen langen Brief, in dem viele Wörter von der Zensur schwarz durchgestrichen worden waren. Sofort bemerkte ich ihre Sorge und fragte sie, worum es ginge. Ganz offen erklärte sie mir, dies sei endlich der ersten Brief ihrer Verwandten aus Holland, die mit Ausnahme meines Grossonkels das Konzentrationslager Bergen-Belsen überlebt hatten und nun völlig mittellos in die Heimat zurückkehrt waren. Mama meinte, sie müsse mit Papa darüber sprechen, wie ihnen zu hel-fen sei. Ich begriff von alldem nichts, zumal ich meinte, der Krieg sei vorbei. Meine Mama bestätigte dies, erklärte mir aber dann in einer für mich verständlichen Ausdrucksweise, dass die Nationalsozialisten Millionen von Menschen in Konzentrationslager verschleppt und dort getötet hatten, in der Hauptsache Juden. Erst durch diese langen, mühevollen Erklärungen wurde mir bewusst, dass auch wir Juden waren. Meine eigene jüdische Identität realisierte ich erst im Alter von elf Jahren. Bis dato war ich sozusagen in einem christlichen „Kokon" aufgewachsen, der vor allem von Tante, ihrer Familie, unseren Dienstmädchen und Nachbarn und natürlich den Pfadis „gewebt" worden war. Dabei hatten auch die Bilder und Dekorationen bei christlichen Festtagen eine grosse Rolle gespielt. Von einer jüdischen Atmosphäre in unserer Familie hatte ich bis dahin nur wenig gespürt, obwohl ich die religiösen jüdischen Riten und Zeremonien bei unseren Verwandten schon gesehen hatte. Doch deren Bedeutung blieb mir zunächst verborgen.

Noch ohne den Sinn des Geschehens zu erfassen, hatte ich mit etwa fünf Jahren etwas erlebt, was mich besonders gefesselt hatte: das allmorgendliche Gebet meines Grossvaters mütterlicherseits. Ich beobachtete ihn, wie er am frühen Morgen aus seinem Schlafzimmer trat, sich den Tallith (Gebetsmantel) umlegte, die Tefillin (Gebetsriemen mit der schwarzen Kapsel) auf seinem Kopf befestigte und den zweiten Riemen der anderen Kapsel um seinen linken Arm wickelte, um dann, mit einer Hand ein noch von den Urgrosseltern stammendes Buch haltend, sich mehrmals zu verbeugen. Von dieser geheimnisvollen Prozedur inspiriert, versuchte ich selber, meinen Kopf und meinen Arm mit Schnüren oder Schuhriemen zu umwickeln...

Jahre später erschien mein Grosspapa eines Tages weder zum Frühstück noch zum Mittagessen, was mir ungewöhnlich vorkam. Zum Abendessen war er wieder da, worüber ich hocherfreut war. Ich fragte ihn, wo er gewesen sei. Er antwortete etwas, das ich nicht verstand. Ich schaute fragend zu Tante, die mir anstelle von „Synagoge", einem für mich noch schwer entzifferbaren Wort, kurz und bündig sagte: „...in der Kirche!" Es muss wohl an Yom Kippur (Versöhnungstag) gewesen sein, einem Feiertag, dessen Sinn mir erst einige Jahre später aufging. Ich weiss auch noch, wie er mir einmal sein Gebetbuch vor die Augen hielt und es mich nicht wenig verblüffte, dass ihm diese merkwürdig fremden Buchstaben des Hebräischen so vertraut waren.

Mama und ich unterhielten uns nun oft über unser eigenes Judentum. Schliesslich beschloss sie, die jüdischen Traditionen daheim wieder mehr zu beleben. Immer wieder – besonders während des Krieges

– war ihr empfohlen worden, sich christlich taufen zu lassen oder gar auszuwandern, und sie fühlte sich ein wenig verloren in einer fast ausschliesslich christlichen Umwelt.

Ein halbes Jahr verbrachte Hanni, eine holländische Verwandte, bei uns. Es waren knapp 8 Monate nach ihrer Befreiung aus dem Konzentrationslager vergangen, und Hanni mit ihren glatten, blonden Haaren war sehr mager und befand sich noch immer in einer kränklichen Verfassung. Doch dank der familiären Wärme und der guten Versorgung bei uns konnte sie rasch genesen.

Wir waren beide 11 Jahre alt, doch einem noch recht unerfahrenen und kindlichen Mädchen wie mir blieb Hannis Trauma verborgen. Ihr Leiden war für mich unsichtbar. Es versteckte sich hinter ihrer Fröhlichkeit und ihrem Lachen. Von meiner Mama gab es oft Schelte, so zum Beispiel verbunden mit dem Hinweis, Hanni sei immer fleissig im Haushalt und helfe überall, während ich unwillig und mürrisch sei. Sehr bald verständigten wir beiden uns ohne Probleme in der Lautsprache, und ich versuchte, auch bei ihr eine Begeisterung für die Kängurus zu erwecken. Sie konnte sich jedoch nicht für diese Tiere erwärmen. Doch bewies sie mir ihre Sympathie, indem sie mir immer wieder mit selbstgedichteten, lustigen Sprüchen über meine „Manie" Freude machte. Einmal, als ich mit Grippe im Bett lag, bekam ich eine Platte mit vielen geräucherten Sprotten, die ich jedoch zurückwies. Da kicherte Hanni und schrieb auf die Wandtafel: „Die Kängurus hätten sicher geschwind alles aufgefressen." Dagegen lernte ich durch sie das jüdische Symbol des Davidsterns kennen. Hanni zeichnete mit mir viele solcher Sterne und schrieb zu meiner allergrössten Freude jeweils hübsch in deren Mitte: „Känguru"!

Bald schon erkannte ich bei Hanni eine religiöse Lebensweise, die es in meiner Familie nicht gab. Wir lebten als assimilierte, nicht als orthodoxe Juden. Tante erklärte mir, dass Hanni am Samstag nicht strickte oder im Haushalt half, weil für sie der Samstag der Sonntag war. Von nun wollte auch ich den Sabbat heiligen und am Sonntag arbeiten. Doch das fiel mir schwer. Ich werde auf diese Dinge später noch ausführlich eingehen.

Als Hanni wieder daheim bei ihrer Familie in Holland war, schickte mich Mama zum Religionsunterricht bei einer jüdischen Lehrerin. Bald schon konnte ich recht gut hebräisch lesen und auch schreiben, jedoch nicht sprechen. Voller Begeisterung bedeckte ich nun alles mit hebräischen Buchstaben, sogar die Schulhefte und die Wandtafel. Vor allem schrieb ich natürlich immer wieder den Namen meines liebsten

Tieres, als wünschte ich, es in meine neu entdeckte Religion irgendwie magisch einzubinden.

Vor meinem ersten Besuch eines Gottesdienstes in einer Synagoge sagte mir Mama, dass wir nun in die „jüdische Kirche" gingen. Doch schon bald prägte sich mir das Wort „Synagoge" tief und fest ein. Drinnen im Gebetshaus fühlte ich mich sofort in vertrauter Umgebung, als ich die Thora, die Thorarollen und die im Tallith betenden Männer erblickte. Das Ablesen der auf die Wände und die Kuppeldecke gemalten hebräischen Buchstaben beseelte mich. Die farbigen, orientalisch gemusterten Fenster liessen mein Herz höher schlagen. Ich liebte es, diesem morgenländischen Volk anzugehören. Allerdings staunte ich sehr darüber, dass hier – wie in allen Synagogen – die Orgel fehlte. Doch spürte ich oft den Gesang des Chores neben der Thora. Die würdevolle Haltung des auf der hohen Kanzel predigenden Rabbiners war Achtung gebietend und machte grossen Eindruck auf mich. Bei den Besuchen der Gottesdienste an jüdischen Feiertagen machte mir Mama leise die Predigten verständlich, die mir tief in die Seele drangen. Hier fühlte ich mich völlig anders als sonst im Alltag: Die Stille, in der ich allein war und das Lesen deutschsprachiger Gebetbücher – ich konnte natürlich nichts vom Vorbeter oder dem leisen Gemurmel der Mitbetenden hören –, all dies war schön und ergreifend und Balsam für meine Seele, und ich empfand in diesen Augenblicken eine grosse Nähe zu allen Kreaturen in Gottes Natur.

An einem Sonntag im Sommer kam mein Papa erhobenen Hauptes auf mich zu und erklärte mir ein wenig pathetisch, dass unser heutiger Zoobesuch ausfallen müsse. Denn in einer Stunde werde Rabbiner Weil mit seiner Frau uns besuchen. Ich solle Mama helfen, im Garten den Tisch für die Getränke und Snacks zu decken. Ausserdem ermahnte er mich, artig zu sein und nicht über Kängurus zu reden, denn, dies betonte er ausdrücklich, diese Leute seien sehr fromm! Überhaupt wurde ich immer wieder dringlich gebeten, die Hausangehörigen und meine Kameraden nicht mit meinen Kängurugeschichten zu langweilen. Zugegeben, dies fiel mir nicht leicht.

Während der Unterhaltung meiner Eltern mit dem Rabbinerehepaar fühlte ich mich durch die Anstandsregeln bedrängt und geknebelt. Im Lauf der Zeit jedoch begann ich mich für diesen Rabbiner zu begeistern, nicht zuletzt wegen seiner schönen Predigten in der Synagoge, die Mama mir übersetzte. Jahre später ermunterte mich Mama, dem Angebot Rabbiner Weils zu folgen und beim Dekorieren der

Laubhütte im Synagogenhof zum traditionellen Laubhüttenfest zu helfen. Nach langem Zögern stimmte ich zu und war anderntags, direkt nach meinem Zoobesuch, dabei um mitzuhelfen. Ich wagte es jedoch nicht, mich beim Rabbiner für den mir möglicherweise anhaftenden „Känguruduft" zu entschuldigen. Konnte der Rabbiner diesen überhaupt wahrnehmen? Hatten die Aromen der Trauben, Nüsse und herbstlichen Blätter diesen übertönt? Jedenfalls lud er mich im Beisein von Mama zum Dank für meinen Fleiss zum festlichen Mittagsmahl in die Hütte ein. Ich wagte kaum einzuwilligen, bis er schmunzelnd sagte: „Ich werde Sie bestimmt nicht fressen!" Dies besiegte meine Hemmungen, und so durfte ich voller Freude und Stolz auf einem „Ehrenplatz" neben dem Rabbiner sitzen. Ob er wohl etwas wusste von meinem Kängurufimmel?

Eines Nachts träumte ich, ich befände mich auf dem Wege zur Synagoge. Da plötzlich spürte ich eine Stimme von oben, die mir sagte, dass es mir streng verboten sei, für die Kängurus zu beten.

Voller Unruhe berichtete ich am folgenden Morgen meiner Mama davon. Doch sie beruhigte mich liebevoll, dass ich für alle Geschöpfe Gottes beten dürfe.

Als fleissige Beterin las ich in der Synagoge viele Seiten des dicken Gebetbuchs. Jedes Mal, wenn ich auf das Wort „Tier" stiess, spürte ich starkes Herzklopfen, das von meinem Traum herrührte. Und wenn ich zu dem von mir besonders tief empfundenen Satz kam: „...die Berge hüpfen wie Widder...", überfiel mich blitzartig ein „Hauch" der Kängurus, so dass mich von Kopf bis Fuss ein Kribbeln durchlief.

Doch irgendwie musste das Wissen um mein besonderes Verhältnis zu den Kängurus vom inzwischen verstorbenen Rabbiner Weil auf seinen Nachfolger übergegangen sein. Ja, es war Rabbiner Adler, der Mama und mich zum Sederabend (Vorabend vom Pessach) eingeladen hatte. Auf dem festlich gedeckten Tisch fand ich an meinem Platz ein kostbares Geschenk, das mich sprachlos machte: Es war eine Brosche in Form eines Kängurus aus schwarzem Email mit eingelegten Opalstückchen. Eine Aufmerksamkeit vom Rabbiner selber! Diese Geste erfüllte mich mit Dankbarkeit, war sie doch Sinnbild für die endgültige Versöhnung zwischen der geliebten Religion und den so geliebten Tieren.

Meinen Eltern wurde meine übergrosse Zuneigung zu den Kängurus irgendwann zuviel, und sie bedrängten mich, meiner Liebe zu diesen Tieren ein für allemal Adieu zu sagen. Doch das fruchtete nichts. Es blieb, wie es war, auch wenn Papa mir immer wieder zu erklären versuchte, dass der liebe Gott noch andere Tiere geschaffen habe, nicht nur die Kängurus...

Vereitelte Brautwerbung

Erste Schreibversuche

Meine intensive Lektüre einfach und verständlich geschriebener deutschsprachiger Bücher hatte zur Folge, dass mich mit sechzehn Jahren eine kaum zu bändigende Schreiblust überkam, die schon Züge einer Schreibwut trug. So begeistert und besessen war ich vom Schreiben, dass ich überhaupt nicht bemerkte, wie ungenügend mein Ausdrucksvermögen noch war, da ich nur auf einen recht geringen Wortschatz zurückgreifen konnte. Ich kaufte mir also ein dickes Oktavheft und schrieb nun mit enormem Eifer an meinem neuen „Hauptwerk", Titel: „Mein Leben mit dem Känguru, 1950/51 verfasst", dessen erstes Kapitel mit dem Satz begann: „Ich war ein fröhliches, gehörloses Landmädchen von 11 Jahren..."

Mein Oktavheft schrieb ich fast voll. Doch alle, die es lasen, – meine Eltern, Tante, die Pfadis und Freundinnen –, wussten mir kaum etwas darauf zu sagen, ausser sich darüber lustig zu machen. Als ich mir einige Jahre später des vermeintlichen Blödsinns bewusst wurde, den ich da zu Papier gebracht hatte, liess ich das Heft irgendwo verschwinden, so dass es beinahe in Vergessenheit geriet. Doch kürzlich fand ich es beim Umräumen meiner Bibliothek zufällig wieder und getraute mich kaum, darin zu blättern, da es ein Gefühl der Peinlichkeit in mir hervorrief. Ich konnte es einfach nicht fassen, wie ich meine Erlebnisse und Empfindungen im elterlichen Hause, in der Schule, bei den Pfadfinderinnen, Erfahrungen mit der jüdischen Religion sowie Träume und Beobachtungen im Zoo, verwoben mit vielen versponnenen Känguru-Sprüchen, hier niedergeschrieben hatte. Die „Diagnose" war klar: Hier war jemand, den das „Kängurufieber" vorübergehend kräftig er-wischt haben musste!

Kampf gegen den seelischen Druck

Auf einem Familienspaziergang fragte mich Papa in aufgekratzter Stimmung, wie lange meine „Känguruliebe" denn noch dauern solle. Ein wenig argwöhnisch gab ich die Frage zurück. Worauf er mir ausführlich erklärte, dass nach chinesischem Glauben eine solch unveränderliche Beziehung über den Tod hinaus bis in die Ewigkeit fortdauern müsse. Ich fühlte, dass er Recht hatte.

Bis heute gehen mir Bilder von Kängurus nach, bei Tag und bei Nacht. Wandere ich durch die Natur, bin ich als Künstlerin so in meine Vorstellungswelten versunken, dass mich nicht selten die Lust überkommt, meiner Phantasie in der Art eines Marc Chagall freien Lauf zu lassen; Kängurus und Esel im Himmel, Löwen in einem schneebedeckten Garten und viele andere freie Gestaltungen tauchen dann vor meinem inneren Auge auf. Atme ich Wald- oder Wiesendüfte ein, vor allem in Verbindung mit fuchsrotem Herbstlaub, steigt mir noch heute plötzlich der Geruch von Kängurus in die Nase, was bewirkt, dass ein wundersam elektrisierendes Gefühl meinen Körper durchströmt. Wie ich herausgefunden habe, entsteht dieser eigentümliche Effekt wesentlich durch ein Duftgemisch von frischem Laub und Humus.

Stets war meine seelische Not gross, wenn meine Eltern oder manche meiner Freunde mich bedrängten, um meine innigen Gefühle für die Kängurus zu stören oder in eine andere Richtung zu lenken. Wie hätte ich ein Leben ohne diese Tiere ertragen können?! Die Beseitigung dieser Gefühle gliche der Entnahme eines wichtigen Elements, ohne das ich meine innere Balance verlöre. Und so geriet ich immer wieder in heftige psychische Turbulenzen, je nachdem, ob die Mitmenschen meiner Beziehung zu den Kängurus Verständnis oder Abneigung entgegenbrachten.

Um mich von allzu grossem seelischem Druck zu befreien, bedurfte es einer Stärkung meines Selbstwertgefühls. Und so sprach ich immer wieder, allen äusseren Hindernissen zum Trotz, ganz bewusst über meine Bedürfnisse und das, was mich bewegte. Am Entspanntesten ging es dann zu, wenn ich mit Mama allein diskutierte, was ich am allerliebsten vor dem Einschlafen tat. Manchmal jedoch verliefen auch diese Gespräche unbefriedigend. So versuchte mir meine Mama eines Abends einzureden, meine Freundinnen, darunter auch Gehörlose, bewiesen ihren Familien gegenüber mehr Pflichtgefühl und nähmen an deren Sorgen und Nöten grösseren Anteil als ich. Dann ergänzte sie lächelnd, für sie sei das Känguru nur mein Spielzeug! „Ich bin nicht weniger gewissenhaft als andere!" rief ich wütend. – ‚Schrei' doch nicht so...!" Erschrocken fuhr meine Mama zurück. Mit Tränen in den Augen starrte ich sie einen Moment lang an. Dann sprach ich weiter, bis mir plötzlich etwas durch den Kopf schoss und ich sie bekümmert fragte, ob ich denn gegenüber Gleichaltrigen in meiner Entwicklung arg im Rückstand sei. „Nein, du bist sicher schon vorangekommen. Aber auf der anderen Seite bist Du noch immer ein grosser Kindskopf." Diese letzten Worte kränkten mich, denn ich fühlte mich im Grunde nicht ernst genommen.

Ein andermal diskutierte ich mit meiner Mama über berühmte Zeitgenossen und fragte sie, ob ich denn nicht mit Kängurus auch einmal berühmt werden könne. Sie verdrehte die Augen und meinte, das sei unmöglich, denn diese Tiere seien nur langweilig. Wohl aber könnte ich mir einen Namen machen, wenn ich behinderten Menschen hülfe, so dass viele Leute über mich redeten. Aber mit Kängurus – nein! – das werde nicht gehen! Dennoch blieb ich fest bei meinen Wünschen, unter denen einer sich immer mehr verfestigte. Wochen danach sprach ich mit Mama über meine Absicht Schriftstellerin zu werden, und dass ich bereit sei, neben der Ausübung meines erlernten Berufes jede freie Minute fürs Schreiben zu opfern. Mein Thema wären – natürlich – Kängurus! Erstaunt und liebevoll lächelnd äusserte Mama, ich sei genau wie Anne Frank, die ja auch vom Weltruhm träumte. Das ermutigte mich.

Zu meinen Vertrauenspersonen für besondere Aussprachen zählten Tante und einige verbliebene Freundinnen. Doch mir war bewusst, dass ich noch mehr Menschen benötigte, die meine Beziehung zu den Kängurus ernsthaft und für lange Zeit mit mir teilen konnten, und ich gewann eine hörende Freundin, Brigitte, die ich beim Skulpturenzeichnen in der Berufsschule kennen gelernt hatte. Mit ihr kann ich auch heute noch von Kängurus und Australien schwärmen. Sie arbeitete gut ein Jahr lang im Basler Zoo bei den Vögeln, bildete sich dann zur Musiklehrerin aus und gab später als Geigerin auch verschiedentlich Konzerte. Aufgrund einiger Karikaturen Geige spielender Kängurus, auf die ich in den Zeitungen stiess, nannte ich sie „Wallaby" (eine kleinere Känguruart), womit ich eine treue und schalkhafte „Gesellin" meinte.

Ein „Befreier" tritt auf den Plan

Während einer Autofahrt teilte mir Mama eine interessante Neuigkeit mit. Mein Onkel in Tel Aviv hatte zufälligerweise die Bekanntschaft eines gewissen Simon gemacht, eines jungen Mannes, der gleichfalls gehörlos war. Als ein vom Militär geschätzter Mechaniker hatte er sich auf die Konstruktion und den Bau von Maschinengewehren spezialisiert. Mein Onkel hatte ihn gebeten, brieflichen Kontakt mit mir aufzunehmen.

Nachhause zurückgekehrt, sah ich, dass ein Kuvert von Simon mich bereits auf dem Korridortisch erwartete. Ohne sonderliche Freude öffnete ich es und las: „…ich weiss nicht, wie Du bist, aber schreib alles von Deinem Herzen, wenn Du grosse Lust hast. Ich bin ein Mann von 26 Jahren mit Humor und Lebensfreude…"

Ich war ein junges Mädchen von gerade einmal 16 Jahren, und die Gefühle, die mich nun überkamen, widersprachen einander auf heftige Weise. Die dominierende Empfindung aber war, dass ich mich auf einen neuen Lebensabschnitt fern der Kängurus vorbereiten müsse.

Ich korrespondierte nun regelmässig mit Simon, schickte ihm Lebensmittelpakete (damals waren Esswaren in Israel knapp und teuer) und erfüllte seine Wünsche nach Veloersatzteilen. All dies tat ich folgsam, ohne dass ich ein Aufflammen von Verliebtheit an mir bemerken konnte. Ich fühlte deutlich, dass er mit meinen Interessen nichts gemein hatte. Auch ein Foto, das er mir schickte, konnte meine Sympathie nicht übermässig wecken. Umgekehrt schienen meine Fotos auf ihn anziehend zu wirken, und er nannte mich hübsch. Mitunter wurde ich von Mama gedrängt, Simon statt über Kängurus mehr von Dingen des Alltagslebens zu berichten, mit denen er etwas anfangen könne. Fast keiner meiner Briefe ging auf die Post, ohne dass Mama ihn durchgelesen hatte. Alles wurde kontrolliert, nicht nur um des korrekten sprachlichen Ausdrucks willen, sondern in erster Linie wegen der Ansichten, die ich vertrat und die Simon nicht verstehen oder nur als lächerlich hätte empfinden können. Durch diese ‚Zensurmassnahmen' fühlte ich mich extrem eingeschränkt und in das Arrangement einer ungewollten persönlichen Beziehung gedrängt.

Gut vier Jahre später, ich war noch nicht 20, hatte mein Ringen um Unabhängigkeit und Eigenständigkeit im Denken und Handeln die Form eines regelrechten Kampfes angenommen. Oft geriet ich mit Mama so in Streit, dass ich mitunter sogar Angst vor mir selber bekam. Einmal, ich fühlte mich vorübergehend von einer gewissen Zuneigung für Simon erwärmt, fragte ich Mama, wie es denn praktisch zu einer Heirat kommen könne. Sie erwiderte, dass er mich fragen werde, ob ich seine Frau werden wolle. Mir wurde angst und bange bei dem Gedanken, was Mama alles unternehmen könnte, um für mich die Gründung einer eigenen Familie anzubahnen. Alles, was ich wollte, war, dass dies meine eigene Angelegenheit blieb. Keinesfalls wollte ich mich durch die Einmischung Anderer in eine unglückliche Ehe drängen lassen. Obwohl ich manchmal ein starkes Verlangen nach traulicher Gemeinsamkeit verspürte, war es für mich jedoch Voraussetzung, dass sich jemand für ein harmonisches Eheleben fand und die künftige Verbindung auf Anteilnahme und gegenseitigem Respekt beruhte.

Andererseits gewann ich durch Simons Berichte aus Israel eine plastische Vorstellung vom „Gelobten Land", das ich sehr liebte. Das, was er über den Eroberungskrieg von 1948 schrieb, ging mir sehr zu Herzen.

Zwischendurch befreundete ich mich in der Berufsschule mit einem hörenden Grafikschüler aus Ungarn. In den Schulpausen trafen wir uns häufig, wobei ich mich immer sehr freute, wenn ich von ihm zuerst begrüsst wurde. Ich musste mich zurückhalten, um meine Gefühle für ihn nicht zu deutlich zu zeigen. Unsere Kommunikation vollzog sich mündlich in beiderseitigem Verstehen, betraf vor allem unser Schulleben und war gewürzt mit Spässen. Er sprach auch über seine Interessen und das Schicksal seines politisch unterdrückten Heimatlandes. Daran nahm ich voll und ganz Anteil und lernte viel Neues. Seine Sympathie für meine Beziehung zu den Kängurus war für mich nicht so wichtig wie die Harmonie zwischen uns, die ich beseligend in mir verspürte.

Daheim erzählte ich von dieser schönen Begegnung, erntete jedoch nicht mehr als ein Schmunzeln. Meine Eltern waren nämlich der Ansicht, eine Gehörlose solle keinen Hörenden heiraten. Zudem sei eine interkonfessionelle Ehe zwischen Juden und Christen nicht ohne Probleme. Nach meinem Abschluss in der Berufschule verlor ich den Ungar aus den Augen, und Mama wurde mir gegenüber nicht müde zu betonen, Simon werde schon gut zu mir sein.

Vier Jahre später. Die Beziehung zwischen Simon und mir schlug erste kleine Funken. Zunehmend unabhängiger und fast befreit von der mütterlichen Kontrolle schrieb ich ihm von meinen Plänen, mich künftig in Israel niederzulassen. Zuerst jedoch wollte ich ein halbes Jahr in einer sozialen Heimstätte in England arbeiten, um meine Englischkenntnisse zu vervollständigen. Ich schrieb, dass ich natürlich neugierig auf die erste Begegnung mit ihm sei, worauf er zurück schrieb, ich solle zuerst zu ihm nach Israel kommen, denn auch er sei neugierig auf mich! Darauf sandte ich ihm die Nachricht, dass ich zunächst auf eine Haushaltsschule in die Ostschweiz ginge, um mit den erworbenen Fertigkeiten auch in einem Kibbuz künftig einsatzbereit zu sein. In diesem Brief erwähnte ich auch die Kängurus etwas ausführlicher, in der Hoffnung, Simon werde sich ein wenig bewegen, um mir auf dieser Ebene entgegenzukommen.

In der Haushaltschule, in der ich als einzige Gehörlose sechs Sommermonate verbrachte, erreichte mich eines Morgens ein Brief Simons, den Mama mir nachgeschickt hatte. Rasch öffnete ich das Kuvert und las: „... Du hast eine Krankheit, es ist eine Sucht nach Kängurus, sie heisst ... (hier folgte eine von Simon erfundene medizinische Verballhornung, an die ich mich nicht mehr erinnere.) Versuche langsam davon wegzukommen, um geheilt in der Zukunft mit mir zusammen leben zu können. Ich will dir das Beste wünschen ...“

Alles begann sich zu drehen, mir wurde schwindlig. Rasch steckte ich den Brief unter mein Kissen. Den anderen gegenüber hatte ich grosse Mühe, meine Niedergeschlagenheit zu unterdrücken und zu verbergen. Die Worte Simons hatten mich so tief verletzt wie nichts in meinem ganzen Leben bis dato. Doch war ich zugleich erleichtert, jetzt nicht zu Hause zu sein, denn mich plagte die Angst vor eventuellen Umstimmungsversuchen seitens meiner Eltern.

Am folgenden Tag schrieb ich ausführlich darüber an Tante, meiner einzigen Vertrauensperson in persönlichen und intimen Dingen, die mich daraufhin beruhigte, dass ich mir unter diesen Umständen keine Sorgen wegen irgendwelcher Heiratspläne machen müsse. Ausserdem sei ein lediger Mensch frei und könne glücklicher leben. (Sie selber war nicht verheiratet.) Das beruhigte mich ein wenig, doch blieb meine Furcht, von den Eltern nach Simon befragt zu werden.

Von mir und meinen Kängurus wusste schon sehr bald jede Schülerin, sogar die Schulleitung und die Lehrkräfte. Sie freuten sich mit mir darüber. Einmal in der Woche durfte eine Schülerin einen Vortrag zu ihrer eigenen Person halten. Als ich in der Lage war, mit fast allen lautsprachlich gut zu kommunizieren, kam auch ich an die Reihe. Voller Begeisterung erzählte ich von meinen Erlebnissen mit den Kängurus im Basler Zoo, worauf mir alle applaudierten! Ich konnte mein Glück kaum fassen, zählte es für mich doch zum Allerschönsten, zum ersten Mal meine starken Empfindungen offenbaren zu dürfen.

Auf Kurzurlaub fuhr ich allein mit Bus und Zug nach Hause. Am Basler Bahnhof gab es einen herzlichen Empfang durch meine Eltern. Meine Ängste bezüglich Simons waren wie weggeblasen. Daheim aber, beim Vieruhr-Tee, sass ich plötzlich wie versteinert am Tisch: Ein Brief von Simon lag auf meinem Teller! Wortlos blickte ich zu Mama, die mir zulächelte und fragte, was zwischen mir und Simon sei. Ich brauchte eine gehörige Portion Überwindung um ihr zu beichten, schon etliche Monate nicht mehr an ihn geschrieben zu haben. Bedächtig öffnete ich den Brief und las die spitzen Worte:

„Liebe Doris, … ich glaube, Du bist jetzt gesünder und ganz geheilt von Deinen krankhaften Gefühlen … Hast Du inzwischen Pläne für Israel und unser erstes Treffen gemacht? … Schreib mir bitte bald wieder …"

Mit einem bedrückten Lächeln, aber gefasst gab ich Mama den Brief zu lesen. Um vom Thema abzulenken, bat ich sie darauf, mein Gesicht anzuschauen und zu prüfen, ob es von den Windpocken, die ich vor nicht allzu langer Zeit gehabt hatte, inzwischen geheilt sei. Sie untersuchte es genau und antwortete schmunzelnd, nun sei es wieder schön und die wenigen Pickel kämen sicher von zuviel Käse oder Nüssen. Sofort begann ich mit meinen Erzählungen auf sie einzustürmen, ohne sie zu Wort kommen zu lassen. Atemlos berichtete ich von Erlebnissen auf der Haushaltsschule, davon, wie man Kuchen und Brot backt, wie man Hafer röstet … und natürlich von meinem ersten „Känguruvortrag!" Gebannt und begeistert hörten meine Eltern zu. Und ohne mich auch nur eine Sekunde zu unterbrechen, teilte ich ihnen zuletzt mit, dass ich mich entschieden hätte, nicht nach Israel auszuwandern! Durch das rasante Erzählen hatte sich in mir so viel Mut angesammelt, dass mir die Bekanntmachung dieses Entschlusses relativ leicht über die Lippen ging.

Glückliche Fügung

Zu meiner Verblüffung wirkte sich mein Entschluss nicht negativ auf die Stimmung daheim aus. Ich hatte Vorwürfe erwartet, doch meine Eltern teilten meine Meinung, nicht zuletzt – das spürte ich sofort – weil sie glücklich waren, mich weiterhin bei sich zu wissen. Insbesondere mein Papa war über diese Wendung der Ereignisse offenbar so beglückt, dass er sich zu allerlei albernen Spässen hinreissen liess.

Während der Zubereitung des Abendessens erzählte ich die ganze Geschichte vom Bruch zwischen Simon und mir. Und wir lachten und amüsierten uns gemeinsam über seine merkwürdigen Ansichten. So wurde mir eine gewaltige Last von den Schultern genommen, und ich fühlte mich befreit. Mama riet mir, ihm in aller Ruhe zu schreiben, was ich auch tat. Eine Antwort bekam ich allerdings nie. Beglückt reiste ich für den letzten Monat zurück in die Schule.

Ich war gerade dabei, Berge von Geschirr zu spülen, als ich auf einmal ein Rasseln spürte. Erschrocken schaute ich auf und sah eine Schar Schülerinnen fröhlich auf mich zustürzen. Sie umringten mich und teilten mir mit, dass die neue Haushaltslehrerin soeben angekommen sei. Sie sei Schweizerin und habe viele Jahre in Australien gelebt. Australien!! – Als dieses Wort auftauchte, war ich so aus dem Häuschen, dass ich die Teller beinah hätte fallen lassen! Die Begegnung mit unserer neuen Lehrerin konnte ich kaum erwarten. Zum ersten Mal in meinem Leben würde ich jemanden sehen, der in Australien gewesen war. Dank dieser Lehrerin, die ich fortan mit meinen Fragen „ausquetschte" wie eine Zitrone, rückte der heiss ersehnte Kontinent langsam näher. Ich fing sogar an, mit ihr Reisepläne für eine noch ferne Zukunft zu schmieden! Da machte es mir nichts aus, wenn sie mich wegen manch vernachlässigter Hausarbeit tadelte. Schwer hingegen fiel mir die Vorstellung, sie schon so bald verlassen zu müssen, denn der Sommerkurs neigte sich dem Ende zu. Zum Abschied schenkte sie mir einige australische Münzen mit aufgeprägten Kängurus. Mama liess eine von ihnen vergolden und überraschte mich damit zu meinem 21. Geburtstag.

Im Herbst 1954 trat ich als Handweberin in mein erstes Arbeitsverhältnis ein. In der Basler Altstadt, beim berühmten Spalentor, gab es einen kleinen Betrieb für Handwebereien in einem hübschen, dreistöckigen Haus aus dem 18. Jahrhundert. Mit Lotti, der Leiterin, stand ich bereits seit Jahren in einem freundschaftlichen Verhältnis. Mit ihr konnte ich perfekt kommunizieren. Den ganzen Tag webte, zettelte, spannte oder spulte ich nun frohen Mutes. Es machte mir auch Spass, vorbeikommende Freunde und Bekannte im Laden selber zu bedienen oder die Schaufenster zu dekorieren. Die Kaffeepausen waren am anregendsten, wenn ich mit Lotti oder den anderen Mitarbeiterinnen plaudern und gelegentlich von „meinen" Kängurus erzählen durfte.
Während der Webarbeit am grossen Webstuhl schaute ich einmal vom Fenster des zweiten Stockwerkes hinunter auf den winzigen Innenhof. Da glitt die Spule mit Webgarn aus meiner Hand und fiel hinab. Ich rannte hinunter und holte sie wieder herauf. Kurz darauf kehrte dies Ereignis als Traum zurück. Mit einer gewissen Bangigkeit teilte ich ihn Mama mit:
„Gerade als ich im Laden am Verkaufen bin, erscheint Simon, der mich mit Vorwürfen überschüttet, mir die Goldkette mit der Kängurumünze abreisst und mich auffordert, mit ihm wegzuziehen. Hilflos flüchte ich die Treppen zum obersten Stockwerk hinauf und stürze mich aus dem Fenster in den Innenhof, um durch den Tod einer unglücklichen Zukunft zu entrinnen. Unten aufgeschlagen, verspüre ich keinerlei Schmerzen und bin offenbar unversehrt. Ich stehe auf und

sehe, dass die Tür nicht mehr vorhanden ist. Vergeblich suche ich den Ausgang, bis ich eine winzige Lücke finde und hindurch schlüpfe. Sofort eile ich hinaus in die weiten, herrlich grünen Fluren…"

Mama fand die ermutigende Deutung, dass mir dieser Traum die Lücke zum Entkommen gezeigt und mir damit den richtigen Weg hinaus in ein freies und glückliches Leben gewiesen habe.

Dora

Wunderbare Berührungen

Ich war 15 Jahre alt, und mein Verlangen ein Känguru zu berühren, einen direkten physischen Kontakt mit einem dieser Tiere herzustellen, wuchs von Tag zu Tag. Doch noch gab es unüberwindbare Hemmungen, die mich daran hinderten. Die Gründe hierfür lagen in den unendlich tiefen Empfindungen, die diese Tiere in mir hervorriefen. Keine andere Tierart vermochte dies. Immer, wenn ich im Basler Zoo die Kängurus besuchte, wurde mein gesamter Körper von einem Zittern übermannt, das so stark war, dass ich es kaum beherrschen konnte. Es war ein sowohl seltsames als auch unheimliches Phänomen, da es wie etwas Fremdes über mich kam und mich seelisch quälte. Einige Male beklagte ich mich darüber bei meiner Mama, worauf sie mich aufzumuntern suchte, indem sie scherzte, dies gehöre nun mal zu einer echten Känguruliebe! Bei anderer Gelegenheit versuchte sie mich so zu trösten: „Die Rosen, die man liebt, haben auch Dornen!"

Meine Hemmung währte so lange, bis ich eines Tages im Zoo auf eine Schulklasse traf. Die Kinder hockten in Scharen vor dem Gitter der Kängurustallungen und streichelten einige der zutraulichsten Tiere. Dieser Anblick übte einen unwiderstehlichen Reiz auf mich aus, und so drängte ich mich nach vorne und fuhr mit zitternder Hand über eines der Felle. Ein beseligendes Gefühl durchströmte mich, und voller Staunen bemerkte ich, wie herrlich weich dieses Fell war, weicher sogar als das einer Katze! Es war eben jener körperliche Kontakt, der meine übergrosse Erregung dämpfte und mein Zittern im Laufe der folgenden Monate ganz verschwinden liess.

Es war eines Sonntags im Antilopenhaus, das auch von einer Kängurugruppe bewohnt wurde, als ich meine Mutter bat, den Tierpfleger Glücki anzusprechen, um ihm von meiner Leidenschaft für diese Tiere zu berichten. Sie willigte ein, und wir unterhielten uns angeregt mit ihm. Dann übersetzte Mama mir, dass Glücki mich überraschen und mir eine besondere Freude machen wolle. Ahnungslos harrte ich der Dinge, die da kommen sollten. Der Tierpfleger kam mit einem zweieinhalbjährigen Känguruweibchen zu mir. Es zappelte kurz, blieb aber dann brav in den Armen Glückis. Es hatte einen hübschen Kopf und sah mich mit lieben Augen aufmerksam an. Ich betrachtete es eine Weile. Dann berührte ich es vorsichtig. Wie staunte ich, als ich erfuhr, dass dieses kleine Geschöpf bereits ein Baby in Mäusegrösse in seinem verschlossenen Beutel trug!

Wenig später begann ich meine regelmässigen Besuche bei einer stattlichen Gruppe neun grauer Riesenkängurus. Mehrmals in der Woche stand ich früh um halb sechs auf, machte mir eilig mein Frühstück, fuhr mit der Strassenbahn nach Basel und lief zum Zoo, der für Besucher bereits ab sieben geöffnet war. Eine knappe halbe Stunde bei den Kängurus reichte mir, ehe ich den zwanzigminütigen Fussmarsch zur Berufsschule antrat. Stets hatte ich Seife und Handtuch in meiner Schulmappe, um mir noch rechtzeitig vor Schulbeginn die Hände waschen zu können. Ich wollte unbedingt verhindern, dass sich im Schulzimmer ein fremdartiger, „tierischer" Geruch verbreitete. Doch nützte dies meist wenig, da meine Kleidung all die unterschiedlichen „Düfte" aus dem Inneren des Antilopenhauses angenommen hatte, in dem neben den Kängurus auch Giraffen, Okapis, Gnus und natürlich Antilopen untergebracht waren. Im Winter, wenn der Zoo erst um acht Uhr geöffnet wurde, opferte ich meine schulfreien Stunden oder die Feiertage für diese Besuche.

Mit Glücki, der das gesamte Antilopenhaus betreute, verband mich bald ein freundschaftliches Verhältnis. Ich mochte den Blick seiner lieben, schalkhaften Augen und sein herzerwärmendes Lächeln. Wir diskutierten eifrig in Lautsprache oder schriftlich über Fragen der Känguruhaltung. Was ich dabei über diese Tiere lernte, schrieb ich in ein sorgsam gehütetes Oktavheft. Hier ein Ausschnitt, mitsamt den Fehlern des Originals:

„Ich ging zum Känguru und brachte dem Wärter Rübli. Ich habe zu Hause Rübli gewaschen, geschält und fein geschnitten, damit es dem Känguru auch gut schmeckt. Es soll kein Schmutz darin sein wegen Würmern in Darm. Ein Okapi war letztes Jahr gestorben wegen Würmern im Darm."

Ich litt unter der Wahnvorstellung, aufgrund eigenen Verschuldens den Basler Zoo eines Tages ohne Kängurus vorzufinden...

Jedes Mal nahm Glücki meine Gaben freundlich, aber nicht ohne verstecktes Schmunzeln entgegen und verteilte sie an die Kängurus. Es war strikt verboten, die Tiere zu füttern. Doch wenn keine anderen

Besucher zugegen waren, überliess mir Glücki Bananen- oder Apfelstücke und sogar Zwiebeln, die ich den Tieren geben durfte. Dass sie auch Zwiebeln mochten, fand ich mehr als erstaunlich. Fortan entnahm ich unserer Küche zu Hause jeweils ein paar Zwiebeln oder kaufte sie gleich pfundweise. Aber bald schon bemerkte ich, dass sich auch mit leeren Händen eine Beziehung zu den Kängurus aufbauen liess.

An einem Sonntag wollte ich meinem Papa die Zutraulichkeit „meiner" Kängurus demonstrieren, indem ich meine Hand durchs Gitter streckte und sie rief. Sie kamen! Erwartungsvoll drehte ich mich zu meinem Vater um. Doch zu meiner grossen Enttäuschung krümmte er sich vor Lachen und meinte nur, keines der Tiere komme wirklich meinetwegen! Ja, er blieb noch lange skeptisch und vertrat die Ansicht, die Begegnungen zwischen mir und den Kängurus seien rein vom Zufall bestimmt, ganz anders als die zwischen Herrchen und Hund! Doch ich verteidigte mich und betonte immer wieder, zwischen mir und den Kängurus bestehe wirklich eine innere Beziehung. Schlussendlich musste auch mein Papa einsehen, dass ich Recht hatte.

Es war nach einem meiner Zoobesuche, als ich daheim beim Essen ganz beseelt von dem mir allerliebsten, noch namenlosen Weibchen erzählte, das ich als erstes hatte streicheln dürfen. Nun bat ich alle, mir bei der Suche nach einem passenden Namen zu helfen. „Doris"! rief Mama heiter. – Ein Känguru mit meinem Namen? – Nein, diese völlige Übereinstimmung gefiel mir nicht. Doch eine Nähe zwischen uns sollte der Name schon ausdrücken, und so taufte ich das Weibchen „Dora".

Zwischen Dora und mir entwickelte sich bald eine festere Beziehung. Die körperlichen Kontakte wurden zahlreicher. Ich streichelte sie, und sie beschnupperte meine Hände. Manchmal betrachteten wir uns auch nur. Von allen Kängurus war Dora wohl das einzige, das im Laufe der Zeit sehr anhänglich wurde, wohingegen die andern sich mir gegenüber zumeist neutral verhielten. Doras auffällige Merkmale waren Kerben an beiden Ohrmuscheln. Glücki erklärte mir, dass dies aus ihrer Kindheit im Beutel herrühre, als ihre Ohren vermutlich von einem älteren Geschwister angeknabbert wurden, das seine Schnauze in den Beutel steckte um zu trinken.

Bald schon konnte ich alle Kängurus mühelos voneinander unterscheiden. Umgekehrt schien auch Dora mich nun gut zu kennen, denn fast immer kam sie direkt auf mich zu, sobald ich mich dem Gehege näherte.

Papa beharrte weiterhin auf seiner Meinung, dass Hunde leichter auf Zuruf oder Befehl folgten als Kängurus. Er blieb auch stur dabei, wenn ich stolz am Familientisch von meiner grossen Vertrautheit mit Dora berichtete. Wir hatten daheim einen grossen, schwarzen Schäferhund, den Papa vergeblich zu erziehen versucht hatte. Beim Essen bettelte er und war auch sonst recht undiszipliniert. Immer wieder musste ich ihn mit wilden Gesten und viel Geschrei zurechtweisen. Papa quittierte dies einmal, halb im Spass, halb im Ernst, mit der Bemerkung, er wolle mit mir in den Zoo gehen und genauso mit Dora verfahren wie ich mit seinem Hund. Zuerst erschrak ich ein wenig, stimmte dann aber in sein Lachen mit ein. Im Grunde aber war mir sehr wohl bewusst, welch gutes und treues Verhältnis sich zwischen Dora und mir angebahnt hatte.

Mitten unter Kängurus

Mein nächster sehnlicher Wunsch war, mich selber einmal unter den Kängurus zu bewegen. Von Professor Hediger, dem Direktor des Basler Zoos, erhielt ich die besondere Erlaubnis, die Innen- und Aussengehege zu betreten. Kaum hatte mich Tierpfleger Glücki zum ersten Mal hineingelassen, stand bereits meine liebe Dora vor mir und versuchte, mit ihren Vorderpfoten Halt an meiner Schulter zu finden!

Vor allem der Geruch von Stoff und Leder wirkte auf Dora sehr anziehend und animierend. Immer wieder beschnupperte sie meine Kleidung oder knabberte an ihr. Wenn wir, wie so oft, Bauch an Bauch geschmiegt beieinander standen, pflegte sie mich auf spielerisch-zärtliche Weise zu kratzen. Keines der andern Kängurus interessierte sich auch nur annähernd so für mich. Doch auch sie hatten ihre besonderen Vorlieben, was mein Äusseres betraf. So konnte es passieren, dass sie es alle plötzlich einzig auf meine Schuhe abgesehen hatten. Ohne mich weiter zu beachten, beknabberten sie dann das offenbar gut riechende Leder, so dass ich Mühe hatte, meine Füsse frei zu bewegen. Manchmal fasste ich eins der Kängurus unter den Achseln und hob es hoch, bis sein Kopf auf meiner Augenhöhe war. Doch meist half dies nicht. Der erhoffte Augenkontakt blieb aus, was mich stets aufs Neue enttäuschte, da mir so die Beziehung zwischen Mensch und Tier weniger echt und glaubwürdig erschien. Doch trug ich selber zur Ursache dieses von mir als Mangel empfundenen Umstandes bei, denn wie ich später bemerkte, hatte ich oft den Fehler gemacht, ganz aufgerichtet zu stehen oder umher zu gehen. Schliesslich bewegte ich mich leicht gebückt, um von der Grösse in etwa einem halbaufrecht stehenden Känguru zu entsprechen. Die gleiche Nasen-Schnauzenhöhe mit ihnen und damit den erwünschten Augenkontakt erreichte ich, indem ich meine Beine stark anwinkelte oder ein Knie auf den Boden setzte und mich so noch kleiner machte. Hatte ich meine Position dann inne, hielt ich mich zunächst meist zurück und streichelte keins der Tiere. Nach einer „Anstandspause" liessen sich die Tiere aber gerne an den für sie selber unerreichbaren Stellen, wie Nacken und Hinterkopf, kraulen, da dies ihrer Körperpflege diente. Auch gelang es mir, meine normalen Laufschritte so ihrem Hüpfen anzupassen, dass sie schon bald von meiner Anwesenheit kaum noch Notiz nahmen, sondern in mir den „Artgenossen" sahen. Das Leben in der Gruppe verlief nun völlig normal und ungestört, ganz so, als sei ich überhaupt nicht anwesend. Die Tiere frassen, kümmerten sich um ihre Körperpflege, ab und an trugen die Männchen ihre Kämpfe miteinander aus. Dies waren ideale Bedingungen für die Beobachtungen, die ich mir vorgenommen hatte.

Alles ging gut, bis mir unwissentlich ein gravierender Fehler unterlief, der sämtliche Kängurus in Aufruhr versetzte. Zu jener Zeit war ich im Umgang mit diesen Tieren noch zu unerfahren und hatte daher die Anzeichen der beginnenden Paarung nicht bemerkt.

So schritt ich eines Tages in leicht gebeugter Haltung um die Gruppe liegender Kängurus herum zu Dora. Da plötzlich sprangen alle wie vom Blitz getroffen auf! Ein junges, gerade ausgewachsenes Männchen kam auf mich zu und schlug mir mit beiden Vorderpfoten heftig ins Gesicht. Eiligst hob ich meine heruntergefallene Brille auf und rannte aus dem Gehege, noch ehe mir Glücki zu Hilfe eilen konnte.

Nach gut einem Jahr hatten meine regelmässigen Besuche im Gehege so ein jähes Ende gefunden. Wenige Wochen nach dem Vorfall wurden die Kängurumännchen wegen jahrelang ausgebliebener Zuchterfolge gegen andere ausgetauscht. Doch die neuen Böcke waren selbst für die erfahrenen Tierpfleger des Basler Zoos nicht ganz ungefählich.

Beutelwäsche
„...ob die Kängurumütter das Kind im Innern ihres Beutels sauber waschen können. Ich habe es noch nie zuvor gesehen und beobachte es heute, am 16. Februar 1950, zum ersten Mal. Ich werde es nie vergessn... Ich war sehr schweigsam und erzählte nicht gerne davon, wie die Kängurumütter ihr Kind im Beutel leckten."

Tief berührt schrieb ich diese Sätze in mein Oktavheft. Es war das erste Erlebnis dieser Art, das mich fesselte und eine starke Emotion in mir auslöste, die erst nach weiteren Beobachtungen etwas nachliess. Es war das Gefühl, Zeuge eines elementaren Vorgangs geworden zu sein. Da ich schon zuvor auf dem Bauernhof oder in Filmen gesehen hatte, wie junge Katzen und Huftiere von ihren Müttern sauber geleckt wurden, beschäftigte mich stets die Frage, ob und wie die Kängurumütter sich ebenfalls um die Sauberhaltung des Beutels samt Winzling bis zu dessen Ausstieg bemühten.

Ich beginne diese Episode mit dem 16. Februar 1950, jenem oben beschriebenen bedeutungsvollen Datum, nur wenige Wochen, nachdem ich Doras erste Mutterschaft mit ihrem noch verborgenen Baby erlebt hatte. Es war an einem föhnig warmen Wintertag, an dem die Kängurus ausnahmsweise ins Freie gelassen werden konnten. Abseits der Gruppe, nahe am Gitter reinigte Dora ausgiebig ihren Beutel samt Baby. Der ungewohnte Anblick ihres stark nach vorn gekrümmten Rumpfes löste bei mir ein heftiges Zittern aus. Im selben Augenblick begriff ich intuitiv, dass die Beutelpflege für das Junge lebenswichtig war. Heute denke ich, dass ich ohne dieses Erlebnis mit Dora vielleicht nie den Durchbruch in meiner Känguruforschung geschafft hätte.

Einen Monat später, es war bereits frühlingshaft warm, und ich freute mich schon auf das bald aus Doras Beutel herausguckende Köpfchen, als ich zu meinem grossen Schrecken bemerkte, dass ihr Beutel ganz flach und offenbar leer war! Sofort erkundigte ich mich bei Glücki, der mir betrübt erklärte, dass das Baby aus Doras Beutel gefallen sei. Nach diesem Unglück fühlte ich mich ausserordentlich niedergeschlagen und reagierte sehr heftig, ja sogar zornig, wenn Mitmenschen meinten, sich über meinen Bericht lustig machen zu müssen. Ich konnte einfach nicht verstehen, dass jemand erleichtert lachte, sobald ihm klar wurde, dass hier nicht ein Mensch, sondern „nur" ein Tier gestorben war. Ich nahm mir fest vor, Glücki nicht weiter zum Verschwinden von Doras Baby zu befragen und das ganze als eines der Geheimnisse der Natur zu betrachten.

Einige Jahre lang getraute ich mich kaum, über die Säuberung des Beutels zu sprechen, denn ich befürchtete, die zum Teil recht drastischen Umstände bei diesem Akt könnten als unappetitlich und abstossend empfunden werden. Und doch handelte es sich dabei um eine lebenswichtige Funktion der Mutter-Kind-Beziehung.

Es war mir unbegreiflich, dass in den zoologischen oder populär-wissenschaftlichen Büchern, die sich mit Kängurus befassten, fast nichts über die Beutelreinigung zu finden war. Auch gab es in Illustrierten keine Fotos von Kängurus, die Beutelpflege betrieben, sondern immer nur prächtige Bilder possierlich aufrecht sitzender Kängurumütter mit drollig aus ihren Beuteln herausschauenden Jungen. Hier wurde einem wesentlichen Punkt offenbar keine Beachtung geschenkt. Ich dachte an Topfpflanzen und ihre wunderbar farbigen Blüten. Niemand würde auf die Idee kommen, sie könnten diese hervorbringen ohne Wasser und jegliche Pflege. Oder ein kleines Menschenkind – wie könnte es heranwachsen und gedeihen, wenn es nicht gewindelt würde? Es erschien mir wirklich sehr merkwürdig, dass von der Sauberhaltung des Beutels und des Jungen in den Publikationen überhaupt keine Notiz genommen wurde. Und plötzlich witterte ich meine Chance. Mich packte der Forschungsdrang.

Dank meiner ungeregelten beruflichen Tätigkeit stand mir genügend Freizeit zur Verfügung, so dass ich mit eingehenden Beobachtungen sofort beginnen konnte, da Dora – nun bereits mehrfache Kängurumutter – und einige andere Weibchen wieder Beuteljunge trugen. Das, was ich sah, dokumentierte ich durch fotografische Bildserien.

Heute rufen meine wissenschaftlichen Veröffentlichungen schöne und aufregende Erinnerungen wieder in mir wach. Besonders stolz bin ich auf meine Aufnahmen der Bewegungsrichtungen während der Beutelreinigung, deren genauen Ablauf ich festhalten konnte. Natürlich war es mir – wie jedem anderen auch – unmöglich zu erkennen, was sich im völlig verborgenen Beutelinnern abspielt. Hier ein Zitat aus meiner Arbeit:

„Erstens ist zu beachten, dass die Kängurumütter die Beutelreinigung im Zeitpunkt der Kotabgabe des Beuteljungen vornehmen. Zweitens ist wesentlich, dass dabei – gemäss Angaben von Herrn Dr. Sharman (Australien) Darmmassage erfolgt. Da die Reinigung im Beutelinneren niemals verfolgt werden kann, muss man sich auf die Beobachtung von aussen beschränken, um Einblick in die Jungenpflege zu erhalten. Von mir beobachtete Kieferbewegungen deuten auf wirkliches Saugen und Schlecken hin, wenn das Muttertier Exkremente direkt von After- und Genitalgegend des Beuteljungen aufsaugt. Während dieses Vorgangs des Reinigens bleibt die Schnauze meistens bis zur Hälfte im Beutel. Der Rücken des Junges liegt – entsprechend seiner Grösse – fest auf dem Beutelfundus. Beim Saugen, begleitet von deutlichen Kieferbewegungen, bleibt der Kopf des Muttertiers meist ganz ruhig im Beutel versenkt, während beim Auslecken verschiedenartige Bewegungen ausgeführt werden."

Und an anderer Stelle: „Ich habe es Dora zu danken, dass sie mir gestattete, ihre äussere Beutelwand zu betasten, um die Lage des Jungen festzustellen."

Später dann, im australischen Freiland, gelang es mir tatsächlich auf wunderbare Weise den gesamten äusseren Beutel zu betasten, während die halbwilde Kängurumutter sein Inneres reinigte. Dabei staunte ich sehr, dass das Junge im Beutel nicht einmal zappelte oder strampelte. Es verhielt sich viel ruhiger als ein Menschenbaby während des Windelns.

Gewöhnlich liegt das Junge mit dem Rücken auf dem Beutelgrund und mit Schwanz und Hinterbeinen der mütterlichen Bauchwand zugewandt. Will es herausschauen, muss es den Kopf samt Oberkörper um 180 Grad drehen.

Die Kängurumutter reinigt ihren Beutel samt Jungem etwa drei- bis fünfmal pro Tag, und zwar zwei bis acht, selten mehr als zehn Minuten lang, Pausen mit eingeschlossen. Niemals streckt sie die Vorderpfoten in den Beutel hinein, um das Junge nicht mit den Krallen zu verletzen. Vor Beginn der Reinigung krümmt sie sich nach vorne, krallt sich mit beiden Pfoten am äusseren Beutelmund fest, zieht diesen auseinander und schiebt die Schnauze dann so tief hinein, dass ihre Augen oft den Beutelrand berühren. Wenn sie die oberen und unteren Teile des Beutelinnern reinigt, sind die Kopfbewegungen des Ausleckens von aussen deutlich zu erkennen. Während der Reinigung hält die Mutter mit einer oder beiden Pfoten die äussere Beutelöffnung fest oder stützt den unteren Teil des Beutels mit den Pfoten.

Während der Reinigungspausen streckt sich das Känguruweibchen wie eine Putzfrau, deren Rücken vom langen Bücken schmerzt. Dabei gähnt sie oder beleckt gründlich ihre Vorderpfoten. Sobald das Junge mit Köpfchen, Pfoten oder Hinterfüssen und Schwanzspitze herausschaut, leckt die Mutter ausgiebig die nun sichtbaren geschmeidigen Körperteile.

Bliebe die Beutelreinigung aus, würde dies ohne Intervention von aussen für das Junge unausweichlich zum Tode führen. Dies bestätigte mein eigenes Forschungsergebnis: Die mich faszinierende Beutelreinigung ist nichts anderes als eine Stoffwechselfunktion, nämlich die Beseitigung des vom Jungen abgegebenen Kots und Harns.

Zum Schluss noch eins meiner schönsten Erinnerungsbilder: Dora liegt in der wärmenden Sonne. Das Kleine schaut aus dem Beutel und streckt der Mutter die Schnauze entgegen, worauf diese sich leicht zu ihm hinabbeugt, mit ihm Mundkontakt aufnimmt und, es zärtlich berührend, mit ihm den Atem austauscht...

Überraschungen

Kann man ein Känguru beim Namen herbeirufen? Normalerweise nicht. Es ist ja kein Hund, hierin hatte mein Papa Recht. Ein Känguru reagiert auf andere akustische Signale. So gebrauchte ich bei Dora zum Beispiel den Ruf „Hallo, da bin ich!" oder „Haha" oder oft auch nur Summtöne. Dies genügte bereits, dass sich sowohl bei Dora als auch den anderen Kängurus die Ohrmuscheln deutlich nach vorn, in meine Richtung drehten. Doch blieb bei den übrigen Tieren eine Folgereaktion praktisch aus. Trudi zum Beispiel bewegte sich selbst auf mehrmaligen Anruf hin überhaupt nicht, obwohl sie nur wenige Meter vom Gitter des Aussengeheges und damit von meiner Position entfernt stand.

Dora dagegen verhielt sich völlig anders. Sie war zu jener Zeit eine kräftige, imposante Kängurufrau, die die Herrschaft über ihre Gruppe innehatte. Überraschenderweise war sie stets die einzige, die verblüffend prompt meinem Ruf folgte, sogar wenn dieser aus einer Entfernung von mehr als fünf Metern erfolgte. Häufig brauchte ich sie aber gar nicht erst zu rufen. Sobald sie meiner gewahr wurde, kam sie sofort auf mich zu, als erkenne sie mich.

Einmal ereignete sich etwas völlig Unerwartetes. Es war in einem kalten Winter, als ich das Antilopenhaus betrat. Vor dem Gitter hatte sich eine so dichte Menschentraube gebildet, dass mir nur eine sehr eingeschränkte Sicht auf die Kängurus blieb. Doch bald schon hatte Dora ihren aufmerksamen Blick auf mich fixiert. Aufgeregt bat ich einige Leute, etwas beiseite zu treten, um ans Gitter zu gelangen. Wie überrascht und entzückt war ich, als Dora mir schnurstracks entgegen kam! Wie hatte sie mein Gesicht unter den vielen anderen so rasch identifiziert? Oder war es nicht nur das Gesicht, das ihr als Merkmal diente? Jedenfalls war keines der anderen Kängurus dazu willens oder in der Lage. Doras Fähigkeiten gingen aber noch weiter. So vermochte sie mich im Aussengehege selbst aus einer Entfernung von zehn bis zwanzig Metern unter den Zoobesuchern zu erkennen, um dann meine Bewegungen auf dem Besucherweg genau zu verfolgen!

Mir lag sehr viel daran mich zu vergewissern, dass Dora nicht nur wegen jener „Liebe, die durch den Magen geht" so anhänglich war. Deshalb hatte ich selten Futter für sie dabei. Ich stellte fest, dass Dora kam, wenn sie wollte. Denn manchmal kam sie auch nicht, auch wenn sie in meinen Händen leckere Bananenstückchen entdeckte. Zweifellos war bei ihr ein echtes Bedürfnis nach einem persönlichen Kontakt mit mir vorhanden.

Während des Fressens oder der Körperpflege war es mir dagegen niemals möglich, Dora zu mir zu locken, desgleichen wenn sie ruhte oder sich der mütterlichen Fürsorge widmete. Doch war es völlig normal, dass sie sich bei ihren natürlichen Aktivitäten nicht stören liess. Dennoch schien Dora meine Anwesenheit genau zu registrieren, was sich daran zeigte, dass sie mich nach Beendigung ihrer „Pflichten" aufsuchte. Auch machte sie stets eine „Extrakurve", um bei mir vorbeizukommen, sobald sie sich vom Futtertrog zum Strohlager oder in umgekehrter Richtung bewegte. Lagen Hindernisse auf diesem Weg, etwa dicke Zweige, so kam sie um diese herum zu mir. Selbst die Anwesenheit vieler anderer Tiere zwischen uns hinderte Dora nicht, sich bis zu mir durch zu drängeln!

Mein allerschönstes Erlebnis mit ihr habe ich in einem Protokoll festgehalten:

„Einmal stand Dora im Stall gut vier Meter von mir entfernt, den Rücken mir zugewandt, putzte sich und schaute zwischendurch über ihre Schulter zu mir. Ich glaubte, es würde eine Weile dauern, bis sie zu mir käme. Also schaute ich in eine andere Richtung. Plötzlich spürte ich eine Berührung an meinem Rücken. Erschrocken fuhr ich zusammen und sah mich um. Da stand Dora, die sich mir unbemerkt genähert hatte und mich mit der Schnauzenspitze stupste!"

Es war für mich wunderbar zu erleben, wie Dora in den Jahren 1963/64 ihr letztgeborenes Junges aufzog: Fast jedes Mal nach der Beutelreinigung kam sie zu mir, ohne dass ich sie rief!

Meine „Unterhaltungen" mit Dora dauerten im allgemeinen zwischen zehn und zwanzig Minuten. „Zeremonieller" Höhepunkt unserer Begrüssung war der Nasenkontakt, bei dem wir eine Zeitlang unseren Atem austauschten. Dies entspricht genau dem känguruspezifischen Verhalten, nur dass bei ihnen die Geruchserkennung einer umfassenden informativen Vergewisserung dient, wie zum Beispiel bei der Bewältigung von Konflikten. Für mich dagegen bedeutete dieser intime und würdevolle Akt der Annäherung eine Bestätigung meiner starken seelischen Bindung an diese Wesen, die wir Kängurus nennen. Im übrigen erlaubte mir Dora nicht nur das Streicheln ihres Körpers, sondern auch das Befühlen des leeren Beutelinneren. So lernte ich dessen innere Form und Temperatur kennen.*

Was das Streicheln oder Kraulen betraf, so war Dora durchaus anspruchsvoll. Unterbrach ich es auch nur für Sekunden, suchte Dora meine Hände und stupste sie an, um mich zum Weitermachen zu animieren.

Nachdem ich wegen der Gefahren, die von den neuen angriffslustigen Männchen ausgingen, gut fünfzehn Jahre auf das Betreten des Kängurugeheges hatte verzichten müssen, wuchs in mir das brennende Verlangen, meine Beziehung zu Dora ohne ein trennendes Gitter zu erneuern. Nach Abklärungen mit Professor Lang, der nun Zoodirektor in Basel war, durfte ich es dann endlich wagen. Doch auf mich wartete eine gewaltige Enttäuschung! Dora verhielt sich mir gegenüber innerhalb des Geheges als kenne sie mich nicht mehr. Nicht einen einzigen Schritt tat sie in meine Richtung. Ich schien ihr fremd. Doch nachdem ich mich wieder vor das Gitter begeben hatte, kehrte etwas von unserer ursprünglichen Vertrautheit zurück. Ich hatte den Eindruck, als fühle sich Dora mir nur dann nahe, wenn uns die Absperrung voneinander trennte. Es ist möglich, dass sie unsere früheren „gitterlosen" Begegnungen einfach vergessen hatte.

Eine wohltuende Abkühlung

Einmal erlebte ich etwas sehr Seltsames, ausgelöst durch das Bedürfnis der Kängurus nach Abkühlung. Es ist eine Eigenart dieser Tiere, sich die Vorderarme und Unterschenkel, manchmal auch die untere Bauchseite, einzuspeicheln. Dies dient der Abkühlung bei grosser Hitze, starker Erregung zur Paarungszeit und bei Konflikten. Es ist klar zu unterscheiden zwischen Körperpflege und Abkühlung. Bei ersterer wird das Fell mit den Zähnen „gekämmt", beziehungsweise beknabbert, im zweiten Fall werden die Gliedmassen mit oder ohne Zungenbewegungen bei starkem Speichelfluss tüchtig befeuchtet.**

Es war an einem sehr heissen und schwülen Juni-Nachmittag, als etliche Tiere, von ihren Paarungsspielen erhitzt, mit dem Einspeicheln

*Mehr als 30 Jahre danach modellierte ich aus dem Gedächtnis einen grossen Beutel aus Ton als Tastfigur für Blinde.

**Ist Wasser in der Nähe, bedienen sich die Tiere nicht selten auch dieser Möglichkeit.

begannen. Diejenigen, die im Schatten der Bäume lagerten, beteiligten sich nicht daran. Gut eine halbe Stunde später, nachdem alle wieder im Stall waren, kam Dora zu mir und trank Wasser aus einem Kübel, der am Ende des Gitters stand. Danach begrüssten wir uns per Nasenkontakt... ja, und dann fing sie an, meine rechte Hand solange zu belecken und mit Speichel zu bedecken, bis diese völlig nass war!

Beim Abendessen erzählte ich voller Stolz von diesem erstaunlichen Vertrauensbeweis, worauf mein Papa mich fröhlich fragte, ob ich nicht lieber meine Arme in der Badewanne unter den Wasserhahn halten wolle...

Noch heute geht mir die Frage nach, wieso Dora mich damals „abkühlte." War es ein Akt der Freundschaft? Oder vielleicht sogar eine Art Gegenleistung für das Streicheln und Kraulen ihres Felles?

Bei der üblichen Körperpflege der Kängurus, hauptsächlich der zwischen Müttern und ihren halbgrossen Jungen, ist oft zu beobachten, wie sie einander das Fell beknabbern oder belecken, eine Prozedur, die zwischen erwachsenen Tieren dagegen höchst selten stattfindet. Bei all meinen Beobachtungen konnte ich aber nicht ein einziges Mal feststellen, dass ein Känguru die Gliedmassen eines Artgenossen einspeichelte.

Was Dora damals mit mir tat, war also gewiss etwas Einmaliges, und ich bin mir sicher, dass es sich dabei nicht nur um das Ablecken meines salzigen Schweisses handelte.

Abschied

Ein sommerlich warmer Tag im Jahre 1971. Strahlender Sonnenschein liess den Zoo in herrlichen Farben aufleben. Eine fröhliche Stimmung lag über allem.

Diese allgemeine Heiterkeit stand in starkem Kontrast zu meiner eigenen Stimmung. Ich war tief traurig. Vor kurzem war ich von meinem ersten Australien-Aufenthalt zurückgekehrt und hatte Dora einen Besuch abgestattet. Die Kängurus befanden sich zu der Zeit zusammen mit den Sumpfantilopen im Freien. Dora hoppelte langsam und beschwerlich direkt zu mir ans Gitter, richtete sich halb auf und betrachtete mich. Voller Sorge und Kummer bemerkte ich ihren altersbedingt schlechten Zustand. Ich streichelte sie und spürte erschreckend deutlich die Knochen unter ihrem Fell. Darauf blieben wir sehr lange beieinander stehen und blickten uns an. In jenem Augenblick spürte ich, dass dies unsere allerletzte Begegnung sein würde. Während ich sie stumm betrachtete, führte ich einen inneren Kampf gegen meine aufkeimende Furcht, nicht zu wissen, wie ich ohne sie leben sollte. Dora blieb noch lange reglos stehen, als ob sie mir sagen wollte: „Ich möchte unser langes, glückliches Verhältnis bezeugen. Dies wird unser endgültiger Abschied sein!"

Am übernächsten Tag sass Mama mit rotem Gesicht und tränenden Augen bei Tisch. Ich traute mich nicht nach dem Grund ihrer Traurigkeit zu fragen, denn ich spürte, dass sich tags zuvor etwas Entscheidendes ereignet hatte. Mama teilte mir mit, dass Dora verstorben sei. Sie war sichtlich besorgt um mich, war ihr doch klar, dass dies für mich einen schweren Verlust bedeutete. Doch ich war tapfer und versuchte meine Gedanken und Vorstellungen ein wenig damit aufzuhellen, dass Doras mit ihren 23 Jahren und 5 Monaten das Alter eines Methusalems unter den Kängurus erreicht hatte, und dass dies genügte, um ganz gewiss erlöst zu werden.

Ein fester Entschluss

Selbststudium

Unser Garten grenzte an ein noch wildes Stück Natur mit hoch aufragenden Bäumen und efeubedecktem Boden. Mitunter liess sich ein Reh blicken. Die Vögel, ob gross oder klein, machten sich oft die Nistplätze streitig. Igel bewegten sich aus ihrem Versteck unterm Holunderstrauch über unseren Rasen. An dessen Rand floss ein Bächlein, reich und wild bewachsen von vielerlei Waldpflanzen, die ich so sehr liebte, dass ich meinen Eltern mit Erfolg verbot, ihn zu „ verschönern". Für mich war es ein wahres Paradies, ein Ort für fesselnde Tierbeobachtungen, die ich fast jeden Tag, mal im Garten, mal vom Bett aus, mit dem Feldstecher anstellte. So schuf ich mir eine gute Basis für spätere intensive Feldbeobachtungen, zum Beispiel die der Murmeltierkolonien im Engadin oder der Gämsen beim Aletschgletscher.

Es war an einem warmen Sommertag – ich sass mit Tante beim Tee auf unserem herrlichen Sitzplatz – als sie meinte, zum Glück hätte ich nicht nur Interesse an Kängurus, sondern auch an all den anderen Tieren, die im Garten und im Wald lebten. Damit hatte sie Recht. Mein Interesse und meine Zuneigung galten der Natur in ihrer ganzen Vielfalt und beschränkten sich nicht nur auf die Kängurus, eine „Spezialisierung", die mir allzu leicht als Spleen hätte ausgelegt werden können.

Einmal nach Feierabend kam Papa in bester Laune zu mir, um zu berichten, er habe von Onkel Fritz im Tessin erfahren, dass ein deutscher Student Kängurus im Zürcher Zoo beobachte und darüber schreibe. Endlich ein Gleichgesinnter! Genau das war es, was ich mir immer gewünscht hatte! Er hiess Karl H. Winkelsträter, kam aus dem Saarland und wurde schon wenige Jahre später Direktor des Zoologischen Gartens in Saarbrücken. Einige Monate danach begannen wir miteinander zu korrespondieren und über Kängurus zu fachsimpeln. Ausführlich berichtete er über seine fehlgeschlagenen Beobachtungen einer Kängurugeburt und über die merkwürdige Angewohnheit der Tiere, sich mitunter die Gliedmassen so ausgiebig zu lecken, bis sie völlig nass waren.

So wurde ich von einem Experten in eine Menge wichtiger Fakten, Fragestellungen und Probleme eingeweiht, was meine Wissbegier weckte. Dies führte schliesslich dazu, dass Mama mir vorwarf, ich solle mich mehr auf die Büroarbeit konzentrieren, statt stundenlang vor dem Kängurugehege im Zoo zu sitzen. Doch ich blieb hart und fest entschlossen. Erneut kam es zu Auseinandersetzungen, in denen sie mir klarzumachen versuchte, dass ich ohne ein Universitätsstudium mit meinen Bemühungen nichts würde erreichen können. Ich war ausser mir vor Wut und Verzweiflung und eilte zu Papa, der mich in seiner heiteren und humorvollen Art tröstete. Doch auch er gab mir die Mahnung mit auf den Weg, mich nicht die ganze Zeit nur mit Kängurus zu beschäftigen.

Für eine Gehörlose gab es damals keine Möglichkeit eines akademischen Studiums, ein sehr bedauerlicher, aber nicht zu beseitigender Umstand. Doch gerade dies gab meinem Willen die erforderliche Festigkeit, nach alternativen Lösungen zu suchen. Es war nicht zuletzt dem starken Ansporn Dr. Winkelsträters zu danken, dass ich den Weg eines Selbststudiums beschritt.

In meiner beruflichen Arbeit war ich keinen strengen Regeln unterworfen. Die mitunter nur stundenweise Tätigkeit als Büroangestellte im Geschäft meines Vaters liess mir ausreichend Zeit für meine Studien. Zudem erhielt ich regelmässig Unterricht von Zoologiestudenten, die von meinen Eltern honoriert wurden. Doch dieser Unterricht befriedigte mich nicht lange, und ich strebte nach einem höheren Lehrniveau.

Ich will auch nicht verhehlen, dass ich manchmal den Eindruck hatte, als Sinnesbehinderte von den Studenten bezüglich meines Lernvermögens nicht immer ganz ernst genommen zu werden.

Schon bald erreichte mich die nächste gute Nachricht von Onkel Fritz aus dem Tessin. Eine junge Zoologin hatte ihn besucht, um sich seine Wollaffenkolonie anzuschauen. Er hatte sie gebeten, mich so schnell wie möglich zu kontaktieren und zu besuchen, damit sie mit mir über die mich besonders interessierenden Gebiete der Zoologie sprechen und mich darin einführen könne. Und so kam es. Sie besuchte mich oft, und wir kommunizierten mühelos. Mit einigen Büchern über die Grundlagen der Tierpsychologie, die sie mir auslieh, spornte sie mich weiter an. Wie besessen las ich die geschenkten, erworbenen oder aus der Universitätsbibliothek entliehenen Bücher und Fachzeitschriften, wobei sich meine Lektüre keineswegs nur auf Känguru-

Themen beschränkte. Mich faszinierte vor allem die Verhaltensforschung mit ihren Studien der Tierwelt, von den Einzellern über die Fische und Vögel bis hin zu den höheren Säugetieren. Hierzu las ich Arbeiten von Forschern wie dem späteren Nobelpreisträger Konrad Lorenz, N. Tinbergen, H. Hediger, A. Portmann, I. Eibl-Eibesfeldt und anderen. So schaffte ich es, nicht zuletzt dank der Hilfe von Dr. Lilly Schönholzer, so hiess die Zoologin, mir ein breit gefächertes zoologisches und ethologisches Wissen anzueignen.

Bei den wilden Rindern am Mittelmeer

Stolz über mein erweitertes Wissen, bemühten sich meine Eltern, ein geeignetes Praktikum für mich zu finden. Bald darauf erhielt ich einen Brief von Professor Lucas Hofmann, einem Basler Zoologen, der eine Forschungsstation in der Camargue nahe der Küste leitete. Er lud mich ein, dort als Volontärin zu arbeiten. So reiste ich im Juli 1958 zusammen mit Tante, die zufällig ihre Ferien in der Nähe verbringen wollte, dorthin.

Anfangs war dort vieles fremd für mich, doch ich fand mich bald zurecht, zumal es etliche deutsch- und englischsprachige Wissenschaftler und Studenten gab. Voller Begeisterung schaute ich beim Vogelberingen zu oder half selbst dabei mit, ging mit hinaus in die bezaubernde Seenlandschaft, um die eingefangenen Vögel aus den Netzen zu holen oder sie nach dem Beringen und den Untersuchungen wieder freizulassen. In derselben Forschungsstation arbeitete auch der Schweizer Zoologe Dr. R. Schloeth. Er studierte das Kampfverhalten und die Rangordnung der in riesigen eingezäunten Revieren lebenden Camargue-Rinder. Rasch fühlte ich mich von seinen interessanten Feldbeobachtungen angezogen, und bald schon kommunizierten wir in langen Gesprächen miteinander. In seinem Studierzimmer zeigte er mir Schreibblöcke voll unleserlicher Bleistiftnotizen über jedes „seiner" Rinder, die er sehr gut auseinanderhalten konnte und von denen jedes eine Nummer hatte. Ich durfte mir verschiedene seiner Tabellen genauer ansehen. Er war es auch, der mich bei ersten praktischen Übungsarbeiten anleitete und mich „hoch zu Ross" mitnahm, was ich als ungeübte Reiterin auch tapfer und klaglos einige Stunden ertrug. Von der erhöhten Warte eines Pferderückens aus beobachtete ich die Rinder und machte mir Notizen. Vor den imposanten Rindern hatte ich überhaupt keine Angst, auch nicht, wenn ich – was oft geschah – ganz allein im Gras sass. Eher schon fürchtete ich die Schwärme stechender Bremsen!

Über zwei Wochen lang bis zu meiner Heimreise absolvierte ich jeden Tag meine drei- bis sechsstündigen Rinderbeobachtungen. Die Zeit in der Camargue insgesamt war viel zu kurz. In meinem grossen Eifer verfasste ich ein langes Resümé, das ich an Dr. Schloeth schickte.

Bald darauf kam seine kritische Antwort. Ich müsse mehr lesen und mehr denken. Er machte mir an einem Beispiel klar, woran es meiner Arbeit mangelte. Was ich bei den Rindern bis dato für ein spielerisches Aufbocken gehalten hatte, bezog sich allein auf den Geschlechtsakt, der mir nicht hinreichend bekannt war. Ich hatte schlichtweg Aufklärungsdefizite! Folglich riet mir Dr. Schloeth, in dieser Angelegenheit eine vertrauenswürdige Person ganz offen zu fragen. Bis heute bin ich ihm dafür dankbar, denn er wies mir nicht nur bei meinen Studien den richtigen Weg, sondern machte mir auch Mut, mich mit dem Sexualverhaltens beim Tier wie auch beim Menschen ausführlich zu beschäftigen.

Australien rückt näher

Mit meinen nun erweiterten Kenntnissen, die ich zu einem Teil auch aus englischsprachigen Texten bezogen hatte, machte ich mich voller Enthusiasmus auf die Suche nach Menschen, die in Australien lebten, möglichst mit Kängurus zu tun hatten und denen die lokale Fauna und Flora vertraut war. Ich bat den Schweizerischen Bund für Naturschutz (heute Pro Natura Suisse) um Adressen entsprechender Organisationen in Australien. Spät erhielt ich ein Antwortschreiben, dem einige Zeitschriften beigefügt waren. Bei der Lektüre dieser Zeitschriften stiess ich zu meiner nicht geringen Überraschung auf die Zeile: „Doris Herrmann from Switzerland, who is very interested in kangaroos, wants to have contact with some people in Australia." Lachend schlug ich mit der Faust auf den Tisch. Die Eltern erschraken, doch blitzschnell schob ich ihnen die Zeitschrift zu und deutete mit dem Finger auf das Gelesene. Als sie auf meinen Namen stiessen, zeigten sie sich hocherfreut und staunten nicht schlecht, dass ich es fertig gebracht hatte, jenem so unendlich fernen Land auf diese Weise ein Stück näher zu kommen. Sie wünschten mir viel Erfolg, mahnten mich aber auch zur Geduld, falls die Antworten meiner Briefpartner länger auf sich warten liessen.

Januar 1959 in den winterlichen Bergen. Gerade war ich bei strahlendem Sonnenschein auf Skiern einen Steilhang hinab gesaust und stieg nun zu Fuss wieder nach oben, als meine Eltern mir fröhlich lachend entgegenkamen. Papa schwenkte einen Luftpostbrief. Aufgeregt nahm ich das Kuvert entgegen und las den Absender. Dann jauchzte ich auf vor Freude: Der Brief war von Geoff Giles, einem Schullehrer aus Morisset in New South Wales, dessen Namen ich jener Zeitschrift entnommen hatte, in der auch mein Name stand. Mein Gefühl sagte mir, dass er die richtige Person für den ersehnten Briefaustausch war. Unweit von Geoffs Haus, so erfuhr ich aus dem Brief, befand sich eine Psychiatrische Klinik, deren zahlreiche kleine oder grössere Pavillons über ein weites, dicht bewachsenes Gelände verstreut lagen. Die Kängurus aus dem nahen Busch betrachteten das Gelände als ihr natürliches Futterreservoir. Zudem wurden sie von den Patienten gefüttert, für die dies eine willkommene Abwechslung war. Doch diese harmonische „Symbiose" hatte auch eine Kehrseite, da die Tiere so zu leichten Zielscheiben für Sportjäger wurden.

Durch unseren regelmässigen Briefwechsel erfuhr ich bald Näheres über Geoff und seine Familie, Tiere und Pflanzen sowie über Geoffs abenteuerliche Reisen quer durch den australischen Busch. All das ging des Nachts in meine Träume ein, und das Fernweh plagte mich mehr und mehr. So sagte ich oft zu Mama, ich wolle bald mit dem Schiff hinreisen, doch sie meinte nur, Träume seien immer schöner als die Wirklichkeit, von der ich nur enttäuscht werden könne. Aber meine Antwort war klar: „Ich reise trotzdem!"

Nach einem längeren, lebhaften Austausch von Briefen und Zeitschriften ebbte die Korrespondenz mit Geoff leider ab, da er sich aus gesundheitlichen Gründen zunehmend einschränken musste. Zwischendurch hatten sich bereits weitere Korrespondenzen angebahnt, so mit Molly O'Neill, einer aktiven Naturschützerin, die sich leidenschaftlich mit Spinnen befasste und Mrs. Beryl Graham aus Sydney. Von Jahr zu Jahr füllten sich meine Mappen mit Luftpost – so wuchs hier ein Stück Australien, das mit jedem neuen Brief für mich anschaulicher und lebendiger wurde!

Das Eis ist gebrochen!

Seit langem hatte mich ein elementarer und bei den Kängurus besonders beeindruckender Aspekt in der Mutter-Kind-Beziehung beschäftigt: das Sauberhalten des Beutels und des Beuteljungen. Ich durchsuchte die Literatur über Beuteltiere nach diesem Thema und stellte fest, dass hier eine grosse Lücke in der gesamten Känguruforschung klaffte. So begann ich 1961 mit intensiven und systematischen Beobachtungen im Basler Zoo. Nachdem ich eine hinreichende Anzahl von Protokollen erstellt hatte, fasste ich die Resultate in einem zunächst provisorischen Aufsatz zusammen, den ich an Professor Hediger, den damaligen Direktor des Zoologischen Gartens in Zürich, sandte. Meine Absicht war, diese Studie später auszuarbeiten, um sie anschliessend zu veröffentlichen. Doch das monatelange Ausbleiben einer Antwort dämpfte meine anfänglich so hochgespannten Erwartungen.

Hatte ich in der ersten Begeisterung einer Jungforscherin mir vielleicht nur eingebildet, den richtigen Einstieg gefunden zu haben? Musste ich jetzt schweren Herzens und in aller Bescheidenheit den Weg zurück in meinen Alltag antreten? Waren am Ende gar all meine Entdeckungen, die ich glaubte gemacht zu haben, bereits gemacht worden? In meinem Selbstzweifel begann ich, meine Studien für wertlos zu halten. Entmutigt liess ich einfach alles liegen, was ich an Arbeit noch vor mir hatte. Ich wusste nicht mehr ein noch aus.

Eines Abends jedoch, als ich aus dem Büro heimkam, traute ich meinen Augen kaum. Unter den vielen Kuverts war eines mit dem Signet des Zürcher Zoos! Zitternd öffnete ich es und las. In heller Aufregung rannte ich in die Küche und gab Mama den Brief. Augenblicke wurden zu Ewigkeiten – so unfassbar erschien mir dies alles, selbst dann noch, als Mama mir voller Freude und Bewunderung zurief, dass ich doch jetzt eine wertvolle Mitarbeiterin sei!

Nun endlich war das Eis bei meinen Eltern gebrochen, auch wenn ich mich hatte gedulden müssen, bis ich von professioneller Seite Anerkennung und Wertschätzung erfuhr. Ich durfte mich nun zu Recht als im Kreis der Känguruforscher aufgenommen betrachten!

Wenige Tage später fuhr ich mit Mama nach Zürich. Das sonnige Maiwetter und die frisch-grüne Landschaft entsprachen meinen aufgewühlten, gärigen, vorwärts drängenden Gefühlen. Ich sollte den Kängurubestand des Zoos selber in Augenschein nehmen und anschliessend – wie abgemacht – Professor Hediger aufsuchen. Er machte mir Mut zur Weiterführung meiner Studien. So fuhr ich mit meiner Arbeit fort, vervollständigte das Manuskript, und es gelang mir, dank der Unterstützung von Professor Lang, dem damaligen Direktor des Basler Zoos, es in einer wissenschaftlichen Fachzeitschrift zu veröffentlichen.

Bereits während meiner ersten regelmässigen Zoobesuche war mir bei den Kängurus ein häufiges Auftreten aussergewöhnlicher, rhythmischer Kontraktionen des Rumpfes mit anschliessenden Kaubewegungen aufgefallen. Als mir klar wurde, worum es sich handelte, eilte ich zu Professor Lang ins Büro und erklärte ihm, unter Zuhilfenahme von Papier und Bleistift, dass dieser Vorgang nichts anderes als ein unechtes Wiederkäuen darstelle! Dies war auch für ihn so erstaunlich und neu, dass er die Sache zunächst kaum glauben wollte. Doch dann forderte er mich auf, ein Manuskript zu diesem Thema abzufassen. Beide Veröffentlichungen (siehe Anhang) wurden in wissenschaftlichen Publikationen der Schweiz, Deutschlands, Australiens und anderen Ländern zitiert. Auch in „Grzimeks Tierleben" wurde diese Art des Wiederkäuens bei Kängurus aufgenommen. Auf solch schöne Anerkennung meiner Feldstudien war ich natürlich sehr stolz!

So hatten sich die Worte meiner Mama „Forschen heisst Neues entdecken!", die ich mir sehr zu Herzen genommen hatte, letztendlich bewahrheitet.

Über all dies berichtete ich Molly O'Neill, die mich mit einem Schreiben Professor G.B. Sharman, einem der bekanntesten Känguruforscher der CSIRO (Commonwealth Scientific Industrial Research Organisation), Wildlife Division Canberra, empfahl. Ihm schickte ich meine Forschungsarbeiten. Nach einem kurzen Schriftwechsel traf ein Telegramm ein, worin es hiess, dass er nach Basel kommen werde. Für mich war es kaum zu fassen, dass dieser auf seinem Gebiet weltberühmte Mann seine allererste Europareise mit einem Abstecher nach Basel verbinden wollte!

Dann war es soweit. In der Halle seines Basler Hotels wartete ich auf ihn. Nach einer Weile kam ein einfach gekleideter Mann mit einem wettergegerbten, freundlichen Gesicht leichten Schrittes die Treppe herunter. In der Hand trug er ein Aktenköfferchen. Wir begrüssten einander und verständigten uns dann angeregt schriftlich auf Englisch. Prof. Sharman liess sich durch meine Behinderung in der mündlichen Kommunikation nicht schrecken, sondern teilte mir seine Ergebnisse der Kängurubeobachtungen geduldig und einfühlsam mit. Dann entnahm er seinem Köfferchen eine grosse Filmrolle. Beim Lesen der Aufschrift schlug mein Puls schneller: Es war der erste Film über eine Kängurugeburt. Er selber hatte ihn gedreht. (Diese Filmaufnahmen wurden einige Jahre später auf der ganzen Welt vor Fachpublikum und zuletzt auch im Fernsehen gezeigt.) Meine Vorfreude stimulierte auch meine Intuition und liess mich eine rasche Antwort auf die Frage finden, wie denn in aller Eile ein Projektor zu beschaffen sei. Wir begaben uns einfach in den Zoo, wo ich Prof. Sharman die Kängurus zeigen wollte. Bei dieser Gelegenheit suchten wir auch Prof. Lang auf, der sofort alle Hebel in Bewegung setzte und ausser meinen Eltern ein paar Professoren vom Chemischen und Zoologischen Institut zur Filmvorführung einlud.

Ich war atemlos vor Spannung. Zuerst war ein Geschlechtsakt Roter Riesenkängurus zu sehen, danach die Geburt. In seiner Grösse und Form an ein „Würmchens" erinnernd, kam das winzige Känguru aus der Geburtsöffnung hervor, befreite sich selbst von der Nabelschnur und schlängelte sich mit Hilfe seiner vorderen Gliedmassen wie eine Eidechse am Bauch der Mutter aufwärts in den Beutel! All dies vollzog sich ohne ein Eingreifen des Muttertieres! Man konnte sehen, dass die vorderen Gliedmassen des Jungen bereits voll ausgebildet waren und kräftig bekrallte Pfötchen aufwiesen, während Hinterbeine und Schwanz noch sehr unentwickelt waren. Wie ich hinterher erfuhr, hatte Prof. Sharman die Kängurumutter ein wenig narkotisiert, um die Aufnahmen besser machen zu können.

Diese einmalige Dokumentation widerlegte auf einen Schlag alle bisherigen Annahmen einer Beförderung des Neugeborenen mittels Lippen oder Vorderpfoten der Mutter. Hier wurde für jedermann offenkundig, dass das Junge ohne jede mütterliche Hilfe, auch ohne vorbereitete Speichelbahn zwischen Geburtsöffnung und Beuteleingang, allein dank seines vollentwickelten Geruchssinnes, in den Beutel gelangt und zu den Zitzen findet. Als Papa an diesem Abend zu mir ans Bett kam und mich mit väterlichem Stolz nach meinem Befinden fragte, konnte ich nur erwidern: „Es ist so enorm viel davon in meinem Kopf." – „Aber Du bist nun berühmt", sagte er. „Prof. Sharman wird auf seiner Weiterreise in die USA bestimmt über Deine neuesten Beobachtungen bei der Beutelreinigung berichten."

An Schlaf war in dieser Nacht natürlich nicht zu denken, zu sehr ging mir dieses Filmereignis nach.

Doch mein Papa sorgte in seiner ganz persönlichen Weise dafür, dass mir das Ganze nicht zu sehr zu Kopf stieg. So bemerkte er in darauf folgenden Zeit ein paar Mal herzlich-freundschaftlich spöttelnd, ich sei nun auf der Jagd nach dem Titel „Dr. h.c. Känguru." – Und in der Tat, die Jagd hatte schon begonnen!

Fünf Känguruköpfe für Doris

Professor Sharman und ich korrespondierten weiterhin über unsere jeweiligen Forschungen. Ich befragte ihn zum Thema Sekretdrüsen und Markierungsverhalten der Kängurus, denn ich glaubte, diese Drüsen müssten unterhalb der Augen zu finden sein. Sharman wandte sich mit dieser Frage an Dr. Roman Mykytowycz, der sich mit den Sekretdrüsen bei Kaninchen und verschiedenen Beuteltieren befasste. Dieser hatte eine zündende Idee und offerierte mir fünf Känguruköpfe mit dem Hinweis, ich möge doch selber nach den Sekretdrüsen forschen! Zunächst erschrak ich nicht wenig, ging dann aber auf seinen Vorschlag ein. Mein Gewissen beruhigte ich damit, dass die übergrossen Kängurubestände ohnehin reduziert werden müssten, um Schäden in der Landwirtschaft zu verhüten. Auch meine Eltern und Freunde sprachen mir Mut zu. Dennoch fühlte ich mich furchtbar bedrückt. Ausgerechnet bei der Feier an Yom Kippur, dem Tag der Versöhnung (auch mit den Tieren), fragte mich Mama in der Synagoge, wann denn nun die Känguruköpfe einträfen! Ich fiel aus allen Wolken. Sofort unterband ich jedes weitere Gespräch über dieses Thema.

Aufgrund bestehender Einfuhrbestimmungen war eine Reihe von Hindernissen zu überwinden. Doch dann, nach gut zwei Monaten Schiffsreise von Australien über Bremen den Rhein hinauf, traf eine Holzkiste im Rheinhafen ein, bestimmt für das Zoologische Institut Basel „zu Händen Doris Herrmann." (Da es nicht erlaubt war, Sendungen mit wissenschaftlichen Materialien an eine Privatadresse zu schicken, war Prof. Adolf Portmann (1897–1982), Leiter des Instituts und bekannter Publizist, mit dieser Adresse hilfreich eingesprungen.)

Vorsichtig hob ich die Gefässe mit den in Formalin konservierten Känguruköpfen – sämtlich ohne Hälse, mit halb geöffneten Augen – eines nach dem anderen aus der Kiste. Dieser Anblick ergriff mich zutiefst. Mir war, als schauten mich alle diese Köpfe mahnend an…

Jedes Gefäss hatte ein Etikett, auf dem die Daten des zu dem Kopf gehörenden Tieres vermerkt worden waren. Ich riss mich zusammen, bemühte mich tapfer zu sein und übertrug die Angaben in eine von mir vorbereitete Tabelle: Herkunftsgebiet, Geschlecht, Körpergewicht des Tieres und anderes mehr. Spontan und bereitwillig halfen mir die Zoologen und Studenten beim Präparieren der Hautgewebe für die mikroskopischen Untersuchungen. Doch all unsere Bemühungen förderten keine Sekretdrüsen zutage! Meine Enttäuschung über das negative Ergebnis hielt sich in Grenzen, hatte ich es doch dieser irrigen Vermutung zu verdanken, dass ich von nun an in festem Kontakt mit Dr. Mykytowycz blieb, den ich von nun an vertraulich „Myky" nannte.

Noch immer kein grünes Licht für das grosse Abenteuer
Monate später kündigte Myky ganz unerwartet an, mit seiner Frau anlässlich einer Europareise in Basel vorbeizukommen! Ich fühlte mich ausserordentlich geehrt. Beim gemeinsamen Mittagessen mit den Mykytowyczs eröffnete ich meinen Eltern und Verwandten meine Absicht, nach Australien zu gehen, um mir irgendwo im Busch oder an der CSIRO-Forschungsstation eine Arbeit in der Känguruforschung zu suchen. Bei meinen Worten wurde Myky nachdenklich. Dann aber hellte sich sein Gesicht auf, und er versuchte mir klar zu machen, dass es nirgends so schön sei wie in „Switzerland". Scherzhaft meinte er, es wäre sicher weniger risikoreich und kostspielig, wenn ich hier bliebe und das Leben der Flöhe unter dem Mikroskop erforschte.

Doch dann begann er, von einem einsamen Ferienort an der australischen Ostküste zu schwärmen, wo man sich ungehindert zwischen halbzahmen, frei lebenden Kängurus bewegen könne. Der Name dieses Ortes war Pebbly Beach. „Wäre das nicht eine Möglichkeit für mich?" rief ich begeistert. „Du solltest Dir nicht zu viele Dinge in den Kopf setzen lassen!" wies Mama mich ab. Aufmerksam schaute ich mir die Gesichter der Anwesenden an, in der Hoffnung, aus deren Mimik etwas ablesen zu können, was meinen Wünschen günstig gewesen wäre. Stattdessen – Mama übersetzte mir alles genau – versuchte uns Myky mit allerlei Warnungen bezüglich der Gefahren der Känguruforschung abzuschrecken. So müsse beim Betreten der Gehege wegen der Angriffslust der Böcke mit Unfällen gerechnet werden. Und im Busch sehe man diese Tiere überhaupt nur höchst selten. Doch nur um sie in den lokalen Zoos zu beobachten, lohne sich eine solche Reise wohl kaum.

Die Ausführungen Mykys und sein Bestreben, meine Australienträume in Luft aufzulösen, deprimierten mich über viele Wochen. Würde ich diesen Kontinent in meinem ganzen Leben denn niemals betreten? Doch trotz meiner Niedergeschlagenheit ging mir der Name Pebbly Beach nicht aus dem Sinn.

Obwohl ich intensiv studierte und meine Beobachtungen im Zoo, aber auch die Büroarbeiten im Geschäft meines Vaters fortführte, vernachlässigte ich meine kunstgewerbliche Tätigkeit keineswegs. Schon 1957 hatte ich mir einen alten, soliden schwedischen Webstuhl beschafft, den ich selber zusammensetzte. Auf diesem webte ich anfangs Leinenstoffe. Später, beim Weben oder Wirken, Flechten und Knüpfen, verfertigte ich Wandteppiche nach eigens mit Wasserfarben oder Kreide entworfenen Vorlagen. Wegen ihrer feurigen Farben zählten abendliche Dämmerungen für mich zu den allerschönsten Motiven. 1964 gewann ich zu meiner Überraschung den dritten Preis beim Basler Kunstkredit-Wettbewerb und zwar mit einem Entwurf einer zwei mal drei Meter grossen Collage aus vielen bunten Seidenpapieren, die einen Sonnenuntergang am Meer darstellte, wie ich ihn auf einer Israelreise erlebt hatte. Auch der Entwurf eines neuen Wandteppichs für ein Basler Spital stammte von mir.

Am liebsten jedoch fertigte ich im Garten Mosaikbilder aus gesammelten und behauenen Steinen. Eines dieser Bilder stellte die Erschaffung der Erde dar, ein anderes die Zellteilung und ein drittes die Spaltung des Atoms. Gelben Bernstein, den ich im Tessin gefunden hatte, verwandelte ich in Sonnenblumen, ein weiteres Mosaik zeigte ein Känguru vor abendrotem Hintergrund.

Im Jahre 1962 trat ich nebenberuflich die Stelle einer Assistentin für Beschäftigungstherapie im jüdischen Altersheim La Charmille an. Dort arbeitete ich zwei Tage in der Woche mit Hochbetagten. Diese Menschen waren – trotz ihrer altersbedingt eingeschränkten sprachlichen Verständigung – mit grossem Eifer dabei, noch einige kunstgewerbliche Fertigkeiten zu erlernen, was ihnen auch mit Malen, Weben und Flechten mehr oder weniger gut gelang. Da meine Chefin beim Weben nicht so viele Kenntnisse besass wie ich, war ich nur allzu gern bereit, ihr zu helfen.

Doch ich webte nicht nur, sondern zeichnete und malte auch an einem Kinderbuch. Den Text dazu lieferte mir eine Tiergeschichte der Aboriginals. Sie hiess „Das lachende Wasser."

Eines Tages kam ich von der Arbeit heim und begegnete Papa an der Haustür. Er war sehr blass. Seine vor etwa einem Jahr diagnostizierte Leukämie machte ihm schwer zu schaffen. Ich sah Tränen in seinen Augen. Aber er lächelte, und es war ein glückliches Lächeln. Ich ahnte, dass es die Vorfreude über die Verwirklichung meiner Projekte war, die er hoffte noch erleben zu dürfen.

„Heute habe ich eine wichtige Nachricht für Dich. Rate mal, was es ist", sagte er. Und dann berichtete er von einem langen Telefonat mit Prof. Lang, dem es zu danken war, dass mein Kinderbuch vom „lachenden Wasser" bald auch gedruckt werden sollte.

Unerwartetes Zusammentreffen

Während meiner Kängurubeobachtungen im Basler Zoo hatte ich eines Tages ein beglückendes Erlebnis, das meine noch immer anhaltende Niedergeschlagenheit ein wenig milderte. Als ich auf meinem Schemel am Rande des Besucherweges sass, die schussbereite Kamera samt Teleobjektiv vor mir auf dem Stativ, erblickte ich einen Tierpfleger, gefolgt von einer jungen, blonden Frau. Er zeigte ihr die von mir erstellten Listen über den Kängurubestand und wies auf die einzelnen Tiere, die er natürlich ebenso gut kannte wie ich. Zunächst glaubte ich, es handle sich um eine Berufsfotografin. Dann blickten die beiden zu mir herüber, und meine Anspannung wuchs so stark, dass meine Konzentration nachliess. Nach einer Weile kamen sie zu mir, und ich begrüsste die junge Frau. Es stellte sich heraus, dass sie Vreni Meyer hiess, Zoologiestudentin war und gerade begonnen hatte, an ihrer Dissertation über das Verhalten der Kängurus zu arbeiten. Wie ich später erfuhr, hatte Prof. A. Portmann von Zoologischen Institut Basel sie bereits auf mich aufmerksam gemacht, was ich sehr rührend fand. Bei den folgenden regelmässigen Treffen gelang uns sehr bald eine mühelose Verständigung. Dieser Gedankenaustausch sollte für uns beide sehr wertvoll werden.

Oft beobachteten wir gemeinsam und diskutierten anschliessend das Gesehene. Es waren wunderbare Stunden, und Vreni und ich wurden enge Freundinnen! Sie erteilte mir Unterricht in Physiologie, Evolutionslehre und anderen Teilbereichen der Biologie. Ausserdem half sie mir bei meinen Vorbereitungen für vergleichende Studien wildlebender und gefangener Kängurus, die ich selbstständig in Australien vornehmen wollte. Ohne eine vorherige sorgfältige Vorbereitung im Zoo war dies kaum möglich. Ich war zuversichtlich, in wenigen Jahren die grosse Reise mit Mama antreten zu können, so wie Papa es sich immer gewünscht hatte. Doch dessen Gesundheitszustand verschlimmerte sich, die Schmerzen quälten ihn zusehends. Er wurde bettlägerig. Für mich waren es die innigsten Augenblicke, wenn ich abends allein bei ihm am Bett sass. Vieles vorübergehend Vergessene aus seiner Vergangenheit lebte nun wieder in ihm, und ich nahm alles in mich auf. Papa erzählte heitere Jugendgeschichten aus Schwabach bei Nürnberg, wo er mit seinen Eltern und drei Brüdern in einem grossen, alten Hause aus dem Jahre 1561 gelebt hatte. Wir sprachen auch über unsere Israelreisen. Ich versank in wehmütige Erinnerungen. Es war auf einer Busfahrt entlang des Toten Meeres bei Sonnenuntergang. Ich sass angeschmiegt an Papa und fühlte mich Gott nahe. Da erlebte er wie in einer Vision den befreiten Zugang zur Klagemauer in Jerusalem! (Der 6-Tage-Krieg sollte ihm Recht geben.) Es war eine grosse und tiefe Nähe zwischen uns.

Bald schon versiegten unsere Gespräche, da man Papa wegen seiner starken Schmerzen Morphium verschrieb, was seine Präsenz erheblich minderte. Trotzdem blieb eine elementare Kommunikation zwischen uns bis zu seinem Tod erhalten. Ab und zu korrigierte Papa sogar noch humorvoll meine undeutliche Aussprache der Silben und zog dabei seine langen, buschigen Augenbrauen hoch, so dass ich eiligst verschwand, um heimlich zu weinen. Eines Abends half ich der Gemeindeschwester Papa aufzusetzen. Dabei betrachtete ich sein abgemagertes Gesicht, strich über die dicken Augenbrauen und sagte ihm, diese seien so hübsch. Freundlich lächelte er mich an. In der folgenden Nacht verschied er, beinahe siebzigjährig, friedlich daheim. Das war im Juni des Jahres 1967. Die Gesellschaft Papas fehlte mir sehr. Nur in meinen Träumen konnte ich sie wiederfinden.

Meine Mutter und ich führten die Geschäfte Papas – den Handel und die Reparatur von Büromaschinen – nun alleine weiter. Ich war stolz darauf, von ihm so viel gelernt zu haben, um zusammen mit Mama auf die Übernahme des Geschäftes gut vorbereitet zu sein. Während Mama für den Telefondienst verantwortlich war und meine Geschäftsbriefe korrigierte, wachte ich über die Preiskalkulation und das Erstellen der Rechnungen. Elektronische Hilfsmittel, wie Fax, Email oder Schreibtelefon gab es damals noch nicht, so dass ich immer wieder auf die Hilfe Mamas angewiesen war. Dennoch ging alles besser als wir geglaubt hatten. Und schliesslich, so betonte meine Mama immer wieder, durften wir froh sein, dass wir uns auf diese Weise unsere grosse Reise nach Australien finanzieren konnten!

Endlich im Land meiner Sehnsucht

Der Traum von der Nussschale

Eins mit dem Wellengang hebe und senke ich mich in wohligem Gefühl, so als wäre ich selber eine Welle. Hinauf geht es und wieder hinab, nach vorn und nach hinten, nach links und nach rechts, bis sich die endlose Weite des Meeres in eine spiegelglatte Fläche verwandelt. Doch dann erheben sich wieder die Winde, und die Wellen rollen aufs neue heran. Ich, ein kleines, tapferes Menschenkind, befinde mich in einem Boot, nicht grösser als eine Nussschale. Mast und Segel sind wie Streichholz und Briefmarke. Die Takelage so fein, als sei sie aus Spinnweben. Ganz allein sitze ich in meinem seltsamen Boot. Auch ich bin kaum grösser als eine Stubenfliege. Gepäck und Proviant liegen gut verstaut in den Furchen meiner Nuss. Selbst der mächtigsten Welle hält mein Schiffchen stand, ohne zu erzittern. Kein Wassertropfen, der hineinschwappt. Durch mein Fernrohr, das so gross ist wie ein Apfelstiel, blicke ich zum fernen Horizont. Doch noch ist das ersehnte Land-der-roten-Erde nicht in Sicht, noch nicht...

Mitten in der Nacht erwache ich aus meinem Traum.

Letzte Vorbereitungen

Unser erster Plan sah eine Schiffsreise nach Australien vor. Dies hätte eine mehr als vier Wochen lange Überfahrt bedeutet, die jedoch viel billiger war als ein schneller Flug. In den sechziger Jahren war der Suezkanal gesperrt, so dass die Schiffsrouten nach Australien über den wesentlich längeren Weg um Südafrika und das Kap der guten Hoffnung führten.

Ein ruhiger Sonntag im Spätsommer. Meine Mama und ich waren im Garten. Sie blätterte in Zeitungen, während ich wissenschaftliche Schriften studierte. Auf einmal krampfte sich mir das Herz zusammen, denn ich dachte an meinen Bruder Peter. Wie würde er so viele Monate ohne uns überstehen? Er befand sich zu dieser Zeit in einer psychiatrischen Klinik im Berner Mittelland und litt unter Depressionen. Die Nachricht vom Tod unseres Vaters hatte ihn offenbar auf unsichtbaren Wegen erreicht. Vielleicht hatte er es gespürt, musste diesem Ereignis jedoch fern bleiben. Für persönliche Mitteilungen fehlte ihm die sprachliche Kommunikation.* Und da er nicht sprechen konnte, um seine Empfindungen oder Gedanken zum Ausdruck zu bringen, war es zu einem seelischen Stau und dessen bedrückenden Folgen gekommen.

Rasch erhob ich mich und lief zu Mama, fest entschlossen, unseren Plan zu ändern und nach Australien zu fliegen, um im dringenden Fall so schnell wie möglich wieder zurück bei Peter zu sein. Keinesfalls, so argumentierte ich, dürften wir uns vor zu hohen Reisekosten scheuen. Immerhin hatten wir in Papas Geschäft gute Einkünfte erzielt, um uns die Reise leisten zu können. Nach kurzem Überlegen stimmte Mama zu.

Ein knappes halbes Jahr verbrachten wir emsig organisierend. Die geschäftlichen Pflichten übertrugen wir währenddessen unseren zuverlässigsten Mitarbeitern. In Zusammenarbeit mit einem Reisebüro wurde alles bestens erledigt. Zu guter Letzt ein fester Händedruck von Mama, der sowohl die Erfüllung eines Versprechens als auch Zuversicht signalisierte: Nun stand unserer Reise nichts mehr im Wege.

Grosse Reise mit kleinen Hindernissen

Ende März 1969 – ich war jetzt 35 – flogen wir mit einer Düsenmaschine über Athen, Beirut, Karachi, Neu Delhi und Bombay nach Perth. Non-Stop-Flüge waren damals noch nicht möglich. Unser erstes Etappenziel war Bangkok, wo wir uns zwei Wochen aufhalten und einen Abstecher nach Kambodscha machen wollten, um die uns aus Zeitung, Film oder Fernsehen bekannte Welt der tausend Tempel mit eigenen Augen zu sehen. Angesichts der allgegenwärtigen Probleme bewegte uns zugleich auch die Sorge um den Frieden in der Welt.

Welch eine atemberaubende, fremde Kultur umgab uns hier! Viele Nächte rang ich um Schlaf, nicht nur der Zeitverschiebung wegen. Es flimmerte nur so vor meinen Augen von all dem Gold der Tempel und Statuen, der aufreizend sinnlichen Farbigkeit der Buddhas und der vielen anderen fremdartigen Figuren. Auf den Tempelvorplätzen tanzten anmutig zauberhafte Thai-Mädchen mit spitzen, goldenen Krönchen. Über die vielen Kanäle, die die Stadt durchziehen, fuhren

*Mein Bruder wurde – genau wie ich – gehörlos geboren.

81

wir mit dem Boot zu schwimmenden Märkten oder ratterten mit Rikschas durch die Strassen. Doch trotz dieser Märchenwelt begann mich die Ungeduld zu plagen: Ich wollte endlich mit meinen Füssen australischen Boden berühren!

Auf einer tagelangen Busfahrt zur Tempelstadt Angkor Vat in Kambodscha fand ich endlich, schon stark erschöpft, erquickenden Schlaf in einem herrlich duftenden Dschungelhotel, das ganz aus Holz erbaut war. Am folgenden Tag, während der Gruppenführungen in den riesigen Tempelanlagen, spazierte ich ein wenig abseits, um in aller Ruhe die wundervollen Friese mit ihren Reliefs zu betrachten und zu fotografieren. Dabei versuchte ich es den abgebildeten Tänzerinnen gleich zu tun und meine Hände und Finger so zu drehen wie sie. Doch es gelang mir nicht. Dann lag ich urplötzlich bäuchlings platt auf den Steinen, den Fotoapparat noch in der Hand! Was war geschehen?! Hatte mich Buddhas Geist zur Strafe für meinen Versuch mit einem kleinen Hieb niedergestreckt? War es vielleicht nicht erlaubt, die heiligen Tanzgebärden nachzuahmen? Gottlob hatte ich mir nichts gebrochen. Verblüfft betrachtete ich meine schmerzende Hand. Der kleine Finger war nun tatsächlich genau so abgespreizt wie auf manchen der Reliefs! Also hatte Buddha mir im Gegenteil sogar geholfen, diese kleine, tänzerische Note korrekt zu treffen! Noch heute habe eine kleine Narbe als Erinnerung an meinen merkwürdigen „Tempeltanz".

In der folgenden Nacht überraschte mich ein schlagartig einsetzender und bis zum frühen Morgen dauernder Brechdurchfall. Ich fühlte mich tödlich bedroht und musste dabei an einen Traum denken, den ich etwa ein halbes Jahr vor unsere Reise gehabt hatte:

Auf einer langen Wanderung im tiefen Wald begegne ich einer Gruppe guter, freundlich gesonnener Waldgeister. Sie nehmen mich in ihren Reigen, und ich tanze mit ihnen. Dann befestigen sie Flügel an meinen Armen und mit schwungvollen Bewegungen erhebe ich mich zwischen den Stämmen empor und fliege wie Ikarus über Wälder, Felder und Berge und zuletzt über das Meer in die Weite eines farbenfrohen fernen Ostens. Dort verfange ich mich aber in elektrisch geladenen Drähten, und ein Stromschlag setzt meinem Leben ein Ende.

Ans Aufstehen war nicht zu denken, da ich total geschwächt war. Doch der Gedanke an Australien hielt mich wach und gab mir innere Festigkeit. Auf Bitten meiner Mama kam ein chinesischer Arzt, zog eine lange Spritze auf, betupfte mich mit einem ziemlich schmuddeligen Wattebausch und gab mir eine Injektion. Schon am nächsten

Morgen war ich wieder gesund und kräftig genug für die weitere, lange Busfahrt! Wirkte die Injektionsnadel nach Art der chinesischen Akupunktur? Oder hatte man mir eine Wunderdroge verabreicht?

Zurück in Bangkok, erlebten wir am Flughafen eine böse Überraschung. Während ich unser Gepäck kontrollierte, bezahlte Mama den Taxifahrer. Ein Gepäckstück fehlte – doch der diebische Taxifahrer war bereits über alle Berge. Die Erregung und das darauf folgende Warten stellten mich auf eine unerträgliche Geduldsprobe. Umso erleichterter war ich, als die Maschine der australischen „Qantas" auf das Flugfeld rollte. Allein schon das Signet dieser Fluglinie, ein grosses Känguru, konnte nur Glück für mich bedeuten! Wohlgemut und sicheren Schrittes betraten wir die Gangway.

Auf australischem Boden

Mitten in der Nacht landeten wir in Perth. Zwei Beamte kamen an Bord und versprühten eine desinfizierende Substanz über den Köpfen der Passagiere, eine übliche Schutzmassnahme gegen etwaig eingeschlepptes Ungeziefer. Nach dieser bittersauren „Ouvertüre" atmete ich beim Aussteigen die milde australische Luft. Ich füllte meine Lungen, und mein Herz schlug heftig. Nun hatte ich tatsächlich meine „zweite Heimat" unter den Füssen; ein lange gehegter Traum war endlich Wirklichkeit geworden!

Beim Zoll wurden unsere Gepäckstücke beängstigend lange und gründlich durchsucht. Mit finsterem Blick fragte uns ein Zollbeamter nach dem Zweck unseres Aufenthalts.

„Wir kommen nur wegen der Kängurus!" erklärte Mama in etwas unbeholfenem Englisch.

Die Miene des Beamten hellte sich auf. „You can stay!" rief er heiter und liess uns passieren.

Nach kurzem und sehr unruhigem Schlaf erwachte ich im Hotelzimmer, gerade als Mama den Vorhang beiseite schob.

„Nun sind wir in Australien!" Ich erblickte einen strahlend hellen Himmel in aussergewöhnlichem Türkis, dieser so typisch australischen Farbe, die ich noch kennen lernen sollte. Noch ein wenig verschlafen, doch selig, lächelte ich Mama an. Unser Aufenthalt im Land meiner Sehnsucht hatte begonnen.

Bei unserem ersten Stadtbummel ersetzten wir die in Bangkok gestohlenen Sachen, darunter als Wichtigstes den Feldstecher. Wenige Stunden später holte uns unser Schweizer Bekannter, der uns für eine

Woche eingeladen hatte, mit dem Auto ab. Er fuhr uns in einen weit abgelegenen Vorort von Perth. Staunend betrachtete ich zum ersten Mal die australische Buschlandschaft in natura, die ich mir bislang nur in meiner Phantasie hatte ausmalen können. Der kräftige Sonnenschein bewirkte ein aufregendes Farbenspiel von Erde, Grasfläche, Bäumen, Sträuchern und landwirtschaftlichen Anpflanzungen Stämme, Äste und Zweige in dieser üppigen Vegetation zeigten einen teilweise bizarr gezackten und winkeligen Wuchs.

Suchend blickte ich hinaus. Vom Rücksitz des Wagens stupste mich Mama und meinte, es habe keinen Sinn, nach Kängurus Ausschau zu halten. Unser Gastgeber hatte einige Tiere kurz vor der Morgendämmerung gesehen. Es enttäuschte mich insgeheim ein wenig, dass man die Tiere offenbar tagsüber nur selten zu Gesicht bekam.

Beim Nachtessen dann sah ich, dass die gesamte Tischgesellschaft wie auf Kommando plötzlich das Essen unterbrach und zum Fenster hin lauschte. Auf meine Frage antwortete Mama, es seien von dort seltsame Laute zu hören. Jemand ging hinaus, um zu sehen, was los war. Dann bedeutete er uns rasch zu kommen. Wir stürzten hinaus. „Pst!" Jemand gebot mit einem Handzeichen Ruhe. Erwartungsvoll starrte ich hinaus, sah aber nur zwei kleine Vogelwesen auf einem Zweig, die komische Bewegungen vollführten. Es waren zwei Kookaburras („lachende Hänse")! Diese Begegnung mit der australischen Fauna gab mir die letzte Gewissheit, mich im ersehnten Land zu befinden.

Tags darauf rissen diese beiden Vögel alle Zweige der jungen Sträucher ab, die Mama als Gastgeschenk gekauft und in das Brunnenwasser gelegt hatte. Wir lachten. Mama rannte in die Küche und holte ein paar Stücke eines von ihr gebackenen, aber misslungenen Kuchens, die sie auf den Brunnenrand legte. Die Vögel flogen herbei, tanzten um den Brunnen herum, planschten spielerisch darin und zerzausten weiterhin die Sträucher, rührten jedoch den Kuchen nicht an. Abrupt entstiegen sie dann dem Wasser, schnappten sich die Kuchenstücke und flogen damit auf den nächsten Telefonmast. Dort angelangt, fingen sie an zu lachen. Davon angesteckt, konnte auch Mama nicht mehr an sich halten. Hatten die „lachenden Hänse" etwa auch bemerkt, dass ihr der Kuchen ganz und gar missraten war...?

Frei lebende Kängurus

An einem der folgenden Tage nahmen uns unsere Freunde am frühen Abend mit auf einen Golfplatz, wo wir Kängurus zu sehen hofften. Dort liefen wir über das grosse, menschenleere Grasareal, bis ich auf einmal auf Känguruspuren stiess. Elektrisiert blieb ich stehen. Den Buschsaum entlang lagen kirschgrosse Kotstücke auf dem sauber gemähten Rasen. Wo aber waren die grossen Hüpfer? Die Dämmerung nahte, doch wir harrten aus. Plötzlich klopfte Mama mir kräftig auf den Rücken, und da sah ich durch meinen Feldstecher, wie sie aus dem Busch traten: Eins, zwei, drei, schliesslich eine ganze Gruppe frei lebender Kängurus! Noch bevor der Himmel sich in ein herrlich glühendes Rot verwandelt hatte, vor dem die Tiere zu schwarzen Silhouetten wurden, hatte das aufregendste Abenteuer meines Lebens begonnen!

„Schau mal, da steht ein Bock! Daneben ein Weibchen! Und dort eines mit vollem Beutel! Die anderen sind Jungtiere! Sie gleichen – bis auf das dunkle Fell – denen im Basler Zoo!" rief ich voller Stolz. Doch in welch grandiosem „Zoo" befand ich mich nun ...!

Enttäuschungen

Im Spass fragte mich Mama, ob wir nun, nach diesem ersten Abenteuer, denn nicht heim fliegen sollten. Enthusiastisch, wie ich nach meiner ersten Begegnung mit frei lebenden Kängurus nun einmal war, bemerkte ich die Scherzhaftigkeit ihres Vorschlags nicht sofort. „Was für eine Idee!? Niemals!", erregte ich mich. Doch dann begriff ich.

Wir flogen vom Westen in den Osten Australiens, genauer nach Sydney. Es war unsere feste Absicht, auf der Suche nach Kängurus ein paar Abstecher in den Busch zu machen, fernab der Millionstädte mit ihren Betonschluchten. Doch von meinen dortigen Brieffreunden erfuhren wir, dass Plätze, an denen man die Tiere mit Sicherheit antraf, sehr schwer zu erkunden waren. Ich fühlte mich irgendwie gekränkt, konnte mir aber den Vorwurf nicht ersparen, eine zu hohe Erwartung gehabt zu haben. Vielleicht war ich überhaupt der einzige Mensch, der sich so inständig, fernab von allem städtischen Treiben, nach Kängurus sehnte? Jedenfalls war ich anspruchsvoll und hatte meine festen Vorstellungen von diesem Land, die entsprechend leicht zu enttäuschen waren. Wie zum Beispiel bei der Easter Show, einer Landwirtschaftsmesse. Dort stand ich verloren unter all den preisgekrönten Bullen, Kühen und Schafen, den gigantischen „Architekturen" und Farbsymphonien der mit Speisefett polierten Äpfel, Birnen, Tomaten und anderen Gemüsesorten. Ich suchte vergebens nach einer für mich „ echten" australischen Atmosphäre. So gab es nicht den geringsten

Hinweis auf Kängurus, ausser einem „Kangaroo" in grossen, dicken Buchstaben auf einem Werbeblatt, das zwischen zerlumpten Zeitungen und Papiersäcken auf dem Boden lag.

Wir verbrachten eine Zeitlang bei Mrs. Beryl Graham, meiner Brieffreundin, und ihrer Familie, die in einem Vorort Sydneys ein Haus mit Garten bewohnte. Sie war eine eifrige Naturschützerin und zudem sehr gastfreundlich. Unter ihrer sachkundigen Führung besuchten wir verschiedene Museen und private Tierparks, wobei Mrs. Graham stets bemüht war, uns durch allerlei nützliche Hinweise Australien vertrauter zu machen. Die herrlich duftenden weissen Ginsterblüten in Wasserschalen, die unsere Nachttische zierten, brachten Mama und mir etwas von jener australischen Atmosphäre, die vor allem ich so vermisste.

In der Forschungsstation

An einem schönen Tag ratterten wir mit der alten Vorortsbahn Sydneys aus dem Häusermeer hinaus nach Cowan, wo uns Professor Sharman erwartete. Dieser nahm uns freundlich in Empfang, und wir fuhren mit seinem Wagen zu der von ihm geleiteten Forschungsstation im australischen Busch. Dort zeigte er uns die Laborgebäude und führte uns durch das Koala-Gehölz, das ein zwei Meter hoher Zaun aus Holz, Draht und Blech umschloss, ein für die kleinen Bären unüberwindliches Hindernis. In diesem Gehölz konnte man sich ganz ungestört auf einen langen Entdeckungsbummel begeben und mit den dort hausenden handzahmen Kängurus in Berührung kommen. Wir bewunderten die vielfarbigen Pilze, die jedoch nicht unsere Sammelleidenschaft erregten, da sie uns gänzlich fremd waren.

In Begleitung Professor Sharmans betraten wir die Gehege verschiedener Beuteltierarten. Mit scharfem Blick kontrollierte er die Kängurus und befühlte sie gegebenenfalls, um sich Klarheit über ihren Gesundheitszustand zu verschaffen. Die untersuchten Tiere liessen dies widerstandslos über sich ergehen. Bei den Roten Riesenkängurus demonstrierte er uns die wahre Körpergrösse eines Männchens, von der ich zuvor keine konkrete Vorstellung gehabt hatte. Der Professor öffnete die Gittertür und trat unmittelbar vor das Tier hin. Im Nu richtete sich dieses auf und überragte dabei mit seinem Kinn den Kopf des Professors! Der stürmte sofort aus dem Gehege und schloss die Türe. Aufs höchste erregt, bäumte sich das Männchen nun noch höher auf, warf seinen Kopf weit nach hinten, bis man nur noch die breite Brust sah. Dann streckte es seine mächtigen, muskulösen Arme gen Himmel, als wolle es ungeheure dämonische Kräfte beschwören! Dieser Anblick hatte etwas Entsetzliches und liess mich erschauern!

Drinnen im Gehege bei den Wallaroos (Bergkängurus) setzten wir uns sofort nieder, um die Tiere nicht zu irritieren. Diese Art ist etwas kleiner als das Riesenkänguru und besitzt ein dem rauen Klima der felsenartigen Hügellandschaft angepasstes buschiges Fell. Bei grosser Hitze ziehen sich die Tiere in kühle Höhlen zurück. Sie sind in der Lage, tagelang ohne Wasser auszukommen.

Mit geübtem Griff packten Professor Sharman und seine Helfer einige der Tiere und steckten jedes in einen Jutesack. Sorgsam stülpten sie dann die Sackränder um, damit die Bauchseite der Tiere freilag und sie das Beutelinnere kontrollieren konnten. Bei einem Tier war der Beutel leer, bei einem anderen fand sich ein ungefähr fünf Zentimeter grosses, rosafarbenes Junges, das noch an der Zitze haftete. Bei einem dritten entdeckte man eine Geschwulst, vermutlich eine Zyste, in der Beutelöffnung. Professor Sharman meinte, dies müsse sofort operiert werden.

Er nahm den Sack mitsamt der „Patientin" über die Schulter und ging. Wir folgten ihm. Plötzlich hob Mama mein Kinn in die Höhe. Wahrhaftig, da oben hockten ein paar Koalas behaglich auf den Astgabeln und glotzten uns auf erheiternde Weise nach. Dann erschrak ich nicht wenig, als ein Emu unsere Verfolgung aufnahm. Doch die Helfer beruhigten das Tier und versicherten uns, wir bräuchten keine Angst vor diesem doch immerhin recht grossen Laufvogel zu haben.

Im Laboratorium wurde der Sack mit dem Wallaroo sanft auf den Boden gesetzt. Professor Sharman zog behutsam den dicken Schwanz hervor und tastete mit dem Daumen nach der Vene am Schwanzansatz. Dort injizierte er ein Narkosemittel, das bald zu wirken begann. Rasch packte ich die Kamera aus und fotografierte die operative Entfernung der Geschwulst im Beutel sowie das Zunähen der Schnittwunde. Anschliessend wurde das Tier wieder ins Gehege gebracht, wo es bald aus der Narkose erwachte.

Obwohl ich in der Forschungsstation selbständig meine Beobachtungen machen konnte, war Cowan jedoch nicht der geeignete Ort für meine Studien. Ich spürte Enttäuschung in mir aufsteigen. Hatte Myky damals in der Schweiz vielleicht doch Recht gehabt mit seinen Bedenken? Wo würde ich einen besseren Platz für meine Freilandbeobachtungen finden? Ich war niedergeschlagen und weinte des Nachts aus Verzweiflung bei dem Gedanken, die Reise könne sich am Ende als Fehlschlag erweisen.

Bin ich bei den „Kannitverstan"?
Mit meinem Englisch gab es so einige Schwierigkeiten. Als ich einmal in einem Restaurant ein Glas Orangensaft verlangte, wurde ich von der Kellnerin trotz mehrmaliger Wiederholung nicht verstanden. Ergrimmt zog ich meinen Stenoblock, kritzelte das Wort drauf und bekam das Gewünschte. Es machte mich ein wenig schwermütig, in Australien von niemandem verstanden zu werden, so als befände ich mich im Land der „Kannitverstan"! Mit einigen Engländern zuvor hatte es viel weniger Verständigungsprobleme gegeben. Mama erklärte mir, dass auch sie Schwierigkeiten habe. Es lag wohl an dem etwas groben australischen Akzent. Für mich war es praktisch unmöglich, diesen Ableger des Englischen zu erlernen. Mama dagegen gewöhnte sich innerhalb weniger Wochen daran. Demzufolge befiel mich auch jedes Mal eine unerträgliche Schwere, wenn ich wieder einmal auf die Hilfe Mamas angewiesen war. Doch zum Glück wendete sich alles schon nach kurzer Zeit zum Besseren.

Eines Abends überraschte uns mein Brieffreund Geoff Giles, ein fröhlicher Mann mit einem kleinen Bart. Er kam zu Beryl, aber nicht auf Besuch, sondern um uns mit dem Auto nach Morisset mitzunehmen, das 250 km nördlich von Sydney mitten im Busch liegt. Natürlich waren wir Feuer und Flamme!

In der weiten Buschlandschaft dunkelte es langsam. Bald konnten wir die Umrisse der Bäume und Sträucher nicht mehr wahrnehmen. In stockfinsterer Nacht hielt Geoff irgendwo mitten im Busch. Mehr stolpernd als gehend bewegten wir uns ein kleines Stück durch die Dunkelheit, bis wir Lichter sahen, die aus den Fenstern eines Holzhauses fielen. Es stand auf Sockeln und bot genügend Platz für Geoffs grosse Familie. Als wir dann im Schein der Lampe beim späten Nachtmahl sassen, lernte ich sie alle näher kennen: Yvonne, die temperamentvolle, liebe Frau Geoffs, mit der ich mich schon bald gut verständigte sowie ihre vier Söhne.

Alsbald verschwand der Jüngste, kehrte mit Papier und Bleistift zurück und stellte mir in unbeholfener Kinderschrift die Frage, ob ich mich darauf freute, am morgigen Tag die Kängurus zu sehen. Es war phänomenal, wie rasch er meine Situation begriffen hatte.

Am nächsten Morgen in der Frühe wurden wir durch plötzliche Erschütterungen des Hauses aus dem Schlaf geschreckt. Unsere Betten erzitterten leicht, doch dann erinnerten wir uns, dass wir von Geoff am Abend zuvor auf diese Störung vorbereitet worden waren. Es waren Possums, mardergrosse Beuteltiere, die morgens von den

Bäumen auf das Wellblech heruntersprangen und diesen „Kanonendonner" erzeugten. Von dort aus krochen sie unters Dach, wo diese Nachttiere tagsüber schliefen. Jede Nacht, nach Einbruch der Dunkelheit, sassen sie in den Bäumen vor der Küchentür und warteten auf Rübli, Äpfel und Toast, liessen sich aber nicht anfassen.

Im Morgengrauen fuhr uns Geoff hinaus zum Rande des Busches. Die ersten Sonnenstrahlen fielen schräg durch die Bäume auf das zarte Grün der Blätter und die hellbraunen Felle der Kängurus, die jetzt wie von überall her auftauchten. Geoff ging auf sie zu, und sie hüpften ihm entgegen. Man konnte sie von Hand füttern, jedoch nicht streicheln. Einige trugen Junge im Beutel. Selbst ein mannsgrosser, dank seiner Scheu jedoch völlig ungefährlicher Bock nahm von uns das Brot an. Als die Tiere merkten, dass alles verfüttert war, fingen sie an zu weiden. Dann klatschte Geoff ein paar Mal in die Hände – und alle Tiere verschwanden wieder im Busch, als letzter der Bock, der einige Male stehen blieb und sich nach uns umblickte. Es war wie das Ende einer Theatervorstellung.

Über eine Woche lang lief ich allein morgens und abends durch die Spitalanlagen oder am Rande des Busches entlang, wo die Kängurus einzeln oder in Gruppen weideten. Tagsüber, wenn sich die Tiere im Busch aufhielten und unsichtbar blieben, genoss ich ausgiebig die Zeit, mir die bezaubernde Umgebung anzusehen, in welcher die etwa zwanzig Pavillons lagen. Die Szenerie wurde belebt durch eine reiche Vogelwelt. Papageien, Rosellas und Sittiche in grellbunten Farben gab es hier zuhauf, manchmal auch lachende Kookaburras. Den Macquariesee, der direkt an die Anlage grenzte, bevölkerten schwarze australische Schwäne sowie Tausende von Enten. Am Uferrand, auf Ästen oder Felsbrocken hockten Kormorane, auf Beute aus dem See wartend oder die ausgebreiteten Flügel in der Sonne trocknend. Dicht über der Wasseroberfläche schossen unzählige Schwalben hin und her, Möwen segelten hoch über ihnen, und Pelikane zogen mit schwerem Flügelschlag vorüber. An den Bachmündungen im hohen Schilf hielten sich grellblau bis violett getönte Mooshühner so gut verborgen, dass auch das geübte Auge Mühe hatte, sie zu entdecken. Es gab einen hölzernen Steg, an dem die Patienten nach Lust und Laune angeln konnten. Dieses Naturparadies trug viel zum Wohlbefinden der Nervenkranken bei. Sie genossen die ihnen gewährte Freizügigkeit, machten weite Spaziergänge oder trieben Sport.

Die Impressionen gingen mir sehr ans Herz, dachte ich doch dabei an meinen Bruder Peter. So stellte ich mir vor, wie es wäre, wenn auch er in einer solch paradiesischen Umgebung lebte, statt apathisch zwischen grauen, freudlosen Wänden ausharren zu müssen.

Oft fuhren wir mit Geoff auf einer Strasse, die sich wie eine Achterbahn wand, in den grenzenlos erscheinenden Busch. Aber wir machten auch Ausflüge zu den Sümpfen und grossen Seen mit ihren kleinen Inseln. Geoff erklärte uns, man könne dort auch auf Kängurus stossen, da die Tiere oft zu den Inseln hinüber schwömmen.

Einmal stiegen wir zu einer grossen Höhle hinauf, in der wir einen leeren Adlerhorst direkt neben einem winzigen Singvogelnest fanden. Es schien, als hätten beide hier friedlich nebeneinander genistet und ihre Jungen aufgezogen. Andächtig in stiller Betrachtung verbrachten Geoff und ich eine kleine Ewigkeit in der Höhle.

Als ich wieder ins Licht trat, glaubte ich mich in einen Traum versetzt. Vor mir lag eine unendlich weite, menschenleere, vom Grün des Eukalyptus dominierte Ebene. Am Horizont erhoben sich grauviolett die Hügelketten. Voller Erregung betrachtete ich die wunderbaren Farbenspiele am Himmel, die ich so in der nördlichen Hemisphäre kaum je gesehen hatte. Es war ein kräftig blauer Himmel, „dekoriert" mit zierlichen Schäfchenwolken. Ich war ergriffen vom Anblick dieses gewaltigen Panoramas.

Just in dem Augenblick drang plötzlich der unverkennbare Geruch von Kängurus in meine Nase!* Doch die Tiere blieben unsichtbar. Wo also steckten sie? War ich vielleicht selber das einzige Känguru hier am Ort? Nein, nein, das alles war gewiss bloss eine Einbildung. Halb berauscht und leicht beschwingt von diesem merkwürdigen Cocktail aus Sinneseindrücken und Gedanken hüpfte ich unwillkürlich den Weg vom Hügel hinab.

Wieder nach Sydney zurückgekehrt, quartierten wir uns für einige Wochen in einem kleinen Hotel mitten in Kings Cross ein. Von dort fuhr ich mehrere Male allein mit der Fähre zu ganztägigen Aufenthalten in den Taronga-Zoo. Hier lernte ich verschiedene Arten Kängurus, Wallabies (Zwergkängurus) und andere Beuteltiere näher kennen. Mit meiner Mama besuchte ich Dr. Straham, den Direktor des Zoos und übergab ihm ein Empfehlungsschreiben von Professor Hediger.

---

*Die Fähigkeit, diese Tiere auch aus der Entfernung zu „wittern", muss mir irgendwie im Blut liegen. Wer weiss, was für ein seltsames, vielleicht sogar genetisches „Vermächtnis" durch meine Adern fliesst? – Aber ehrlich gesagt, bin ich mir nicht sicher, ob es sich dabei nicht um mein besonders lebhaftes und ein wenig trügerisches Erinnerungsvermögen handelt.

„Ich wusste, dass Sie kommen würden. Professor Hediger hat es mir auf einem Kongress in Nairobi erzählt."

Ich war sprachlos vor Freude und Stolz. Mama freute sich mit mir. Nun war es Dr. Straham, der uns mit seinem Auto zu einer Rundfahrt durch den Zoo mitnahm und uns ausserdem einlud, zusammen mit Prominenten der Neueröffnung des Platypus-(Schnabeltier-)Hauses beizuwohnen. Dort wurden wir sogar von einem Fernsehteam gefilmt, erschienen aber später leider nicht auf dem Bildschirm.

Das nächste Etappenziel unserer Reise war Canberra. Am Flughafen erschien gänzlich unerwartet und zu unserer grossen Freude Myky, der uns nach einer kurzen Stadtbesichtigung zur CSIRO-Forschungsstation brachte. Die dort arbeitenden Forscher, die mir vom Namen her bekannt waren, führten uns durch ein Gelände mit zahlreichen Kängurugehegen und gaben uns zu allem sehr detaillierte Informationen. Mama musste mir so manches übersetzen, war aber selber bei manchen Fachausdrücken ziemlich unsicher, was mir wiederum ermöglichte helfend einzugreifen.

Auf einem Gang durch verschiedene Anlagen für experimentelle Beobachtungen traf ich auf Dr. Frith, den Leiter der Forschungsstation. Dieser verstaute gerade ein junges Känguru in einem Jutesack, lud es auf seine Schulter und hiess mich mitkommen. Im Labor steckte er das Tier mitsamt etwas Heu in einen kleinen Käfig. Dann informierte er mich über den gesamten Umfang seiner Arbeiten. Ich fühlte mich zu sehr gehemmt, um ihn mit meinen Fragen in Anspruch zu nehmen. Doch war ich sehr froh, bei seinen Experimenten zusehen zu dürfen, eine Erfahrung, die mir das Verständnis bei der Lektüre so mancher Fachzeitschrift erleichterte.

Myky zeigte jetzt viel Verständnis für meine Wünsche und Sehnsüchte. So schlug er vor, uns in den nächsten Tagen nach Pebbly Beach an die Ostküste zu bringen. Pebbly Beach! Da war er wieder, jener Name, der für mich über all die Jahre eine geradezu magische Bedeutung erlangt hatte!

Die Fahrt ging hügelauf und hügelab durch riesige Felder, Schaf- und Rinderweiden, auf denen spärliche Büsche wuchsen. Durch die schweren weissen und grauen Wolkenballen brach immer wieder grell die Sonne hindurch. Bei einem kurzen Zwischenhalt in einer Kleinstadt kauften wir Lebensmittel, da es im Busch nicht jeden Tag frische Ware gab.

Nach einer endlos langen Fahrt ging es schliesslich in Kurven bergab, und plötzlich öffnete sich vor uns ein überwältigender Blick aufs Meer. Unweit von Batemans Bay erreichten wir die Küstenstrasse, eher ein Weg, auf dem der Wagen holperte und hüpfte, so dass wir gehörig durchgeschüttelt wurden. Schwere, tief hängende Wolken verdunkelten das struppige Buschland und tauchten es in ein unheimliches Licht. Es war, als würde der Weg zwischen den zahllosen gekrümmten, gewundenen und zerborstenen Stämmen, dem Labyrinth zwirbeliger und miteinander verwobener Äste und Sträucher nie enden. Viele der Bäume waren von anderen Pflanzen überwuchert worden, etliche vom Russ früherer Buschfeuer pechschwarz, und manche Stämme hatte das Feuer völlig ausgehöhlt. Ein Wind erhob sich, es begann zu regnen.

Endlich tauchten die ersten Vorboten einer Lichtung auf. Dann eine Abzweigung und ein hölzerner Wegweiser: PEBBLY BEACH!

Pebbly Beach

Die Lichtung der Kängurus

Etwas unterhalb des Weges lag eine Sandbucht mit ein paar Wiesen, auf denen einige wellblechgedeckte Schuppen standen. Diese winzige, friedliche Siedlung, die aus kaum mehr als einem Dutzend Hütten bestand, war Pebbly Beach. Vor einem Gartentor hielt Myky. Hinter dem Gewirr wilder Sträucher und meterhoher Pflanzen war das Haus kaum zu erkennen. Ein Hund schoss bellend und schwanzwedelnd auf uns zu. Ihm folgte eine schlanke Frau mit kurzem, glattem und graugetöntem Haar. Sie musterte uns durch ihre Brille und zeigte sich erfreut, als Myky uns vorstellte. Frau Schwallbach – so hiess unsere Gastgeberin – bat uns in die Küche. Dort liessen wir uns an einem grossen Tisch nieder, während sie Kaffee zubereitete. Tessy, ihr dunkelbrauner Hund, kroch unter den Tisch und schmiegte sich fest an meine Knie. Während wir herrlich duftenden, mit Honig gesüssten Kaffee tranken, besah ich fasziniert das Interieur des Hauses. Die Küche war ein echtes Museumsstück, originalgetreu ausgestattet mit vielen alten, sauberen Kochgerätschaften. Der Herd mit seiner Holzfeuerung glich dem aus der Zeit meiner Grossmutter im 19. Jahrhundert. Hier jedoch war er äusserst sinnvoll, denn die Stromversorgung war problematisch und erfolgte über einen kleinen, ölbetriebenen Generator, der sich in einem halbverfallenen Schuppen befand. Durch einen Türspalt bewunderte ich die weissen Spitzenvorhänge in der Wohnstube, die einen Hauch altrussischen Ambientes erahnen liessen.

Draussen regnete es noch leicht. Angetan mit dunkler Pelerine, Stiefeln, auf dem Kopf den Hut eines Wildhüters, so machte sich Frau Schwallbach auf, das Kerosin für den Kühlschrank in der von uns gemieteten Hütte nachzufüllen. Wir folgten ihr. Mitten auf dem kurzen Weg stellte sie die Kanne auf den Boden, klatschte in die Hände und rief:

„Call Roos! Call Roos! Here are two girls!"

Ich blickte mich um – und war überwältigt: Unzählige Kängurus standen halb geduckt unter einem grossen, föhrenähnlichen Baum, der ihnen Schutz vor dem Regen bot. Ich war selig! Die Tiere liessen sich ohne weiteres von uns berühren. Mama bekannte später, noch nie in ihrem Leben ein so strahlendes Gesicht gesehen zu haben wie meines in jenen Augenblicken!

Etwas wehmütig dachte ich an Papa und unser misslungenes Gespräch damals beim Frühstück, als er ziemlich rigoros gemeint hatte, nie würde ich jemals mit halbwilden Kängurus in Berührung kommen.

Vom ersten Augenblick an fühlte ich mich Frau Schwallbach seelenverwandt und dies nicht allein, weil sie eine grosse Zuneigung zu den gleichen Tieren besass wie ich. Vielmehr waren es ihre aussergewöhnliche Persönlichkeit, ihr Charisma und eine alles überstrahlende Güte, die mich anzogen, und die ich bis dato kaum erlebt hatte. All diese Eigenschaften kristallisierten sich in ihrem Lächeln, das von einer tiefen Freundlichkeit war. So nahm ich es auch nicht krumm, dass unsere mündliche Verständigung etwas holprig und nicht ganz einfach war. Also schrieben wir alles auf.

Um es vorweg zu nehmen: Pebbly Beach sollte zu einem entscheidenden Bezugspunkt meines Lebens werden. Diese kleine, unscheinbare Siedlung am Rande des Pazifiks wurde zu einem Symbol der Besinnung und des inneren Reifens, einem Ort, an dem meine Seele zur Ruhe kam. Ein einziger Aufenthalt dort – und es sollte derer noch viele geben! – oder auch nur der Gedanke daran halfen mir stets auf geheimnisvoll diskrete Weise in mancher schwierigen und mitunter ausweglos erscheinenden Lebenssituation. Pebbly Beach lehrte mich, meine tiefsten Empfindungen zu verstehen und so mein Selbstvertrauen zu stärken, das Bild, das ich von mir und von den anderen hatte zu ergänzen und zu erweitern. Dadurch veränderte sich auch mein Weltbild immer wieder ein wenig aufs Neue.

Dieser unscheinbare kleine Ort war aber auch für australische Verhältnisse eine Rarität. Dass er überhaupt so hatte entstehen können, war allein der Widmung, der Hingabe in der täglichen Arbeit und der unbeirrbaren Zielstrebigkeit Frau Schwallbachs zu danken.

Das Leben unserer Gastgeberin

Eines Tags zeigte uns Frau Schwallbach schwere, lederne Fotoalben mit Bildern und anderen Zeugnissen ihres Lebens, das im vorrevolutionären Russland begonnen hatte. Da gab es Eindrücke aus den Städten St. Petersburg und Moskau, aber auch vom Landleben. Zu den Erinnerungsstücken an ihre erste Zeit in Australien, wo sie seit 1927 lebte, zählten unter anderem vergilbte Zeitungsausschnitte mit Inseraten für das Kaffeehaus, das sie damals mit ihrem Mann in Kings Cross, einem Stadtteil Sydneys, betrieben hatte. Natürlich enthielten die Alben auch Fotos von Pebbly Beach, ihrem späteren, endgültigen Wohnsitz.

Angetrieben von Neugier, Abenteuerlust und vor allem Lebensfreude waren die Schwallbachs die ostpazifische Küste entlang vagabundiert, bis sie auf eine bezaubernde Bucht mit einem wunderschönen Fleckchen Erde stiessen. Sie fanden nichts vor, ausser den Überresten eines bereits vor dem 2. Weltkrieg verlassenen Sägewerks und der ihm angeschlossenen Verladestelle.

So wurde Pebbly Beach 1946 von den Schwallbachs wiederentdeckt! Sie pachteten das Gelände, um einen kleinen Ferienort aufzubauen. Mit einem Lastwagen, vollgeladen mit dem Allernötigsten, fuhren sie sechzehn lange Stunden von Sydney hierher. (Heute benötigt man für diese Strecke knapp fünf Stunden.)

Der Anfang war mühsam und beschwerlich, da alles per Hand den damals einzigen Zugang, einen schmalen Buschweg, hinuntergeschafft werden musste. Zelte wurden aufgestellt und mit allerlei Hausrat ausgestattet. Materielle Hilfe für die Schwallbachs brachten die enormen Fangerträge an Fischen und Schalentieren, die sie auf dem Markt verkauften. Am felsigen Teil der Küste befanden sich mehrere vom Meerwasser durchströmte natürliche Bassins, wo Meeresfrüchte ohne Schwierigkeiten ‚geerntet‘ werden konnten.

Zu den Zelten gesellten sich bald schon kleine Holzschuppen, die als Lagerräume dienten. Schliesslich errichtete man einen Kiosk für den Verkauf von Produkten des täglichen Bedarfs, die aus Bateman's Bay, der nahe gelegenen Kleinstadt, angeliefert wurden. Doch noch fehlte es an ausreichenden Wasserreserven. Zum Sammeln des Regenwassers wurde deshalb auf einem offenen Abstellplatz ein grosses Wellblechdach auf vier Pfählen errichtet, über dessen leichte Giebelschräge das Wasser auf beiden Seiten durch breite Rinnen in einen Tank abfliessen konnte.

Dieser Platz diente jedoch nicht nur zum Abstellen der Autos, Werkzeuge, Baumaterialien und Futterkisten, sondern war auch eine beliebte Zufluchtstätte der Kängurus, wenn es regnete.

Für ihre Versorgung mit Milch und Eiern hielten sich die Schwallbachs zwei Kühe, sowie eine Anzahl Hühner und Enten.

Anfangs hatte man, wie schon erwähnt, in Zelten gelebt. Dann bauten sich die Schwallbachs mit Helfern ihr erstes geräumiges Haus am Buschrand. Dieses Haus steht heute noch. Bald entstanden einige Hütten, jeweils auf niedrigen Betonsockeln knapp einen Meter über dem Boden stehend, jede mit zwei Wassertanks und einer Duschkabine versehen. Warmwasser zum Duschen wurde in einem Holzofen erhitzt.

Kängurus waren in Pebbly Beach zu jener Zeit noch nicht anzutreffen. Der breite Buschstreifen an der Küste, in dem man diese Tiere früher abgeschossen hatte, wurde jedoch zum Nationalpark erklärt, zu dem damit auch automatisch die Siedlung gehörte. Etwa um 1958 tauchten die ersten, zunächst noch recht scheuen Kängurus am Rande des kleinen Ortes auf. Diese Tiere weckten nach und nach das Interesse Frau Schwallbachs, und so versuchte sie, durch regelmässiges Füttern den neugierigen Tieren mehr und mehr Vertrauen einzuflössen, was ihr mit viel Geduld und Hingabe auch gelang. Bis die Tiere sich berühren liessen, brauchte es natürlich einige Zeit.

In den folgenden Jahren strömten immer mehr Kängurus in die Siedlung. Aus den einst völlig wilden wurden allmählich sehr zutrauliche Tiere. Obgleich ihr selber die Zeit für eingehende Beobachtungen fehlte, wusste Frau Schwallbach doch sehr gut und ausführlich über die Tiere zu berichten. So hatten sich anfänglich nur junge, weibliche Tiere gezeigt, zu denen sich erst einige Zeit danach Kängurumütter mit Beutel- bzw. Folgejungen* gesellten.

Pebbly Beach wurde zu einem Anziehungspunkt für grosse Teile der lokalen Tierwelt, denn einige Zeit später tauchten die ersten Rotnacken-Wallabies auf, äusserst scheue Tiere, die sich regelmässig morgens und abends am offenen Abstellplatz ein Stelldichein gaben und dort wie närrisch herumtollten. (Dies tun sie noch heute.) Dass Wallabies aber auch einem Imker vorzüglich zur Hand gehen konnten, war mir neu...

Nun, die Schwallbachs hatten einem Imker erlaubt, während der Eukalyptusblüte seine Boxen am Buschrand aufzustellen. Nachdem der Honig ausgeschleudert worden war, goss der Imker den erhitzten Rest in Blechbehälter, damit sich das Wachs abscheiden konnte. Sobald der Inhalt hart geworden war, stülpte er jeden der Behälter auf ein langes Brett. Das Wachs war nun unten, und zuoberst befand sich jeweils eine Schicht aus Blättern, Blüten und sonstigen Teilchen, ver-

---

*Jungtiere, die nicht mehr in den Beutel einsteigen, aber noch etwa acht Monate an ihre Mütter gebunden sind.

mischt mit ein wenig Honig. Diese Schicht musste fein säuberlich abgekratzt werden, was eine sehr zeitraubende Arbeit war. Da geschah etwas Unglaubliches: Die Wallabies begannen an einem der umgestülpten Behälter zu schnüffeln und knabberten dann die ganze, ihnen offenbar schmeckende schwarze Schicht ab. Dann warteten sie ungeduldig, bis der nächste Behälter an der Reihe war.

Eines Tages weihte der Imker Frau Schwallbach in dieses „Geheimnis" ein. Als sie mit eigenen Augen sah, wie die „Wallaby-Heinzelmännchen" sich stracks an die Arbeit machten, um das Wachs zu säubern, war auch Frau Schwallbach erstaunt und sehr beeindruckt.

Der plötzliche Tod ihres Mannes bedeutete für sie jedoch keineswegs Vereinsamung. Denn da waren weiterhin ihre Feriengäste und nicht zuletzt die Tiere. Zum Beispiel Andy, ihr Hund, der die Kühe auf der Weide hütete und sie mit seinem Gebell zur Heimkehr trieb. Mit den Kängurus dagegen ging er sehr behutsam und vorsichtig um. Als Andy das Zeitliche segnete, folgte ihm ein Kakadu namens Cocky, der wie ein Besessener den Holzfussboden des Hauses traktierte und der durch einen Fuchs zu Tode kam. Darauf folgte eine glückliche Zeit mit Tessy, einem neuen Hund, der sich mit Susie, einem handzahmen Känguru, auf freundschaftlich-spielerische Weise verstand.

Eine Welt für sich

Die schöne und teilweise bizarre Vielfalt der bunten und duftenden Pflanzen in Pebbly Beach, die Obstbäume und Zitrussträucher, sowie die zahlreichen Kakteenarten – all dies überraschte und erfreute mich auf wunderbarste Weise. Vor unserer Eingangstür, die direkt in die Küche führte, befand sich ein Gartentisch, den die Kookaburras zu ihrem Landeplatz erkoren hatten. Manchmal flogen ihn bis zu fünf dieser Vögel gemeinsam an und sassen dann dort gemütlich beisammen. Direkt vor der Haustür konnte man Currawongs beobachten, lustig anmutende Vogel mit rabenschwarzem Gefieder und zitronengelben Augumrandungen, wie sie sich auf der Gartenwiese tummelten oder im Sturzflug über die hingeworfenen Futterbrocken herfielen und um sie stritten. Zwischen ihnen landeten ungestört die Macpies, die den Elstern ähnelnden so genannten Flötenvögel in ihrem schwarz-weissen Federkleid, aber auch Bienenfresser und rotblaue Grimson-Rosellas, eine kecke Papageienart. Ab und zu konnte man sogar einen Laubenvogel in seinem dunklen Seidenblau bei einem kurzen Auftritt überraschen. Oder einen grau-weissen Metzgervogel, der auf einem

Ast Platz genommen hatte, durch die offene Tür in die Küche schaute, um sich zu vergewissern, wer drinnen war.

Dies war das Signal für Frau Schwallbach. Selbst mitten im Gespräch hielt sie dann inne, hob den Kopf und lauschte nach draussen. Dann schritt sie zu einer winzigen Glasglocke, die stets auf dem Tisch stand, lüftete diese behutsam, nahm ein paar Fleischstückchen von dem darunter befindlichen Teller und trat vor die Tür. Ohne jede Scheu flog der Metzgervogel direkt herzu, erhaschte heftig flatternd den Leckerbissen aus ihren Fingern, um sich flugs wieder davon zu machen. Nicht weit entfernt auf der Wiese tranchierte er mit hastigen Schnabelbewegungen das Fleisch und verschlang es. Doch immer wieder waren es die dreisten Currawongs, die die anderen Vögel von der Szene vertrieben.

Auch die Umgebung von Pebbly Beach lag in zauberhafter Abgeschiedenheit. Vom mehrere Quadratkilometer umfassenden, dicht mit Eukalyptusbäumen und Sträuchern bewachsenen Buschplateau ging es gut zwanzig Meter steil hinab zum felsigen Meeresufer. Auf den Felsflächen gab es zahlreiche kleine Bassins, die bei Flut von der Brandung überspült wurden. So fanden sich hier Seesterne, Muscheln, Schnecken und andere Schalentiere, sogar kleine Fische. Ging man am gut 300 Meter langen Sandstrand entlang, gelangte man zu einer kleinen Lagune. Von dort aus kam man zu einem weiteren felsigen Abschnitt des Ufers. Er bestand aus einem flachen, von den Wellen schön geglätteten Steinboden. Am Rande dieses Abschnittes befand sich ein baumstammdicker Holzpfahl, den man vor langer Zeit zur Befestigung von Fährseilen benutzt hatte. Von diesem Pfahl aus konnte man einen schlüpfrig-nassen Pfad über unzählige spitzkantige Steine bis zum Kap nehmen. Dort hatte man einen wunderbaren Blick auf die tobende Brandung.

Der Ort Pebbly Beach verdankt seinen Namen den riesigen Kieseln, die grosse Teile seiner Uferregion bedecken. Die auch heute noch winzige Ortschaft wird man auf einer australischen Karte allerdings vergeblich suchen.

„Wären wir doch gleich hierher gekommen!"

Unsere Heimreise stand kurz bevor, und Mama machte sich bittere Vorwürfe, weil sie meine erste, lange zurückliegende Begeisterung für diesen zauberhaften Ort unterdrückt hatte. Wir dankten und lobten Myky überschwänglich. Schliesslich war er es gewesen, der bei seinem Besuch in Basel von Pebbly Beach berichtet hatte und damit bei mir

– ganz wie in einem alten orientalischen Märchen – das Feuer der Begeisterung entfacht hatte. Ohne ihn hätte sich mein Wunsch, Kängurus in Freiheit zu beobachten, wohl schwerlich erfüllt. Es war nämlich äusserst schwierig, ein geeignetes Gelände zu finden, auf dem freilebende, halbzahme Kängurus beobachtet werden konnten. Nicht zuletzt war es dieses harmonische Miteinander von Mensch und Tier, das Pebbly Beach zu einer wertvollen Rarität machte.

Flehentlich bat ich darum, das Abflugsdatum zu verschieben. Gleich am nächsten Morgen fuhr Mama mit Freunden Frau Schwallbachs zu einer der wenigen Poststationen, die es hier im Busch gab. Telefonisch konnte sie den Flug umbuchen. Und so wurden aus ursprünglich fünf insgesamt elf glückliche, wenn auch regenreiche Tage in Pebbly Beach! Mir selbst erschien diese Zeit natürlich noch immer viel zu kurz. Mama dagegen machte die Einsamkeit – die Feriengäste waren praktisch alle fort – ein wenig zu schaffen. Jetzt im Juni war hier Winterbeginn, doch hatte es in Pebbly Beach noch nie Schnee gegeben. Die Blätter der Eukalyptusbäume blieben grün. Kein Laub, das fiel. Hingegen verloren die Stämme ihre Rinde, die gutes Brennmaterial abgab. Die hohe Luftfeuchtigkeit steigerte selbst bei acht Grad über null das Kälteempfinden und sorgte für steife Finger.

Unverzüglich startete ich mit neuen Beobachtungen und nutzte jede Minute, gleichgültig gegen das Wetter. Jeder Tag verlief nach dem gleichen Zeitplan: Um 6.30 Uhr, sobald es zu tagen begann, trat ich im Pyjama hinaus, holte Wasser aus dem Tank und ging in die WC- und Waschkabine. Währenddessen kamen die Kängurus bis fast vor die Hüttentür. Unsere morgendliche Begrüssung begann damit, dass ich die Tiere streichelte. Dabei berührte ich mit der Nase ihre Schnauzenspitze zum Atemaustausch, ein Akt, der es mir erleichterte in ihrem Sozialgefüge als „Artgenosse" aufgenommen zu werden. Zum Schluss gab ich ihnen Brot, und sie waren zufrieden.

Wenn ich fertig angezogen war, begab ich mich hinaus und erfreute mich am Anblick der blauroten Crimson Rosellas, die die Wiesen bevölkerten. Bei genauerem Hinsehen konnte ich immer wieder erkennen, wie sie mit ihren Greiffüssen Grashalme abzupften und diese zum Schnabel führten. Lief ich über die Wiese, stoben sie auf und erinnerten dabei an bunte Girlanden, zwischen die ein Windstoss gefahren ist!

Danach eilte ich zum Sandufer hinunter, um Ausschau nach Kängurus zu halten. Einmal beobachtete ich, wie die Tiere trotz starker morgendlicher Kälte bis zu den Oberschenkeln ins Meer hinauswateten, wobei ihnen die Wellen bis über die Bäuche schlugen. Nach fünf Minuten hüpften alle wieder heraus. Nach dem Frühstück gegen acht lief ich zu Frau Schwallbachs Haus, wo diese jetzt „ihre" Kängurus fütterte. Dazu schaufelte sie Körner aus einer Kiste und liess dann den Deckel mit einem lauten Knall zufallen. Dies war das Signal zur Fütterung. Im Nu sausten die Wallabies von allen Richtungen den Buschhang herunter. Frau Schwallbach streute jedem Tier eine Handvoll Körner hin. Zuerst den Kängurus und zuletzt den Wallabies, die allesamt hübsch aufgereiht warteten, die Köpfe in dieselbe Richtung gewendet, wobei sie ihre Pfoten entweder auf den Boden stützten oder frei vor dem Bauch hängen liessen. Der Anblick entsprach in etwa dem, was ein Engländer mit „to queue up" umschrieben hätte und wirkte auf mich ausserordentlich erheiternd. Enten und Hühner liefen gackernd und schnatternd zwischen den Kängurus umher, um auch etwas zu erwischen. Und über der Szene schwirrten freche Flötenvögel und Currawongs. Hatte ich etwas Brot bei mir, war ich sogleich von vielen Kängurus umringt, die mich an den Armen und sogar im Gesicht kratzten, als wollten sie mir klar machen, dass sie mich so lange gefangen halten würden, bis ich all mein Brot herausgerückt hatte. Es kostete mich meist einige Mühe, mich aus ihrer Mitte zu befreien, doch bereitete es mir insgeheim das allergrösste Vergnügen.

Einmal, als ich einem scheuen Wallaby den Rest eines Brotes gab, drängte sich ein Känguru dazwischen und schlug es derart, dass ihm das Brot aus den Pfoten fiel, worauf ein rasch herbeistürzender Currawong den Bissen mit seinem kräftigen, spitzen Schnabel erwischte und davontrug. Ein tierisches Riesenspektakel!

Tagsüber, während meiner Beobachtungen und fotografischen Aufnahmen oder der Niederschrift meiner Protokolle sass ich unbehindert inmitten einer Gruppe von Kängurus im Busch oder auf den Strandwiesen. Meinen täglichen Zählungen zufolge lebten in der unmittelbaren Umgebung von Pebbly Beach über sechzig so genannte Östliche Graue Riesenkängurus und fünfzehn der recht scheuen Rotnackenwallabies.

Wenn Mama sich ohne mich einsam fühlte, gesellte sie sich zu Frau Schwallbach zu einem Kaffeeplauderstündchen oder zu einem hübschen Wallaby, mit dem sie sich, zu meiner besonderen Freude, angefreundet hatte. Das Tier hatte ein kräftig braun-orangefarbenes Fell, eine schöne schwarze Gesichts- und Ohrenzeichnung und samtartige Augenlider. Es war als einziges seiner Art nicht so scheu. Mama konnte das Tier fast berühren und sprach es im Schweizer Dialekt an, gewiss aus Heimweh.

Um zwölf Uhr gab es Mittagessen. Danach war ich sofort wieder bei den Tieren. Kaum dass ich mir Zeit nahm, mit Mama am Sandufer oder im Busch spazieren zu gehen, so sehr „klebte" ich an meinen Kängurus. Einmal jedoch gelang es ihr, mich ziemlich weit in den Busch mitzunehmen. „Pssst" machte sie plötzlich und wies in eine bestimmte Richtung. Sie hatte einen Leierschwanz entdeckt! Hier, im dichten Unterholz des Busches lebten viele Leierschwänze. Während der Balz breiten die Männchen ihren prächtigen Schwanz leierförmig aus und lassen dabei ihren Gesang erschallen.*

Der Wind hörte nie auf zu wehen. Nicht bei Tag, nicht bei Nacht. Zumindest eine leichte Brise war stets spürbar. Kam der Wind vom Meer her, so schwollen die schaumigen Wolken am Horizont an und bedeckten innerhalb einer halben Stunde den ganzen Himmel, worauf der Regen zu strömen begann. Nach ein paar Stunden erhob sich ein Gegenwind und blies alles übers Meer zurück, bis der Himmel wieder blank war – leider nicht für lange. Während eines einzigen Tages konnte daher das Wetter mehrmals wechseln. Auch die Farben, ein zartes Blau, Rosa oder Gelb, die den Meereshorizont und den Himmel belebten, wechselten dank dieser grossen Veränderungen manchmal sehr schnell. So musste ich mich beim Fotografieren beeilen, wollte ich ein ausgesuchtes Motiv im richtigen Licht festhalten. Bei Dauerregen hatte ich zwangsläufig „Stubenarrest", was für meine Mama dagegen ein eher erfreulicher Aspekt war.

Es war an einem Spätnachmittag, als sich der Himmel urplötzlich, aufhellte und es über dem Meer in grellen Rot-, Orange-, Gelb- und Grüntönen zu leuchten begann. Wir eilten mit der Kamera zum Strand und trauten unseren Augen kaum. Uns bot sich ein überwältigendes Naturschauspiel: Der gesamte Himmel blendete uns in einem kräftigen Gelbgrau und über die Breite des Horizonts spannte sich ein gigantischer Regenbogen! Neben diesem erstrahlte noch ein zweiter kleinerer und schwächerer Bogen.

---

*Leider bekommt man diese Vögel selten zu Gesicht, abgesehen davon, dass ich ihrem Gesang, den man als faszinierend beschreibt, aufgrund meiner Taubheit ohnehin nicht lauschen kann.

Gegen 17 Uhr, wenn es dämmerte, packte ich meine Utensilien zusammen und verliess, nicht ohne Widerwillen, die Kängurus. Auf dem Weg zur Hütte sammelte ich Äste und Rinden für das Herdfeuer, auf dem wir kochten. Drinnen, in der geheizten Hütte, vertiefte ich mich dann befriedigt in meine Aufzeichnungen. Eines Abends klopfte meine Mama leicht auf den Tisch. Sofort merkte ich auf und schaute zum Fenster hinaus. Der Vollmond stand am Nachthimmel und warf sein Licht auf das fast unbewegte Meer. Ein golden silbriges Glitzern und Funkeln lag auf dem Wasser bis hin zum fernen Horizont. Dies war der Zauber der australischen Nacht, und wir waren seine Gefangenen!

Trotz wetterbedingter Einschränkungen verliefen meine ethologischen Beobachtungen befriedigend. Vor allem bezüglich des Unterschiedes zwischen Zoo und Freiland waren die Ergebnisse recht ergiebig. Zusammenfassend kann man sagen, dass die unterschiedlichen räumlichen Bedingungen wesentliche Faktoren sind, die das Verhalten der Tiere bestimmen:

- So finden im Freiland sehr viel weniger körperliche Kontakte zwischen den Tieren statt.
- Die Känguruweibchen bilden Gruppen von bis zu 30 Tieren und in Ausnahmefällen sogar mehr, wobei der eingehaltene Abstand zwischen den Gruppen zwischen 50 und 200 Metern liegt.

Anders als im Zoo sah ich in freier Wildbahn nie, dass ein dem Beutel entwachsenes Kängurujunges sich unvermittelt in den Beutel stürzte, um zu trinken. Vielmehr fand stets eine Begrüssungszeremonie zwischen Mutter und Kind statt, ja man spielte sogar miteinander, bevor es zum Säugevorgang kam.

Die geringe Fluchtdistanz dieser halbwilden Kängurus erlaubte mir, die Lebensverhältnisse der Tiere „hautnah" mitzuerleben.*

Wir befanden uns auf dem Heimflug. Das starke Vibrieren der Flugzeugmotoren drang bis in mein Inneres. Ich hatte meine zweite Heimat entdeckt, die nun langsam am orange-gelb-roten Horizont versank. Wir flogen in die Nacht hinein und die Dunkelheit dort draussen, die unsere Maschine mehr und mehr umfing, liess Bangig-

*Was bei frei lebenden, noch wilden Tieren mit einer Fluchtdistanz von mehr als hundert Metern äusserst schwierig gewesen wäre.

keit in mir aufkeimen. Es war die Furcht vor einem Gefühl der Fremd-
heit, das mich vielleicht in der Schweiz empfing. Was würde ich
empfinden in meinem Heimatland mit seinen schmucken, „braven"
Wäldern, den geordneten Wiesen und Feldern, denen all jenes Wilde
und Bizarre abging, was mich in meiner neu entdeckten Heimat so
anzog? Und vor allem: Was würde ich nun machen in einem Land, in
dem es keine frei lebenden Kängurus gab...?

Jacqueline

„Blue Flyer"

Wie der Leser bereits festgestellt haben wird, betrachte ich die Kängurus als individuelle Geschöpfe. Ein jedes hat seine Eigenarten, ja seinen eigenen unverwechselbaren Charakter. Dora war aufgrund ihrer starken persönlichen Beziehung zu mir etwas Besonderes, aber auch Jacqueline, von der nun die Rede sein soll, fiel auf ihre Weise – salopp gesagt – gänzlich aus dem Rahmen!

Gleich am ersten Abend unserer Ankunft in Pebbly Beach hatte ich meinen ersten engeren Kontakt mit einer Gruppe Kängurus. Ohne Schwierigkeiten bewegte ich mich zwischen ihnen und versuchte auch bald sie zu berühren. Doch die meisten blickten mich nur scheu an und wichen meiner Hand aus, indem sie ihren Oberkörper zur Seite neigten. Unter den Tieren fiel eines durch sein fremdartiges Aussehen sofort ins Auge. Es handelte sich um ein Känguruweibchen, dessen Fellfärbung sich erheblich vom üblichen Graubraun der Grauen Riesen unterschied: Es war fuchsrot mit einem silber-bläulichen Schimmer, ein zauberhaft anmutender Farbkontrast! Auch der Kopf wies eine Anomalie auf. So waren die Augöffnungen schlitzartig geformt, ein Umstand, der dem Gesichtsausdruck dieses Kängurus etwas Asiatisches verlieh und mich so sehr faszinierte, dass ich jedes Mal in eine Art Ekstase verfiel, wenn ich es länger anblickte.

Über die Wangen des Tieres, von den Mund- bis zu den hinteren Augenwinkeln, zogen sich zudem herrliche kreideweisse Streifen. Die Ohrmuscheln wiederum waren grösser als gewöhnlich bei Grauen Riesen. Schwanz und Gliedmassen sowie die Vorderpartie vom Kinn bis zum Bauch waren beige, Hinterzehen und Vorderpfoten schwarz.

Sofort fühlte ich mich von diesem Tier so sehr angezogen, dass ich ihm mit der Hand leicht über das Fell strich, und – oh Wunder! – dieses Weibchen liess es sich gefallen. Vom jenem Augenblick an hatte ich es in mein Herz geschlossen. Meiner nicht so sachkundigen Mama, die es für ein männliches Tier hielt, da es grösser war als die anderen, erklärte ich, dass es sich um ein Weibchen des roten Riesenkängurus (Macropus rufus) handele, im australischen Volksmund auch

„Blue Flyer" genannt, da das Hüpfen der weiblichen Tiere dank seiner Leichtigkeit und Eleganz eher an ein „Fliegen" erinnert.

Bei den roten Riesenkängurus sind die Männchen überwiegend fuchs- oder rostrot, die Weibchen hingegen haben in der Mehrzahl ein rauchig blaues Fell. Natürlich gibt es auch den jeweils genau umgekehrten Fall, blaugraue Männchen und fuchsrote Weibchen, doch sind diese Tiere in der Minderzahl. Die charakteristischen Farben bilden zweifellos eine gute Tarnung vor dem Hintergrund der rost- oder braunroten Erde, dem Aschblau oder Hellbeige der Baumstämme, den vielen Wurzelstöcken und trockenen Holzstücken in den weiten, von Mulga-, Mallee- und Salzbüschen spärlich beschatteten Grassteppen im Innern Australiens, der Heimat der Roten Riesen.

Lange rätselten wir, wie dieser „Blue Flyer" nach Pebbly Beach gekommen sein mochte. Zwar war er ein Fremdling hier, wurde von den „Grauen" aber geduldet. Bei einem Abendessen erkundigte ich mich bei Frau Schwallbach nach der Herkunft des Tieres. Sie erzählte uns eine lange Geschichte, die ich in groben Zügen dank Mamas Übersetzung hier niederschreiben kann.

Fremd unter Artgenossen

Irgendwo in der weiten Halbwüste Australiens wurde ein Kängurubaby, dessen Mutter abgeschossen worden und das nun verwaist war, von einer Familie gefunden und erfolgreich aufgezogen. Doch bald wurde das neue Quartier, eine Stadtwohnung, für das Junge zu klein, so dass man es zu Frau Schwallbach brachte.

Das hübsche, kleine Geschöpf – man hatte es „Jacqueline" getauft – schien nicht besonders verängstigt, doch wollte Frau Schwallbach es in aller Ruhe an seine neue Bleibe gewöhnen. Daher sperrte sie es für drei Tage und drei Nächte in den Hühnerstall, der einen kleinen Auslauf besass. Kein Besucher durfte sich ihm während dieser Zeit nähern. Heimlich beobachtete Frau Schwallbach das junge Känguru. In der vierten Nacht dann öffnete sie die Tür zum Auslauf. Von nun an durfte Jacqueline nachts hinaus, blieb aber tagsüber weiterhin eingeschlossen, damit sie ein Gefühl der Geborgenheit entwickeln konnte. Erst als sie sich mit ihrer neuen Umgebung ganz und gar vertraut gemacht und angefreundet hatte, durfte sie sich völlig frei bewegen. Jeden Morgen frass sie nun zusammen mit Tessy, dem Hund, aus derselben Schüssel. Bald schon hörte sie auch auf ihren Namen und kam stets prompt herbei, wenn Frau Schwallbach sie zur Fütterung rief.

Jacqueline wuchs heran und entwickelte sich zu einem unbändigen Känguru, weitaus wilder als die Weibchen der grauen Artgenossen. Immer wieder kamen Beschwerden von Feriengästen, die sich beklagten, dass ihre Wäsche von der Leine gerissen worden war. Als Täterin wurde Jacqueline überführt, die sich ausgelassen wie ein Kind an die Wäsche hängte und daran herumschaukelte. So bekam sie von Frau Schwallbach eine eigene, mit vielen Lappen und Lumpen bestückte Wäscheleine, die sie so beherzt in Angriff nahm, dass die Fetzen flogen. Doch dies war nicht das einzige, was Jacqueline sich herausnahm. Kein einziges graues Känguru rührte die herrlichen Gartenblumen an. Anders Jacqueline. Vor ihr war keine Pflanze in den Beeten oder den Töpfen sicher. Daher wurde ein Zaun aufgestellt, den Jacqueline vergeblich zu überwinden suchte.

Jacqueline hatte in Pebbly Beach einen „hauseigenen" Rundkurs, den sie wieder und wieder, überschwänglich und mit wachsender Begeisterung, in riesigen, eleganten Sätzen „durchflog", als könne sie niemals ermüden. Sie machte einem „Flyer" alle Ehre.

Zu den malerischen Impressionen von Pebbly Beach gehörten die Hühner und Enten, die frei umherliefen. Bei lang anhaltendem Regen blieben sie zusammen mit Jacqueline auf dem offenen Abstellplatz. Eines Tages wurde Frau Schwallbach vom Spiel Jacquelines mit den Hühnern überrascht: Jacqueline berührte jeden Vertreter des Federviehs sehr sanft mit beiden Vorderpfoten und streichelte ihn sanft. War das ein Geflattere und Gegackere in der bunten Schar! Aber auch die Enten liessen sich nicht lumpen und machten mit. Es muss eine sehr erheiternde Szene gewesen sein.

Jacqueline und ich

Der Tag meines ersten Kontaktes zu der mittlerweile 11-jährigen und stattlichen Jacqueline war zugleich der Beginn einer wunderbaren Freundschaft. Es fing damit an, dass ich das Stativ mit meiner Kamera aufstellte, einer Kängurugruppe etwas Brot zuwarf, um das Verhalten der Tiere bei Futterstreitigkeiten zu dokumentieren. Jacqueline, die mich von weitem beobachtet hatte, stürzte auf mich zu, hielt meinen Arm fest und suchte nach Essbarem. Leicht verärgert über ihr Drängen, gab ich ihr etwas und konzentrierte mich wieder auf die andern Tiere. Doch da spürte ich erneut den Druck von Jacquelines bekrallter Vorderpfote. Mutig stiess ich sie zurück. Doch das half nichts. Zunächst blieb sie wie versteinert stehen, um dann unentwegt weiter zu betteln, solange, bis kein Brot mehr übrig war. Von da an begab ich mich stets ohne etwas Essbares zu meinen Beobachtungen.

Breitete ich direkt neben der liegenden Jacqueline ein Plastiktuch auf dem feuchten Boden aus und setzte mich darauf, störte es sie überhaupt nicht. Ich konnte mich so lange direkt neben ihr ausruhen wie ich wollte. Bald entwickelte sich zwischen uns eine Art Begrüssungszeremonie. Sobald sie mich erblickte, hörte sie mit dem Grasen auf, kam näher und blieb jedes Mal geduldig wartend stehen, bis ich wiederum noch näher an sie herantrat. Dies spielte sich mehrmals täglich so ab.

Einmal – ich sass und schrieb meine Beobachtungen nieder – kam Jacqueline und liess sich knapp 50 cm neben mir in Hockstellung, den Schwanz zwischen den Hinterbeinen, nieder. Zu meinem Schrecken bemerkte ich eine tiefe Wunde an ihrer Schwanzunterseite, die sie beleckte, wobei sie mich immer wieder fixierte, so als wolle sie mir von ihrem Malheur berichten.

Fast immer hielt sich Jacqueline an einen gewissen Tagesablauf. Zur Morgen- und Abendfütterung war sie stets zugegen. Bei gutem und trockenem Wetter hielt es sie am Vormittag nicht lange bei der Schwallbach-Kängurugruppe. Stattdessen zog sie zum Grasen und Liegen auf die Strandwiese zu einer andern Känguru-Kolonie, wo sie sich bis zum späten Nachmittag aufhielt. Dann kehrte sie wieder zurück. Obgleich sie als Rote Riesin das Zusammensein mit den Grauen Riesen genoss, bemerkte ich doch, dass sie ein Fremdling geblieben war. Verliess sie nämlich die Gruppe, um einen anderen Platz mit guten Futterpflanzen oder einen schattigen Ruheort aufzusuchen, folgte ihr kein „Grauer". Im umgekehrten Fall schloss sich Jacqueline den anderen stets an, auch bei der Flucht. Sehr oft sah ich sie alleine, weit weg von den „Grauen." Gelegentlich suchte sie die Nähe tierliebender Menschen. Ihre liebste Bezugsperson war natürlich Frau Schwallbach. Jacqueline durfte wegen möglicher Verletzungsgefahren aber nur selten zu ihr in die Küche.

Auch an mir hing sie sehr, so sehr, dass mich manchmal das seltsame Gefühl überkam, als suche ein „verborgener Mensch" mit mir in Kontakt zu treten…

Da Jacqueline, wie alle Roten Riesen, aus den extrem regenarmen Gebieten Australiens stammte, behagte ihr Nässe überhaupt nicht. Ihr Fell war dünn, im Gegensatz zu dem der Grauen Riesen. Als diese einmal bei starkem Regen pudelnass vor meiner Hütte standen, ergriff ich die Gelegenheit und untersuchte die Beschaffenheit ihrer Felle. Zuunterst fand ich eine Wasser abweisende weiche Unterwolle, welche die Haut vor dem Eindringen der Feuchtigkeit schützt. Eine solche fehlte aber bei Jacqueline. Und doch war sie merkwürdigerweise als einziges Känguru diesmal völlig trocken geblieben! Aber ich ahnte, welcher Trick hier im Spiel war. Jacqueline hielt sich bevorzugt an überdachten Stellen auf, so unter den auf Sockeln stehenden Hütten oder Wassertanks oder unter dem Dach des Abstellplatzes. Einmal hatte ich mich in der geschützten Gartenlaube zu ihr gesellt. Doch statt sich spielerisch bei mir anzuschmiegen, blieb sie ungeduldig mit hoch erhobener Schnauze stehen. Als die dunklen Wolken dann endlich einem blauen Himmel gewichen waren, eilte Jacqueline sofort hinaus ins Grüne. Nicht selten geschah es, dass sie von einem Sturzregen überrascht wurde. War sie dann zu weit von einem Unterstand entfernt, hüpfte sie eilends unter einen Baum. Wenn dieser ihr jedoch nur unzureichenden Schutz bot, lockerte sie ihren Körper, ganz wie ein Leichtathlet vor dem Start, schnellte dann wie eine Sprungfeder hervor, um mit wenigen eleganten Riesensätzen den offenen Abstellplatz aufzusuchen. Ich musste jedes Mal lachen, wenn ich diese „sportliche" Darbietung sah. Übrigens hatte nie jemand beobachtet, dass Jacqueline, wie die anderen Kängurus, im Meer badete.

Ihr Wunschtraum ... ein „Kick"

An einem strahlend schönen Morgen begegnete ich Jacqueline am Buschrand. Sie sah mich kommen, raste hinunter und blieb am oberen Saum der Wiesenböschung stehen, als wolle sie mir einen Streich spielen. Dort wartete sie, bis ich zu ihr gelangt war. Ich gab ihr etwas Brot – und schon ging es los! Augenblicklich schoss mir in den Sinn, was Frau Schwallbach erzählt hatte: Jacqueline hatte ihr einen kräftigen „Kick" versetzt, einen Stoss mit beiden Hinterfüssen gegen den Oberschenkel, was ihr zur Strafe eine schmerzhafte Ohrfeige eingetragen hatte. Seither hatte sie dies nie mehr getan. Nun, das Verlangen auf Seiten Jacquelines war offenbar so stark, dass sie mich als nächstes „Opfer" auserkoren hatte. Bestimmt war es keine Böswilligkeit mir gegenüber, sondern zählte zu den Kampfspielen der Kängurus, die für Menschen allerdings nicht ganz ungefährlich sind.

Jacqueline stellte sich frontal zu mir in Position. Beruhigend strich ich ihr nach Känguru-Art über Brust und Vorderarme, was ihr offenbar sehr behagte. Nach einer Weile jedoch erhob sie ihren Oberkörper, um sich grösser zu machen. Sofort wusste ich, was mir im nächsten Moment drohte. Dennoch blieb ich ruhig stehen, und es kam zu unserem stets gleich ablaufenden Spiel: Ich streichelte sie erneut, was ihr gefiel. Sie fasste mit den Vorderpfoten meine Arme und richtete sich noch höher auf, indem sie sich auf ihre Hinterzehen und die Schwanzspitze stellte, bis ihre Schnauze auf meiner Nasenhöhe war. Dann rieb sie in eigenartiger Erregung ihr Maul an meinen Schultern und begann mit den Zähnen an meinen Jackenärmeln zu knabbern. Gerade noch rechtzeitig spürte ich das leicht dumpfes Geräusch, das ihre Hinterzehen verursachten, mit denen sie auf den Boden schlug: Dies war der Anlauf zu einem Kick, den sie mir zugedacht hatte! Blitzschnell stiess ich beide Hände gegen ihre Brust und wich dabei um einige Meter zurück. Hoch aufgerichtet stand sie da und blickte mich verdutzt an, als könne sie nicht fassen, dass es jemand gab, der einen solch „schönen" Tritt verschmähte.

Am folgenden Tag wagte ich mich bereits einen Schritt näher heran. Ich verbesserte aber meine Haltung, um bei einem erneuten Kick nicht nach hinten zu fallen: Ich setzte einen Fuss, quasi als Schwanz-Ersatz, nach hinten und richtete dabei meine Nase gen Himmel. So machen es die kämpfenden Känguruböcke, um ihre Augen vor den harten Schlägen des Rivalen zu schützen. Ich selber musste zudem an meine Brille denken! Dann schlugen wir aufeinander ein, ich mit flachen, gespreizten Händen, Jacqueline mit ihren Vorderpfoten. Das ging so lange, bis sie das Spiel von sich aus abrupt beendete. Für sie hatte sich die Sache erledigt, und ich konnte sie nicht zum Weiterspielen animieren. Ich musste also auf eine andere Gelegenheit hoffen.

Kurze Zeit danach gelang es Jacqueline schliesslich doch, mir den allerersten, schnellen Kick zu versetzen. Es blieb nicht meine einzige schmerzhafte Erfahrung mit diesen „herzlichen" Tritten. Allerdings waren es stets die Weibchen, die mich auf diese sehr persönliche, keinesfalls bösartige Weise bedachten. Anscheinend herrschte auch bei den Kängurus Geschlechtertrennung beim Sport. Nicht selten trugen mir diese sportiven Vertraulichkeiten blaue Flecken ein, vor allem auf den Oberschenkeln.* Doch blaue Flecken hin oder her – ich ertrug meine Blessuren mit Fassung, ja sie erfüllten mich sogar insgeheim mit Stolz, da ich sie auch als Zeichen einer „kameradschaftlichen" Verbindung betrachtete.

---

*Normalerweise erreicht ein Känguru aufgrund seiner Körpergrösse mit den Hinterzehen nur die Oberschenkel.

Ergreifende Augenblicke

Es war einer der wenigen sonnigen Momente der letzten Tage in Pebbly Beach, als ich Jacqueline an einen bestimmten Platz bugsierte, denn ich wollte mir nicht die Gelegenheit entgehen lassen, ein paar Bilder von ihr zu machen. Sie liess alles brav mit sich geschehen. Nach einer Weile blickte sie sich suchend nach mir um, hüpfte auf mich zu und blieb ganz dicht vor mir stehen. Ich hielt einen Augenblick inne – und wie eine Zentnerlast fiel es mir da auf mein Herz: Morgen würde ich abreisen! Es schien, als könne das Tier meine Traurigkeit wahrnehmen.

Spontan fragte ich mich, was Jacqueline nun ohne mich machen werde, doch eine solche Überlegung war natürlich kindisch. Die Frage hätte ich eigentlich an mich selber richten müssen, war ich doch mittlerweile in diesem tierischen Mikrokosmos so sehr „verwurzelt", dass es mir gewiss nicht ganz leicht fallen würde, wieder in die Menschenwelt zurückzukehren. Durch die starke Identifikation mit diesen Tieren fühlte ich mich manchmal wie ein Mensch, vom dem der Geist eines Kängurus Besitz ergriffen hatte! Jacqueline wiederum schien mir zu einem Teil ihres Wesens Mensch zu sein, ein Eindruck, den ihre blinzelnden „asiatischen" Augen nur noch verstärkten. In dem Mass, wie ich die Kängurus vermenschlicht hatte, fühlte ich mich selber durch sie zum Tier geworden, da ich mich ihren Lebensgewohnheiten auf seltsame Weise angepasst glaubte.

Ich war den Tränen nahe. Da berührte mich Jacqueline leicht, wie es ihre Gewohnheit war, wenn sie spielen wollte. Wieder hielt sie mich am Arm, beknabberte meine Jacke und rieb sich erregt an ihr. Dann schlugen wir einander auf Schultern und Arme. Plötzlich unterbrach Jacqueline die Zeremonie, hielt mich mit ihrer Pfote am Arm und blickte aufs Meer, als lausche sie. Eine kleine Ewigkeit standen wir so beieinander. Es war ein ergreifender Augenblick. Dann löste sich Jacqueline von meinem Arm. Ich hockte mich nieder, bis wir uns auf Augenhöhe befanden. Schwermütig schweifte mein Blick zu den von der Sonne beschienenen Stämmen der Eukalyptusbäume. In der Absicht unseren zeremoniellen Nasenkontakt auszuführen, näherte ich mein Gesicht langsam dem ihren. Sie reagierte nicht. Sanft drückte ich meine Nase auf ihre, während sie bewegungslos verharrte. Die Sonne verschleierte sich. Jacqueline legte sich nieder. Ich trug Stativ und Kamera in eine geeignete Position, stellte den Selbstauslöser ein und kauerte mich neben sie. Kurz darauf erhob sich Jacqueline, bewegte sich gemächlich ein paar Meter weiter und liess sich zu ihrer Siesta ins Gras fallen. Bei der abendlichen Fütterung traf ich sie noch einmal wieder.

Der Abschied am nächsten Morgen vollzog sich rasch. Dass ich dennoch Tränen vergoss, lag nicht so sehr an meiner Traurigkeit. Es waren Tränen der Dankbarkeit dafür, dass mir dieser innige und anrührende Kontakt gewährt worden war.

In Gedanken bei ihr
Wieder daheim in der Schweiz, verfolgte ich die Mondlandung im Fernsehen, ein Ereignis, das mich so fesselte, dass es bald darauf in einen meiner Träume Eingang fand.

Von Pebbly Beach, mitten aus einer Schar verwunderter Kängurus, starte ich mit einem grossen, hohlen Eukalyptusstamm,* der mir als Rakete dient, in den Weltraum. Dabei geht alles ganz ohne Feuer, ohne Rauch und Getöse vonstatten. Lautlos steige ich in die Höhe. Tief unter mir erkenne ich mit Tränen, wie auf der tiefgrünen Strandwiese Jaqueline und all die anderen Tiere kleiner und kleiner werden, bis sie nur noch ein winziger fuchsroter Punkt sind, der schliesslich auch noch verschwindet. Stärker und stärker krümmt sich der Meereshorizont, bis die gesamte Erde in ihrer Kugelgestalt zu erkennen ist. Je mehr ich mich von ihr entferne, desto kräftiger leuchten die Sterne im weiten All. An eine Umkehr ist nicht mehr zu denken. Schon schwebe ich über dem Mond und nun gilt es, den heikelsten Moment meiner Mission vorzubereiten: Das Umsteigen in die Mondfähre. Ein ungeheurer Schrecken durchfährt mich, als ich feststelle, dass ich die Ausstiegschleuse vergessen habe, vermutlich weil ich in Gedanken zu sehr mit Jacqueline beschäftigt war...

In einer anderen Nacht dann ein erlösender Traum: Ich lebe in unserem alten Haus in Riehen zusammen mit meinen Eltern und Jacqueline, die sich im grossen Garten frei bewegen und vergnügen kann. Jeden Tag verbringe ich schöne und glückliche Stunden in grenzenloser Ausgelassenheit mit ihr. Ich pflücke für sie Kirschen, Himbeeren und anderes Obst. Bis mir eines Tages meine Mama die Leviten liest, weil ich die meiste Zeit bei Jacqueline verbringe, statt brav an der Schreibmaschine zu sitzen. Weinend eile ich zu Papa, der mich sofort tröstet, woraufhin er mich in den Garten begleitet, wo wir uns nun zu dritt vergnügen.

*Diese Stämme sind tatsächlich sehr oft hohl.

Jeder Brief aus Pebbly Beach war ein besonderer Augenblick für mich, verbunden mit starkem Herzklopfen. Äusserst lebhaft berichtete Frau Schwallbach über alles, was sich bei den Tieren zugetragen hatte. Es waren teils lustige, teils ganz alltägliche, aber auch unglaubliche oder leidvolle Ereignisse. Und selbstverständlich war von meiner neuen Freundin die Rede. „Jacqueline ist gesund und munter." – „Ihr Liebling Jacqueline steckte tief mit der Schnauze in der Kasserolle mit Hühnerfutter und liess sich nicht vertreiben." – „Jacqueline wird älter, sie hüpft nicht mehr so ausgelassen umher und jagt auch die Hühner und Enten nicht mehr." Und weiter: „Jacky geht schnell zum grossen Behälter hinter dem Abstellplatz. Dort bekommt sie ihre Portion Weizen aufgetischt." (…) „Ich lockte sie näher heran. Sie folgte mir. Dann öffnete ich das Gartentor für meinen kranken und appetitlosen Tessy und bot ihm das Knochenmark an, das er aber verschmähte. Nachdem aber Jacqueline anfing zu fressen, steckte auch er den Kopf hinein, und beide frassen friedlich aus demselben Topf, genau wie vor 10 Jahren, als sie ganz jung waren. Es war ein so reizender Anblick, weil die beiden Tiere offenbar von früher nichts vergessen hatten."

Oft noch träumte ich von Jacqueline, doch auch in mancher Tagträumerei war sie nicht fern. So begleitete sie mich auf meinen ausgedehnten Spaziergängen durch die Schweizer Wälder, sogar in der Strassenbahn war sie mit dabei, eine „Schwarzfahrerin" der ganz besonderen Art.

Einmal träumte ich, dass ich mit einem Bauern über Land zu einem grossen, gepflegten Bauernhof führe. Bei einem Rundgang fällt mir das kräftige Fuchsrot des Hühnervolks auf. Mein Herz pocht heftig. Vielleicht, so denke ich, steckt Jacqueline hier irgendwo…? Fieberhaft durchstöbere ich die Stallungen, laufe um den ganzen Hof herum bis hinaus auf die Felder – vergebens.

Es konnte gelegentlich vorkommen, dass ich aus Verzweiflung in Zorn geriet, sei es, weil ich mich von jemandem im Stich gelassen glaubte oder wenn man mein Bemühen um Wiedergutmachung eines Fehlers in meinen Augen nicht recht zu würdigen schien. In solchen Fällen suchte ich gedanklich die tröstende Begleitung Jacquelines.

Diese Art meiner manchmal etwas übertriebenen geistigen Korrespondenz mit Jacqueline beleuchtet kritisch der folgende Traum:

Aus Scham über meine Missverständnisse und oft falschen Interpretationen des Verhaltens meiner Mitmenschen falle ich auf der Stelle tot um. In der mich nun umgebenden Schwärze leuchtet fern das helle Gelb und Türkisblau eines Himmels. Weit fliege ich über den Horizont hinaus, direkt in eine bizarre, jenseitige „Oberwelt". Dort lande ich auf einem felsigen Plateau, auf dem ein mir fremder, junger Mann sitzt. Vorsichtig nähere ich mich ihm. Freundlich blickt er mich an und fragt, was ich hier suche. Nach kurzem Zögern antworte ich: „Da ich so lange nichts mehr von Pebbly Beach gehört habe, glaubte ich, Jacqueline sei verstorben. Nun gehe ich sie suchen." Vorwurfsvoll gibt er zurück: „Warum suchst Du nicht nach der Liebe Gottes?"

Kaum war ich erwacht, fühlte ich mich tief beschämt, so als hätte ich Jacqueline unbewusst vergöttert. Schliesslich dann ein beglückender Traum:
Traurig und einsam laufe ich inmitten einer grossen Menschenmenge durch Basel. Plötzlich zwängt sich – Jacqueline! – aus dem Gedränge und hüpft direkt auf mich zu! Unter Freudentränen begrüsse ich sie, während die Leute ringsum sich mit uns freuen…

Trauriges Wiedersehen
Im September 1974, rechtzeitig zum Beginn des australischen Frühlings, war ich wieder zurück in Pebbly Beach, diesmal zusammen mit Kathrin, meiner neuen Reisebegleiterin, die aus einem Dorf im Berner Oberland stammte.

Wie ein aufgeregtes Kind phantasierte ich, dass Jacqueline ganz gewiss eine ebenso grosse Wiedersehensfreude empfinden werde wie ich, aber natürlich waren es meine eigenen Gefühle, die ich auf meine „Kängurufreundin" projizierte.

Kaum war ich fertig mit Auspacken, machte ich mich auf die Suche nach Jacqueline. Es war ein kühler, regnerischer Tag, und so fand ich meine „Angebetete" wie erwartet geschützt und trocken auf dem Abstellplatz. Sofort hockte ich mich vor sie hin. Dann die grenzenlose Enttäuschung. Jacqueline starrte mich reglos an, und ohne auch nur die Andeutung einer Begrüssung drehte sie sich um und hoppelte von dannen.

Obwohl ich sie nun – ganz wie früher – täglich sah und sie oft vor unserer offenen Hüttentür stand, stellte sich unsere alte Vertrautheit nie wieder her. Meist blieb ihr Ausdruck bei unseren Begegnungen ganz leer. Berührte ich sie oder begann sie zu streicheln, fing ihr Kopf oft zu zittern an oder sie riss fahrig Gräser mitsamt ihren Wurzeln aus, um mir dann auszuweichen.

Es war ein merkwürdiges und auffälliges Verhalten, das ich von keinem der anderen Kängurus kannte. Jacqueline knabberte auch nicht mehr an meiner Kleidung, geschweige denn, dass sie mir lustvolle Kicks versetzte. Stattdessen erhielt ich von ihr – vor allem dann, wenn sie mich loswerden wollte – heftige Schläge mit den Vorderpfoten. Von diesem Zeitpunkt an war die grosse Kluft zwischen uns nicht mehr zu übersehen, eine Tatsache, die mich zutiefst schmerzte.

„Jacqueline ist nun mal kein Mensch, aber eben auch kein Hund, der einen vertrauten Menschen freundlich wedelnd und bellend begrüsst", versuchte Kathrin mich wachzurütteln.

Ich konnte nicht umhin mir einzugestehen, dass meine Jacqueline mit ihren nun 16 Jahren zu einer Kängurugreisin geworden war. Ihr einst so schönes fuchsrotes Fell war grau meliert. Meist lag sie jetzt auf dem Rasen, erschien seltener zur Fütterung und ging kaum noch hinunter auf die Strandwiese. Sie zog sich ganz in ihre Einsamkeit zurück. Doch gestattete sie mir weiterhin das Befühlen ihres nicht mehr gesund aussehenden Beutels, in dessen Innern ich eine Geschwulst entdeckte. An eine operative Entfernung war aber jetzt nicht mehr zu denken.

Trotz ihres hohen Alters besass Jacqueline noch immer erhebliche Kräfte, wie sie uns mitunter bewies. So spielte sich beim Frühstück auf der Terrasse zwischen ihr und mir die immer wieder gleiche Szene ab: Jacqueline bedrängte mich um Futter, mit einem Wort, sie bettelte. Manchmal stibitzte sie sogar dreist manchen guten Happen vor unseren Augen vom Tisch. Mit einem leichten, freundschaftlichen Schlag stiess ich sie dann fort, was sie mit zitternden und schüttelnden Kopfbewegungen quittierte und wie versteinert stehen blieb. Dann sprang ich auf, schob einen Arm unter ihre Achsel und rang sie mit aller Kraft zur Seite, ohne dass sie umfiel!

Während der heissen Sommermonate residierte Jacqueline ganz fürstlich in ihrem eigenen „Freiluftpalast" am Buschrand. Dieser bestand aus einem Areal mit sechs grossen Liegegruben von durchschnittlich einem bis zwei Metern Länge und etwa dreissig Zentimetern Tiefe, die sie selber angelegt hatte. Sie hatte etwas von einer verwöhnten Dame, die gleich mehrere Ruhebetten für sich allein beansprucht. Wo die Entscheidung, in welcher Grube sie ihre Siesta verbrachte, war abhängig vom Sonnenstand, dem entsprechenden Schatten und der jeweiligen Temperatur. Wurde es ihr zu heiss oder zu kühl, wechselte sie einfach die Grube. Jacquelines Vorbereitungen des Ruhelagers glichen einem aufwändigen, mitunter komischen Ritual. Langsam hoppelte sie in eine der Gruben, blieb eine Weile darin stehen – den

Schwanz nicht normal nach hinten, sondern nach vorne zwischen die Hinterfüsse gebogen –, scharrte dann kurz, bis Schwanz und Füsse mit ein wenig kühler Erde bedeckt waren. Danach wischte sie sich mit kräftigen Bewegungen die Schnauze, ging in die Hockstellung, den Schwanz zwischen den ausgestreckten Hinterbeinen und begann dann mit ihrer Körperpflege, wobei sie auch den leeren Beutel ausleckte, das arme kinderlose Tier.*, Zuletzt, müde von der Anstrengung dieser gründlichen Prozedur, liess sich Jacqueline seitwärts nieder und döste dort, bis ein Sonnenstrahl ihr bedeutete, dass es Zeit war aufzustehen und sich zur nächsten Grube zu begeben.

Längst war ich wieder zurück in der Schweiz, als ein Brief Frau Schwallbachs eintraf. Als ich ihn las, brach ich beinah in Tränen aus.

„Jacqueline litt stark an Arthritis, sodass ihr Hoppeln schwerfälliger wurde. Der Veterinär untersuchte sie, und ich verabreichte ihr meine Tabletten. Sie frass diese in aufeinandergelegten Brotscheiben. Ein paar Tage später verweigerte sie aber das Futter. Nachts deckte ich sie draussen im Garten mit warmen Decken zu, die aber immer wieder wegrutschten, weil sich Jacqueline wegen der unbequemen Lage auf der unebenen Fläche mit grosser Mühe hin- und herwälzte. Es war der härteste Winter seit langem und die Nächte waren unerträglich kalt. Zuletzt rief ich den Veterinär, der die merklich von Schmerzen gequälte Jacqueline einschläferte."

Fast war ich ein wenig froh, dass sich unser einst inniges Verhältnis bei meinem letzten Besuch erkennbar gelockert hatte, andernfalls meine Trauer wohl sehr gross gewesen wäre. Doch auch so war der Verlust für mich schwer genug zu verwinden.

Noch heute steht mir ihr wunderbares Fell mit dem Fuchsrot des Rückens, dem spärlichen Weiss der Wangenstreifen und den schwarzen Punkten lebhaft vor Augen. Die Begeisterung für diese Farben, nicht zuletzt eine Reminiszenz an deren „Trägerin", war es auch, die mich befeuerte, sie als Elemente in meine künstlerische Arbeit einzubringen und meiner wunderbaren Erinnerung so einen schöpferischen Ausdruck zu verleihen.

---

*Wie mir Frau Schwallbach berichtete, war kein Männchen der Grauen Riesen interessiert gewesen, sie zu begatten. Sie hatten Jacqueline wie eine Fremde behandelt.

Sich bewegen wie ein Känguru

Umzingelt!
September 1974, Pebbly Beach. Nach der unangenehmen Kälte des australischen Frühlings war es um die Mittagszeit sommerlich warm geworden, für uns ein Anlass, draussen vor unserer Hütte zu picknicken. Geoff und Kathrin bereiteten in der Küche das Essen zu, während ich draussen „Wache" hielt. Denn überall lauerten die naschsüchtigen Currawongs und Magpies, jeden Moment bereit, blitzschnell etwas zu stibitzen.

Bei kräftigem Sonnenschein nahmen wir am reich gedeckten Tisch Platz. Doch, oh Schreck! Im Nu waren wir von etwa fünfzehn Kängurus umzingelt! Sie schnupperten am Kaffee, beschnüffelten den Käse, eines „kostete" vom Toast, während uns die anderen mit ihren Schnauzen in die Rücken knufften. Nur ungern sprangen wir auf, schoben jedes einzelne Tier beiseite, schlugen mit den Händen auf ihre Schnauzen oder unter ihr Kinn und stiessen sie brüsk gegen ihre Oberkörper. Nichts half! Keines der Tiere liess sich vertreiben. Da Kathrin und Geoff nicht weiter wussten, musste ich in Aktion treten. Ich ging also in die bei den Kängurus übliche Angriffsstellung, breitete meine Arme aus, spreizte die Hände und sprang auf das nächstbeste Tier zu, um es kräftig um die Hüften zu packen! Geoff und Kathrin taten es mir nach, aber auch das fruchtete nichts; kaum waren die Tiere auseinandergestoben, kehrten sie auch schon wieder zurück und brachten die Hühner und Enten gleich mit.

Glücklicherweise gab es einen solch dreisten Überfall nur an diesem Tag. Unsere Verteidigungsmassnahmen schienen die Tiere doch beeindruckt haben, denn von nun an liessen sie uns bei den Mahlzeiten meist in Ruhe. Ausserdem unterliessen wir in der Folgezeit auf meinen Wunsch hin das Füttern gänzlich. Dies hatte nicht nur den Vorteil, dass wir fortan weitgehend ungestört blieben, sondern auch, dass die Tiere mich fortan nicht mehr als „Futtergeberin", sondern auch als „Artgenossin" betrachteten, was für meine wissenschaftliche Arbeit durchaus von Vorteil war.

Ich mache es so wie sie

Zehn Jahre zuvor hatte sich bei einem meiner Besuche im Zoo von Zürich etwas Ungewöhnliches ereignet. Ich kauerte im Aussengehege zwischen den grauen Riesenkängurus, als ein Hauptbock scheinbar gemächlich auf mich zu hoppelte. Ich war mir der möglichen Gefahr eines Angriffes bewusst und blieb ruhig: Also drehte ich mich betont langsam von ihm weg, duckte mich leicht und schaute ein paar Mal kurz über meine Schulter in seine Richtung. Nun blieb er stehen und beobachtete mich. Mama fotografierte diese Szene, ohne zu ahnen, was sie hier gerade ins Bild bannte.

Tage später zeigte ich meinen Gästen die Fotos und versuchte ihnen mein Verhalten dem Bock gegenüber zu erklären. Doch man amüsierte sich über meine Äusserungen. Weshalb, war mir ein Rätsel. Als alle gegangen waren, fragte ich Mama, was denn der Grund für diese mir unerklärliche Fröhlichkeit gewesen sei. „Nun, sie denken, dass Du Dich so benimmst, als wärst Du selber gern ein Känguru!" Ich erschrak. Dies war mir natürlich sehr peinlich. Ich versuchte, Mama die Situation zu erklären, doch sie begriff es nicht und meinte, das sei alles dummes Zeug. Mit Tierpsychologie habe das nichts zu tun. Ich aber liess nicht locker und erläuterte ihr, dass man sich einem Tier anpassen und ihm gegenüber möglichst artgemässe Körperbewegungen ausführen müsse, andernfalls ein unproblematisches Beisammensein mit ihm unmöglich sei. Doch erst als ich erklärte, dass ich mich wie ein Känguruweibchen verhalten hatte, um vor einem eventuellen Angriff des Bockes geschützt zu sein, ging Mama ein Licht auf. Von nun an war sie überzeugt von meinem Sachverstand und berichtete bei Gelegenheit voller Stolz darüber.

Bei meinen Kontakten mit den Kängurus im australischen Freiland konnte ich vom ersten Moment an viele neue Erkenntnisse über den artgemässen Umgang* mit diesen Tieren gewinnen. Um mich besser bei ihnen einleben zu können, korrigierte ich meine Körperhaltung von Tag zu Tag, sogar von einer Stunde zur nächsten. Es war keineswegs einfach, die jeweils richtige Haltung zu beherrschen. Ganz bewusst und mit Überlegung bemühte ich mich, meine menschliche Haltung in eine kängurugemässe zu überführen. Hier einige Beispiele:

Um die Stimmung der Tiere innerhalb der Gruppe nicht zu stören, hielt ich beim Gehen oder im Stehen den Rumpf möglichst immer leicht nach vorne gebeugt. Die normale, aufrechte Körperhaltung irritiert die Kängurus, da sie sofort spüren, dass sich ein Fremder unter

*Die so genannte Körpersprache mit eingeschlossen.

ihnen befindet. Wenn ich mich beispielshalber mitten in der Gruppe aus meiner Hocke zu schnell aufrichtete, stellten die Tiere ihre Ohren sofort auf, ein Zeichen, dass irgendeine Gefahr im Verzug sein konnte. (Umgekehrt hatte ich selber den gleichen Eindruck, sobald ein Känguru seinen Oberkörper plötzlich und unverhofft erhob.)

Das Hüpfen hingegen ist nicht nachahmbar. Kein Mensch brächte es jemals fertig, mit zusammengenommenen Füssen und tief geneigtem Rumpf raumgreifende Sprünge zu machen. Hüpfte ich dennoch absichtlich zwischen den Tieren umher – was ab und zu geschah –, gerieten diese sofort in Aufruhr. Ich vermute, sie empfanden mich dann eher als eine Art Gespenst denn als Artgenossen. Daher genügt hier die menschliche Art der Fortbewegung vollkommen. Ein unvergessliches Erlebnis war es für mich jedes Mal, wenn ich in gemässigtem oder auch schnellem Laufschritt mit einem neben mir hüpfenden Känguru spazieren konnte, fast wie mit einem Hund.

Was das Hinlegen und Aufstehen betrifft, so kann man dies leicht nach Art der Kängurus machen, es braucht dazu eigentlich nicht viel Übung. Man bückt sich anfangs tief, legt beide Hände flach auf den Boden und winkelt dann die Knie an. Darauf lässt man ein Knie leicht zu Boden sinken und kippt den Körper auf die Seite. Während des Liegens stützt man sich mit einem oder beiden Ellbogen und der ganzen Länge der Unterarme auf. Das Aufstehen, ob langsam oder schnell, spielt sich in umgekehrter Reihenfolge ab.

Mit dem Beginn meiner Feldbeobachtungen war ich ganz in die Atmosphäre des Kängurulebens „eingetaucht", das heisst, in eine fast distanzlose Beziehung zu diesen Tieren getreten, die es mir auch ermöglichte, sie zu berühren. Dabei erkannte ich den Unterschied zwischen ihrem Verhalten im Zoo und dem in der Freiheit. Mir fiel auf, dass der ihnen zur Verfügung stehende Raum von entscheidender Bedeutung ist. Im Zoo hatte ich die Kängurus häufig in direktem Körperkontakt beieinander liegen sehen, was ich bei den in Freiheit lebenden Tieren nie beobachten konnte. Sobald den Tieren genügend Platz und damit auch Schattenfläche zur Verfügung steht, halten sie, ganz gleich, ob sie liegen oder stehen, stets eine Distanz von mindestens dreissig Zentimetern untereinander. Oft war es mir möglich, mitten in einer Gruppe von weit verstreut liegenden oder stehenden Tieren zu sitzen. Nie hatte ich etwas Essbares bei mir, weder Brot noch Äpfel, denn das hätte für meine naturnahen Studien das Aus bedeutet. Aufgrund der olfaktorischen (geruchsbezogenen) und visuellen Reize hätten die Kängurus ihr Verhalten abrupt geändert und sich auf mich konzentriert.

Beendete ich meine Beobachtungen oder machte eine längere Pause, erfreute ich mich eines hautnahen Kontakts mit ihnen, streichelte oder kraulte sie, etwas, das sie sehr liebten. Es ist verständlich, dass dies für sie eine wohltuende Ergänzung der Körperpflege war. Dass aber zwei Kängurus wechselseitig Fellpflege* betreiben, ist fast ausschliesslich zwischen Mutter und Jungem der Fall. Bei erwachsenen Tieren geschieht dies äusserst selten.

Die Kängurus bettelten bei uns nicht nur um Futter, sondern auch um eben diese Fellpflege! Am meisten liebten sie die Berührungen an der Brust bis hinauf zur Halsgegend. Kraulte ich ein Tier dort, bewegte es sich geschmeidig mit hoch erhobenem und leicht nach hinten gebogenem Kopf hin und her. Ja, es räkelte sich manchmal geradezu genüsslich. Legte ich einen Arm direkt auf seine Brust, so umschlang es diesen mit seinen übereinander gekreuzten Vorderarmen und einwärts gebogenen Vorderpfoten, sodass ich mich oft nur schwer wieder befreien konnte. Dies vermittelte mir das Gefühl einer innigen Beziehung, das zwar trügerisch sein konnte, das ich aber trotzdem sehr schätzte.

Fast immer, wenn Touristen die Kängurus ausgiebig gestreichelt hatten, bemerkte ich, dass das Rückenfell der Tiere völlig zerzaust war. Ich konnte dies den Leuten aber nicht übel nehmen, da mir früher bei meinen ersten engeren Kontakten mit den Basler Kängurus Ähnliches passiert war. So war Dora nach meinen Berührungen jedes Mal ganz strubbelig gewesen, bis ich die Ursache schliesslich herausfand. Anders als bei Hunden oder Katzen streicht man beim Känguru vom Schwanz her Richtung Kopf, also aufwärts! Diese Erkenntnis führte dazu, dass ich, sobald ich wieder in der Schweiz war, nun die Hunde unfreiwillig zerzauste, da ich, der Macht der neuen Gewohnheit folgend, ihr Fell gleichfalls aufwärts streichelte...

Man stelle sich einmal vor...

Es geschah mitten im Busch, weit entfernt von Pebbly Beach. Im morgendlichen Sonnenschein beobachtete ich ein in der Nähe grasendes Rudel von etwa acht halbwilden Grauen Riesen. Während ich emsig meine Notizen machte, kam ein starker, sehr kühler Wind auf,

---

*Gemeint ist ein Durchkämmen der Fellhaare mit den Zähnen. Ein Belecken ist hier seltener zu beobachten.

der die warme Luft im Nu verdrängte. Mama, die zu frieren begann, zog einen Schal um ihren Kopf. Wie auf ein Kommando verschwanden die Kängurus und liessen sich fast den ganzen Tag nicht mehr blicken. Es war ein Gedankenblitz, der mich erahnen liess, was hier vorgefallen war. Ein plötzlicher Perspektivwechsel eröffnete mir eine andere Betrachtung dieses Vorfalls, und diese Möglichkeit war auch für mich ganz neu.

Wieso reagieren Kängurus mit Fluchtverhalten, sobald ein Mensch in ihrer Nähe seine Kleidung wechselt bzw. verändert?

Um dieses Verhalten sowohl bei den wilden als auch den halbwilden Kängurus zu verstehen, muss man versuchen, sich in die Welt, genauer die Wahrnehmung dieser Tiere zu versetzen.

Ein Känguru sieht keine Farben. Zwar ist bei ihnen, wie bei allen Pflanzen fressenden Huftieren, der Geruchs- und Geschmackssinn sehr fein ausgebildet, doch die Tiere nehmen nur eine Skala von Grautönen wahr.

Nun stelle man sich einmal vor, wie so ein Känguru uns Menschen möglicherweise wahrnimmt.

Es könnte gespenstisch anmutende Gestalten mit langen Beinen sehen, die sich über schmale oder breite steinharte Streifen (Strassen) bewegen. Manche dieser Wesen haben ein fellähnliches Äusseres, meist aber sind sie von mehrschichtigen „Häuten" (Kleidung) bedeckt. Einige dieser Häute sind gemustert oder gestreift, andere nicht.

Besonders befremdend, ja geradezu erschreckend muss es sein, wenn eines dieser Wesen direkt vor ihren Augen eine „Metamorphose" durchmacht und eine seiner Häute – oder einen Teil von ihr – ablegt oder sich sogar eine weitere Haut überstreift!

Es ist nicht auszuschliessen, dass die Kängurus diesen für sie so abrupten Wechsel in der Erscheinung kurzfristig auch als eine völlige Veränderung des jeweiligen Wesens erfahren, so dass der ganze Vorgang etwas Unheimliches für sie haben muss

Sind die Tiere mit solch sonderbaren Verwandlungen dagegen vertraut, wie in Pebbly Beach, kann man sie durch derlei Dinge nicht mehr verstören.*

---

*Nebenbei bemerkt muss es für die Tiere aber mindestens ebenso unheimlich sein, wenn sie sehen, dass wir Menschen mit hellen oder dunklen, glitzernden oder glotzenden Augen (Brillen) auf den Plan treten. Augen, die wir jederzeit entfernen und gegen ein paar andere austauschen können…

Aufforderung zum Spiel

Meine Erinnerung geht nun weit zurück in die Kindheit, als ich auf einem Spaziergang in den Bergen eine grosse Schafherde mit ihrem Hirten vorbeiziehen sah. Auf der Stelle rannte ich los und stürzte mich auf eins der Schafe, um tief in dessen dicke, warme Wolle zu greifen, ein uriges Vergnügen für mich! Das Tier schüttelte mich jedoch ab, und aufgeschreckt durch diese plötzliche energische Bewegung stoben die Tiere auseinander. Mama eilte herbei und ermahnte mich, so etwas nicht wieder zu tun, da es den Tieren Angst mache. Bis heute muss ich mir immer wieder - oftmals schweren Herzens – ins Gedächtnis rufen, Tiere niemals als „Spielzeuge" zu betrachten und zu behandeln. Ehrlich gesagt, fiel es mir manchmal nicht leicht, auf ein Spiel mit den Kängurus zu verzichten.

Hunde und Katzen wie auch andere Tiere spielen zwar gerne mit dem Menschen, doch sollten sie hierbei nicht als Objekt, sondern als „Spielpartner" betrachtet werden. Gewiss gelingt es einem nicht bei allen Tieren (übrigens auch nicht bei allen Menschen) sie zu einer Spielpartnerschaft zu bewegen, doch weiss man nie, ob man nicht eines Tages eine Überraschung erlebt. So kann es durchaus sein, dass ein Tier von sich aus einen Menschen zum Mitspielen auffordert. Genau dies ist mir mit einem halbwilden Känguru widerfahren!

Es geschah in Pebbly Beach. Das halbwilde Känguruweibchen Berta gehörte zu einer Kolonie, die in einer abgelegenen Ecke auf den Hügeln lebte und an den Nachmittagen meist zum Grasen auf die Strandwiese kam. Die meisten Tiere dieser Gruppe waren sehr scheu, und nur wenige liessen sich berühren.

Berta war dank ihrer Kratznarben auf dem Schnauzensattel gut zu identifizieren. Immer, wenn ich mich unter den Kängurus auf der Strandwiese bewegte, begleitete sie mich, hielt aber stets einen Abstand von gut drei Metern. Es widerstrebte ihr offensichtlich, mit mir in direkte Berührung zu kommen. Ihr Fluchttrieb war stark ausgeprägt. Nur wenn ich etwas Brot in der Hand hatte, konnte sie ihn überwinden. Dann packte sie mit den Vorderpfoten kühn meinen Arm, achtete jedoch darauf, dass ich sie nicht berührte. Mehrmals hatte sie mein enges Beisammensein mit Jacqueline beobachtet, und irgendwie schien auch sie engeren Kontakt mit mir zu suchen. Doch ihre Scheu überwog. Aufgrund dieser widersprüchlichen Haltung Bertas entwickelte sich zwischen uns ein ganz spezielles, raffiniertes Fangspiel, dessen Verlauf fast immer der gleiche war:

Sie näherte sich mir fast bis auf Reichweite und wartete dann, bis ich mich bewegte. Streckte ich ihr daraufhin meine Hand entgegen, hüpfte sie federleicht in einem Halbkreis um mich herum und wartete hinter meinem Rücken, bis ich mich umdrehte. Dies wiederholte sich wieder und immer wieder.

Eines Tages war ich mit Jacqueline beschäftigt, ohne an Berta zu denken. Doch diese hielt das lange Warten offenbar nicht mehr aus, vielleicht plagte sie so etwas wie Eifersucht. Mit grossen Sätzen hüpfte sie plötzlich auf mich zu und stiess Jacqueline mit beiden Pfoten von mir fort! Jacqueline aber widersetzte sich.

Kaum ein Tag verging, an dem mich Berta nicht zu ihrem endlosen Fangspiel aufforderte, indem sie unvermittelt an mich heranhüpfte, um sich dann sofort wieder einige Meter zu entfernen und auf mein Näherkommen zu warten.* Dabei gab es durchaus ein paar Veränderungen in unserem Spiel, je nach dem, wie wir uns bewegten. Drehte ich mich nach Berta um, blieben wir ausser Reichweite voneinander stehen. Machte ich einen kleinen Schritt nach vorn, neigte Berta ihren Körper seitwärts zu einer S-förmigen Linie, hielt ihren Kopf ein wenig schief und beäugte mich leicht geduckt. Ich ahmte sie jedes Mal nach und lächelte ihr blinzelnd zu, als wollte ich sie fragen: „Darf ich mich einmal bei dir anschmiegen?"

Bis heute habe ich kein weiteres „Ritual" dieser Art erlebt.

Morgendliche Fütterung

April-Mai 1982, im australischen Herbst. Jeden Morgen um halb acht begann meine schönste Pflicht: die Fütterung der Kängurus.

Auf meinem Weg zum alten vermoderten Holzschuppen scharten sich bereits viele, manchmal sogar alle vierzig Tiere der Schwallbach-Kolonie zusammen. Ein wenig mühsam bahnte ich mir zwischen ihnen hindurch den Weg zur Schuppentür. Dort angelangt, konnte ich die Tür kaum öffnen, so sehr bedrängten mich die Tiere. So gut ich vermochte stiess ich sie beiseite, schlüpfte rasch in den Schuppen und sperrte mich geschwind ein. Hier drinnen im Halbdunkel spürte ich deutlich, wie sich die Kängurus draussen vor der Tür rauften. Dann machte ich die Futtermischung aus hochwertigen Körnern zurecht, die die Tiere sehr schätzten. Draussen wuchs die Unruhe. Es war, als hätte ich es mit einer Schar hungriger Raubtiere zu tun. Langsam und vorsichtig trat ich vor die Tür, den Futtereimer in die Höhe haltend.

---

*Man hat mich später darauf hingewiesen, dass dieses Verhalten dem mancher Hunde nicht unähnlich ist.

Mit meiner freien Hand schlug ich auf jedes Tier ein, noch ehe es sich aufrichten und mit den Vorderpfoten über den Rand des Eimers greifen konnte. Mühsam schob ich mich so durch das Gedränge und brachte es fertig, dass dabei nur wenig aus dem Eimer fiel. Dann verteilte ich ungehindert das Futter, jeden Tag an einem anderen Platz, um die Grasflächen vor Schaden zu bewahren. Brav frassen sie nun, meine Kängurus, in Reih und Glied, während ich mit leerem Eimer gemächlich um sie herumspazierte und dabei jedes Tier bezüglich seiner Gesundheit oder der Entwicklung der Beuteljungen begutachtete.

Eine lange Reihe von Träumen...?

Wir schreiben November 1984. Eines Nachmittags zog ich mit meinen Tabellen und Schreibutensilien zu einer Kängurukolonie, die auf einem Hügel, genannt „Jacks Höhe", lebte. Dort wollte ich zweistündige Beobachtungen bezüglich der Nahrungsaufnahme machen. Auf den grossen Wiesenabhängen mit ihren Baumgruppen, die sich bis hinunter zum Sandufer erstreckten, grasten die Tiere. Es war ein wunderbar idyllisches Bild. Keine Menschenseele weit und breit. Behutsam lief ich zwischen den Tieren umher und suchte mir ein Tier aus, bei dem ich meine Beobachtungen beginnen konnte. Es galt heraus zu finden, welche Mengen bestimmter Pflanzensorten ein Känrugu aufnimmt. Der Wind blies stark. Dicke Wolken zogen rasch über den Himmel und bedeckten die Sonne. Kaum hatte ich meine Felduntersuchung gestartet, da prasselten auch schon die ersten dicken Regentropfen herab. Ich unterbrach die Arbeit und barg die Papiere unter meiner Windjacke. Im Nu stürzte ein gewaltiger Regen vom Himmel. Bis nachhause aber war es weit. Die Kängurus eilten unter eine auf Sockeln stehende Hütte. Also schloss ich mich ihnen an und kroch auch in den niedrigen Unterstand. Dort sass ich nun in hautengem Kontakt mit den Kängurus. So warteten wir gemeinsam auf das Ende des Regens.

Und plötzlich wurde ich von einem seltsamen Gefühl überwältigt, das etwas von einer Vision hatte.

Von einer Sekunde auf die nächste konnte ich nicht mehr zwischen Traum und Realität unterscheiden. Es war, als breite sich mein gesamtes Leben vor mir aus, das aus nichts anderem bestand als Hunderten von Känguru-Träumen! Dieser Zustand währte nur Bruchteile von Sekunden und erschien mir doch wie eine kleine Ewigkeit. Ich spürte weder Freude noch Verwirrung. Es geschah einfach mit mir, und ich liess es geschehen.

Jenes Erlebnis ist mir lange nachgegangen, und oft habe ich mich gefragt, ob mein Leben nicht vielleicht tatsächlich aus einer langen Reihe von Träumen besteht? Träume, die ich in meinem Zimmer daheim, in irgendeinem Gebiet der Schweiz, in Australien oder einer europäischen Landschaft gehabt und im Geiste mit diesen Tieren verlebt habe, weil diese Träume von ihnen inspiriert waren...

Eine Gemeinschaft von Individuen

Äussere Merkmale als Folge subtropischen Regens?
Seit langer Zeit werden die Wälder, aber auch die Grassteppen West-, Süd- und Ost-Australiens immer wieder von schweren Regenfällen heimgesucht. Selbst das teilweise sehr dichte Blattwerk bietet gegen sie keinen hinreichenden Schutz.

Kopf und Oberkörper weit nach vorn gebeugt, mit ihrer Schnauze fast den Boden berührend, so widerstehen die Kängurus, unbeweglich fast wie Skulpturen, dem Regen. Der äusserst sinnreiche Aufbau ihres Fells sorgt dafür, dass sie dabei keinen körperlichen Schaden nehmen. Dank der festen Unterwolle bleibt ihre Körperhaut stets trocken. Doch auch der eigentümlichen Liegerichtung der Fellhaare kommt hierbei eine besondere Funktion zu. Diese teilt sich nämlich beim Känguru über einen Wirbel auf Höhe der Rückenmitte und verläuft von hier aus zum unteren Teil des Kopfes. Von der Mitte – dem „Gipfel" – ihres gewölbten Rückens fliesst nun das Wasser auf beide Flankenseiten, über Arme und Beine, sowie den hinteren Teil des Rückens bis zum Schwanz. Über die obere Rückenpartie dagegen sucht es sich seinen Weg bis zum Nacken und von dort weiter zur Stirn. Hier allerdings wird ein Abfliessen nach vorn, auf die Schnauze, durch einen Kamm gebremst, der sich dort bildet, wo die zum Kopf hin verlaufende Liegerichtung des Fells auf eine gegenläufige, von der Schnauze her kommende trifft. Statt auf den Schnauzensattel rinnt das Wasser nun an den Schläfenseiten hinab.* Diesen Kamm, der sich von einer Schläfe zu anderen zieht, bezeichnet man als Stirnlinie. Diese Linie hat bei jedem Tier eine höchst unterschiedliche Lage oder Zeichnung, und es ist nicht zuletzt diese Stirnlinie, die jedem Känguru sein eigenes, unverwechselbares Aussehen verleiht.

---

*Dieses höchst bemerkenswerte, durch die unterschiedlichen Liegerichtungen des Fells zustande kommende „Abflusssystem" lässt es denkbar erscheinen, dass es sich dabei um eine in langen Zeiträumen konstanter klimatischer Bedingungen erreichte Anpassung der Tiere handeln könnte.

„Schauen Sie, das da ist Lulu mit ihren zwei Kindern, einem voll ausgewachsenen und einem kleineren! Dort stehen die beiden Kängurumütter Dusja und New-Girl samt ihrer Kinder und einem Enkelkind. Die nächste dort ist Valja ...!" Voller Begeisterung erklärte mir Frau Schwallbach die einzelnen Mitglieder ihrer grossen ‚Kängurufamilie'.

Unwillkürlich sträubten sich mir die Haare, als ich die vielen Tiere betrachtete und mich fragte, wie es möglich war, jedes von ihnen mit derartiger Leichtigkeit zu erkennen. Freilich hatte auch ich im Basler Zoo ‚meine' Kängurus perfekt auseinander halten können, doch waren es dort zumeist weniger als zehn Tiere gewesen. Diese Kolonie aber, scherzhaft auch der „Schwallbach-Mob" genannt, bestand aus mehr als dreissig Tieren!

Folglich bereitete es mir anfangs erhebliche Mühe, die einzelnen Tiere zu identifizieren. Wegen ihrer grossen Zahl musste ich mir eine andere Methode zur Unterscheidung einfallen lassen. Ich richtete mein Augenmerk daher auf die Stirnfalten. Und tatsächlich, nachdem ich mir über Monate die unterschiedliche Zeichnung jedes Tieres eingeprägt hatte, waren sie mir vertraut. Doch nicht nur sie konnte ich nun auf den ersten Blick erkennen, sondern teilweise auch Kängurus anderer Kolonien, bei denen ich die gleiche Methode anwandte.

Als ich einmal zusammen mit meiner Mama den scheinbar spurlos verschwundenen Schwallbach-Mob suchen ging, kamen wir zu einer Gruppe, die man den „Bat-Mob" nannte. In gutem Glauben die gesuchten Tiere gefunden zu haben, wies meine Mama auf diese Kängurus. „Aber nein", korrigierte ich sie sofort, „unter diesen hier befindet sich keines aus der Schwallbach-Gruppe." Verdutzt starrte sie mich an, ahnte sie doch noch nichts von meinem Trick, mit dem es mir gelang, durch Ablesen des jeweiligen ‚Stirncodes' dessen Träger rasch zu identifizieren.

Einmal kam Frau Schwallbach auf mich zu, hob meine Haare aus der Stirn, fixierte mich mit prüfendem Blick und meinte: „Aha, das ist also Doris!"

Es waren heitere Tage in Pebbly Beach.

Neben dem ‚Stirncode' gab es natürlich auch andere unverwechselbare Merkmale in der Physiognomie eines Kängurus. So hatte Dusja zum Beispiel eine sehr breite Schnauze, New-Girl hasenähnliche ‚Plüschwangen' und tief liegende Augen. Mathildes Augen dagegen waren sehr klein, und Lulu, mit ihren sechzehn Jahren die älteste von allen, hatte einen mit vielen Narben übersäten Schnauzensattel.

Doch auch Farbe und Zeichnung des Fells können sehr unterschiedliche Nuancen aufweisen. Meine Namensvetterin Doris – von Frau Schwallbach nach mir benannt – war dunkelbraun, Marilyn Monroe silbergrau. Zwischen diesen beiden Farbtönen gibt es unzählige Abstufungen. Doch ist es zumeist aussichtslos, sich bei der Identifizierung eines Tieres auf dessen Fellfarbe zu verlassen, da diese sich je nach Lichtverhältnissen oder Witterung verändern kann.

Als eine sehr hilfreiche Kennung erwiesen sich bei manchen Kängurus die gut sichtbaren Kerben an den Ohrmuscheln.

So lernte ich nun bei jedem meiner Aufenthalte in Pebbly Beach neue „Gesichter" kennen, waren doch seit dem jeweils letzten Mal wieder einige Jungtiere heran gewachsen. Ausserdem stiessen regelmässig ein paar Neuankömmlinge zur Gruppe. Normalerweise haben halbwild lebende Kängurus mit ungefähr sechzehn Jahren eine relativ geringe Lebenserwartung. Dies bedeutete, dass ich bei jeder Ankunft einige liebe alte Bekannte vermisste. Umso mehr erfreute ich mich an den jeweils neuen Gesichtern, die für mich zu reizvollen Studienobjekten wurden.

Für meine Beobachtungen war es von grosser Wichtigkeit, dass ich nun die einzelnen Tiere zweifelsfrei identifizieren konnte. Andernfalls hätte ich meine Forschungsarbeit wohl abbrechen müssen. So aber war ich imstande, die Tiere individuell zu untersuchen, ganz gleich, ob es sich um ihr Fress-, Liege- oder Sexualverhalten bzw. andere gruppendynamische Prozesse handelte.

Jedes Tier unterscheidet sich von den anderen durch seine Eigenart, man könnte auch sagen, seinen „Charakter". Denn sobald man die Tiere näher kennen lernt, entdeckt man, dass sie ebenso unterschiedlich sind wie wir Menschen. Da findet man die verschiedensten „Temperamente", den „Genusssüchtigen" ebenso wie den „Komiker", den „Selbstmitleidigen" wie den „Harmoniebedürftigen", den „Prahlhans" wie den „Stänker", den „Eifersüchtigen" wie den „Trägen".

Lässt man die strengen Massstäbe der Ethologie einen Moment lang beiseite und vermenschlicht die Tiere, kann dies sehr erheiternd sein.

Streichelte ich zum Beispiel Tanja, warf sie jedes Mal, wie zum Zeichen höchsten Genusses, ihre Arme weit in die Höhe. Hedy, ein Känguru mit einem Kleinen im Beutel, stieg fast jeden Vormittag auf das

Wellblech, das den Holzhaufen abdeckte und liess sich beim Hinlegen einfach darauf plumpsen, sodass das starke Beben des Blechs die anderen Kängurus erschreckte. Dieses „Schock-Ritual" schien Hedy zu gefallen, denn die anderen erschraken stets aufs Neue. Und so wiederholte sie es. Zwischen Ourbaby und ihrer halbwüchsigen Tochter Blondie war – Ausnahme von der Regel – auch lange nach der Beutel- und Säugezeit, die Bindung noch sehr stark. So blieben die beiden beim Äsen, Ruhen oder Umherstreifen stets nah beisammen und betrieben auch gegenseitige Körperpflege. Knurrhenne, eine sonderbare alte, dunkelbraune Kängurudame, die oft mit ihren Artgenossen stritt, knurrte tatsächlich ziemlich heftig (was ich erspürte), sobald ich meine Hand auf ihren Rücken legte.*

Und gelehrig sind sie auch!

Wie ich selber anhand meiner Beobachtungen feststellen konnte, entwickelt so manches Känguru bemerkenswerte Fähigkeiten beim Gebrauch der Vorderpfoten. So hüpfte einmal eins der Tiere mit seitwärts erhobenem Arm auf mich zu, um mir zielgenau das Brot aus der Hand zu schlagen. Im Basler Zoo wiederum gab es ein Känguru namens Trudi, das sich – ähnlich geschickt wie ein Schimpanse – mit seiner Vorderpfote Gräser durch Gittermaschen hindurch angelte! Ein anderes Mal beobachtete ich, wie der Hauptbock der Basler Kängurugruppe die Zweige eines mächtigen Spitzahorns zu sich herab bog und diese geschickt mit seinen Vorderpfoten hielt, während er die Blätter frass. Waren die Zweige zu hoch für ihn, hüpfte er einfach in die Höhe und zog sie herab. Er erinnerte mich an einen Menschen, der Äpfel oder Kirschen pflückt.

Die Vorderpfote des Kängurus ist anders gebaut als die Hand eines Menschen oder die eines Primaten. Seine fünfstrahlige Pfote ist auf der Oberseite kräftig behaart und auf der Unterseite weich ‚besohlt'. Die Enden der fünf Glieder bestehen aus langen, dicken, scharfen Krallen. Keines der fünf Glieder steht ab wie bei uns der Daumen, sodass beim Greifvorgang alle fünf gleichzeitig eingerollt werden müssen. Ein Känguru kann also nicht wie wir einen Ast zangenartig umklammern.

---

*Ich erinnere mich, dass auch ich als Kind von meinen Eltern „Knurrhenne" genannt wurde, da ich die Angewohnheit hatte zu knurren, wenn ich unzufrieden war. Ich benähme mich wie eine Henne, meinten sie dann und behaupteten, Kängurus knurrten nie, die seien immer ganz still. – Da hatten sie sich aber getäuscht! Kängurus können sehr wohl Laute von sich geben und diese sogar variieren!

Die Frage nach weiteren Geschicklichkeiten der Kängurus, brachte mich auf die Idee, in Pebbly Beach einen Test durchzuführen. Konkret wollte ich wissen, ob die Tiere in der Lage waren, mit ihrer Vorderpfote Brotstücke aus einem Loch herauszuholen.

Zu diesem Zweck wählte ich eine robuste Schachtel von etwa sechzig Zentimetern Kantenlänge. Sie entsprach in ihrer Höhe genau der Armlänge eines Kängurus. So konnte das Tier durch das Loch mit der Vorderpfote den Boden berühren. In die Mitte des Deckels schnitt ich ein Loch, nicht zu gross, sodass das Tier nicht seine Schnauze hineinstecken konnte. Damit die Schachtel durch das Berühren und Scharren nicht verrutschte, beschwerte ich sie mit einem an Schnüren befestigten Holzscheit und legte schwere Steine in die inneren Ecken. Dann stellte ich die Schachtel auf die Wiese, nicht weit von unserer Hütte entfernt und streute Brotstücke um das Loch herum. Hinter meiner startbereiten Filmkamera wartete ich nun gespannt, was geschehen würde.

Lange passierte nichts. Zwei Känguruweibchen, Kathy und Wulli, die ganz in der Nähe lagen, schenkten dem sonderbaren Gegenstand keinerlei Beachtung. Schliesslich kam Blondie, ein anderes Känguru, und beroch das fremde Ding. Sie brauchte erstaunlich lange, bis sie das ausgestreute Brot entdeckt hatte und davon frass. Eilig nahm ich nun weitere Brotstücke, zeigte sie Blondie und liess dann alle direkt vor ihren Augen ins ausgeschnittene Loch hineinfallen. Das Tier schien sofort begriffen zu haben, wohin das Brot verschwunden war und begann danach zu suchen. Zunächst beschnupperte sie das Loch, danach suchte sie die unmittelbare Umgebung der Schachtel ab, begann am Boden zu scharren und wandte sich schliesslich wieder dem Loch in der Schachtel zu. Dies wiederholte sich, ohne dass ein neuer, kluger Einfall die Abfolge unterbrach. Nach knapp fünf Minuten verlor Blondie das Interesse und begnügte sich mit Grasen.

Dieses Resultat betrachtete ich als persönliche Niederlage. Offenbar hatte ich die Fertigkeit der Kängurus überschätzt. Doch gerade, als ich mich entschlossen hatte, mein Experiment abzubrechen, geschah das Unerwartete: Blondie kehrte zurück, und mit ihr erschien Lulu, eine weise, alte Kängurudame. Diese vertrieb Blondie mit Schlägen von der Schachtel. Nun hatte Lulu die Schachtel ganz für sich. Intensiv beroch sie den Gegenstand, scharrte dann drum herum, bis ihre Vorderpfote durch Zufall ins Loch hinein rutschte. Noch ein energisches Kratzen – und die Schachtel löste sich etwas vom Boden. Beherzt griff Lulu die Schachtel nun von der Seite an und kippte sie um. Dann suchte sie den Boden gründlich ab und fand die wohl-schmeckende Belohnung.

Durch diesen Test ermutigt, experimentierte ich an den folgenden Tagen weiter, doch jedes Mal scheiterte der Versuch. Dafür erlebte ich viele amüsante Szenen, zum Beispiel, wie sich eine Schar Kängurus um die Schachtel gruppierte und sich heftig untereinander stritt…

Eines Tages kam Frau Schwallbach mit einem Bohnenzweig und erzählte uns von einem erstaunlichen Vorfall, den sie selbst beobachtet hatte. Man muss wissen, dass die Blumen- und Gemüsegärten nach allen Seiten mit Drahtgittern gesichert waren. Doch nun war tatsäch-lich ein Wallaby aufgetaucht, das mit seinen Vorderpfötchen durch die Gittermaschen gegriffen, die Bohnenstange erfasst und sämtliche deli-katen Böhnchen fein säuberlich aus den Schoten geklaubt hatte!

Dass es unter den Kängurus einige Exemplare gibt, denen man eine Art Schuldbewusstsein zusprechen kann, ist nicht ganz auszuschlies-sen. Als Beleg dafür eine kleine Begebenheit, die sich während einer Morgenfütterung bei Frau Schwallbach zutrug.

Auf Hinterzehen und Schwanzspitze stehend und dabei heftig fauchend, tänzelten die Kängurus um Frau Schwallbach herum, grif-fen nach ihren Armen und Schultern und rissen ihr dreist die Brot-stücke mit den Zähnen aus den Händen. Energisch stiess oder schlug sie die frechsten Tiere fort. Doch keines der Tiere wollte von ihr ablas-sen. Sie blieben nur stehen und reckten sich noch höher, bis sie mit ihren Schnauzen Frau Schwallbachs Gesicht sehr nahe kamen. Es war ein wildes Hin- und Her, bis Frau Schwallbach begann, die Tiere in hartem Ton zu schelten und ihnen dabei mit dem Zeigefinger auf die Schnauzen klopfte. Als sie sich daraufhin aus dem Gedränge zu be-freien suchte, wurde sie von einem Känguruweibchen mit den Hinter-füssen gestossen. Leicht erbost drehte sich Frau Schwallbach um, hob den Zeigefinger und versetzte dem zudringlichen Tier einen tüchtigen Klaps auf die Wange. Es hatte Ourbaby getroffen, eine schöne hell-farbene Kängurudame. Mit zitterndem Kopf stellte diese sich direkt vor Frau Schwallbach auf, als wolle sie sich entschuldigen. Die ganze Haltung hatte etwas Unmissverständliches. Frau Schwallbach nahm ihre Geste an, nickte freundlich und streichelte Ourbaby – die Ver-söhnung war vollzogen.

Jedem „Mob" sein Stückchen Land

Keines ging je weit fort

Mit Hilfe ihrer langen, kräftigen Hinterbeine und dem in der Luft auf und ab schlagenden Schwanz* sind die Kängurus in der Lage sich rasch fort zu bewegen. Doch bei einer Höchstgeschwindigkeit von bis zu 70 Stundenkilometern sind Ausdauer und Reichweite begrenzt. Grosse Strecken vermögen sie nicht zu bewältigen. Daher bilden Habitate von knapp 300 Hektar den idealen Lebensraum für sie.

Bei meinen Aufenthalten in Pebbly Beach blieb ich die meiste Zeit des Tages mit der einen oder anderen kleinen Kängurugruppe (nicht mehr als fünf Tiere) zusammen. Mit ihnen konnte ich zumeist leicht Schritt halten, da sie sich relativ langsam bewegten. Über die Mittagszeit ruhten sie stundenlang, und auch ich nutzte die Zeit zu einer Entspannung. Der normale tägliche Bewegungsradius der Tiere umfasste eine Strecke von höchstens vierhundert Metern, genauer vom Buschrand bis hinunter auf die Strandwiese und wieder zurück.

Der Schwallbach-Mob, dem mehr als 30 Tiere angehörten, setzte sich, wie auch die anderen Kolonien, aus mehreren Familien mit Müttern halb- oder ganz ausgewachsener Jungtiere zusammen, deren Töchter mitunter bereits eigene Babys im Beutel trugen. Sobald ein junger Bock das zweite Lebensjahr erreicht hat, verlässt er seine Mutter, verschwindet für einige Jahre im Busch, um als vollständig erwachsenes Tier wieder auf der Szene zu erscheinen. Tagsüber verstreuten sich die kleinen Gruppen im Gelände. Zur Morgenfütterung jedoch versammelten sie sich und suchten in der Regel am späten Nachmittag die gemeinsamen Äsungsflächen auf. Sehr oft auch hielten sie über Mittag am Buschrand gemeinsam Siesta, in der Hitze auf schattigen, bei kaltem Wetter auf sonnigen Flächen.

Innerhalb der Gruppen gab es kein Führungstier. Die Gruppe folgte, sobald sich ein oder zwei Tiere gleichzeitig von ihr entfernten. Dabei spielten Alter und Rangordnung praktisch keine Rolle. So ge-

*Die vertikale Bewegung des Schwanzes dient der Balance und stabilisiert den hüpfenden Körper.

schah es nicht selten, dass die Gruppe einem Jungtier folgte, vor allem dann, wenn sie sich auf der Suche nach idealen Plätzen befand.

Sehr bald schon erkannte ich, dass Kängurus, ob allein oder in Gruppen, keinesfalls ziellos umherstreunen. Meine Beobachtungen förderten ein paar überraschende Neuigkeiten zu Tage. So erwies sich, dass die Tiere das knapp 50 ha grosse Gelände von Pebbly Beach wegen seiner Geborgenheit schätzten. Das Areal beherbergte über 80 Kängurus in drei „Mobs", denen ich die Namen „Schwallbach", „Pat" und „Jack" gab. Ohne Zweifel war die Bildung dieser Gruppen, von denen jede ihrem eigenen Stückchen Land treu blieb, durch die tägliche Fütterung entscheidend beeinflusst worden. Die Anwohner dieser drei Plätze fütterten die Kängurus regelmässig jeden Morgen und gelegentlich auch abends mit Brot, Äpfeln und speziellen vitaminreichen pflanzlichen „Pellets".

Allerdings war diese Ortstreue der Tiere nicht allein den sie fütternden Menschen zu verdanken, denn alle drei Gebiete boten ausreichend natürliche Ressourcen, wie Gräser und verschiedene Kräuter, die dank genügender Regenmengen fast überall auf den grossen, leicht abschüssigen Busch- und Uferwiesen wuchsen. Aber in den seltenen Dürrezeiten war die Fütterung durch die Anwohner unentbehrlich.

Wo treiben sie sich den ganzen Tag nur herum?

Nach Beendigung der morgendlichen Fütterung zerstreuten sich die drei Mobs in mehreren kleinen Untergruppen auf ihrem jeweiligen Territorium. Da die Kängurus bis in die Nacht hinein, mitunter sogar bis zum frühen Morgen grasten, gönnten sie sich tagsüber viel Ruhe. Bei Regen oder kühlem Wetter ruhten die Tiere halb aufgerichtet oder mit den Vorderpfoten auf dem Boden fast bewegungslos im Stehen. War es milder oder warm, bevorzugten sie ein „Sonnenbad" auf den Wiesen oder am Sandufer. Bot der Boden aufgrund seiner natürlichen Unebenheit oder umher liegender Zweige oder Steine nicht genug Bequemlichkeit, scharrten sich die Kängurus mit ihren Vorderpfoten ein muldenähnliches Ruhelager.

Waren die Wiesen zu feucht, wechselten sie häufiger ihre Liegeplätze. Ebenso verfuhren sie mit ihrer Liegeposition, um sich das feuchte Fell von der Sonne trocknen zu lassen. Die Ruheplätze wurden stets sauber gehalten. (Auch Kängurus lieben keine „schmutzigen Betten".)

Die täglichen Ortswechsel begannen im Laufe des Vormittags, wenn die Kängurus aller drei Mobs vom oberen Gelände hinunter auf die Strandwiesen zogen. Die Wanderrouten auf den gut sichtbaren Kängurupfaden variierten. Wenn die Badestrände wenig belebt oder menschenleer waren, nahmen die Kängurus das ganze Gebiet für sich in Anspruch. So begab sich der Schwallbach-Mob auf ziemlich steilen Wegen hinunter zur rechten Uferpartie, der Jack-Mob siedelte sich an der linken Uferpartie rund um die Lagune an, und der Pat-Mob tummelte sich auf der Strandwiese.

Grenzen und Grenzübertritte

Die Grenzen zwischen den von den Mobs für sich reklamierten Zonen waren teilweise klar erkennbar, teilweise nicht. Wie ich bei meinen täglichen Rundgängen feststellte, waren die Grenzlinien von den Kängurus nicht mit Duftmarken gekennzeichnet worden. Vielmehr bedienten sich die Tiere einer visuellen Orientierung.

Um gesicherte Beweise für die Ortsbindung der Tiere zu erlangen, wagte ich – mit dem Einverständnis Frau Schwallbachs – einen kleinen, harmlosen Eingriff. Von der CSIRO-Wildlife-Forschungsstation in Canberra hatte ich einen speziellen schwarzen Farbstoff erhalten. Mit diesem wartete ich geduldig, bis eines Tages alle Schwallbach-Kängurus beisammen auf einer kleinen Rasenfläche grasten. Ich tränkte einen Lappen mit der schwarzen Farbe, lief hurtig von einem zum anderen Tier und verpasste jedem einen Fleck auf dem Rücken. Die Arbeit war nach einer guten halben Stunde getan. Bei den Jack-Kängurus jedoch erwies sich mein Vorhaben als ziemlich schwierig, da sie sich kaum berühren liessen. Daher konnte ich nicht sämtliche Tiere dieses Mobs am oberen Schwanzteil markieren. Die Pat-Kängurus liess ich unmarkiert. Nun waren die Gruppen dank ihrer Kennzeichnung* gut zu unterscheiden.

Die Resultate meiner Beobachtungen zeigten, dass die Schwallbach-Gruppe nur gelegentlich die Grenze um einige Meter übertrat. Höchst selten stiessen sie bis zur Mitte der „Pat-Zone" vor. Weiter gingen sie niemals. Umgekehrt setzten die so genannten Pat- oder Jack-Kängurus überhaupt keinen Fuss in die Schwallbach-Zone.

Grenzüberschreitungen kamen allerdings vor, vor allem dann, wenn sich die Tiere auf der Flucht befanden.

---

*Die markierten Stellen waren so gewählt, dass sie für die Zunge der Tiere nicht oder nur schwer erreichbar waren. Schon nach drei Monaten war die Farbe infolge der Witterung und mechanischen Einflüssen grösstenteils verschwunden.

Eines Tages jagte der Schwallbach-Mob in rasendem Tempo über die lehmige Strasse, die die Grenze bildete, bis ziemlich weit auf die grosse Wiese der Pat-Zone, wo die Tiere bis zur Dämmerung weideten, ohne sich mit dem Pat-Mob zu vermischen. Es passierte selten, dass sich die Schwallbach- und Pat-Kängurus auf einer Fläche versammelten, ohne dass es zu Feindseligkeiten kam. Zwischen den Pat- und Jack-Kängurus dagegen beobachtete ich keinerlei Feindseligkeiten oder Territorialansprüche. Zwischen diesen zwei Mobs gab es immer wieder Grenzübertritte, die aber folgenlos blieben. Die Gruppen lebten offenbar friedlich nebeneinander.

Viele Jahre später konnte ich grosse Veränderungen im Gruppenleben registrieren. Das Haus von Pats Familie war nun unbewohnt und deshalb fanden dort keine Fütterungen mehr statt. Aus diesem Grund hatten sich die Pat-Kängurus den beiden andern Mobs angeschlossen, sodass es nur noch zwei Kolonien gab, den Schwallbach- und den Jack-Mob.

In der Mitte der grossen, leicht geneigten Strandwiese befand sich die breite, gemeinschaftliche Zone, auf der die beiden Gruppen an Nachmittagen bis zur Dämmerung weideten. Allabendlich kehrten sie wieder auf ihr eigenes, heimeliges „Ländchen" zurück.

Durch den Umstand, dass der ehemalige Pat-Mob in den beiden anderen Kolonien aufgegangen war, waren offenbar auch die Feindseligkeiten, die zuvor zwischen der Pat- und der Schwallbach-Gruppe geherrscht hatten, assimiliert worden. Die nachbarschaftlichen Beziehungen beider Gruppen waren ausgesprochen freundlich.

Der Schwallbach-Mob – einfach „ausgeflogen"?

Mehrmals blieb der „Schwallbach-Mob" einen ganzen Tag lang „verschollen" und tauchte erst in der Abenddämmerung bzw. am folgenden Morgen wieder auf.

"Yes, kangaroos can fly away, like birds!" Dies war meine heitere Erwiderung, als einer der Feriengäste auf Pebbly Beach mir mit einem Blick zum Himmel und flatternden Armbewegungen bedeutete, wo ich nach den verschollenen Tieren zu suchen hätte. Ich erinnerte mich an die so genannte Traumzeit, den zentralen Mythos der Aboriginals, in welchem die Kängurus höher und höher hinauf gen Himmel steigen, wo sie sich in glitzernde Sterne verwandeln, um bei Sonnenaufgang als Kängurus wieder auf die Erde zurück zu kehren.

Doch damit war das Rätsel um das mysteriöse zeitweilige Verschwinden der Gruppe nicht gelöst, und es sollte noch vier Jahre dauern, bis ich bei einem meiner Aufenthalte durch einen glücklichen Zufall die Lösung fand.

Eines Morgens im Herbst sass ich im warmem Sonnenschein direkt bei den etwa zwanzig Kängurus, die dösend oder schlafend auf dem warmen Grasboden beim offenen Abstellplatz verbrachten. Schon nach wenigen Minuten wurde die Ruhe der Tiere gestört. Zuerst hoben zwei, dann auch alle anderen die Köpfe, spitzten die Ohren und stemmten ihren Oberkörper mit den Vorderarmen in die Höhe. Binnen weniger Sekunden standen sie auf den Beinen und verschwanden im Busch. Verärgert sah ich mich um und erkannte die Ursache der Störung: Es musste die Autohupe des Briefträgers gewesen sein, der uns zweimal pro Woche aufsuchte und sein Kommen jeweils mit lautem Hupen anzukündigen pflegte.

Mein Verdruss über den verpatzten Beginn meiner Beobachtungen war nicht von langer Dauer. Bald wurde mir klar, dass ich nun möglicherweise herausfinden konnte, wohin der Fluchtweg der Tiere führte. Da ich ein wenig über das Fährtenlesen nach Art der Aboriginals wusste, begab ich mich auf die Suche und fand auch bald einen deutlich erkennbaren Kängurupfad. Dieser führte zunächst den Hügel hinauf. Oben angelangt, kroch ich unter einem Stacheldraht hindurch und untersuchte diesen dabei genauer: An einigen Stacheln hingen winzige Büschel Känguruhaare, ein klarer Hinweis, dass die Tiere hier hindurch geschlüpft waren. Von hier aus ging es zu einem ungeteerten Weg, der gleichfalls, wie die Spuren bewiesen, von den Kängurus überquert worden war. Schliesslich erreichte ich eine steile Böschung, die die Tiere zweifellos in grossen Sätzen bezwungen hatten. Ich umlief die Böschung, indem ich der Strasse folgte, wobei ich intensiv nach meinen verschwundenen Lieblingen Ausschau hielt. Auf dem Scheitelpunkt des Hügels machte ich Halt und schaute in alle Richtungen. Nichts! Enttäuscht machte ich mich auf den Rückweg.

Als ich eine etwa zwei Meter hohe und recht steile Lehmwand entlang lief, stiess ich plötzlich auf zwei kleine, halb verwischte Löcher im Strassensand. Das überraschte mich. Sollten die Kängurus tatsächlich diese Wand mit einem Sprung erklommen haben? Vorsichtshalber markierte ich die Stelle mit grossen Steinen, um sie nach dem Regen nochmals zu untersuchen, wenn der feuchte Sand die Abdrücke der Kängurus besser abbildete und länger erhielt.

In der folgenden Nacht ging ein starker Regen nieder. Am Morgen darauf war wieder einmal Postzeit. Ich hockte mitten unter den friedlich in der Sonne liegenden Kängurus und wartete auf das Auto des Briefträgers. Es kam, und wiederum schlug sein Gehupe alle Tiere in die Flucht. So schnell ich konnte, spurtete ich ihnen nach.

Doch bald schon war ich weit hinter ihnen. Keuchend riss ich den Feldstecher hervor und beobachtete, wie die Tiere den Hügel hinauf hüpften, unter dem Stacheldraht hindurch schlüpften, die Strasse überquerten und zwischen den hohen Sagopalmen verschwanden.

Ich folgte ihnen und fand sogleich zahlreiche Spuren im feuchten Sand, die direkt die mit Wurzeln und niedrigem Gebüsch bewachsene Böschung hinaufführten. Je steiler es aufwärts ging, desto undurchdringlicher wurde das Gestrüpp. Es war fast unglaublich, dass sich die Tiere unter diesen Bedingungen so gewandt bewegen konnten!

Auf die Strasse zurückgekehrt, lief ich hinauf bis genau zu jener Stelle, die ich kurz zuvor markiert hatte. Und wirklich, hier gab es viele frische Fussabdrücke, vom Sagopalmen-Abhang hinauf, quer über die Strasse bis zu jener zwei Meter hohen, steilen Lehmwand. Meine Vermutung hatte sich bestätigt! Es war eine für mich völlig neue Einsicht, dass die Grauen Riesen, die sonst ein recht ebenes Gelände bevorzugen, ein solches Hindernis dennoch bewältigen konnten. Zudem war es mir endlich gelungen, den Fluchtweg der immer wieder spurlos verschwindenden Schwallbach-Kolonie ausfindig zu machen.

Unter erheblichen Mühen kletterte ich die Lehmböschung hinauf und folgte einem schmalen Kängurupfad weiter bis auf das Buschplateau, wo er sich nach etwa vierzig Metern in vier kleinere Pfade teilte. Hier befanden sich die geschützten Plätze der Kängurus, die sie als Tages- oder Nachtlager aufsuchten. Nachdem ich mich gründlich umgesehen hatte, überkam mich plötzlich ein unheimliches Gefühl und ich empfand grosse Einsamkeit inmitten des tiefen, reglosen Busches, in dem sich nichts, aber auch gar nichts bewegte. So kehrte ich um und machte mich vorsichtig an den Abstieg. Vom oberen Rand der Lehmwand blickte ich hinunter auf die Strasse und fragte mich, ob solch ein Absprung für ein Känguru nicht gefährlich sei.

Ein paar Tage später kam ich zur selben Stelle zurück, um Höhe und Neigungsgrad der Lehmwand auszumessen. Überrascht sah ich auf der Strasse erneut die tiefen Abdrücke von Hinterzehen, klare Beweise, dass es den Kängurus möglich war, die gut zwei Meter im

Sprung unbeschadet zu überstehen. Ich selbst hatte bereits mehrmals gesehen, mit welch grandioser Leichtigkeit sie die Höhe von mehr als einem Meter mit einem einzigen Satz überwinden konnten. Doch bis heute habe ich noch nie erlebt, wie sie mit ihren eleganten Sprüngen die gesamte «Abfahrt» vom Buschplateau über die steilen, lehmigen wie steinigen und zum Teil wild bewachsenen Abhänge hinunterrasten.

Wie sie dies bewältigen, wird wohl ihr Geheimnis bleiben!

Die Oberhäupter

Muskelpakete statt Geweihe

Eine Fabel erzählt von einem Hirsch, der einst in einem Wald lebte und mit seinem grossen, prachtvollen Geweih und seiner Körperkraft protzte. Überaus stolz und selbstbewusst röhrte er mit seiner mächtigen Stimme, dass es weit durch die Wälder hallte. Doch eines störte ihn in seiner Eitelkeit, das waren seine Beine. Passender zum edlen Hauptschmuck erschienen ihm festere, stämmigere Beine. Eines Tages befand er sich auf der Flucht und sprang in hohen Sätzen durch den Tannenwald, als er plötzlich mit einem heftigen Ruck stecken blieb: sein wundervolles Geweih hatte sich im dichten Unterholz verfangen.

Die „Oberhäupter" der Kängurus dagegen dürfen sich glücklich schätzen, nicht mit einem hinderlichen Geweih ausgestattet worden zu sein. Das heisst aber nicht, dass ihnen ein körperliches Statussymbol der Macht fehlt. Anstelle eines Geweihs sind sie an Schultern, Brust und den vorderen Gliedmassen (mit den überaus grossen Vorderpfoten) mit imposanten Muskelpaketen ausgestattet. Halb oder ganz aufgerichtet, dazu auf Hinterzehen und Schwanzspitze stehend, wodurch sie noch mächtiger erscheinen, stellen sie ihren breiten, muskulösen Oberkörper demonstrativ zur Schau. Dies Imponiergehabe praktizieren sie nicht nur in Konfliktsituationen, sondern ganz allgemein, um ihren Herrschaftsanspruch zu betonen. Zumindest bei einem schwachen Rivalen genügt schon ein Anblick des sich nähernden Oberhaupts, auf dass jener Gebärden der Unterwürfigkeit zeigt und sich durch Niederducken und Aufsetzen der Vorderpfoten auf den Boden buchstäblich klein macht und vor dem offenbar Stärkeren erniedrigt. Es kann auch geschehen, dass sich der schwächere Rivale zum Zeichen seiner Unterwerfung einfach auf den Boden legt.

Ich machte auf diesem Gebiet interessante Beobachtungen und entdeckte dabei für mich viel Neues. Weshalb sich gerade bei diesem oder jenem Kängurubock eine so mächtig anmutende Gestalt herausbildet, bleibt vermutlich ein Geheimnis der Natur.

Dort wo reichliche Futterquellen, mehrere männliche Rivalen und eine hinreichende Anzahl von Weibchen vorhanden sind, schält sich meist einer der Böcke als Oberhaupt heraus. Es können zwar auch mehrere Böcke die Regentschaft übernehmen (eine Art Oligarchie), jedoch handelt es sich dann stets nur um einige wenige.

Da ein Jungbock mit seinen noch dünnen Vorderarmen und dem ebenfalls noch recht mageren Oberkörper einem Känguruweibchen mit leerem Beutel sehr ähnelt, gelingt es den Forschern nicht immer auf Anhieb, die Tiere nach ihrem Geschlecht zu bestimmen, vor allem weil bei den Böcken, das Skrotum (Hodensack) am Bauch eng anliegt, statt frei herabzuhängen.

Lebenslanges Wachstum ist bei Känguruböcken die Regel. An Körpergrösse übertreffen sie die Weibchen bei weitem. Auf Hinterzehen und Schwanzspitze stehend, kann ein Bock mit seinem Kinn den Kopf eines Menschen überragen, während das grösste Känguruweibchen, dem ich begegnete, mir mit seiner Schnauze nur bis zur Nase reichte.

Dank der abendlichen Kampfspiele, einem sehr friedvollen „Training", vermehrt sich der Brustumfang der Jungböcke innerhalb weniger Jahre beträchtlich. Die Vorderarme werden länger und die Vorderpfoten können auf die doppelte Länge und Breite anwachsen. Auch der Schwanz – für ein Känguru wichtig bei Aufrechtstellung und für die Stabilisierung seiner Hüpfbewegungen – wächst. Bei den östlichen grauen Riesenkängurus sind die Böcke bereits vom vierten Lebensjahr an bis zu einem Drittel grösser als die Weibchen und können bis 76 Kilo wiegen. Voll ausgewachsene Männchen und Weibchen unterscheiden sich also deutlich voneinander und zwar bei allen Arten.

Ebenso wie unser Hirsch in der Fabel, hätte aber auch das Känguru Anlass zur Klage. Seine Hinterbeine sind nicht gerade stämmig. Zur schnellen und geschmeidigen Fortbewegung braucht es allerdings kräftige Sehnen. Diese haben – sehr vereinfacht gesprochen – eine ähnliche Wirkung wie Spiralfedern. Wenn ein Oberhaupt auf seinen fünf steif anmutenden, leicht angewinkelten „Gliedmassen" (vier Beine, ein Schwanz) im Zeitlupentempo auf einen Rivalen zuschreitet, fühlt man sich unwillkürlich an die Gangart einer riesigen Spinne erinnert...

Nicht selten werde ich gefragt, ob denn nicht auch die Böcke einen Beutel haben. Nein, sie haben keinen und brauchen auch keinen. So etwas wie „väterliche Fürsorge" ist bei den Kängurus nicht vorgesehen. Von den Böcken wird einzig erwartet, dass sie sich von den Jungen fern halten. Zuständig sind sie nur für den Zeugungsakt.

Toast „à la Popochka"

Jedes Mal, wenn die imposanten, grossen Känguruböcke die Szene betraten, waren dies für mich Augenblicke der Faszination. Doch auch mit Blick auf meine Studien bedeuteten sie eine wesentliche Bereicherung. Sobald diese „Giganten" erschienen, war mir, als müsse allein ihre Anwesenheit ganz Pebbly Beach in Aufruhr versetzen. Dies war natürlich übertrieben. In ihren Gruppen jedoch konnten sie durchaus für Unruhe und reichlich Bewegung sorgen, z. B. dann, wenn sie auf „Brautschau" gingen. Den Menschen gegenüber verhielten sie sich relativ gleichgültig, solange sie sich ungestört fühlten. Ging es dagegen um das Erhaschen von Leckerbissen, konnten sie sich sehr zudringlich, ja sogar bedrohlich gebärden. Es war dann ratsam ihnen aus dem Weg zu gehen.

Anfangs war ich sehr vorsichtig im Umgang mit ihnen und hielt mich nur selten in ihrer Nähe auf. Doch nach und nach realisierte ich die Friedfertigkeit ihres Naturells. Dank meiner Erfahrungen im Umgang mit den Tieren, insbesondere meiner Kenntnis ihrer Körpersprache, war ich schliesslich so weit, mich über die gut gemeinten Warnungen Frau Schwallbachs hinwegzusetzen und entspannt und gelassen in ihrer Gegenwart auszuharren.

Von einem frühmorgendlichen Rundgang, der mich durch den Busch und über die Strandwiesen geführt hatte, kehrte ich zurück in mein Quartier. Am tiefblauen Himmel erhob sich gerade die Sonne und erwärmte die noch kühle Morgenluft. Die mächtigen, dunkelgrünen Kronen der Eukalyptusbäume schimmerten im rötlichen Widerschein. Wie in der Komposition eines abstrakten Bildes, so standen die verschiedenfarbigen „Striche" der Baumstämme auf einem Hintergrund, der von Blassgrün bis Grau, von leuchtendem Hellgelb bis zu kräftigem Braun wechselte.

Auf den taufrischen Wiesen rund um die weissen Hütten weideten viele Kängurus. Die Bewohner und Feriengäste der Siedlung waren bereits auf den Beinen und hatten begonnen Feuer zu entfachen. Von überall her strömten die Rauchschwaden, vermischt mit dem würzigen Duft von geröstetem Toast. Mein noch leerer Magen begann sich zu regen und heftig zu knurren.

Kathrin, meine Reisebegleiterin, war gerade dabei, eine Toastscheibe zu wenden und frische Zweige aufs Feuer zu legen. Ich lachte ihr freudig entgegen und rieb mir in Erwartung des köstlichen Frühstücks die Hände – bis ich erschrocken zusammenfuhr. Dicht neben ihr gewahrte ich eine grosse, dunkle Gestalt mit einem breiten, muskulösen Oberkörper. Es war Papochka, einer unserer drei Giganten, der Kathrin neugierig zusah, offenbar ebenso angezogen vom herrlichen Toastduft wie ich. Rasch holte ich meine Kamera und filmte in aller Heimlichkeit die Szene an der Feuerstelle. Auf den Toast achtete ich dabei nicht, obwohl es meine Aufgabe war ihn zu wenden. Immer wieder blickte ich – halb fasziniert, halb verängstigt – auf die imponierende Erscheinung Papochkas und hielt mich für den Ernstfall fluchtbereit. Der Bock blieb jedoch brav stehen, sodass ich mich in Ruhe den Toasts widmen konnte. Die allerdings waren schon ziemlich schwarz, und von nun an hiess es jedes Mal, wenn jemand aus Unachtsamkeit einen Toast halb verbrannt hatte, „es gibt Toast à la Papochka!"

Seinen Namen hatte Papochka übrigens von Frau Schwallbach bekommen. Er kam aus dem Russischen und bedeutete „Oberväterchen", was für ihn, einen der grössten und gefürchtetsten Känguruböcke von ganz Pebbly Beach, nicht ganz unpassend war.

George mit den Flatterohren

George nahm den zweiten Rang unter den Oberhäuptern von Pebbly Beach ein. Er hatte tief gespaltene Ohrmuscheln, so dass ihm die Ohren wie Lappen herab hingen und in starkem Wind gewöhnlich flatterten. Kathrin und ich nannten ihn daher ein wenig spöttisch „Flatterohr". – „Zum Glück ist George kein Mensch", meinte Kathrin, „also macht ihm dieser Makel nichts aus!" Doch durfte man sich da sicher sein?

Die ganze Nacht hatte es in Strömen geregnet. Am folgenden Morgen begab sich Frau Schwallbach zum „Mini–Kraftwerk", einem kleinen Generator,* der sich nebst vielen Ölkanistern in einem winzigen Schuppen befand. Sie wollte die Anlage kontrollieren und Öl nachfüllen. In diesem Schuppen erwartete Frau Schwallbach eine etwas ungemütliche Überraschung: George mit den Flatterohren hatte vor der Nässe Schutz gesucht und sich dort häuslich niedergelassen. Frau Schwallbach wagte nicht den Raum zu betreten. Mehrmals rief sie den Bock und versuchte ihn mit Brot vor den Schuppeneingang zu locken. Aber das half nichts, denn George liebte es einfach nicht nass zu werden! Das bedeutete, dass wir keinen Strom haben würden, solange es regnete. Scherzhaft fragte ich daher Frau Schwallbach, ob ihr George

---

*Dieses kleine Ding versorgte die gesamte Siedlung mit Strom, der allerdings so schwach war, dass wir unsere liebe Mühe hatten, beim Licht der Stubenlampe zu lesen.

denn wenigstens ein guter Helfer sei, wenn sie den Generator wieder in Betrieb setzen wolle...

Bei meinen Reiseberichten, die als kleine Serie in einer Gehörlosen-Zeitschrift erschienen, widmete ich George einen längeren Artikel. Darin erwähnte ich, dass Georges' merkwürdig entstellte Ohrmuscheln das Resultat schwerer Kämpfe zwischen den Oberhäuptern waren. Die scharfen Krallen seines Gegners hatten sie aufgeschlitzt. Doch dieser Text erschien in einer falsch redigierten Fassung. „Das kommt von Schlägen, die ihm ein anderer Kängurumann im Kampf um ein Weibchen mit den kräftigen Hinterbeinen gegeben hatte, die scharfe, krallenartige Nägel besitzen." So stand es da.

Dies gehörte natürlich ins Reich der Phantasie. Hätte ein Bock mit einem Riesensprung oder vielleicht sogar einem Salto die Ohren des anderen verletzen können?! Nein, das war unmöglich. Die Hauptwaffen des Kängurus sind seine Furcht erregenden Vorderpfoten, die mit sehr scharfen Krallen ausgestattet sind. Ich selber hatte bis dato mit diesen Krallen schon mehrmals Bekanntschaft machen müssen, die ein paar bis heute noch sichtbare Narben hinterliessen.

Übrigens war George wegen seiner sonderbaren Ohren in ganz Pebbly Beach bekannt. Zufällig kam ich mit ein paar Gästen ins Gespräch, als diese gerade die Kängurus fütterten. Ich wies auf den einzigen Bock in der Weibchengruppe und erklärte den Leuten: "There is a little male called 'Cuddly', but there are two bigger males living here." Zu meinem grossen Erstaunen deutete einer der Angesprochenen prompt auf sein Ohr, womit er zeigen wollte, dass er wusste, um wen es sich bei einem der beiden handelte. "You mean George with it's fluttering ears. They look as if he could fly with them", ergänzte ich lachend.

Cuddly, der Don Juan

Wir sassen in der herrlich warmen Morgensonne am reich gedeckten Frühstückstisch, als sich Cuddly näherte, seinen Kopf direkt über unseren Tisch streckte und unsere Speisen ausgiebig beschnupperte. Dies hatte zur Folge, dass ihm der Speichel aus dem Maul troff und er fast unser Frühstück bekleckert hätte. Wir amüsierten uns, obgleich es doch ein wenig unappetitlich war.

Den Namen "Cuddly" hatte Frau Schwallbach ausgesucht. Er bedeutet soviel wie «anschmiegsam» oder „verschmust". Bock Cuddly war ziemlich klein und mager, sein Oberkörper nicht besonders muskulös. Doch in punkto sexuelle Aktivität übertraf er die beiden anderen wesentlich grösseren und stärkeren Böcke. Für meine Untersuchungen bezüglich des Fortpflanzungsverhaltens, insbesondere die Weberituale, war Cuddly eine wahre Fundgrube.

Er war in allen Belangen ein grosser „Frauenheld", denn er machte innerhalb weniger Stunden vielen Kängurudamen den Hof. Dabei verhielt er sich ihnen gegenüber auf eine ganz merkwürdige Weise, wie ich sie bis dahin noch bei keinem Bock – weder im Freiland noch in einem Zoologischen Garten – hatte beobachten können: Bei taktilen Annäherungsversuchen, etwa leichtem Klopfen oder Kratzen, rann ihm fast jedes Mal der Speichel derart aus dem Maul, so als ob ihm die in Aussicht stehende körperliche Liebe buchstäblich das Wasser im Maul zusammenlaufen lasse. Offenbar war für ihn das Vorspiel wie ein richtiges Hors d'oeuvre…

Wenn einem im Schlaf der Harem entwischt

Während meines ersten Aufenthalts in Pebbly Beach bekam ich bei den Weibchengruppen keinen einzigen Bock zu Gesicht. Frau Schwallbach klärte mich auf, dass die Känguruböcke höchstens alle drei bis vier Wochen für eine kurze Weile aus dem Busch kämen und viel scheuer seien als die Weibchen. Bei meinem zweiten Aufenthalt wollte ich unbedingt das Verhalten der Böcke studieren. Mein Wunsch ging in Erfüllung. Als es soweit war, verstrich fast kein Tag, ohne dass die Oberhäupter in Erscheinung traten!

Eines Morgens meldete mir Kathrin, da sei „jemand" beim offenen Abstellplatz. Sofort machte ich mich auf den Weg und fand George, der oben hinter dem Platz auf dem rauen Waldboden ruhte. Friedlich, mit gekreuzten Armen, lag er inmitten der Schwallbach-Kängurus. Da nichts Bemerkenswertes geschah, wurde es mir bald zu langweilig, und ich verliess die Gruppe. Ich begab mich in die Pat-Zone und staunte nicht schlecht: Dort, in einem der für alle Kängurus zugänglichen Gärten, lag Papochka, das Oberväterchen, im Halbschlaf. Für mich war es völlig neu, zu ein und derselben Zeit auf zwei „Häuptlinge" zu treffen: George in der Schwallbach- und Papochka in der Pat-Zone. Daher fieberte ich dem Moment entgegen, wenn die beiden Kontrahenten aufeinander träfen. Was würde geschehen? Meine Spannung stieg. Doch noch befanden sich die beiden etwa hundert Meter voneinander entfernt, praktisch ausser Sichtkontakt.

Den ganzen Vormittag geschah nichts. Die beiden Oberhäupter dösten vor sich hin, grasten mit den Weibchen oder „inspizierten" das eine oder andere unter ihnen bezüglich seiner Paarungsbereitschaft. Endlich dann, am folgenden Nachmittag, änderte sich die Szenerie. George hatte inzwischen die Schwallbach-Zone verlassen und weidete allein auf der Strandwiese, die zur Pat–Zone gehörte. Weiter oben, noch immer ausserhalb von Georges' Gesichtskreis, schlief Papochka ruhig weiter. So bemerkte er nicht, wie ihn nach und nach die Pat-Kängurus verliessen und er ganz allein zurück blieb.

Rasch lief ich hinunter zur Strandwiese, wo ich mich knapp zwanzig Meter von der Pat-Gruppe entfernt niederliess. Nicht lange danach tauchte George auf. Nachdem er einige Weibchen begrüsst hatte, weidete er mit ihnen. Das bedeutete, dass er nun die Führung dieser Gruppe übernommen hatte!

Papochka, der noch immer hinter den Büschen lag, hatte den Abgang seines „Harems" regelrecht verschlafen. Was würde er anstellen, wenn er erwachte und diesen herben Verlust bemerkte?

Wieder verging eine halbe Stunde. Dann jedoch unterbrach George das Grasen, näherte sich einem Weibchen und führte durch intensives Beriechen die Harnkontrolle durch. Doch sonst geschah nichts.

Gerade hatte ich beschlossen, meine Aufzeichnungen für diesen Tag zu beenden, als eine Panik unter den Tieren der Pat-Gruppe ausbrach! Papochka war da! Nun stand er seinem Rivalen gegenüber. Beide hatten sich zu ihrer vollen Körpergrösse aufgerichtet, sodass sie sich mit ihren Bäuchen und Knien fast berührten. Dann plötzlich bogen sie ihre Oberkörper nach hinten und schlugen bzw. stiessen mit den Vorderpfoten blitzschnell und heftig aufeinander ein. In Windeseile stoben die Weibchen nach allen Richtungen davon. Auch ich ergriff blindlings die Flucht und fand ein kleines Versteck. Für einen kurzen Augenblick fürchtete ich, die beiden Oberhäupter könnten sich gemeinsam auf mich stürzen!

Doch meine Panik war nur von kurzer Dauer. Nach wenigen Minuten hatte ich mich von meinem Schrecken erholt und kehrte an den Ort des Geschehens zurück. Dort bot sich mir ein fast unveränderter Anblick: Die beiden Kontrahenten hatten sich nun einige Meter weiter in Position gebracht. Im Abstand von einigen Metern verharrten sie bewegungslos etwa eine Minute. Sie standen nun nicht mehr aufrecht, sondern geduckt, auf ihre Vorderpfoten gestützt und fixierten einander äusserst erregt. Dann änderte sich das Bild und beide taten so, als seien sie an ihrem Gegner nicht mehr interessiert. George begann zu weiden, doch Papochka wandte sich ihm wieder zu. Und was tat George? Er drehte sich doch tatsächlich um und kehrte, die

Vorderpfoten wieder auf den Boden gestützt, seinem Rivalen den Rücken zu! In diesem Moment schien Papochka zu begreifen, dass der Kampf verloren und seine Macht gebrochen war. Einmal noch blickte er scharf zu George hinüber, bevor er sich aus dem Staub machte. George verfolgte den Fliehenden eine kurze Strecke, dann blieben sie wieder stehen und begannen zu grasen. Schliesslich hoppelten sie langsam von dannen, Papochka voran, und verschwanden im Busch. Was sie wohl dort drinnen machten? Ob sie weiter ihren Kampf um die Macht ausfochten? Bei dieser Vorstellung erschauerte ich, und in der folgenden Nacht träumte ich, dass die Buschhügel gewaltig erbebten und Büsche und Bäume sich mitsamt ihren Wurzeln aus dem Erdreich lösten und niederstürzten...

Termiten auf Hochzeitsflug und eine „Freiluftsauna"

Einer meiner ungewöhnlichsten Tage in Pebbly Beach verlief unter Bedingungen, die man als die einer „Freiluftsauna" bezeichnen konnte, so enorm hoch war die Luftfeuchtigkeit. Bereits am frühen Morgen hingen dicke, schwere Wolken am Himmel. Die Schwüle war unerträglich, wir schwitzten in einem fort, und die Kleider klebten uns auf der Haut. In diesem „Treibhaus" sollten wir viele Stunden ausharren. Doch unsere Energie war gross, und so trotzten wir den Widrigkeiten.

Ausgerechnet an diesem drückenden, feucht-heissen Tag verliessen die Termiten ihre mannshohen, kegelförmigen Hügel und begaben sich in riesigen Schwärmen auf ihren Hochzeitsflug! Die Luft war nun erfüllt von diesen winzigen, geflügelten Insekten.

Auf der Terrasse vor unserer Hütte sassen Kathrin und ich beim Mittagessen. Ich fuhr mit der Hand durch meine wilden, buschigen Haare, die voller Termiten und schon ganz klebrig waren. Ob ich wollte oder nicht, diese kleinen Wesen flössten mir Ekel ein, denn sie landeten überall: auf unseren Köpfen, unbedeckten Körperpartien und natürlich auch unseren Kleidern. Ich zog die Tierchen einzeln aus meinen Haaren. Mit viel Selbstdisziplin ass ich weiter, betrachtete zwischendurch aber immer wieder die flirrenden Wolken blass gelber Pünktchen, ganz dem fatalistischen Gefühl ergeben, nichts dagegen tun zu können.

Plötzlich aber schrak ich zusammen! Direkt vor mir stand eine riesige Gestalt unter einem Baum! George! Kurz darauf verschluckte ich mich beinahe: Neben George erblickte ich nun auch Papochka mit aufgerichtetem Oberkörper! Es begann zu regnen. Eilends holte ich die Filmkamera und stellte sie unter dem schützenden Hüttenvordach auf das Stativ, in der Hoffnung, eine Auseinandersetzung der beiden aufzeichnen zu können. Doch wider Erwarten blieb alles friedlich.

Nach einer Weile verschwand Papochka. Wenig später fand ich ihn am Fuss der Wiesenböschung wieder, wo er friedlich neben den Schwallbach-Kängurus weidete. Vorsichtshalber hielt ich mich etwas abseits.

Noch immer regnete es ununterbrochen, doch mich störte es nicht, auch wenn die Regentropfen meine Eintragungen verschmierten. Was mich dagegen nun erheblich ärgerte, waren die fliegenden Termiten, die zu Hunderten um mich herum schwärmten, sogar in meine Bluse krochen, wo sie mich kitzelten und so in meiner Konzentration störten. Zum Glück gehören diese Tierchen nicht zur Gattung der Stechmücken. Dennoch war es eine sehr unangenehme Erfahrung.

Gespannt lag ich auf der Lauer, Papochka nicht aus den Augen lassend. Und bald darauf geschah etwas Unheimliches. Ohne sein Grasen zu unterbrechen, bewegte er sich gemächlich die Böschung hinauf direkt auf mich zu! Er gab sich vollkommen uninteressiert, bis er mich sah.

Daraufhin fixierte ich ihn, was er wohl als Aggression empfand und mich vermutlich für einen „Rivalen" hielt. Ich begann mich unsicher zu fühlen. Papochka scharrte kurz im Gras und richtete dann seinen Oberkörper urplötzlich in die Höhe. In dieser Haltung blieb er für Sekunden unbeweglich, dann rieb er seine Brust mit seinen gespreizten Vorderpfoten und reckte dabei den Kopf weit nach hinten, bis seine Schnauze gen Himmel gerichtet war. Dann liess er sich wieder nach vorne fallen und scharrte erneut heftig im Gras. Inzwischen hatte er den Penis ausgeschachtet. Er neigte seinen Oberkörper nun noch tiefer zu Boden, rieb Brust, Hals und Kinn und bewegte seine ausgebreiteten muskulösen Arme seitwärts hin und her. Mit dem Kopf folgte er diesen Bewegungen. Dann scharrte er nochmals im Gras und berieb seine Brust mit kleinen Grasbüscheln, die er in den Vorderpfoten hielt. Das ganze wiederholte sich ein paar Mal. Und dann, ja dann … hoppelte er schnurstracks auf mich zu.

Schleunigst machte ich mich davon und kroch unter eine auf Sockeln stehende Hütte. Als ich nach wenigen Minuten wieder herauskam, war Papochka zu meiner grossen Erleichterung verschwunden! Man kann sich denken, welch starken Eindruck dieses Erlebnis bei mir hinterliess.

Kein Boxkampf, keine geballten Fäuste

In jüngeren Jahren sah ich im Basler Zoo einmal zwei Känguru-böcke längere Zeit spielerisch miteinander kämpfen. „Sieh nur, wie lustig die beiden miteinander boxen!", kommentierte ich dies damals ein wenig unbedacht meinem Begleiter gegenüber. Worauf dieser mich unterbrach: „Nein nein, man sagt nicht „boxen", sondern „schlagen", weil die Tiere es nur mit flachen Pfoten tun!" Natürlich hatte er Recht.

Schon bei meinen allerersten Beobachtungen ihrer Kampfspiele hatte ich gesehen, wie die Böcke mit flachen Vorderpfoten und ge-spreizten Krallen einander gegen Schultern, Brust und Oberarme schlugen, wobei sie ihre Köpfe meist weit nach hinten bogen, um Augen und Ohrmuscheln zu schützen. Doch auch ich hatte mich zu der allgemein verbreiteten Redensart vom angeblichen „Boxen" der Kängurus verleiten lassen.* Jedes Mal, wenn ich aus Spass einen mei-ner Bekannten aufforderte, auf Känguruart mit mir zu kämpfen, fing dieser an, mich mit geballten Fäusten zu traktieren, worauf ich ihn kurzerhand stoppte und ihm erklärte, dass die Kängurus es ganz anders machten. Dann demonstrierte ich die richtige Technik, und es war für so manchen gar nicht einfach, diese sonderbaren Kampfbewe-gungen korrekt nachzuahmen.

Bei genauerer Beobachtung hatte ich festgestellt, dass es einem Känguru gar nicht möglich ist, seine Vorderpfote zu einer Faust zu ballen. Noch klarer sind die Unterschiede zwischen der Kopfhaltung eines boxenden Menschen und derjenigen eines schlagenden Kängu-rus: Der erstere senkt den Kopf, während das Känguru seinen Kopf weit nach hinten reckt.

Die Keilereien der Halbstarken

In Pebbly Beach waren lang andauernde Kämpfe zwischen den Oberhäuptern selten. Dagegen gab es unter den Jungböcken immer wieder Anlässe für ausgiebige Auseinandersetzungen.

Diese Kämpfe können sehr verschieden ablaufen. So bewegen sich die Kontrahenten zunächst auf Hinterzehen und Schwanzspitze hin und her oder umkreisen sich, wobei sie aufeinander einschlagen oder Stösse austeilen. Da Hinterfüsse und Schwanz der Tiere sich „trip-pelnd" bewegen, kann man den Eindruck gewinnen, es handele sich hier um „Tanzschritte." Manchmal kommen sich die Kämpfer dabei so nah, dass sie an Bauch oder Knie sich fast berühren. Bei allzu hef-

*Dieses Missverständnis hat zu jenen abstossenden und geschmacklosen Zirkusdressu-ren geführt, bei denen die Tiere mit Boxhandschuhen aufeinander losgehen.

tigen Schlägen können sich sogar die Vorderarme der Tiere ineinander verkeilen. Es kann auch vorkommen, dass der körperlich Stärkere seinen Gegner mit den Vorderpfoten an Schulter oder Brust hält, um ihn hüpfend vor sich her zu schieben. Dauern die Kämpfe länger, werden neue „Runden" häufig dadurch eingeleitet, dass die Kontrahenten eine halb aufrechte oder geduckte Haltung einnehmen, den Blick vom Gegner abwenden und so eine kleine Weile fast reglos verharren. Nahezu immer hält der bis dahin überlegene Bock seinen Kopf dabei in einer höheren Position als sein Gegner. Richtet sich einer der beiden wieder auf – und manchmal tun beide dies gleichzeitig –, so beginnt der Kampf von neuem. Bei diesen Kämpfen kommt es höchst selten zu schweren Verletzungen. Hautrisse, insbesondere an den Ohrmuscheln, sind allerdings recht häufig.

Lange glaubte ich, mich in der Kampftechnik und den Kampfstrategien der Tiere genau auszukennen, bis mir eines Tages auf unangenehme Weise klar wurde, dass dem nicht so war.

In Pebbly Beach lebte damals ein ausgewachsener, von Hand aufgezogener Jungbock. Er war durch den vertrauten Umgang auf den Menschen geprägt und schätzte einen Kampf mit Besuchern ebenso wie mit Artgenossen. Folglich kam auch ich an die Reihe. Als er einmal in einem Kampf mit mir kein Ende finden konnte, glaubte ich, die richtige Methode gefunden zu haben, um die Sache endlich zum Abschluss zu bringen. Ich bewegte mich etwa einen Meter rückwärts und liess mich dann langsam und möglichst „würdevoll" in die Hockstellung nieder. Ich hatte mir dies bei zahlreichen Kämpfen abgeschaut und wollte dem Jungbock damit bedeuten, dass es nun eine Pause gab oder der Kampf zu Ende war. Doch das Signal blieb wirkungslos. Mit den scharfen Krallen seiner Pfote versetzte er mir noch einen Hieb gefährlich nah dem Auge, so dass ich blutete!

Eigentümliche Romanzen

Eines Abends, der Himmel war bedeckt von Wolkenschäumen, hinter denen die gerade untergehende Sonne kaum zu erblicken war. Ringsum am Buschrand begannen die satten, kräftigen Farbtöne der Landschaft leicht zu verblassen und die Kängurus bewegten sich als helle, silbrig-braune Gestalten.

In dieser eindrucksvollen zarten Abendstimmung wurde ich Zeuge des Liebeswerbens unseres Don Juans Cuddly, die den Weibchen Natascha und Feja galt. Es war eine höchst merkwürdige Szene.

Lange und ausgiebig beroch Cuddly Nataschas Kopf bis zum Hals hin, schaute dann sehr interessiert auf ihren Beutel und berührte mit seiner Schnauzenspitze das herausguckende Junge. Dies aber war Natascha zuviel. Gereizt schlug sie auf Cuddlys Schnauze. Den jedoch störte dies nicht und er fuhr fort, sie so lange weiter zu umwerben, bis Natascha ihm auswich und fort hüpfte.

Nun machte sich der verschmähte Freier auf zu Feja. Vorsichtig näherte er sich mit seiner Schnauze ihrem Kopf. Langsam zog Feja sich zurück, verfolgt von Cuddly, der nun mit beiden Vorderpfoten ihren Schwanz rieb und den Kloakenhügel beroch. Feja blieb stehen. Cuddly umkreiste sie und stellte sich direkt vor ihr auf. Nun richtete Feja ihren Oberkörper halb in die Höhe. Die Tiere begrüssten einander durch lang anhaltende Berührungen mit den Nasen. In der Verhaltensforschung spricht man dabei von einem „prägnanten Atemaustausch." Dabei kam es zu auffälligen Maulbewegungen, die, das wusste ich, mit Schnalzlauten verbunden waren.* Zwischendurch hob Feja ihre Vorderpfote und lehnte sich an Cuddlys Flanke. Nach dieser zärtlichen Kontaktaufnahme „promenierten" die beiden umher und grasten dann so lange, bis man sie nur noch als Silhouetten vor den hellen Streifen des Horizonts wahrnehmen konnte.

Cuddlys Liebesleben war abwechslungsreicher als das der meisten anderen Känguruböcke. So tauschte er bei einer anderen Gelegenheit mit seiner „Angebeteten" lange Zärtlichkeiten aus. Darauf entfernte er sich plötzlich ein paar Meter, hoppelte zu ein paar hohen Grasbüscheln, beschnupperte diese ausgiebig und strich dann auf seltsam rhythmische Weise mit seiner Brust über sie hin. Diese Zeremonie wiederholte er ein paar Mal und begab sich anschliessend wieder zu seiner Umworbenen zurück.

Dann wieder hielt sich Cuddly neben der tief geduckten Partnerin, seinen Kopf hoch über dem ihren, würdigte sie keines Blickes, sondern tat, als „streichele" er wie ein Blinder die Luft! Auch scharrte er mit beiden Vorderpfoten am Boden, anstatt den Schwanz des Weibchens zu reiben. Ganz zuletzt, nach all diesen „blinden" Liebkosungen, blickte er der Umworbenen in die Augen und streichelte ihr Kopf und Oberkörper.

Beeindruckende Liebesspiele gab es auch zwischen Papochka und New-Girl. Zunächst standen beide halb geduckt Seite an Seite, die

*Diese schnalzenden Brunftlaute sind – so wurde mir erklärt – bis zu einer Entfernung von zwanzig Metern gut hörbar!

Köpfe einander zugewendet. Papochka kratzte mit einer Vorderpfote die obere Brustpartie von New-Girl, während er mit seinem Maul Brunftbewegungen vollführte und dabei offenkundig Schnalzlaute von sich gab. Dann wieder standen sich beide frontal gegenüber, streichelten einander oder führten leicht klopfende Bewegungen aus. Mitunter hielt sich New-Girl mit einer oder beiden Vorderpfoten an Papochkas Oberkörper fest, beknabberte ein Weilchen seine Brust, während er voller Behagen seinen Kopf weit nach hinten bog.

Einmal sah ich, wie die beiden rhythmisch ihre Brust aneinander rieben, wobei ihre aufwärts gereckten Köpfe diesem Hin und Her in anmutiger Bewegung folgten. Es war ein faszinierender Anblick!

Eine wichtige Rolle bei den Annäherungen kommt dem Schwanzreiben vor der Harnkontrolle zu: Die Geschlechtspartner hoppeln langsam hintereinander, das Weibchen vornweg. Der Bock beginnt nun mit seinen Pfoten auf den Schwanz des Weibchens zu drücken, um es zum Halt zu zwingen. Während es weiterhoppelt, wippt der Schwanz des Weibchens auf und ab. Sobald es stehen bleibt, reibt der Bock mit den Vorderpfoten gleichmässig den mittleren Schwanzbereich des Weibchens so lange, bis es Harn absetzt.

Darauf senkt der Bock seine Schnauze so tief hinab, dass ihm der Harnstrahl direkt über die Nase läuft. Er begutachtet diesen am Strahl sowie an der Harnlache, richtet sich höher auf und nickt unter flehmenden* und schluckenden Mundbewegungen mit dem Kopf, wobei seine obere Zahnreihe deutlich sichtbar wird. Deutet der Harn auf Brunftreife, kommt es innerhalb weniger Stunden zur Kopulation.

Das Liebeskarussell

Es war ein warmer, sommerlicher Nachmittag auf Jacks Anhöhe. Ich wartete darauf, dass die Jack-Gruppe ihre Siesta beendete und weiterzog. Ehe ich mich der aufbruchbereiten Gruppe anschloss, bemerkte ich noch, wie sich Cuddly den Abhang hinunter machte und verschwand. Mit Riesenschritten eilte ich bis zum Rand der steilen Böschung, die bewachsen war mit hohem, wildem Gras, vielen Banksias mit ihren leuchtend gelben, zylindrischen Blütenständen und anderen Bäumen und Sträuchern. Ich blickte hinunter in die Tiefe, wo

---

*Beim so genannten Flehmen nimmt das Männchen den Duft des Weibchens mitsamt seinen sexuell stimulierenden Aromen durch die Nase auf. Von dort gelangt er über den Gaumen in das Jacobsonsche Organ, das Nasen- und Mundhöhle verbindet. Die Duftmarke wird dann bei geschlossenen Nüstern und zurückgezogenen Lippen olfaktorisch geprüft. Dies ist ein bei Beuteltieren sowie den meisten Huftieren übliches Verfahren.

Cuddly in graziösen Sätzen unbeschwert davoneilte. Er passierte die Dünenwiese, liess die dort grasenden Kängurus links liegen und setzte dann mit einem Sprung über den Zufluss der Lagune. Da ich ahnte, was als nächstes geschehen würde, packte ich rasch meine Siebensachen zusammen und rannte hinterher, dabei stets in Sorge, auf eine im Gras versteckt liegende Giftschlange zu treten. Doch Jack Higgins eilte mir zu Hilfe und geleitete mich sicher hinunter.

Am Wiesenufer angelangt, fand ich Cuddly sofort. Er befand sich, wie ich vermutet hatte, tatsächlich auf der Suche nach brünftigen Weibchen. Nach ein paar erfolglosen Annäherungsversuchen hatte er offenbar das richtige gefunden. Er „inspizierte" es eine kurze Weile, und dann bewegten sich die beiden, das Weibchen voran, etwa fünf Minuten in einem Kreis von ca. vier Metern Durchmesser, wobei Cuddly nach jedem zweiten Schritt den Schwanzansatz des Weibchens mit den Pfoten rieb und dessen Kloakenhügel beroch.

Es war ein höchst merkwürdiger Anblick, zumal dieses „Liebeskarussell" sich auf der herrlichen Uferpromenade vor der Brandung des Meeres abspielte. Nie zuvor hatte ich ein solches Paarungsvorspiel gesehen.*

Schliesslich blieb das Weibchen stehen. Cuddly schachtete den Penis aus und begann, mit beiden Vorderpfoten die Schwanzspitze des Weibchens zu reiben. Dadurch löste er bei diesem einen Reflex aus, so dass sich der obere Teil des Schwanzes rhythmisch leicht auf und ab bewegte, bis er in seiner ganzen Länge einen Bogen beschrieb und nur noch mit der Spitze den Boden berührte. Dieses urtümlich anmutende Vorspiel erinnerte in seinem Bewegungsablauf an ein Ballett.

Unvermittelt bestieg Cuddly nun das Weibchen, umklammerte dessen Lenden, drückte es fest an sich und begattete es. Die eigentliche Kopulation dauerte nur zehn Minuten. Das Weibchen verhielt sich völlig passiv. Während des Akts schüttelte Cuddly ab und an heftig seinen Kopf. Ob aus starker Erregung oder nur um die Fliegen abzuwehren, war nicht festzustellen.

Urplötzlich änderte das Weibchen seine Position und versuchte mit aller Gewalt sich zu befreien. Es stemmte den Oberkörper hoch

*Anhand meiner Beobachtungen im Zoo und im Freiland werden erwählte Weibchen einige Tage vor ihrer Empfängnisbereitschaft von den Böcken stets bewacht oder begleitet und dabei durch wiederholtes Beriechen auf ihre Reife hin „getestet". Ist es soweit, versucht sich das Weibchen zu entziehen und flieht in gemässigtem bis rasendem Tempo, solange bis der Bock diese Flucht blockiert. Es kann aber auch sein, dass das Weibchen von sich aus stoppt und sich darbietet. Der eigentliche Begattungsakt dauert zwischen 15 und 50 Minuten.

und drückte ihn mit voller Kraft gegen den Cuddlys. Doch der hielt das Weibchen nur noch fester und hob es so weit in die Höhe, dass seine Hinterfüsse in der Luft hingen. Das Weibchen begann zu zappeln, und nach kaum einer Minute hatte es sich frei gekämpft.* Für einen Augenblick unterbrachen sie den Begattungsakt, doch bald darauf huldigten sie weiter der Liebe, solange bis Cuddley, unser Don Juan, sichtlich ermattet daniederlag.

Abgesehen von diesem „Liebeskarussell" Cuddlys – einer ziemlich spektakulären und meiner Kenntnis zufolge auch höchst seltenen Paarungszeremonie – stellt das Vorspiel bei den Kängurus ansonsten eine Mischung aus Zärtlichkeit und triebhafter Gewalt dar. Betörend anmutenden Berührungen und Gebärden des Liebkosens stehen wilde, für unser Auge brutale Akte zwanghafter Unterwerfung gegenüber. Immer jedoch findet auch jene grosse „erregende Jagd" statt, in der das Männchen dem Weibchen mitunter über Stunden folgt. Hoppelnd oder hüpfend, mit kleinen und mit riesigen Sprüngen, so zeigt sich der Bock hier als treibende Kraft und Vollstrecker des Naturgesetzes in einem archaischen Reigen der Fortpflanzung.**

Die Berge der Oberhäupter

Das Revier der Oberhäupter war sehr gross und reichte von Pebbly Beach bis weit hinauf zu den Hügelketten. In der Siedlung selber tauchten die grossen Böcke nur sehr selten auf. Wenn sie erschienen, waren sie zumeist allein, zu zweit oder zu dritt. Da die Territorialbindung bei den Oberhäuptern nicht stark ausgeprägt war, überschritten sie oft die Reviergrenzen. Auf der Suche nach brünftigen Weibchen durchwanderten sie manchmal grosse Gebiete und bewegten sich dabei von einer Känguru-Kolonie zur nächsten. Wo sie sich jeweils aufhielten, wenn man sie in Pebbly Beach längere Zeit nicht zu Gesicht bekommen hatte, war mir lange ein Rätsel.

---

*Die Ursache dafür, dass gegen Ende der Begattung das Weibchen heftig zappelt, sind zweifellos Schmerzen, die durch stark blutende Verletzungen der Scheide auftreten. Ein Resultat dieser Verletzungen sind die so genannten Kopulationspropfen aus verdicktem Blut und Spermien, die eine Art Blockade vor nachfolgenden „unerwünschten" Begattungen bilden.

**In Fachkreisen der Känguruforschung wird allgemein behauptet, die Begattung vollziehe sich zumeist im tiefen Busch, jener noch immer geheimnisvollen Welt, in die die Tiere sich immer wieder zurückziehen. Anders jedoch die Situation in Pebbly Beach. Seitdem die Kängurus dort mit den Menschen vertrauter wurden, hat sich ihre verringerte Scheu offenbar auch auf ihr sexuelles Verhalten übertragen. So kann man dort mittlerweile immer häufiger Paarungen auf offenen Grasflächen oder in unmittelbarer Nähe der Siedlung beobachten.

Eines Tages lud uns ein Bekannter zu einer Fahrt in die Hügel ein, wo, wie er behauptete, viele grosse und wohlgenährte Hauptböcke lebten.

Als wir am frühen Abend losfuhren, war es noch hell. In der beginnenden Dämmerung erreichten wir die Hügel. Dort bot sich uns ein unvergleichlicher Ausblick aufs Meer. Das zart gelbliche Blau der Horizontlinie trat nach oben hin langsam in ein dunkleres Blau über. Der Himmel war bereits von einem fast schwarzen Blau überzogen. Hier und da blitzten die Sterne hervor. Das Meer war von schwärzlichem Grünblau, durchwirkt mit zartem silbrigen Glitzern. Die Brandungswellen liefen mit breiten Schaumstreifen auf den Strand, wo ihre leuchtenden Reste noch vereinzelt liegen blieben, bevor sie verblassten. Die Nacht brach herein. Behutsam, fast zärtlich schritt ich über die bewachsenen, weichen Steine und liess meine Blicke schweifen. Es war, als sei ich in eine Märchenwelt entrückt, eine Welt, die geheimnisvoll aus der Wirklichkeit hervorgetreten war. Direkt vor mir leuchteten die Blüten der Sträucher in einem unirdischen Licht wie Hunderte eigens für mich entzündeter „Lämpchen."

In der nun rasch zunehmenden Dunkelheit, erhellt nur von wenigen lichten Streifen am Horizont, die die Hügel mit ihrer üppigen Vegetation kaum noch erahnen liessen, bewegten sich schwarze Gestalten: Ja, sie waren es, eine Schar Oberhäupter, jene starken und „wohlhabenden Fürsten", die hier ihr Nachtmahl einnahmen!

Manuela

Blinder Ehrgeiz

Eines Morgens, ich war gerade dabei, mich auf meine täglichen Beobachtungen vorzubereiten, als plötzlich ein junger Mann auftauchte, der offenbar ein dringendes Anliegen hatte. Da er sich mir nicht anvertrauen wollte, schickte ich ihn zu Frau Schwallbach. Kurz darauf kehrte er mit ihr und Kathrin zurück und mir wurde bedeutet, dass der junge Mann ein Känguru im Busch überfahren hatte und nun um unsere Hilfe bat. Da gab es keine grosse Diskussion, und wir machten uns eilig auf den Weg.

Es wurde eine lange Fahrt durch den Busch auf einer lehmfarbenen Strasse, die sich wie eine gelbe Schlange hin und her wand. Zwischen den vorüber fliegenden Baumkronen zeigte sich immer wieder der strahlend tiefblaue Himmel. Die Sonnenstrahlen fanden hier und da den Weg durch das Unterholz und schufen aus den spitzig-dornigen Ästen und Zweigen der Büsche und Sträucher Impressionen wie aus einem abstrakten Bild. Die Strasse war sehr schlecht, wir wurden ordentlich durchgeschüttelt. Doch all das machte mir nichts aus, dachte ich doch voller Sorge an das vermutlich schwer verletzte Tier. Wie sollten wir es transportieren, da es ja höchstwahrscheinlich ein wildes und damit sehr scheues Känguru war? Würde ich erste Hilfe leisten können? Noch nie zuvor hatte ich vor einer derartigen Aufgabe gestanden. Auf jeden Fall mussten wir versuchen, das Tier wieder gesund zu pflegen, soviel stand fest.

Meine wachsende Erregung hatte zur Folge, dass ich mich in einen Traum zurück versetzt glaubte, in dem ich zum ersten Mal einem verletzten Känguru begegnet war. Ich verspürte eine innere Leere. Das verwirrte mich.

Der Wagen bremste abrupt ab. Im Strassengraben fanden wir das verletzte Tier, ein voll ausgewachsenes, kräftiges Weibchen. Ich kniete nieder, um es zu betasten. Arme, Hinterbeine und Rumpf waren bereits kalt, die Augen trüb und verschleiert. Ich befühlte die Brust in der

Herzgegend.* Doch es war kein Herzschlag zu spüren. Vermutlich war das Tier aufgrund des Schocks verendet. Dann betastete ich den halbvollen Beutel. Und dort drinnen bewegte sich etwas! „Es lebt!" rief ich den anderen aufgeregt zu. Vorsichtig holte ich das Junge aus dem aufgrund des Todes der Mutter bereits arg verschmutzten Beutel. Das noch nackte, rosafarbene und blinde Kleine von ca. 15 cm Grösse war nun in seiner ganzen Winzigkeit schutzlos dem grellen Sonnenlicht und dem kalten Wind preisgegeben. Daher wickelte ich es rasch in ein Tuch, und wir fuhren heim.

Als Frau Schwallbach, die etliche verwaiste Kängurubabys gross gezogen hatte, das Junge sah, schüttelte sie nur den Kopf und meinte, dass es keine Überlebenschance haben werde. Wir verständigten uns darauf, dass ich es trotzdem wenigstens versuchen solle.

Vielleicht waren meine Wunschvorstellungen verantwortlich dafür, dass ich die traurige Realität nicht sah. Doch dieses hilflose, kleine Geschöpf ging mir so zu Herzen, dass ich nicht anders konnte und mich als seine neue „Mutter" sah. (Ich verstieg mich in meiner Phantasie sogar so weit, dass ich dieses Kleine bereits als „Graugans" hinter mir herlaufen sah, als sei ich ein Konrad Lorenz...)

Wir holten nun alles zusammen, was uns für die Pflege eines Kängurubabys zur Verfügung stand: Schüsselchen, Tropfenzähler, einen kleinen Kochtopf, ausserdem Milch, eine Bettflasche und einen kleinen Beutel aus Wolle. Frau Schwallbach gab uns einen Kleiderbügel sowie eine alte Bluse und einen Morgenmantel und erklärte uns, wie man daraus einen Beutel schneidern konnte.

In unserer Hütte wusch ich das Kleine behutsam mit einem feuchten Lappen und steckte es in den wollenen Sack. Dann ging es daran, die Nahrung richtig zuzubereiten. So musste zum Beispiel die Milch immer wieder mit Wasser verdünnt und einer Prise Salz gekocht werden. Anschliessend musste man sie etwas abkühlen lassen, bevor sie dem Jungen gegeben werden konnte.

Ich entdeckte in der Maulgegend des Kleinen winzige Haare, seine speziellen Sinnesorgane. Die Ohrmuscheln lagen über dem Köpfchen flach an, die Augen waren noch fest geschlossen. Mit dem Tropfenzähler tropfte ich Milch auf das Mäulchen, in der Erwartung, es werde sich öffnen. Doch es kam nur eine winzige, runde Öffnung zustande.

*Diese befindet sich beim Känguru – anders als beim Menschen – genau in der Mitte. Das Herz selber ist direkt an den Brustwirbeln angeheftet. Dank dieser Besonderheit ist es gegen mögliche Erschütterungen beim Hüpfen geschützt.

Vorsichtig versuchte ich die Flüssigkeit einzuträufeln. Es gelang mir nicht, die Milch tropfte daneben. Auch beim nächsten Versuch nach einer Stunde klappte es nicht. Verzweifelt beschloss ich, dem Tierchen einen halben Tag Ruhe und ausreichend Wärme zur Umstellung in das noch ungewohnte Element zu gewähren.

Inzwischen war der Ersatzbeutel fertig. Wir hängten ihn in der Nähe des Herdes an die Wand, legten das Kleine im wollenen Säckchen hinein und placierten dicht darunter eine warme Bettflasche sowie in Lappen gehüllte heisse Backsteine. Entsprechend der natürlichen Beuteltemperatur mussten präzise 35°C gehalten werden, was allerdings nicht einfach war. Beim nächsten Versuch erzielte ich endlich einen kleinen Erfolg, denn das Kleine nahm etwa zehn Tropfen an, ohne den Sauger der Puppenflasche zu umfassen. Sein Beutelchen war bereits im Ansatz ausgebildet, und ich taufte es „Manuela" (ein Name, den ich mir schon immer für mich selbst gewünscht hatte). Kathrin und ich begingen die „Taufe" mit Coca Cola.

Alle zwei Stunden musste Manuela gefüttert werden. Daher fand ich in der ersten Nacht kaum in den Schlaf. Alle zwei Stunden holte ich Manuela in ihrem Wollbeutel an mein Bett, und sie trank gierig, den Sauger in der Mundhöhle. Trotzdem plagten mich immer wieder kurze, wilde Angstträume, die allesamt Manuelas mögliches Überleben zum Thema hatten. Ganz zuletzt träumte ich, wie ich mit Manuela, einem nun ausgewachsenen und stattlichen Känguru, in der Stadt spazieren ging und dabei für grosses Aufsehen sorgte.

Der Morgen kam, Manuela lebte noch. Tagsüber jedoch trank sie merklich weniger als in der Nacht. In meine eigenhändig erstellte Tabelle trug ich die getrunkenen Milchmengen, Kot- und Harnabgaben genau ein. Am liebsten hätte ich mir Manuela in ihrem Säckchen um den Leib gebunden, um ihr meine eigene Körperwärme zu geben.

Manuela und meine Pflegemutterschaft war das Gesprächsthema Nr. 1 in der Siedlung. Immer wieder wurde nach ihrem Befinden gefragt. Besonders die Kinder wollten gern einmal in den Stoffbeutel hineinschauen, und wir konnten sie nur mühsam davon abhalten. Kathrin erinnerte mich bei dieser Gelegenheit daran, dass es bisher nur wenigen Menschen vergönnt gewesen war, in das Innere eines Kängurubeutels zu schauen.

In den folgenden Nächten entlastete mich Kathrin beim Füttern. Einmal hielt Manuela den Sauger mit dem Maul so fest, dass Kathrin Mühe hatte, diesen zu lösen. Nach jeder Fütterung massierte ich die Bauchgegend des Winzlings mit befeuchteter Fingerbeere, um die

Darmentleerung zu befördern. Es war für uns ziemlich schwierig, bei den Fütterungen bzw. Reinigungen das Kleine gänzlich im wollenen Sack zu halten, denn Manuela war erstaunlich quirlig. Ständig strampelte sie und wand sich, streckte alle Gliedmassen sowie den Schwanz ins Freie, kratzte und stiess ihre Pfötchen oder Hinterfüsse gegen unsere Hände. Oder sie schabte sich mit ihren bereits voll ausgebildeten spitzen, aber noch weissen Krallen über die geschlossenen Augenlider, ein Verhalten, dass wir mit Sorge betrachteten. Komisch dagegen sah es aus, wenn sie wie ein eigensinniges Menschenkind mit beiden Pfoten über dem Köpfchen herumfuchtelte, sobald sie nicht mehr trinken wollte. Zur Reinigung blieb uns nichts anderes übrig als sie ganz herauszunehmen und mit feuchten Lappen das Innere des Wollsackes abzureiben oder diesen gegen einen sauberen einzutauschen. Manuelas Lebhaftigkeit und ihre intakte Verdauungsfunktion waren gute Zeichen, die mich an den Erfolg unserer Bemühungen glauben liessen. Und so kam es, dass ich – geblendet von dieser Aussicht – die traurige Wendung der Ereignisse nicht rechtzeitig bemerkte. Am vierten Tag begann Manuelas Haut bläulich anzulaufen und schrumpelig zu werden. Es war, als würde sie verwelken. Doch diese klaren Anzeichen ihres nahen Endes übersah ich.

Später Nachmittag. Soeben war ich zurückgekehrt von meinen Beobachtungen, ein paar unerwartete, aufregende Kängurukämpfe „im Gepäck." Nun stand die Fütterung an. Doch wie gross war mein Schrecken, als Kathrin auf mich zu kam und mir heftige Vorwürfe machte, weil ich sie nicht über Manuelas schlechten Zustand informiert hatte. Um ehrlich zu sein hatte ich nicht nur nichts bemerkt, sondern war auch zu gehemmt und befangen gewesen, die anderen an der richtigen, das heisst, der besseren Pflege Manuelas entsprechend zu beteiligen. Mein Schrecken mischte sich nun mit Scham.

Draussen blies ein frostig kalter Wind von der Antarktis her, es war nicht einfach, in der Hütte die notwendige Wärme aufrechtzuerhalten. So machten wir uns alle daran, Brennmaterial herbei zu schaffen, so dass wir neben dem Anheizen auch die Fütterungsgeräte sterilisieren konnten. Noch immer schien es mir, als sei alles nur eine Frage der richtigen, das heisst, besseren Pflege Manuelas.

Dann war wieder Fütterungszeit. Mein Herz klopfe wie wild. Voller Bangigkeit erhob ich mich und wärmte die frische Milch auf. Mit bebender Hand befühlte ich das winzige Körperchen. Es lebte. Ich legte es in seinem Säckchen auf meinen Schoss und gab ihm zu trinken. Manuela verschlang den Sauger geradezu mit seinem Mäulchen und trank soviel wie noch nie, bis die Flasche leer war! Wir waren erleichtert und amüsierten uns über Manuelas „Sauferei", ohne zu ahnen, was nun geschehen würde. Die unendliche Gier des Tierchens bezeugte offenbar nur ein letztes Greifen nach dem Strohhalm des Lebens, das kurz darauf aus seinem Körper entwich. Sofort spürte ich, was geschah und erstarrte. Die fragenden und betroffenen Blicke der anderen ruhten auf mir.

Manuela war tot.

Schweigend ging unsere kleine Gruppe auseinander. Kathrin weinte. Wir suchten einen leeren Karton und betteten den kleinen Kadaver Manuelas in weiche Lappen und Watte und bedeckten sie mit weissem Stoff. Im Morgengrauen begruben wir den Karton im Busch. Der Tod dieses Kängurujungen ging uns nach. Es war, als habe dies unscheinbare kleine Geschöpf auf geheimnisvolle Weise Licht in unsere Gedanken und Gefühle gebracht.

Manuela überlebte insgesamt drei Tage, neun Stunden und war laut Auskunft der CSIRO ungefähr 3 Monate alt geworden.

Von Müttern und Kindern

Wo ist eigentlich der Nabel?
Eines Tages erreichte mich ein ungewöhnliches Fax. Ein Bekannter berichtete mir darin von einem festlichen Anlass, an dem er teilgenommen hatte. Der Schluss seines Textes lautete:

„… Es war spät am Abend und schon sehr dunkel. Kaum trat ich aus dem Gebäude, überraschte mich die Nässe, weil mir Schirm und Regenmantel fehlten. Ich hatte gut fünfzehn Minuten zu Fuss zum Tram, war aber kaum imstande, zu rennen oder über die Pfützen zu springen, da ein Schleier dichter Tropfen meine Sicht trübte. Die Nässe drang in meinen Kragen und weiter bis auf die Haut, ja sogar bis zum Nabel! Dieser wurde so mit Wasser gefüllt, dass ich schliesslich das Gefühl hatte, mein Nabelgrübchen sei so gross wie ein Beutelchen! Und da schoss mir mit einem Mal die Frage durch den Kopf: Steht unser Nabelloch vielleicht in irgendeinem Zusammenhang mit dem Kängurubeutel?"

Diese scherzhaft gemeinte, merkwürdig naiv und absurd anmutende Frage trieb nun auch mich um. Dabei ging es mir nicht so sehr um die Entstehung des Beutels. Nein, etwas ganz anderes beschäftigte mich. Wie war es möglich, so fragte ich mich, dass ich mich all die Jahre kein einziges Mal gefragt hatte, ob auch Kängurus ein Nabelloch haben?! Immer wieder hatte ich ihre Bauchseite bis tief in den Beutel befühlt, hatte die Körperoberfläche so genau erkundet wie ein Relief und kannte diese regelrecht auswendig – und wusste doch nichts über ein mögliches Nabelloch! Erinnern konnte ich mich jedenfalls nicht, je eines gespürt zu haben.

Schon beim wenige Wochen alten, mausgrossen Kängurujungen beginnt sich an der unteren Bauchseite ein Beutelchen zu bilden, genau dort, wo am Schambeinknochen zwei spezielle Beutelknochen wachsen. Ich hatte geglaubt, dass sich beim Kängurujungen nach dem Abwerfen des Nabelstrangs eine Geschwulst bilde, die sich nach und nach zurück entwickle und sich schliesslich in der völlig glatten Bauchhaut einebne. Doch stimmte das wirklich? Verschwand das Nabelloch vollständig? Und gab es überhaupt eine Nabelschnur?

Diese Frage stellte ich Christel, einer Kängurupflegerin im Dresdner Zoo. Sie erklärte mir, dass sie bei neugeborenen Kängurus weder Nabelschnur noch Nabelgeschwulst, geschweige denn ein Nabelloch entdeckt hatte!

War es also vielmehr so, dass die Kängurus statt einer Nabelschnur nur einen Schleimpfropfen ausbildeten, wie es aufgrund vieler Aufnahmen zu vermuten war? Oder handelte es sich doch um eine Art gedrungener Nabelschnur?

Ich durchwühlte meine umfassende „Känguruthek", bis ich auf eine alte Schrift von Professor G. Sharman stiess. 1964 hatte er folgendes geschrieben: „Das neugeborene Junge einer narkotisierten Kängurumutter zog mit aller Gewalt an der Nabelschnur, die seine Wanderung von der Geschlechtsöffnung zum Beutel hin behinderte, sodass es schliesslich von Forschern mit der Schere abgenabelt werden musste. So glaubte man fest daran, das Junge könne durch Ablecken der aus der Geschlechtsöffnung heraustretenden Flüssigkeit durch die Mutter abgenabelt werden!"

Vergegenwärtigen wir uns kurz das Geschehen.

Der Winzling wächst im geheimnisvollen Innern einer doppelten Gebärmutter heran, wobei das volle Horn ungefähr so gross ist wie ein Hühnerei, das leere kaum grösser als eine Haselnuss. In der ersten Hülle befindet sich der geburtsreife, jedoch nur knapp zwei Zentimeter kleine „Wurm", umgeben vom riesigen Dottersack und einem kleinen Allantoissack, reich durchsetzt mit Blutgefässen, wobei für die Zirkulation das Herzchen des Fötus zuständig ist. In dieser Hülle, die angefüllt ist mit Flüssigkeit, macht der Winzling nur etwa ein Achtel des gesamten Volumens aus. Ganz anders ist dies bei einem schlüpfbereiten Küken, dessen Körper den ganzen Innenraum des Hühnereis ausfüllt, während der Dottersack stark geschrumpft und praktisch am Verschwinden ist. Aus diesem Grund kommen ausgeschlüpfte Vogeljunge nabellos zur Welt. Beim Känguru erscheint zuerst immer die kleine, durchsichtige Perle der Allantois* und das Köpfchen. Ist der Winzling gänzlich draussen, befreit er sich mit seinen bereits voll entwickelten scharfen Krallen aus der hauchzarten Amnionhülle. Einmal abgenabelt, krabbelt er sofort Richtung Beutel. Daraufhin quillt aus dem Geburtsloch eine Masse gelben Dotters, vermischt mit Blut, die von der Kängurumutter aufgeleckt wird.

*Urharnsack, der bei embryonalen Reptilien, Vögeln, Säugetieren und auch beim Menschen vorhanden ist.

Doch wie passte dies alles zu den Angaben, die ich aus dem Dresdner Zoo erhalten hatte? Gab es möglicherweise ein Rätsel um die lebenswichtige Funktion der Nabelschnur, das seiner Lösung harrte?*

Dann endlich traf das lang erwartete Fax aus Dresden ein: „Vielleicht waren sie an ihren Schleimpfropfen beim Ablecken durch die Mütter so kurz ‚abgenabelt‘ worden, dass man kein „Schnürchen" mehr sehen konnte."

Nun war alles klar. Hätte man die Neugeborenen mit einer Lupe näher betrachtet, wäre es bestimmt aufgefallen, dass die Natur die Kängurus, genau wie alle anderen Säugetiere, mit einer Nabelschnur direkt aus dem dunklen, warmen Inneren der Mutter hinaus ins Freie schickt.

Geheimnisvolles Beutelleben

Sechs Monate bleibt ein Kängurubaby im mütterlichen Beutel, wo es ein feucht-warmes Milieu und vier milchspendende Zitzen vorfindet. Doch nur an einer heftet das Junge sich fest, wobei die Zitze erscheint, als sei sie dem Mäulchen „eingeklebt", da sie darin regelrecht anschwillt.

Sobald sich das nun etwa mausgrosse Kleine nach ca. zwei Monaten gelegentlich von der Zitze löst, bewegt es sich im Beutel frei umher, bleibt jedoch meist mit dem Rücken auf dem Beutelgrund, die Hintergliedmassen und den Schwanz nach oben gerichtet, den Kopf stets nahe der Zitze.

Für mich war es stets ein beglückendes Erlebnis, wenn ich in die rosige Tiefe des Beutelinneren blicken konnte, um das noch unbehaarte Wesen darin zu betrachten. Das ist allerdings nur möglich, wenn die Mutter kurze Säuberungspausen einschaltet und dabei ihren Beutelmund leicht geöffnet lässt. Dieser gleicht eher einem „O" als einem Schlitz und kann sich, dank kräftiger Ringmuskeln, ganz zusammen ziehen. So ist das oft recht unruhige Kleine vor dem Herausfallen gesichert.**

*Ich selbst hatte übrigens einmal ein neugeborenes Känguru in vergrössertem Masstab modelliert, natürlich mit gedrungener Nabelschnur. Einige Jahre später überlegte ich mir, ob ich dieses Stück vom Bäuchlein abbrechen solle, tat es dann aber nicht, weil es aus gebranntem Ton und hart wie Stein war.

**Es scheint allerdings auch bei Kängurumüttern mitunter gewisse Unachtsamkeiten zu geben, so dass das Junge dem Beutel entgleitet. Da solche Fälle äusserst selten sind, ist es für die betroffenen Mütter aufgrund der nicht ausgebildeten spezifischen Reaktion zumeist unmöglich, das Junge wieder zurück in den Beutel zu befördern.

Erstes Herausgucken und erster Ausstieg

Mit etwa sechs Monaten zeigt sich das Beuteljunge zum ersten Mal. Anfangs sind nur Hinterfüsschen oder Schwanzspitze, dann das noch rosafarbene Köpfchen mit den grossen, glänzenden Augen mitsamt den Ärmchen zu sehen. In dieser Phase überzieht sich die rosige Haut mit den ersten feinen, dunklen Fellhaaren. Danach dauert es noch gut einen Monat bis zum ersten Ausstieg des Beuteljungen.

Eines Tages erlebte ich eine überraschende Szene. Auf einem Rundgang traf ich auf Mathilde, eine Kängurumutter, mit ihrem noch sehr schwach behaarten Kleinen. Auf wackligen Beinen stand es vor ihr, offenbar war es aus dem Beutel geflüchtet. Obwohl Mathilde alle Tricks und Finten einsetzte, um das Junge wieder in ihren Beutel zurück zu befördern, gelang ihr dies nur unter grossen Mühen. Als ihr das Kleine ein zweites Mal entkam, folgte sie ihm sofort, näherte sich ihm von vorn und nahm Nasenkontakt mit ihm auf. Nun leistete das Kleine keinerlei Widerstand mehr, sondern schlüpfte direkt zurück in den Beutel.

Dank meiner Beobachtungen solcher Einfangversuche wurde mir klar, dass erstmalig oder zu früh ausgestiegene Beuteljungen ihre eigenen Mütter noch nicht richtig erkennen können. Möglicherweise betrachten die Kleinen in diesem Entwicklungsstadium die so brüsk nach ihnen greifenden Mütter als „Feinde" und fürchten sich vor ihnen. Sie erkennen ihre Mütter ausschliesslich über deren Atem, eine Witterung, die ihnen von der Beutelreinigung her vertraut ist. Mathilde hatte also ihre Versuche, das Kleine zu erhaschen, bewusst aufgegeben, um sich der Hilfe des Nasenkontakts zu bedienen.

Kathy, eine andere Kängurumutter, löste durch ihre ausgiebige Körperpflege – Reiben bzw. Kratzen von Brust, Bauch und Flanken – bei ihrem siebenmonatigen Jungen offenbar die ersten, entscheidenden Ausstiegsimpulse aus. Das Junge, das zuvor nur ein wenig aus dem Beutel geschaut hatte, begann nun sich stärker herauszulehnen. Mein sechster Sinn sagte mir, dass es nun bald zum allerersten Ausstieg kommen werde. Ich sollte Recht behalten! Kathy kratzte sich weiter, auch in der Nähe des Beutelmundes. Da begann das Kleine im Beutel solange heftig zu zappeln, bis es Köpfchen und Arme gegen Kathys Brust lehnen konnte. Auch seine Hinterbeine und das Schwänzchen lugten hervor. Gewaltsam versuchte es nun, sich aus der Umhüllung herauszustemmen, allein die Ringmuskeln des Beutels hielten es zurück. Doch plötzlich war es draussen und wagte ein paar wackelige Schritte, kehrte aber rasch wieder um und verschwand im Beutel.

September ist die „Saison" der Ausstiege. Diese finden überwiegend in den frühen Morgenstunden statt. Regen, nasse Wiesen und die Kälte taufrischen Grases scheinen den quicklebendigen Beuteljungen dabei nichts auszumachen. Mittags kommt kaum ein Junges aus dem Beutel. Erst gegen Abend nehmen die Aktivitäten wieder zu.

Bei meinen Feldbeobachtungen war ich täglich schon im Morgengrauen auf den Beinen, mit selbst erstellten Beobachtungstabellen bewaffnet. Im Mittelpunkt meines Interesses standen dabei die Ausflüge und die Körperpflege der Kleinen, die Entwicklung ihrer Nahrungsaufnahme sowie ihre Spiele.

Die Ergebnisse zeigten eine überraschende Verhaltensvielfalt bei Kängurumüttern und ihren Jungen. So animierten z. B. die Mütter ihre Kleinen auf ganz unterschiedliche Weise zum Ausstieg. Dies konnte durch Belecken des Köpfchens, der Augen oder Ohrmuscheln, des Mäulchens, aber auch der herausgestreckten Hinterfüsschen geschehen. Manchmal rieb die Kängurumutter mit flach gespreizten Vorderpfoten auch den Beutelmund, um ihn für das Aussteigen des Kleinen zu lockern.

Hier eine erheiternde „Spielnummer", die ich beobachten konnte: Kathy war gerade dabei ihren Beutelmund zu belecken, als das Kleine auch schon herauspurzelte. In Windeseile erhob es sich, kratzte und kämmte sich wie wild mit den Vorderpfoten wie in einer Pantomime, wendete sich blitzschnell zu Kathy und steckte seinen Kopf kurz in den Beutel, als wolle es sich vergewissern, dass es tatsächlich draussen war. Dann hoppelte und hüpfte es umher, schlüpfte flugs in den Beutel hinein, um im nächsten Augenblick wieder herauszufallen. Doch als sei es mit einer Sprungfeder versehen, stand das Junge stracks wieder auf den Beinen. Seine Mutter, von dieser spielerischen Stimmung offenbar angesteckt, packte das Kleine und beknabberte sein Fell so lebhaft, dass es umfiel. Binnen Sekundenbruchteilen hatte es sich jedoch wieder erhoben und richtete sich nun direkt vor Kathy auf Hinterzehen und Schwanzspitze auf und beugte sich weit nach hinten ohne umzufallen. Die ganze Szene erinnerte sehr an die Slapstick-Einlagen der Stummfilmzeit!

Sobald die Kleinen sich länger ausserhalb des Beutels aufhalten, beginnt ein Übergangsstadium, an dessen Ende kein Beutelleben mehr stattfindet. Häufig werden die Mütter während dieser Phase von den Jungen bedrängt, die einen Wiedereinstieg fordern oder gesäugt werden wollen.

Ich erinnere mich an eine Szene, die mir damals unglaublich erschien, da ein solches Verhalten bei Kängurus im Allgemeinen nicht üblich war:

Ein Kleines war aus dem Beutel der dösend daliegenden Mathilde heraus gekrochen und hüpfte nun wie wild um ihren Kopf herum. Mit den Pfoten schlug oder griff das Kleine so lange nach ihrem Hals, bis sie sich umdrehte und die Vorderarme frei in der Luft bewegte, sodass sie mit dem Kleinen ausgelassen „Haschen" spielen konnte. Zuletzt zog sie ihr Kleines mit einem Arm fest an sich und leckte und beknabberte sein Fell so ausgiebig wie eine Affenmutter!

Das liebste Spielzeug des Kleinen aber sind die Ohrmuscheln seiner Mutter. Zielstrebig greift das Junge so lange danach, bis es sie erwischt hat. Es beisst oder knabbert an ihnen, was zur Folge hat, dass die Ohrmuscheln mancher Kängurumutter mit Kerben regelrecht übersät sind. Schüttelt die Mutter das aufdringliche Kleine ab, versucht dieses manchmal, seine Vorderpfoten und seinen Oberkörper gegen ihren Kopf zu pressen oder diesen mit den Hinterfüssen zu traktieren, vor allem dann, wenn die Mutter liegt. Dann ist es dem Kleinen normalerweise nicht möglich, in den Beutel zu steigen. Oft muss es sich lange gedulden, bevor es wieder einsteigen kann. Und so versucht es hartnäckig immer wieder in den Beutel zu gelangen, indem es mit seiner Schnauze oder den Vorderpfoten in diesen eindringt, im Bemühen den Beutelmund zu weiten. Nimmt das Junge seine bekrallten Pfoten zur Hilfe, geht es dabei nicht besonders rücksichtsvoll vor. So kommt es, dass der Beutelmund und der obere Teil des Beutelinneren nicht selten aussehen wie eine arg zerlumpte Einkaufstasche. Die Mütter jedoch scheint all dies nicht zu bekümmern. Sie bleiben während der gewaltsamen ‚Rückeroberungsversuche' zumeist ruhig liegen, ja öffnen mitunter nicht einmal die Augen! Sie bieten ein Bild mütterlicher Duldsamkeit und Gelassenheit.

Doch die Kleinen sind erfindungsreich. Nicht selten traktieren sie ihre Mütter solange mit Schlägen auf Kopf, Brust oder Hals, bis diese sich notgedrungen erhebt. Womit das Junge sein Ziel erreicht hat. Denn kaum hat sich die Mutter wieder erhoben, ist das Kleine – schwups! – auch schon im Beutel!

Valja, Gämsli und die schwarze Giftschlange

Ein zwölfstündiger Beobachtungstag stand auf unserem Programm. Er sollte von sechs Uhr morgens bis sechs Uhr abends dauern, wobei Kathrin und ich uns jede Stunde ablösen wollten. Mein Ziel war es, den genauen Zeitpunkt festzustellen, an dem ein Kängurujunges nach zwei Monaten des Aus- und Einstieges vollständig dem Beutel entwöhnt war. Dieser Moment ist immer dann gekommen, wenn die Mutter dem Kleinen den Einstieg verweigert oder es durch das willentliche Erschlaffen der Ringmuskulatur aus dem Beutel „kippt."

Noch vor sechs Uhr morgens war ich auf den Beinen, trank eilig eine Coca Cola und ging dann Valja suchen, die Kängurumutter, die ich für unsere Beobachtung ausgesucht hatte. Ihr Kleines hatte ich „Gämsli" getauft, weil es fast ohne zu ermüden die steilen Wiesenböschungen in rasendem Tempo hinauf und wieder hinunterhüpfte.

Zu Beginn meiner Beobachtung stand Valja oben an einer Böschung, während ihr Junges, leicht wie eine Feder, den kleinen Hang hinab und wieder hinauf hüpfte, um schliesslich zur Mutter zurück zu kehren und seinen Kopf zum „Frühstückstrunk" tief in Valjas Beutel zu versenken. Doch abrupt unterbrach die Mutter die Mahlzeit und hüpfte fort. Gämsli folgte ihr. Ich eilte den beiden, die viel schneller waren als ich, atemlos nach.

Nun begrüsste Gämsli ein anderes Kängurujunges mit Schnauzenkontakt, wurde aber sogleich von der fremden Mutter vertrieben. Erschrocken flüchtete Gämsli in Valjas Beutel, in dem es eine gute halbe Stunde verbrachte, wobei es Kopf und Gliedmassen so weit heraushängen liess, dass diese fast am Boden schleiften. Hin und wieder kostete Gämsli in seiner „luxuriösen" Stellung ein wenig vom saftigen Grün und wurde plötzlich der Länge nach aus dem mütterlichen Beutel gekippt. Doch flugs kam es wieder auf die Füsse und begann sich unter grotesken Verrenkungen wie verrückt zu putzen! Im selben Augenblick kam Kathrin, um mich abzulösen.

Sieben Uhr. Wie ich Kathrins Notizen entnehmen konnte, war Gämsli für eine halbe Stunde in den Beutel geflüchtet, da es ausserhalb zu unruhig war. Beruhigt graste es erneut vom Beutel aus. Schliesslich aber hatte Valja genug von der schweren Last, beugte sich nach vorne und beleckte das Junge ausgiebig, bis es herauskam.

Acht Uhr. „Pst!" – Kathrin hielt ihren Zeigefinger an die Lippen. „Frühstück!", erwiderte ich leise, wandte meinen Blick sofort den beiden Kängurus zu und konnte nur mit Mühe ein lautes Lachen zurückhalten: Gerade richtete sich Gämsli hoch auf bis in die „Dreispitzstellung", hielt mit beiden Vorderpfoten Valjas Hals und schmiegte seine Schnauze an die der Mutter.

Die zunehmende Hitze veranlasste nun die beiden schattige Plätze aufzusuchen, weswegen auch ich meinen Beobachtungsposten aufgab.

Das verspielte Kleine kam kaum zur Ruhe. Es kostete das Laub, die Gräser und kleine Holzstücke, hüpfte auf die Sträucher zu, um sich vor ihnen hoch aufzurichten und wie besessen mit den Vorderpfoten auf Zweige und Blätter einzuschlagen, als kämpfe es mit ihnen. Der raue Boden kitzelte es, und die Fliegen tanzten um seinen Kopf. Wie ein gereiztes Huhn drehte und wälzte es sich und rutschte herum, bis es auf einem Holzscheit ausglitt und den Kopf heftig schüttelte, als könne es nicht fassen, was da mit ihm geschehen war. Mir liefen vor Lachen die Tränen über die Wangen!

Nachdem sich die Tiere zu ihrer Siesta begeben hatten, wurde es friedlich. Einzig Gämsli störte den mittäglichen Frieden und tollte weiterhin unbändig umher.

Zehn Uhr. Nun war es wieder an mir Kathrin abzulösen. Ich erschrak, als ich sah, wie die Kängurus in den Busch flüchteten. Kathrin eilte ihnen nach, konnte sie jedoch nicht einholen. Ein wenig verzweifelt kehrte sie zurück und berichtete mir, dass Jack Higgins mit einem Wassertank unter ohrenbetäubendem Getöse vorbeigefahren war, was die Kängurus in Panik versetzt hatte. Gämsli war in seiner Verwirrung Dusja, einer anderen Mutter, gefolgt. Diese bemerkte es natürlich, verabreichte Gämsli ein paar heftige Schläge und attackierte es mit den Hinterfüssen. Das rief Kathrin auf den Plan, die nun ihrerseits Dusja einige Schläge versetzte.

Aus und vorbei war es nun mit unserer beabsichtigten Zwölf-Stunden-Beobachtung! Wir durchstreiften den Busch, doch nirgends zeigte sich ein Tier der Schwallbach-Gruppe. Da stiess Kathrin auf ein gebogenes, armdickes „Rohr", das sich zu ihrer Überraschung als eine pechschwarze Giftschlange mit schönen, matt schimmernden Schuppen entpuppte! Mit zitternden Knien betrachtete sie diese eine Weile und rannte dann Hals über Kopf davon, um mich zu verständigen.

Das Wetter schlug um, starker Regen setzte ein. Anderthalb Stunden wartete ich, bis es ein wenig aufhellte und ging dann zurück. Drei Kängurus tauchten auf, darunter auch Valja – mit leerem Beutel! Offenbar war sie sehr erregt, denn mehrmals unterbrach sie das Grasen, richtete sich auf und äugte in alle Richtungen. Ihre heftigen Maulbewegungen verrieten mir, dass sie nach Gämsli rief. Wie mir Kathrin später erläuterte, waren ihre Rufe sehr laut und nicht zu überhören.

Daraufhin lauschte Valja aufmerksam in eine bestimmte Richtung und spähte zu einer Gruppe Kängurus, die aus eben dieser Richtung kamen. Ihre Augen unverwandt auf den Busch gerichtet, so wartete sie und rief. Es trafen noch mehr Kängurus ein, doch Gämsli war nicht darunter. Alle grasten, nur Valja frass sehr wenig. Sie musste sehr besorgt sein.

Das nun folgende Geschehen brachte mir wertvolle Erkenntnisse, ja es bildete den eigentlichen Höhepunkt dieses Tages. Plötzlich schien Valja ein Gedankenblitz gekommen, wo ihr Kind zu suchen sei. Vorsichtig begann sie, die Beutel der anderen Mütter zu durchsuchen! Schnuppernd näherte sie sich Mathilde, doch handelte sie sich dafür ein paar Schläge ein. Das steigerte nur ihre Erregung, und fast fieberhaft setzte sie ihre Suche fort. Schliesslich gelangte sie zu New-Girl. Beim Schnauzenkontakt sah es so aus, als wolle Valja um Erlaubnis bitten, den Beutel New-Girls zu untersuchen. Dies wurde ihr gestattet. Doch auch hier wurde sie nicht fündig. Valjas Erregung wuchs ins Unermessliche. Unaufhörlich nach allen Richtungen äugend rief sie nun heftiger als zuvor und lauschte immer wieder. Dabei wippte ihre Schwanzspitze heftig auf und ab. Es schien, als wolle sie dadurch ihre Rufe noch verstärken. Ich selber war nicht minder aufgeregt. Wilde Vorstellungen geisterten in meinem Kopf herum. So malte ich mir aus, wie der äusserst drollige kleine Gämsli, der mir so ans Herz gewachsen war, bereits halb verdaut im Innern einer satten Schlange lag...

Als nach einer Stunde die Sonne wieder hervorkam, eilte ich zu Valja. Und was sah ich dort zu meiner grossen Freude?! Einen selig im Beutel schlummernden Gämsli! War das ein Aufatmen!

Im „Beutel" von Mutter Erde

An einem noch hellen Abend im heissen Dezember schlenderte ich in Pebbly Beach umher, bis ich einer kleinen Kängurugruppe mit Ourbaby und zwei halbwüchsigen Jungtieren begegnete. Unter den Tieren befand sich ein noch zartes, momentan mutterloses Kleines. Es war ein bildschönes „Kängurumädchen" mit dickem, hellem Fell, das auf der Mitte des Rückens zu beiden Seiten abgerieben war, ein deutliches Zeichen dafür, dass seine Beutelzeit noch nicht beendet war.*
Die Mutter war weit und breit nicht zu sehen. Ich wollte herausfinden, wie lange das Kleine es ohne sie aushielt. Beim Übergang zur Entwöhnung dehnen sich die Ausflüge der Jungtiere mehr und mehr aus, und die Mütter ziehen sich so weit wie möglich zurück.

Als dem unbemutterten Kleinen nun das Alleinsein nicht länger behagte, näherte es sich vorsichtig einer fremden Mutter. Es war Ourbaby, die jedoch sogleich ihre Arme hob und auf das Junge einschlug. Das Kleine richtete sich auf und lauschte. Da die begehrte Mutter-

*Die Bewegungen des Kleinen im Beutel sind Ursache für diesen Fellabrieb.

milch nicht verfügbar war, nahm es nun mit etwas Gras vorlieb. Während des Äsens hob es immer wieder den Kopf und horchte mit ständig in alle Richtungen ortenden Ohrmuscheln, kurz, es bot den jämmerlichen Anblick eines verwirrten Jungtiers. Schliesslich eilte es schnurstracks wieder zu Ourbaby. Diese wich ihm aus. Das Kleine glaubte aber offenbar, keine andere Wahl zu haben als seine Versuche zu wiederholen. Vielleicht würde seinem hartnäckigen Drängen doch nachgegeben.

Ich war überzeugt, dass das Kleine ganz genau wusste, dass Ourbaby nicht seine richtige Mutter war, doch die Heftigkeit seines Bedürfnisses schien diese Tatsache zu verdrängen. Alle Bemühungen des Jungen schlugen jedoch fehl, und so gab es endlich auf. Es sauste die Wiesenböschung hinab und schaute sich um. Doch als es nicht diejenige fand, nach der es suchte, sauste es die Böschung wieder hinauf. Und darauf wieder hinab und hinauf und so fort. Um das völlig verstörte Kleine nicht aus den Augen zu verlieren, rannte ich ihm die ganze Zeit nach so schnell mich meine Beine trugen.

Wann endlich würde seine Mutter auftauchen? Fast eineinhalb Stunden vergingen. Die Sonne war noch nicht untergegangen. Nun stand das Jungtier am Buschrand und schien – nach seinen deutlich erkennbaren Kopf- und Maulbewegungen zu urteilen – laut zu klagen. Ich musste sehr gegen mein Mitleid ankämpfen. Wie würde dieses verlassene Junge die erste Nacht ohne einen wärmenden Beutel überstehen?

Auf der Wiese fand das Junge eine kleine Vertiefung in der feuchten Erde und legte sich ermattet hinein. Es schien, als habe es hier den eigentlichen „Beutel" von Mutter Erde für sich entdeckt. Doch nach kaum einer halben Minute war ihm dieser „Erdbeutel" offenbar etwas zu gross. Unruhig wälzte es sich hin und her, blieb kurze Zeit liegen und erhob sich dann schliesslich, um weiter zu suchen...

Dies erweichte mein Herz so sehr, dass ich mich selber aufmachte, seine Mutter zu suchen. Nicht lange, und ich hatte sie gefunden! Es war Kathy mit ihrem weit gedehnten Beutel. Mit etwas Brot lockte ich sie heran. Von dieser Leckerei angezogen, folgte sie mir. Glücklicherweise tauchte nun auch das Kleine auf. Hoch aufgerichtet stand es eine Weile und blickte herüber zu seiner richtigen Mutter. Dann hüpfte es schnurstracks zu ihr, fasste mit seinen Vorderpfoten den Beutel, stillte zunächst seinen ärgsten Durst, um rasch zurück zu klettern ins lang entbehrte Wohlbehagen!

Mäuschenstill ist es keineswegs

Ich spreche auf Tonband

Normalerweise schrieb ich meine Beobachtungen sehr rasch mit vielen Kürzeln und selbsterfundenen „Hieroglyphen" nieder. Das hohe Tempo war der „Tücke des Objekts" geschuldet. Und doch verpasste ich immer wieder wichtige Abläufe oder verlor manches Tier sogar aus den Augen, wenn ich zwecks Niederschrift meine Beobachtungen für kurze Zeit unterbrach. Nur zu gerne hätte ich in diesen Momenten eine Tonaufzeichnung angefertigt, wie es meine Freundin Kathrin mit Vogelstimmen machte. Doch würde man das von mir auf Band Gesprochene auch verstehen, so dass es sich auf Papier übertragen liess? Dies war zumindest einen Versuch wert. Kathrin unterwies mich in der Handhabung ihres Gerätes und versicherte mir, ich würde bald grossen Spass daran haben.

Meine nächsten wichtigen Beobachtungen rückten heran. Gespannt nahm ich das Mikrophon zum Mund, den Finger auf der Auslösetaste. Dann war es soweit. Ich drückte und das Tonband lief. Meine Sprechgeschwindigkeit passte sich verblüffend schnell den Bewegungsabläufen der Kängurus an: Agierten sie langsam, sprach auch ich langsam, wurde es schnell bis hektisch, steigerte auch ich mein Sprechtempo.

„Eins, zwölf (Uhrzeit) – Cuddly hat vom Schatten zur Sonne gewechselt … sonst nichts mehr … Papochka hopp (hoppelt) … zu Natascha und beriecht sie." Und so weiter, aber momentan keine aufregende Szene, bis: „Zwei, fünfundzwanzig – Cuddly hopp … zu Natascha, Papochka bleibt noch, Cuddly steht. Moment, er hopp … einen Schritt, berührt und kratzt den Schwanz von Natascha: Diese hopp … weg."

In meinem Sichtbereich watschelten die Enten ruhelos hin und her, die Hühner flatterten und stritten, und die Currawongs flogen kreuz und quer durch die Szene oder liefen zwischen den ruhenden oder grasenden Kängurus umher.

„Zwei, dreissig – Ohren flach bei Papochka und Natascha – beide stehen – Natascha weg – Papochka hopp … ihr nach bis zwischen

Abstellplatz und Holzhaufen – hinunter – beide stehen sich frontal gegenüber – Natascha schlägt mit einer Pfote Papochka … Jetzt jagt er sie."

Ich sprach die Kassette beinahe voll. Spät am Abend presste Kathrin ihr Ohr an den Apparat, während sie das Band ein ums andere Mal ablaufen liess. Der Kugelschreiber tanzte in ihrer Hand. Unruhig lief ich hin und her, schaute immer wieder besorgt zu ihr hinüber und stocherte in der Glut des Herdfeuers. Waren meine Worte denn wirklich so schlecht zu verstehen? Plötzlich lachte Kathrin los. Ich stutzte. Ihr Lachen unterdrückend, erklärte sie mir, da sei so viel Entengeschnatter, Hühnergegacker, Currawonggekreisch und Brandungsrauschen auf dem Band, dass meine Stimme manchmal kaum zu hören sei.

Mir war klar, diese Schwierigkeiten beim Abhören nicht allein den anderen Geräuschquellen zuzuschreiben waren, sondern auch mit meiner monotonen Aussprache zusammen hingen, die für Gehörlose charakteristisch ist. Daher beschloss ich, zunächst keine weiteren Tonbandaufnahmen mehr zu machen. Doch Kathrin ermunterte und bat mich nicht aufzugeben, jedoch stets auf eine deutliche Artikulation zu achten. Ihr liebevoller Zuspruch machte mir Mut, und so wurde Kathrin für mich eine echte Lehrerin der Lautsprache. Mitunter kam sie während meiner Beobachtungen zu mir, um mich daran zu erinnern und zu ermahnen, möglichst leise, ruhig und gemässigt zu sprechen, da ich immer wieder im „Eifer des Gefechts" in eine schnelle, erregte Rede verfiel. Je mehr ich lernte, diszipliniert aufs Band zu sprechen, desto verständlicher und damit ergiebiger wurden meine Aufzeichnungen.

Doch ich fand für das Tonband noch eine andere Verwendung. So hielt ich das Mikrophon während der Morgenfütterung direkt vor die Mäuler der gierig um Brot bettelnden Kängurus. Oder ich näherte mich damit mutig einem der Hauptböcke, wenn dieser sich an ein Weibchen heranmachte. Auf diese Weise fing ich eine Menge Fauch- und Brunftlaute ein, die ich zwar nicht hören, deren Schwingungen ich jedoch beim Abspielen am Gerät erfühlen konnte, was mich ungeheuer faszinierte.

Mit Kathrin übte ich fauchen, wobei ich ihren Hals betastete, ganz so, wie ich es als Kind bei Tante während der Anfänge meines Sprechunterrichts gemacht hatte. Schliesslich gelang es mir einigermassen, die entsprechenden Laute nachzuahmen. Darauf war ich sehr stolz.

Nun war ich auch imstande, verschiedene Kängurulaute an den Maulbewegungen der Tiere abzulesen. Dabei handelte es sich vor allem um Brunft-, Droh- und Unterwürfigkeitslaute, aber auch solche, mit denen Kängurumütter ihre Jungen zu rufen pflegen. Unsere Lektionen in Sachen Lautimitation gingen so weit, dass Kathrin mich ab und an bei bestimmten Lauten „abhörte", um zu prüfen, ob ich es richtig machte! Probleme gab es natürlich bei den Fauch- oder Knurrlauten, da diese für mich meist nicht ablesbar waren. Hingegen konnte ich sie jederzeit gut erspüren, wenn ich meine Hand auf den Rücken der Tiere legte. Kathrin meinte, ich solle endlich mehr über die Spiele der aus dem Beutel ausgestiegenen Kängurukinder auf Band sprechen. Doch ich war viel mehr in meinem Element, wenn es um die während der Paarungszeit häufig auftretenden Spannungen zwischen den Böcken ging. Mir lagen Energie und Angriffslust, Kathrin dagegen mehr Anmut und Charme, zwei sehr unterschiedliche Aspekte, die sich auf jener Reise wunderbar ergänzten. Die beeindruckenden Bewegungsabläufe der Hauptböcke während ihrer zumeist unblutigen Auseinandersetzungen waren für mich stets auch Sinnbilder meines eigenen Kampfes um Anerkennung und Eigenständigkeit. Doch es war nicht nur mein eigenes energisches Bemühen, das mir die Kämpfenden vor Augen führten, sondern auch das der anderen Behinderten, die sich Tag für Tag in ihrem Streben nach gesellschaftlicher Gleichstellung abplagen mussten.

Mit dem Körper hören

Über den Aspekt „Hören trotz Hörbehinderung" habe ich zuvor bereits einiges geschrieben. Wiewohl ich Töne und Geräusche nicht direkt wahrnehme, reagiere ich doch auf gewisse Schwingungen äusserst empfindlich. Es ist, als hätte ich „Ohren", die über meinen gesamten Körper verteilt sind: Auf der Haut, an Händen und Füssen – vor allem den Sohlen. Sobald ein Motor zu hämmern, dröhnen oder brummen beginnt, ist er für mich vernehmbar. Ebenso registriere ich leise Knallgeräusche, deren Luftschwingungen ich über meine Haut empfange. Stimmen, seien es die von Menschen oder von Tieren, nehme ich dagegen nur sehr mittelbar wahr. Als Luftschwingungen registriere ich sie nicht. Lege ich dagegen meine Hände an den Kehlkopf oder auf den Brustkorb eines Sprechenden oder nehme einen zweiten Resonanzkörper, wie zum Beispiel einen leeren Karton oder Plastikkanister zur Hilfe, sind Stimmen für mich zu erspüren.

Im Busch dagegen, wo die Luft erfüllt ist vom Vogelgesang und den verschiedensten Lauten und Geräuschen der lokalen Fauna, war es für mich stets ,totenstill.' Deshalb ängstigte ich mich oft, wenn ich ganz allein dort verweilte. Befand ich mich jedoch wieder auf dem Gelände von Pebbly Beach, fühlte ich mich sofort geborgen, sobald sich nur einige Kängurus in der Nähe aufhielten. Sie gaben mir Sicherheit und Orientierung und ersetzten mir das fehlende Gehör. – Wie das?

Nun, dank der beständigen Wachsamkeit der Tiere war es mir stets möglich, mit den Augen zu „hören". Die Kängurus können ihre Ohren in feinsten Abstufungen bewegen und dies unabhängig voneinander. Dadurch sind sie imstande, ihre Umgebung rundum zu belauschen. Aber auch mir werden so wichtige Informationen zuteil: Recken die Tiere zum Beispiel aufmerksam die Hälse, erkenne ich an verschiedenen Details sofort den Grad ihrer Erregung. Auf diese Weise helfen sie mir, mich in freiem Gelände zu vergewissern und ermöglichen mir ein rechtzeitiges Ausweichen bei drohender Gefahr.

Allerlei Merkwürdiges

Inspirierende Steine

Etwa zwanzig Meter hinter unserer Hütte in Pebbly Beach wand sich ein schmaler, steiler und ziemlich beschwerlicher Weg hinunter zum Strand, den ich, ein wenig waghalsig, mehrmals benutzte. Unweit davon gab es eine Stelle, mit der es eine geheimnisvolle Bewandtnis hatte. Es wurde gesagt, dass sich dort ein steinerner Abort befinde, der von Aboriginals vor langer Zeit benutzt und dann verlassen worden war. Ehrlich gesagt, fühlte ich eine gewisse Beklemmung bei dem Gedanken, diesen Ort auf eigene Faust auszukundschaften. Irgendetwas hielt mich davon ab.

Doch ich möchte über etwas anderes berichten, das sich unweit dieser Stelle befand und das meinen Blick sowie meine ganze Aufmerksamkeit mitunter stundenlang an den Boden fesselte: Die Kiesel! Millionen dieser durch die Wellen gerundeten und geglätteten Steine hatten der kleinen Siedlung ihren Namen gegeben. Legte man sich tagsüber auf die von der Sonne erwärmten Kiesel von Pebbly Beach, bereitete dies grosses Wohlbehagen, denn man spürte neben der Wärme ihre Glätte und Geschmeidigkeit.

Wie Kinder, so konnten auch wir nur schwerlich innehalten bei unserer Suche nach den schönsten und vollkommensten Exemplaren. Kiesel um Kiesel wurde angehoben und begutachtet und nicht selten war der jeweils nächste Stein ansehnlicher als der vorige. Manchmal wühlten wir uns bis zu den Ellenbogen in dieses harte und doch glatte Kieselfeld. Oft stiessen wir auf Steine mit braungetönten Linienmustern, seltener auf solche mit weissen oder bläulichen Kerbungen, in denen sich mitunter hauchdünne Opale verbargen. Und immer wieder bewegte mich dabei die Frage, wie weit sich diese Kieselbetten wohl in den Untergrund erstreckten.

Es ist diese wundersame Welt der Steine, die tiefe Empfindungen in mir auslöst und mir manchmal das Gefühl vermittelt, als spräche durch sie die Natur selber zu mir. Gebe ich mich ganz der Suche hin, ist es, als streifte mich der Hauch einer fernen Vergangenheit, in der Menschen- und Tierseelen noch miteinander kommunizierten, wie es die Überlieferungen der Aboriginals sagen.* So sind es für mich immer magische Begegnungen, wenn ich diesen stummen Zeugen längst vergangener Zeiten gegenüber trete.

Woher so plötzlich Sicherheit und Kraft?

Eines Tages teilte mir Bettina, meine damalige Reisebegleiterin, mit, sie wolle über Mittag am Ende des Kaps angeln. Während die Kängurus Siesta hielten, hatte ich ein paar Stunden frei und machte mich mit dem Fotoapparat auf den Weg zum Strand. Von dort aus ging ich auf dem flachen und steinigen Uferstreifen weiter, vorsichtig über die unzähligen Steine balancierend, wobei ich stets darauf achtete, dass meine Turnschuhe nicht durchnässten. „Ganz schön mutig!" rief Bettina, die mich kommen sah. Zuerst verstand ich nicht, was sie damit meinte, wohl weil ich innerlich blockierte, da ich Angst vor Vorwürfen hatte. Als sie ihr Kompliment jedoch wiederholte, war ich beglückt, denn nun wusste ich, dass sie mir ihren Respekt dafür zollte, dass ich so tapfer meine Gleichgewichtsstörungen bekämpfte.

Von jenem Tag an machte ich mich oft allein auf, um Bettina oder die anderen zu treffen. Dies war nicht ganz ungefährlich, denn oft genug musste ich über die zwei mehr als drei Meter hohen Felsblöcke um das Kap herum kraxeln.

Nach vielen Wochen der Trockenheit wurde es plötzlich feucht und schwül. Dann prasselte der Regen los. Mehrmals schaute ich aus dem Fenster und sah Kängurus am Strand. Kaum dass der Regen aufgehört hatte, ging ich hinunter um nachzuschauen. Und tatsächlich, da standen sie am Meeresstrand!

Wie berauscht vor Freude lief ich zur Hütte zurück, rief Bettina zu, doch mitzukommen, holte den Fotoapparat und stolperte eiligst den steilen Pfad wieder hinab zum Sandufer. Bettina hatte mich rasch eingeholt und als wir unten waren, sagte sie mir, ich solle mich schnell zum anderen Ende des Ufers begeben, auch dort hielten sich Kängurus an den Felsen auf.

So rasch ich es vermochte, rannte ich über den feuchten Sand und erreichte rechtzeitig die Felsenbucht, gerade als einige Tiere der Jack-Gruppe sich ins Meer begaben. Flugs machte ich Bilder von dieser Szene.

Mit riesigen „glühenden" Wolken am noch zartblauen Himmel kündigte sich die Abenddämmerung an. Eingehüllt in ein Gefühl tiefer

---

*Doch für die Ureinwohner ist diese Zeit nicht Vergangenheit, wie wir sie verstehen, sondern noch immer auf eigentümliche Weise präsent...

Befriedigung schritt ich gedankenverloren heimwärts. Doch mit einem Mal sah ich eine Fussspur vor mir im weichen Sand, deren Anblick mich elektrisierte! Sie verlief schnurgerade und zeigte einen eleganten kleinen Aufsetzer an der Fussspitze, so als hätte ein Sportler sie beim abendlichen Jogging hier hinterlassen. Kurz darauf stellte sich heraus, dass es meine eigene Fussspur gewesen war, die ich bewundert hatte! Ich brauchte eine Zeitlang, um diese Tatsache zu realisieren. Wie konnte ein Mensch, der so unter Gleichgewichtsstörungen litt wie ich, eine derart elegante „Fuchsspur" hinterlassen?! Lag es möglicherweise an einer magischen Verbindung zwischen den Kängurus und mir, die meine Gleichgewichtsstörungen ausser Kraft gesetzt hatte? Wie dem auch sei, es blieb ein Rätsel.

Eines Abends erzählte ich Bettina, dass ich mich noch immer nicht traute, in völliger Finsternis weit hinauszugehen. Sie ermunterte mich, es sogleich zu versuchen. Ich tat es und fühlte mich dank ihrer Animation plötzlich sehr gut und voller Selbstvertrauen. Seltsam leicht und beschwingt lief ich durch die Dunkelheit, mit dem kleinen Scheinwerfer meiner Taschenlampe in alle Richtungen weisend. Da und dort erfasste der Lichtkegel grasende Kängurus, und ich genoss es, sie auf diese für mich gänzlich neue Weise zu beobachten. Schliesslich erreichte ich die menschenleere Strandwiese, knipste die Lampe aus und schaute zum Himmel. Wegen der starken Bewölkung waren weder Mond noch Sterne zu sehen. Ringsum nichts als stockschwarze Nacht. Nun wurde es mir doch langsam ein wenig unheimlich. Dem Licht meiner Taschenlampe folgend, kehrte ich sicheren Schrittes zurück, um Bettina voller Stolz von meiner „Exkursion" zu berichten. Ich bat sie, fortan möglichst alle meine Bedenken bezüglich meiner Selbstständigkeit einfach zu ignorieren. Dies akzeptierte sie nicht nur, sondern spornte mich sogar an, meinen Ängsten zu trotzen, wann und wo immer dies möglich war! Bei niemandem genoss ich soviel Vertrauen wie bei Bettina, und manchmal erschien sie mir wie eine Fee...

Fast so sicher wie in Abrahams Schoss

„Können Kängurus auch schwimmen?", fragte ich als Kind einmal meinen Vater, der lachend meinte: „Ja, ich weiss genau, dass sie gut schwimmen können. Aber natürlich nur, wenn sie ihren Beutel mit dem Reissverschluss verschliessen!"

Mir missfiel sein Scherz. Doch lange Zeit liess mich die Frage nicht los, ob ein Junges im Beutel problemlos überleben könne, wenn sich die Mutter einmal fluchtartig ins Wasser begibt.

Eines Nachmittags traf ich auf der Strandwiese ein, gerade als eine Kängurugruppe aus mir unerklärlichen Gründen in Richtung Lagune verschwand. Darüber ärgerte ich mich, doch mein Verdruss währte nicht lange. Als ich wenige Stunden später Kathrin traf, berichtete diese mir, sie hätte von Jacks Anhöhe aus beobachten können, wie drei Kängurus die gut zehn Meter breite Lagune schwimmend überquerten, unter ihnen eine Mutter mit Beuteljungem! Kathrin war überzeugt, dass das Junge überlebt habe. Mir aber schien das eher unwahrscheinlich.

Bei einem Besuch im Zoo von Adelaide erhielt ich dann eine ausführliche Antwort auf die Frage, die mich nun schon so lange beschäftigte. Der Direktor erzählte uns von einem schweren Sturm, der zu Überschwemmungen geführt hatte. Auch der Zoo war davon nicht verschont geblieben. Die Folgen waren verheerend, denn die tiefen, mit Beton eingefassten Känguruanlagen standen sämtlich unter Wasser. Es konnten jedoch fast alle Tiere gerettet werden. Bei einer Kängurumutter, die bis zum Hals im Wasser gestanden hatte, überlebte auch das Beuteljunge und trug keinerlei Schäden davon. Dies war offenbar möglich gewesen dank des hermetisch verschlossenen Beutelmundes und einem ausreichenden Luftvorrat im Innern des Beutels. Bei einer anderen Mutter dagegen war Wasser in den Beutel eingedrungen. Das Kleine ertrank.

Diese interessanten Ausführungen beeindruckten mich. Welch unglaubliche Kraft musste doch in diesen Ringmuskeln stecken!

Kängurus, die schwimmen?

Zur Frage, ob sich Kängurus bei Überschwemmungen schwimmend retten können, hatte ich bereits mehrere Artikel gelesen. Es gab auch Fernsehfilme, die sich mit diesem Thema beschäftigten. Einen wichtigen Hinweis erhielt ich von meinem alten Brieffreund Geoff, der uns auf einer Tour durch den Busch die herrlich weiten und wilden Gewässer des Marquariesees im östlichen New South Wales zeigte und uns erklärte, dass Kängurus oft zu den vegetationsreichen Inseln im See schwömmen. Ein andermal berichtete mir ein Wildhüter auf Rotamah-Island, er habe persönlich gesehen, wie ein Känguru einige Male von dieser Insel zum Festland hinüber geschwommen sei, eine Strecke von immerhin gut einem Kilometer!

Doch sollte ich in dieser Frage an noch weit präzisere Informationen gelangen. So wurden Kathrin und ich zu einem wissenschaftlichen Filmvortrag eingeladen, der sich mit den spektakulären Schwimmbewegungen von Kängurus beschäftigte. Faszinierend war dabei das Verhalten zweier Roter Riesen, die nie zuvor mit Gewässern Bekanntschaft gemacht hatten und nun in einen Swimmingpool gebracht wurden, in dem sie sich nur schwimmend bewegen konnten. Kaum waren die Tiere im Pool, begannen sie auch schon zu hüpfen. Doch nach wenigen Sekunden änderten sie ihr Verhalten. Nun schwammen sie, Vorder- und Hinterbeine abwechselnd bewegend, wie es auch Hunde oder Pferde tun. Ihre Schwänze pendelten dabei horizontal hin und her wie bei einem Fisch oder einer Echse.

Badefreuden

Jeden Vor- und Nachmittag lief ich den kurzen, sandigen Küstenabschnitt bei Pebbly Beach ab, um nach frischen Känguruspuren zu fahnden, die direkt ins Meer führten. Ich wollte Daten sammeln um herauszufinden, wie oft und bei welchen Wetterbedingungen die Kängurus sich ins Wasser begaben. Schon mehrmals hatte ich festgestellt, dass sie auch vor einem morgendlichen Bad im eiskalten Wasser nicht zurückschreckten. Allerdings hatte ich noch nie ein Tier beobachtet, das weit ins Meer hinausgewatet war. Scherzhaft gesagt: „Herr und Frau Känguru" beliebten, sich nicht mehr als Fussknöchel und Schwanzspitze umspülen zu lassen…

Eines späten Nachmittags wurde ich Zeuge einer heiteren Badeszene: Zwei Tiere aus der Schwallbach-Gruppe, die auf der Strandwiese weideten, hüpften die Böschung hinunter direkt zum Meer, wo sie Hinterfüsse und Schwanz ins Wasser tauchten. Nach einer Weile gesellten sich sechs weitere Tiere zu ihnen. Diese wagten sich noch ein wenig weiter hinein, so weit, dass die Wellen ihre Bäuche berührten. Auch Valja, die mutigste Kängurumutter, war unter ihnen. Ihr durchnässten die Wellen den Beutel mitsamt dem herausschauenden Jungen. Fast alle standen parallel zum Ufer oder leicht schräg dazu, den Blick geradewegs auf die Brandung gerichtet und warteten auf die nächste Welle. Rollte diese heran, hüpften sie schnell zurück an Land, um sofort wieder zurückzukehren und erneut auf den nächsten Brecher zu warten. Dieses Wellenspiel schienen sie genauso vergnüglich zu finden wie wir Menschen.

Verschollen in den Klippen

Das Wetter war umgeschlagen. Zwei Tagen grosser Hitze folgte ein kalter, fast winterlicher Tag. Der Himmel war bewölkt, es fiel ein leichter Sprühregen. Ich ging hinunter zum Strand und erblickte dort einige Kängurus, noch ausserhalb des Wassers. Weitere Tiere stiessen zu ihnen, und alle bewegten sich nun direkt zum felsigen Abschnitt der Küste. Es waren insgesamt elf Tiere, darunter zwei ausgewachsene Böcke, einige Jungböcke und mehrere Weibchen, eines davon mit einem etwa drei Monate alten Jungen im Beutel. In einer Art „Gänsemarsch" hüpften sie die Felsklippen entlang, wobei sie immer wieder stehen blieben und auf die Brandung blickten, die heftig gegen die Felsen schlug. Abwechselnd angeführt von einem Weibchen, einem Jungtier und einem alten Bock, bewegten sie sich weiter bis zum Ende des Felsabschnittes. Dort übersprangen sie mit grandiosen Sätzen die gefährlich tiefen Risse im Gestein, in denen das Wasser umherwirbelte. Als sie diesen Küstenabschnitt hinter sich gebracht hatten, blieben die Tiere stehen. Aus ihren Kopfbewegungen schloss ich, dass sie die Gegend absuchten. Ich hatte den Eindruck, dass sie überlegten, wie sie weiter gehen sollten. Vorsichtig, auf allen vieren, bewegten sie sich dann zum Klippenrand, von wo aus sie in die Tiefe blickten. Wahrscheinlich schätzten sie die Sprungweite ab. Dann hüpften sie eines nach dem anderen mit einem gewaltigen Satz hinab und landeten auf der unteren Steinplatte. Dort warteten sie so lange, bis auch das allerletzte, das ein wenig gezögert hatte, gesprungen war.

Zu meinem Schrecken stellte ich nun fest, dass die Gruppe nur noch aus acht Tieren bestand! Wo waren die übrigen drei geblieben? Waren sie beim Sprung über die gefährlichen Felsspalten in die Tiefe gestürzt und von der reissenden Strömung fort gespült worden…?

Die Tiere zogen weiter zum Kies- und Geröllufer, dann zur Felsenkante am Meer, wo sie für einen kurzen Moment inne hielten.

Sie waren merklich erregt. Kurz darauf brach unter den Tieren eine Panik aus. Alle stoben auseinander, wobei ein Weibchen den Halt verlor und bäuchlings auf die glatte Fläche mit den gelben Neptun-Halsband-Algen fiel, die sich im seichten Wasser befanden. Blitzschnell erhob es sich wieder und hüpfte davon. Vier Tiere kamen zurück, die anderen blieben verschwunden. Sie mussten sich irgendwo an der Geröllküste aufhalten.

Bevor die Dämmerung einsetzte, stieg ich wieder hinauf zur Hütte. Ich war sehr bewegt, ja seltsam berauscht. Und ich verspürte wieder jenes leichte Prickeln am ganzen Körper, wie immer, wenn ich in starker Verbindung mit den Kängurus stand…

Auf meinem Weg traf ich zwei Känguruweibchen, die ziemlich durchnässt und völlig erschöpft waren. Sie leckten sich die Arme.

Eines der beiden liess sich bereitwillig von mir streicheln, wodurch auch ich mich wieder ein wenig beruhigte.

Warum die elf Kängurus einen so weiten Ausflug über die Klippen gemacht hatten, ist mir rätselhaft geblieben. Auch verschiedene Fachleute, bei denen ich Rat einholte, konnten mir nicht weiterhelfen. Aufgrund meiner Beobachtungen bin ich mir allerdings sicher, dass sich die Tiere weder auf der Flucht noch auf Nahrungssuche befanden. Auch hatten sie nirgendwo Salz geleckt* oder an seichten Stellen Meeresfrüchte oder Algen gefressen. Vermutlich war die Triebfeder für ihre „Felspartie" reine Neugierde gewesen. Die Klippen waren gefährlich, das musste auch den Kängurus bekannt sein. Es geschah nicht selten, dass man dort tödlich verunglückte Tiere fand. Dennoch übten die Klippen offenbar eine starke Anziehungskraft auf sie aus.

Gestohlenes Blau

Als ich eines Morgens mit meinen täglichen Beobachtungen beginnen wollte, stellte ich fest, dass mein blauer Kugelschreiber verschwunden war. Meines Wissens hatte ich ihn aufs obere Dach gelegt. Ich fragte Kathrin, doch sie hatte ihn nicht. Just in diesem Augenblick kam mir ein Gedankenblitz und ich glaubte zu wissen, wer der Dieb war: Ein Laubenvogel! Wie ich aus Büchern und Dokumentarfilmen wusste, hatten es diese seltsamen Vögel vor allem auf blaue Gegenstände abgesehen. In Australien schienen derlei „Diebstähle" weit verbreitet zu sein.

Während meiner nächsten Australienreisen achtete ich also sorgsam darauf, möglichst keine blauen Gegenstände mitzunehmen. Es hätte nämlich katastrophale Folgen gehabt, wäre zum Beispiel mein blaues Kontaktlinsenetui mitsamt Inhalt plötzlich verschwunden.

Vier Jahre nach der Episode mit dem „gestohlenen" Kugelschreiber war ich wieder in Pebbly Beach. Langsam ging ich auf der Lehmstrasse in die Richtung von Jacks Hügel und studierte unter-wegs die mir noch unbekannten Pflanzenarten. Da bot sich mir plötzlich ein Anblick, der mich zutiefst empörte. In einem Umkreis von mehr als einem Meter lagen in wildem Durcheinander Papierfetzen, Glasstücke, Trinkhalme, Papageienfedern, Knöpfe, Bänder, Plastikteile und viele andere Dinge. Was für eine Schweinerei die Touristen doch immer zurücklassen, dachte ich bei mir, als ich mich der vermeintlichen „Zivilisationshinterlassenschaft" am Strassenrand näherte.

*Eine Angewohnheit, die sie mit vielen anderen Tieren teilen, um ihren Salzhaushalt zu regulieren.

Doch als ich mir die kleine Müllhalde etwas genauer besah, entdeckte ich, dass alle Gegenstände ein kräftiges Blau aufwiesen! Sofort kam mir mein „gestohlener" Kugelschreiber wieder in den Sinn. Aber natürlich...! Ich brach in ein herzhaftes Gelächter aus. Mein damaliger Verdacht hatte sich also bestätigt. Inmitten dieses „blauen Wunders" befand sich eine etwa zwanzig Zentimeter hohe Laube, deren zwei Wände aus dürren Grashalmen bestanden, die mit Speichel geschickt verklebt waren. Dies also war der kunstvoll ausgeschmückte Balzplatz eines Seidenlaubenvogel-Männchens! Der Anblick fesselte mich so sehr, dass ich anderntags mit meiner Filmausrüstung dorthin zurückkehrte.

Leider lag der Platz zu der Zeit in tiefem Schatten, so dass ich auf die Sonne warten musste. Dadurch hatte ich genügend Zeit, alles bestens vorzubereiten. Ich nahm ein zehn Zentimeter langes Plastikrohr und einen Wegwerf-Rasierer, beide in herrlichem Blau, die ein wenig abseits lagen und legte sie in die Mitte dieses kleinen, blauen Universums, um einen noch kräftigeren Farbton für meine Aufnahmen zu erzielen. Dann liess ich mich unweit des Balzplatzes nieder und streckte meine Füsse, die in knallblauen Turnschuhen steckten, behaglich aus. Würde der Laubenvogel auch um meine Turnschuhe tanzen?

Langsam wurde der Platz von der Sonne erhellt. Geduldig wartete ich. Einige Male blickte ich gespannt durch den Sucher meiner Kamera. Und dann sah ich sie: Anmutige, seidig blaue Bewegungen – die Vorstellung hatte begonnen! Rasch liess ich die Kamera surren, während der Hahn seine Tänze vollführte. Wie ein Seiltänzer mit einer Balancierstange, so hielt er einen Grashalm quer im Schnabel und schritt, tanzte oder hüpfte damit lange umher, wobei die kräftigen Sonnenstrahlen sein wippendes dunkelblaues Gefieder zu einem wundervollen Glitzern brachten. Zwischen seinen Tanzschritten fügte er geschickt Grashalm um Gashalm an seine Laube.*

* „Der Seidenlaubenvogel zählt zu den Alleebauern unter den Laubenvögeln. Sorgfältig werden kleine Äste auf der gesäuberten Arena zu zwei gegenüberstehenden Wänden so zusammengestellt, dass der freibleibende Gang in Nord-Süd-Richtung zeigt. (...) Hat der Seidenlaubenvogel ein Weibchen in seine „Allee" gelockt, beginnt er auf dem Vorplatz mit der Balz. (...) Zunächst bietet er dem Weibchen eine Blüte dar (...), dann wird der Schwanz steil angehoben, und das Männchen hüpft von einer Seite zur anderen. Dabei spreizt es die Flügel so weit, dass diese fast den Kopf bedecken. Das Licht wird von seinen glänzenden Federn reflektiert und lässt den Vogel in einem metallischen Blau erstrahlen. (...) Erstaunlich ist die grenzenlose Vorliebe dieses Vogels für blaue Farbtöne, die so gedeutet werden kann, dass hierdurch die Wirkung seines eigenen blauvioletten Gefieders verstärkt werden soll." (Aus dem Tierlexikon „World of Animals")

Mit flinken Kopfbewegungen speichelte er sie ein, bis sie gut und fest klebten. Es war ein faszinierendes Schauspiel, und ich war sein einziger Zuschauer! Indes war ich doch verblüfft zu sehen, dass der Vogel meinen blauen Turnschuhen überhaupt keine Beachtung schenkte. Vielleicht waren sie einfach nur zu gross und erscheinen ihm unpassend für seine Sammlung kleiner, blauer „Preziosen". Nach einer Viertelstunde verschwand er wie eine Erscheinung, noch bevor die ersten Schatten auf seinen Tanzplatz fielen. Ich konnte mich nicht genug wundern über diesen klugen Hahn!

Steifbeinig erhob ich mich nach meiner zweistündigen Sitzung. Eine Stunde später eilte ich mit meiner australischen Brieffreundin, die soeben angekommen war, zur selben Stelle zurück, um ihr alles zu zeigen. Ich staunte nicht schlecht, als Plastikrohr und Rasierer wieder haargenau dort lagen, von wo ich sie zuvor entfernt hatte! Ich legte die beiden Dinge also erneut zu den anderen blauen Gegenständen, damit mein Gast fürs Fotografieren ein effektvolleres Bild bekäme. Danach bummelten wir durch die Umgebung und kamen nach einer Weile wieder am Balzplatz des Seidenlaubenvogels vorbei. Ich glaube, man errät schon, dass sich der von mir zum zweiten Mal korrigierte „blaue Kosmos" wieder in seiner ursprünglichen Ordnung präsentierte – alles lag millimetergenau an seinem alten Platz! Der Seidenlaubenhahn war offenbar ein sehr ordentliches, geradezu „zeremonielles" Geschöpf.

Eines Morgens entdeckte ich inmitten der Kängurus einen seltsamen Vogel mit einem wie ein grün-blaues Mosaik gemusterten Federkleid. Anfangs hielt ich ihn für eine Papageienart. Doch Frau Schwallbach erklärte mir, dies sei nichts anderes als ein noch junger Seidenlaubenhahn. Er befand sich in der Mauser, einer recht langen und bizarren Abfolge verschiedener Stadien. Stufenweise wechseln dabei die Farben seines Gefieders. Dass die Vögel sich ihrer alten Federn durch Auszupfen oder Kratzen entledigen, hatte ich bis dahin noch nicht beobachtet. Tat dies der Seidenlaubenhahn etwa in aller Heimlichkeit? Jedenfalls folgen den braunen Federn grüne, danach azurblaue und erst ganz zuletzt erscheinen die Federn in dunklem seidigen Blau.

Ein Seidenlaubenhahn ist nicht grösser als ein Specht. Doch wenn er so dahin schreitet oder mit seinem im Sonnenlicht glänzenden Gefieder vorüber fliegt, ist er ein richtiger Prachtkerl. Aber nicht immer zeigt er sich – darin ganz wie ein Artist – für die Bewunderung seines Publikums empfänglich.

Jahre später, bei meinem nächsten Aufenthalt in Pebbly Beach. Ich sass gemütlich auf der grossen Strandwiese mitten unter den Kängurus. Einige Feriengäste spazierten zwischen den Tieren umher. Plötzlich grosse Aufregung. Meine Begleiterin eilte zu den Gästen und riss einem älteren, um Hilfe schreienden Herrn geschwind die Mütze vom Kopf! Was war geschehen? Neugierig näherte ich mich. Die Ursache des Aufruhrs war ein Laubenvogelhahn, der die begehrte blaue Kopfbedeckung des Mannes im Fluge attackiert und zerfetzt hatte, wobei er auch den Kopf des Trägers nicht verschonte, der nun heftig blutete!

Fortan gab ich allen meinen Freunden, die nach Australien reisten, den Rat, sich dort möglichst nicht blau zu kleiden!

Frau Schwallbachs Tod

Im März 1988 verbrachte ich zusammen mit Bettina und ihrer Familie wieder einmal fünf Wochen in Pebbly Beach. Diesmal allerdings stand unser Besuch unter traurigen Vorzeichen. Wenige Monate zuvor hatte ich die Mitteilung erhalten, dass die einstige Gründerin meiner so innig geliebten kleinen Siedlung, Frau Schwallbach, am 1. Dezember 1987 in die Ewigkeit eingegangen war. Die Freude des Wiedersehens mit Pebbly Beach war für mich entsprechend getrübt. Ehrlich gesagt konnte ich mir den Ort ohne Frau Schwallbach, die ihn regelrecht zum Leben erweckt hatte, gar nicht vorstellen. Ich war sehr traurig.

Wiewohl es profan erscheinen mag, es war Frau Schwallbachs traditioneller Begrüssungskaffee, den ich – trotz des herzlichen Empfangs durch Stuart und Yvonne – sehr vermisste. Die beiden hatten bereits vor längerer Zeit den Betrieb und die Organisation der Siedlung von Frau Schwallbach übernommen und zählten nun auch zu meinen Freunden. Frau Schwallbachs Haus war verschlossen und stand leer. Auf der grossen, nun kahlen Terrasse lag ein verwesender Rosellapapagei. Ein Blick durchs Fenster zeigte mir noch einmal die vertrauten Gegenstände, ein Moment, der mich sehr berührte. Ein Detail jedoch richtete mich innerlich auf. Es waren die überall im Garten blühenden Flamingoblumen, die ich hier zum ersten Mal sah und die noch von Frau Schwallbach gesät worden waren. Mir war, als lebe ihre Seele in dieser Blütenpracht fort, eine Vorstellung, die mich tröstete. Später hielt ich das Haus, das vielleicht einmal eine Gast- und Gedenkstätte werden sollte, in einigen Aquarell-bildern fest.

Frau Schwallbach hatte an Lungenkrebs gelitten. Ihre Schmerzen während der letzten drei Monate schienen unerträglich gewesen sein. Vom Krankenhaus, wo man sie nicht hatte behalten wollen, wurde sie wieder zurück nach Pebbly Beach gebracht. In den Jahren davor war ihre körperliche Selbstständigkeit bereits stark eingeschränkt gewesen, ein Grund dafür, dass auch unsere Briefkorrespondenz schliesslich zum Erliegen kam. Eines Tages dann, die Pflegerin hatte für einen Moment das Zimmer verlassen, verstarb Frau Schwallbach.

Wie mir berichtet wurde, ereignete sich bei ihrer Beerdigung an einem Ort namens Bateman's Bay etwas sehr Mysteriöses. Als der Sarg herabgelassen werden sollte, erhob sich urplötzlich ein kleiner Wirbelsturm, der in der Nähe ihrer Grabstätte innehielt...

Zehn Jahre lang betrat niemand das verlassene Haus, wohl weil alle, die Frau Schwallbach gekannt und geschätzt hatten, das Gefühl nicht ablegen konnten, es „wohne" noch jemand darin. Selbst Stuarts kleiner Schosshund schien sich aus irgendwelchen Gründen davor zu fürchten, das Haus zu betreten. Auch ich wurde von Stuart streng ermahnt, keinen Fuss hinein zu setzen.

2007 besuchten Ursi und ich das Grab Frau Schwallbachs und staunten nicht schlecht über dessen Grösse und darüber, dass es ganz mit Kieseln aus Pebbly Beach bedeckt war. Die Grabstelle selber war – wie üblich – hermetisch zementiert. Doch die Fläche drum herum sowie die breiten Durchgänge zwischen den anderen Gräbern waren wild bewachsen mit Gräsern und Kräutern und boten – wie zahlreiche Spuren bezeugten – den häufig vorbeiziehenden Kängurus Nahrung. Im Bewusstsein, dass Frau Schwallbach sich nun auch hier der Besuche ihrer geliebten Tiere erfreuen durfte, verliess ich glücklich diesen Ort.

Wetterspiele

In Pebbly Beach, aber auch anderorts in Australien, sind die Wetterverhältnisse und ihre Auswirkungen auf die Landschaft keineswegs immer so prächtig wie die hübschen Ansichtskarten es uns glauben machen. Das Wetter kann sich mitunter sehr rasch ändern, wobei die Veränderungen selber sehr variabel sind und manchmal recht drastisch ausfallen können. So veranstalten zum Beispiel die „Windgötter" tagsüber immer wieder regelrechte „Blow-Matches", indem sie die Wolken wie verängstigte Lämmer aus verschiedenen Richtungen über den Himmel jagen! War der Himmel eben noch strahlend blau, treten bereits irgendwo, schwach und dennoch klar erkennbar, blendend weisse Wölkchen hervor. Diesen lieblichen Ausdruck bewahren sie jedoch nicht lange. Rasch, mitunter binnen einer halben Stunde sind sie zu grossen Bauschen aufgequollen, die wuchern und sich ausbreiten, bis sie als riesige, schwere graue „Watten" über das Himmelsgewölbe ziehen, um am Horizont zu verschwinden. Die Freude an der Aufhellung währt oft jedoch nicht lange. Denn es nähert sich bereits eine Gruppe vieler kleiner Wolkenbüschel, so arglos, als befänden sie sich auf einem Ausflug. In gemässigtem, beinah gemütlichem Tempo wandern sie dahin, bis sie auf grosse Wolken treffen, die sich von der anderen Seite her genähert haben. Hernach reissen die Wolken im Nu wieder auseinander, bleiben aber noch in Ballen oder Streifen am blauen Himmel und stossen leicht aufeinander, als wollten sie streiten. Nun kann es geschehen, dass der oberste „Herr der Winde" hinzu kommt und sorgenvoll dem Treiben zusieht, um schliesslich alle Wolken wie lästige Störenfriede fort zu blasen. Darauf erstrahlt der Himmel erneut in heiterem Blau, und nur ein paar hauchfeine Federwölkchen trauen sich auf die himmlische Szenerie. Doch bald schon verliert die Sonne ihre wärmende Kraft, da vom kalten antarktischen Süden her mächtige Wolkentürme empor steigen. Riesige Haufenwolken sammeln sich nun auch im Osten und nicht lange danach stossen diese gewaltigen Heere aufeinander, um sich zu messen und sich noch gigantischer zu türmen. Bald darauf liegt eine bedrückende und spannungsgeladene Finsternis über dem Busch. Die mit Wasser aufgeladenen Wolken können ihre schwere Last nun nicht länger halten. Abrupt öffnen sich die Schleusen des Himmels. Jetzt ist es Zeit, schleunigst einen schützenden Unterstand oder eine trockene Hütte aufzusuchen, um dort auszuharren, bis sich das Unwetter gelegt hat. Nicht selten dauert es ein paar Stunden, bis die „Windgötter" ihr grosses, erregendes Match ausgetragen haben…

Ein besonders spektakuläres Naturschauspiel ist mir noch gut im Gedächtnis. Während eines hernieder prasselnden Dauerregens gelang es der Sonne für ein paar Augenblicke durch ein grosses Wolkenloch herab zu schauen und eine wild romantische Szenerie zu erhellen: Über dem Meer leuchtete es schaurig-schön in grellem Rot, Orange, Gelb und Grün. Zusammen mit meiner Mama eilte ich hinunter zum Strand und traute meinen Augen kaum, denn die Farbenspiele hatten sich bereits erneut gewandelt. Ringsum blendete uns nun ein kräftiges Gelbgrau – eine erstaunliche Veränderung – und über den Himmel spannte sich ein langer, breiter Regenbogen vom Busch bis zum Meereshorizont. Neben diesem erstrahlte noch ein zweiter, kleinerer und lichtschwächerer Bogen.

Jahre danach – es war in der Nacht zum Versöhnungstag – peitschte wiederum ein stürmischer Regen Land und Meer. Der Morgen danach zeigte den Himmel überzogen mit schweren, sich hoch auftürmenden Wolken. Den gesamten Tag über lag eine seltsam bleierne, unheimliche Stimmung in der Luft.

Wir liefen hinunter zum Ufer, sorgsam darauf achtend, nicht im Schlamm auszurutschen und hinein zu fallen. Es fiel ein feiner Regen. Ringsum war kein einziges Lebewesen zu erblicken, weder Kängurus noch Wallabies oder Vögel. Sie hielten sich offenbar verborgen vor den Unbilden des Wetters.

Da überkam es mich plötzlich mit unsäglicher Gewissheit, dass all die Tiere allein auf „göttliches Geheiss" von mir ferngehalten wurden! Man kann sich vorstellen, wie befangen ich war! Mit grosser Beklemmung lief ich am Ufer entlang, bis ich mit einem Mal erstarrt stehen blieb. Ich hatte etwas entdeckt, das mich in meiner kindlichen Zwangsvorstellung bestärkte: Vor mir befand sich eine etwa zwei Meter hohe, ziemlich steile Sanddüne. Darauf waren die frischen Fussabdrücke eines Kängurus klar und deutlich zu erkennen. Merkwürdig war nur, dass diese Abdrücke an der recht scharf konturierten Oberkante der Düne endeten! Behutsam stieg ich bis zur Kante hinauf, um heraus zu finden, ob die Spuren irgendwo weiter gingen. Doch seltsam, auch hier, auf der anderen Seite der Düne, an die eine weite, feuchte Sandfläche angrenzte, waren keinerlei Känguruspuren zu erblicken! Bis heute beschäftigt mich diese rätselhafte, im Nichts endende Känguruspur, und obgleich ich mich gegen den Gedanken sträube, will es mir scheinen, als sei ein Geistwesen in Gestalt eines Kängurus dort unterwegs gewesen oder als habe eine höhere Macht ein nichts ahnendes Tier einfach vom Strand „entfernt"…

Träume

Warum Träume für mich so wichtig sind.

Ich bin noch klein, und die Erwachsenen sind gross, und der Wald, durch den ich mit meinem Grossvater, Tante und Peter wandere, ist noch viel grösser. Ab und an fallen Sonnenstrahlen durch die grünen Kronen der Laubbäume und zeichnen lichte Muster auf den Waldboden. Mitunter erblicke ein paar Streifen blauen Himmels. Aber sonst herrscht ein wundersames Halbdunkel zwischen den endlosen Reihen der Baumstämme. Es gibt auch Tannen, viele Sträucher und immer wieder winzige Lichtungen, auf denen Waldblumen wachsen.

Ein wenig ungeduldig blicke ich umher, ob wir nicht bald auf jene Lichtung stossen, zu der wir unterwegs sind. Und da sehe ich sie schon: Vor uns liegt sie, mitten im Wald, und dort steht auch ein kleines, märchenhaft anmutendes Holzhaus mit einem Ziegeldach. Sechs Ecken hat es, und seine Türen und Fenster sind oben mit einem runden Bogen versehen.

Es ist ein wahres Vergnügen für mich, dieses Häuschen mit all seinen zierlichen Einzelheiten zu betrachten! So etwas gibt es bestimmt nicht noch einmal auf der ganzen Welt, denke ich. Und während ich dies noch denke und fasziniert das kleine Haus anschaue, hat der Grossvater bereits die Türklingel gedrückt. Zu unserer grossen Überraschung öffnet sich die Tür. Mein Herz pocht heftig, als wir in das Dunkel des Hauses treten. Grossvater und Tante müssen sich bücken, so niedrig ist der Türbogen. Drinnen ist es stockdunkel, doch ich erkenne die Umrisse eines runden Tisches und einiger Sitzbänke. Der Grossvater öffnet die Fensterläden und mit den ersten Lichtstrahlen, die nun von draussen in die dämmrige Stube fallen, leuchten die Glasscheiben der Fenster in herrlichen Farben auf! Jedes Fenster ist anders gestaltet und mir ist, als erwecke das herein flutende Licht sie alle wieder zum Leben!

Ohne Schwierigkeiten nehmen Peter und ich auf der kleinen Bank am Tisch Platz, während die Erwachsenen sich nur unter erheblicher Mühe hineinzwängen können. Eine kleine Ewigkeit bleiben wir wie verzaubert stumm und andächtig beisammen sitzen. Wie sehr wünsche ich mir in diesem Augenblick, auf immer hier zu leben! Doch dann schliesst der Grossvater behutsam die Fensterläden, und die Stube versinkt wieder im Dunkel. Schweigend und ein wenig benommen erheben wir uns von den Bänken und treten hinaus. Der Grossvater schliesst die Tür. Draussen erfasst mich eine tiefe Traurigkeit, und ich laufe, so rasch ich kann, aus dem Wald …

Bei den auf diesen Traum folgenden Spaziergängen mit meiner Mama oder Tante drängte ich energisch darauf, durch den Wald zu streifen, der direkt ans Dorf anschloss, um nach jenem wundersamen Häuschen Ausschau zu halten. Doch so fieberhaft ich bei meiner Suche auch umherspähte, die Zauber-Lichtung mitsamt dem kleinen Haus konnte ich nicht wieder finden. Sie blieb auf immer verschwunden.

Erst Jahre später realisierte ich, dass alles, was ich damals gesehen und erlebt hatte, ein Traum gewesen war!

Noch heute macht mir ein Phänomen zu schaffen, das mich zeitlebens begleitet hat: Während ich träume, habe ich nie auch nur für Momente das Bewusstsein, mich in einem Traum zu befinden! So finde ich mich jedes Mal nach dem Erwachen in dem unvermeidlichen Gefühl wieder, getäuscht worden zu sein. Und wie oft wurde so aus Täuschung Enttäuschung!

Soweit ich mich erinnere, entdeckte ich bereits als Dreijährige jenes geheimnisvolle Bilderkabinett, in dem mir, sowohl nachts als auch tagsüber, wie aus dem Nichts lebendige Szenen vor die Augen „gezaubert" wurden. Träume begleiten mich bis heute, doch das allein wäre nichts Besonderes. Im Gegensatz zu vielen meiner Mitmenschen jedoch sind sie mir wichtig, und ich habe ihnen stets eine besondere Aufmerksamkeit geschenkt, auch wenn sie mich manchmal bedrückten oder durch ihre Wiederholung ein Gefühl der Qual in mir hervorriefen.

Bis zu meinem 10. Lebensjahr hütete ich meine Träume als mein persönliches Geheimnis. Als ich sechs war, hatte ich eine grosse Vorliebe für die Eisenbahn. Jeden Tag redete ich in meiner damals schwer verständlichen Lautsprache fast ununterbrochen über Bahnen und alles, was damit zusammen hing. Mit dem Zug zu reisen war für mich stets ein Genuss. Während der Ferien schlief ich mit Tante im selben Zimmer. Eines Nachts hatte ich offenbar einen sehr lebhaften Traum von einer Zugfahrt. Ich glaube, er war Teil einer Traumserie, ein Umstand, der mich sehr beglückte. Auf besagter Traum-Zugfahrt nun ging es wahrscheinlich auch ziemlich lustig zu, denn ich lachte mehrmals laut auf im Schlaf. Doch plötzlich ging das Licht an und die Heiterkeit, mit der ich erwacht war, verwandelte sich sogleich in Schrecken, als ich über mir Tantes grimmiges Gesicht erblickte, die vor meinem Bett stand und mir ein paar harte Schläge versetzte. Derart schockiert, fühlte ich mich todunglücklich und fand keinen Schlaf mehr.

Am darauf folgenden Tag weinte ich fast ununterbrochen. Und obwohl ich kein Sterbenswörtchen über meinen Traum verriet, bemerkte ich doch, wie Tante, von Reue geplagt, sich mehrmals bemühte, durch eine besonders liebevolle Zuwendung ihren Fehler wieder gut zu machen.

Neben dieser schmerzhaften und ein wenig traurigen Erfahrung war es für mich doch gut zu wissen, dass Träume etwas sehr Persönliches waren, und – was noch wichtiger war – dass meine Träume mir ganz allein gehörten!

Ich weiss noch, wie meine Mutter mich einmal beim Abendessen fragte, weshalb ich im Schlaf oft so laut lache. Lange Zeit jedoch blieb ich verschlossen und behielt diese Dinge für mich. Als meine Mutter aber keine Ruhe gab, kam es irgendwann plötzlich über meine Lippen: „Letzte Nacht habe ich von … geträumt!" Nun war der Damm gebrochen, und von da an liebte ich es, mit verschmitztem Lachen meine Träume in all ihren Einzelheiten zu erzählen, eine Darbietung, die sich bei den Erwachsenen anhaltender Aufmerksamkeit und grossen Zuspruchs erfreute. Als ich dann in der Bibel die Träume des Joseph und deren Deutung kennen lernte, versuchte auch ich mich an der Entzifferung meiner Träume, die, wie ich glaubte, recht gut zu erklären waren.

Ohne zu übertreiben kann ich sagen, dass mir das Träumen und die Träume selber, zu denen ich auch meine Tagträume zähle, viel bedeuten. Einerseits sind sie eine Art der Kommunikation mit dem Tagesgeschehen, das sich mir so in zahllosen Variationen, aber auch merkwürdigen Entstellungen und mitunter komischen Übertreibungen darstellt. Jeder Traum zeigt die Realität in einem anderen Licht. So lerne ich aus ihnen, mein Leben immer wieder neu zu begreifen. Andererseits bieten mir viele meiner Träume das, was ich in meinem alltäglichen Leben ab und an vermisse: Wundersame Begegnungen mit Menschen und Tieren, eine beglückende Freiheit des Erlebens und der

Bewegung, viele unterschiedliche Rollen, die ich spielen darf, manch zauberhaftes und überraschendes Abenteuer sowie ein Sehvermögen, das immer kristallklar und durch nichts eingeschränkt ist! Ausserdem achte ich darauf, ob die Träume, die sich oft wiederholen, auch irgendwann verändern. Denn gerade in diesen Veränderungen zeigen sich persönliche Entwicklungen, die sehr interessant sein können. Nicht zuletzt aber sind es die Momente von Hellsicht und Vorauswissen, wie bei meinem Traum vom Ayers Rock oder einer seltsamen Autofahrt mit meiner Mutter, die das Träumen so wichtig für mich machen.

So gut es geht versuche ich das Geträumte frisch und lebendig zu erhalten, um mich immer wieder aufs Neue davon inspirieren zu lassen. Aus diesem Grund habe ich mich auch nie allzu sehr für die klassische Traumdeutung interessiert, deren Interpretationsmuster mir zu eng sind und auf eine Vernichtung der Traumwelten zu zielen scheinen. Genau dies wollte und will ich unbedingt verhindern. – Ist es ausserdem nicht denkbar, dass sich die Bedeutung der Traumsymbole ebenso verändert wie die der Wörter...?

Jedenfalls hat sich mein Traum-Ich im Lauf der Zeit verändert. So musste ich dem Älterwerden offenbar auch in meinen Träumen Tribut zollen. Ich hüpfe zum Beispiel heute seltener durch meine Traumlandschaften, und wenn ich es tue, gerate ich bald schon in Atemnot und schnaufe heftig, insbesondere auf der Flucht oder beim Besteigen eines Berges. Einzig mein Traum-Auge ist so scharf und klar geblieben wie zuvor.

Vielleicht ist unser Traum-Körper ja genauso zerbrechlich und vergänglich wie unser physischer Leib. Und allein unsere Seele „schaut" – auch jenseits des Grabes...

Wie ein wildes Känguru!

Zwischen meinem 20. und 40. Lebensjahr träumte ich oft, dass ich wie ein Känguru mit zusammen genommenen Füssen, geneigtem Rumpf und herab hängenden Armen, in grossen und hohen Sätzen über Zäune, Bäche und Fluren, ja mitunter sogar über die Köpfe meiner erschreckten Mitmenschen sprang! Es waren herrliche Träume, in denen sich für mich der Rausch der Geschwindigkeit mit dem Gefühl grenzenloser Freiheit und Ungebundenheit verband. Doch wiewohl ich in meinen Träumen über die Fähigkeiten eines Kängurus verfügte, so war ich in jenen Momenten doch nie ein richtiges Känguru, eher eine Art „Kängurumensch"!

Seltsamerweise vermittelten mir diese Träume trotz ihrer für mich eindrucksvollen „Realität" niemals das Gefühl, derartige Leistungen auch am helllichten Tag vollbringen zu können. Es ist nämlich für einen Menschen selbst bei intensivstem Training aufgrund seiner Anatomie, genauer der Beschaffenheit seiner Muskulatur, ganz und gar unmöglich, eine dermassen koordinierte Hüpfbewegung zustande zu bringen.

Manchmal frage ich mich, ob ich vielleicht der einzige Mensch auf der Welt bin, der so häufig von Kängurus träumt? Möglicherweise ja. Einige Male habe ich Menschen befragt, die beruflich oder privat mit diesen Tieren zu tun haben. Doch keiner der Befragten träumte so oft und intensiv von ihnen wie ich. Einzig meine Kollegin Vreni macht hier vielleicht eine Ausnahme; je länger sie an ihrer Dissertation über das Känguruverhalten arbeitete, desto mehr träumte sie auch von den Tieren.

Begegne ich Kängurus in meinen Träumen, so plaudere ich ganz selbstverständlich und zwanglos mit ihnen. Und ich treffe sie überall, wenn ich träume, auf meinen Spaziergängen, sowohl auf dem Lande als auch in der Stadt. Stehe ich ihnen dann im Traum ganz unvermittelt gegenüber, ist es für mich immer wieder eine Überraschung! Und wie verhalte ich mich? Ganz behutsam berühre ich die Tiere, eins nach dem anderen und mustere eingehend ihre Köpfe. Keines der Kängurus stört sich daran. Im Gegenteil. Sie rücken noch näher an mich heran und stupsen mich mit ihren weichen Schnauzen und beginnen wie zur Begrüssung zu nicken oder leicht zu zittern. Auch kann es passieren, dass eines der Tiere den Arm hebt, um mich mit der Vorderpfote sanft zu kratzen. All diese Regungen rufen ein Gefühl inniger Verbundenheit in mir hervor. Und dann blickt mich eines der Tiere fest an, bewegt deutlich seine Lippen – und spricht zu mir! „Wer bist du?" oder „was willst du von uns?" Hernach versuchen auch die anderen mitzureden. Es ist wunderbar, wie deutlich ich alles von ihren Mäulern ablesen kann! Ich antworte ihnen getreulich in Lautsprache, und bald schon befinden wir uns in der angenehmsten Plauderei.

Nun drückt eines der Tiere seine Krallen fest in meinen Arm. Doch ich empfinde keinerlei Schmerz. Und im selben Augenblick – direkt vor meinen Augen – verwandeln sich die Tiere in Menschen! Nun habe ich eine Reihe mir gänzlich unbekannter Menschengesichter vor mir! Ein Gesicht allerdings kann ich identifizieren. Es gehört dem Känguru, das zuvor meinen Arm drückte und zu mir sprach. Es ist das Gesicht einer höchst eigenwilligen Frau aus einem jüdischen Altersheim, die mich während meiner kreativen, beruflichen Tätigkeit oft mobbte. Als ich sie erkenne, bin ich so verstimmt, dass ich auf der Stelle die Gruppe der „Kängurumenschen" verlasse…

Keine Schöpfung ohne sie

Als ich noch keine 30 war, in der Zeit noch vor den bemannten Raumflügen, träumte ich, ich befände mich mutterseelenallein auf dem Mars. Weit und breit nichts als karmesinrote Einöde, eine einzige steinige Wüste, unterbrochen von grossen Kratern. Die Einsamkeit macht mir sehr zu schaffen. Ich fühle mich bedrückt und traurig. Wie lange werde ich hier ohne ein einziges anderes Lebewesen und zudem noch ohne Nahrung überleben können? Da habe ich einen befreienden Einfall! Ich werde diesen toten Planeten einfach zum Leben erwecken! Weit breite ich meine Arme aus und erkläre den Mars zu meinem alleinigen Besitz. Dann schreite ich zur Tat. Ich versenke mich und meditiere. Als erstes schenke ich dem Himmelskörper Fruchtbarkeit. Die harten, unbarmherzigen Strahlen der Sonne, die hoch, gross und glühend am Himmel steht, mildere ich durch das Erschaffen einer Atmosphäre, in der es Dunst, Wolken und Regen, aber auch Kälte gibt. In tiefer Meditation erschaffe ich stumm, allein durch die Kraft meiner Gedanken. Gute, reine, dunkle Erde, aus der es innerhalb eines Tages überall hervor spriesst, grünt und rasch blüht, tritt an die Stelle der steinigen Wüste. Es entstehen auch viele Seen, grosse und kleine.

Am darauf folgenden Tag widme ich mich den Tieren. Aus Sand, Schlamm und Steinen kreiere ich als erstes die Kängurus, was mir mühelos gelingt. Dann erschaffe ich aus eben diesem Material die übrigen Säugetiere sowie Vögel, Fische und Reptilien. Stolz und überglücklich bewege ich mich inmitten meiner Schöpfung und freue mich in Erwartung des ersten Ruhetages. Als der Tag da ist und ich im Begriff bin, mich genüsslich mit meinen Kängurus zum Schlummer nieder zu legen, spüre ich ein ungeheures Dröhnen von allen Seiten! Voller Beklemmung erhebe ich mich und sehe in der Ferne eine menschliche Gestalt, die sich mir nähert. Bald erkenne ich, wer es ist und ein tiefes Schamgefühl packt mich: Gott ist es, als uralter Mann mit langem, weissem Bart und dunklem Gewand. Empört blickt er mich an, rügt dann meine Anmassung und meinen Hochmut. Hernach straft er mich, indem er alle Tiere, auch die Kängurus, in hässliche, schwarze, schweinsähnliche Geschöpfe verwandelt! Hilflos und unter Qualen muss ich dies mit ansehen und finde mich zum Schluss selber unter all den pechschwarzen, nun fast formlosen Wesen liegend. Wie erleichtert und froh bin ich, als ich wieder auf unserer „Mutter Erde" erwache…

Die Schöpfung und das unmittelbare Erschaffen scheinen zu meinen favorisierten Traummotiven zu zählen. Beides hat einen Bezug zu meiner künstlerischen Tätigkeit. Dabei bedarf es auch nicht immer gleich einer Dimension wie der unseres Sonnensystems. Nein, auch in viel kleinerem Massstab „erschaffe" ich träumend, zum Beispiel daheim…

In meiner Wohnung liegen etliche grosse Säcke voller Ton. Ich öffne den nächstbesten Sack und modelliere Kängurufiguren, die mir etwa bis zum Knie reichen. Ich arbeite sehr schnell, so dass sich Stube und Schlafzimmer rasch mit Skulpturen füllen und ich mich bald nur noch in Slalomschritten zwischen ihnen bewegen kann. Doch plötzlich beginnen die Figuren – statt zu trocknen und zu härten –, sich auf eine andere, höchst merkwürdige Weise zu verändern: Auf der Oberfläche ihres Tons wächst feiner Flaum, der sie nach und nach ganz bedeckt. Diese weiche Decke wird fester und dichter und ähnelt immer mehr einer Fellbehaarung! Auch mit den zuvor nur angedeuteten Augen der Figuren geschieht Seltsames: Der Ton teilt sich an diesen Stellen und dunkle, feucht glänzende Augen werden sichtbar! Doch damit nicht genug. Die Tonmasse der Figuren wird wieder weich und geschmeidig. Ich erkenne, wie an den Unterseiten der Gliedmassen und dann an den ganzen Figuren Adern sichtbar werden, in denen auch bald schon das Blut zirkuliert.

Nun geht eine ganz leichte, fast unmerkliche Bewegung durch die vormals festen und steifen Tonkörper, und die Skulpturen fangen an sich zu bewegen. Dabei erinnern ihre Bewegungen an die von Tieren. Diese Zauberwesen tanzen einen Reigen um mich, kreisen hin und her und lassen sich nur zu gerne von mir streicheln. Wie eine Zauberin stehe ich in ihrer Mitte, liebevoll umringt von meinen Kreaturen! Eine unbeschreibliche Wonne erfüllt mich. – Doch dann muss ich rasch hinaus, um Futter für meine Lieblinge einzukaufen.

Als ich erwache, finde ich mich allein in meiner Dreieinhalb-Zimmerwohnung. Ich brauche ein Weilchen, um dies alles zu realisieren und überlasse mich dann meiner Traurigkeit…

Doch nicht immer muss ich eine aktive Rolle im Traum einnehmen.

Ich befinde mich im Jerusalemer Zoo, wo ich mich an eine tempelartige Stätte begebe. Durch einen hellen Gang gelange ich zu riesigen

Innengehegen und schaue neugierig, welche Tiere sie wohl bewohnen. Staunend entdecke ich stattliche Gruppen von Kängurus und Löwen. Fragwürdig, ja unglaubhaft erscheint mir, dass beide Gruppen lediglich durch einen leichten Vorhang aus gelbem Samt voneinander getrennt sind. Wie kann das gut gehen? Einige Rabbiner kommen gemessenen Schritts auf mich zu. Mit frommer und ernster Miene mustern sie mich eindringlich und bedeuten mir mit Gesten, selber heraus zu finden, wie die Kängurus auf die Löwen reagieren. Streng fordern sie mich auf, den gelben Samtvorhang zur Seite zu ziehen. Vor Furcht fast wie gelähmt folge ich zitternd ihrer Anweisung. Doch wie überrascht und erleichtert bin ich, als ich sehe, dass die Kängurus beim Anblick der Löwen ganz ruhig und gelassen bleiben. Ebenso die Löwen, die keinerlei Aggression zeigen. Meinen Augen bietet sich das Bild einer friedlichen Gemeinschaft von Fleisch- und Pflanzenfressern. Es ist wie ein Wunder!

Die Rabbiner loben mich und meinen Mut mit liebevoller Gebärde, und nun darf ich auch zu den Tieren hinein.

Aboriginals, Zauberei und allerlei Mysteriöses

Bereits wenige Meter vor dem Höhleneingang, an dem ich mich befinde, herrscht ein Furcht erregendes Dunkel. Lediglich ein schwaches, aus den Zwischenräumen der Tropfgesteine und Felsen hervor dringendes Licht erhellt gespenstisch die Szenerie. Neugierig, aber auch ein wenig ängstlich betrete ich die Höhle und wandere darin langsam weiter, bis ich in eine Galerie gelange, die so gross ist wie eine Bahnhofshalle. Hier und da züngeln rote, blaue, violette und orangefarbene Flammen empor, die schliesslich die gesamte Galerie in eine pulsierende Farbigkeit tauchen. In den grossen und breiten Nischen entlang der Felsenwände beginnt ein geheimnisvolles Treiben. Hexenartige Gestalten mit grimmigen Gesichtern erscheinen und kommen auf mich zu. Furcht ergreift mich. Ich fühle, wie ich zittere. Die schrecklich anzuschauenden, fremden Wesen umringen mich. Es gibt kein Entkommen, und so bleibe ich wie erstarrt stehen. Nach unendlich langen, bangen Augenblicken verspüre ich von hinten einen leichten Stoss am Arm. Erschrocken drehe ich mich um. Und wen erblicke ich da zu meiner grossen Freude und Erleichterung?! Die vertraute Gestalt Doras! Meine geliebte und treue Kängurufreundin! Sofort verkriechen sich die Unwesen wieder in ihren Furchen und Nischen. Dora hält mir einen grossen Korb voller Webschiffe, Spulen bunter Webgarne sowie einem Webkamm entgegen. Leicht nickend begrüsst sie mich aufs Herzlichste. Hocherfreut erwidere ich: „Schön, dass du, meine liebe Dora, mir all das Gewünschte bringst, was ich zum Weben morgen brauche." Meine Furcht ist wie fort geblasen.

Beglückt nehme ich nun den Korb an mich, und schon ist Dora verschwunden. Ich bin wieder allein, doch glücklicherweise nicht lange. Aus den kulissenartigen Nischen und Furchen springen nun die dämonischen Wesen mit herzlichem Gelächter wieder hervor. Sie entpuppen sich als meine Mitschüler, die sogleich anfangen fröhlich zu tanzen. Auch ich verspüre Lust zu tanzen. Behutsam stelle ich den Korb in eine sichere Ecke und schliesse mich den anderen an. Und nun schwingen wir alle vergnügt das Tanzbein!

Zu diesem letzten Traum noch ein paar Ergänzungen.

Während meiner Ausbildung zur Handweberin besuchte ich in meiner freien Zeit Dora, das Känguruweibchen, im Basler Zoo. Auch während des Unterrichts war ich in Gedanken oft bei ihr. Dies schon deshalb, weil meine Mitschülerinnen mich an ihren Gesprächen oder Diskussionen nicht immer teilhaben liessen. Wegen meiner Gehörlosigkeit nicht beachtet zu werden, ertrug ich allerdings nur sehr schlecht. Oft wurde ich wütend und muss dann wohl wie eine Hexe dreingeschaut haben. Mit anderen Worten, ich war einfach befangen und realisierte zumeist nicht, dass die Anderen im Grunde doch recht liebenswürdig und nett zu mir waren. Ich selber war die Zudringliche!

Im meinem Traum nun verkehrte sich die Situation: Alle anderen zeigten sich hexenhaft, nur ich nicht. Dann, nach Doras Auftritt, waren auf einmal alle wieder sehr freundlich und voller Zuneigung. Wenn ich mich von meinen Mitschülerinnen verstossen glaubte, sehnte ich mich im übrigen stets nach Dora, die mir mehr gewogen schien.

Mama und Peter in einen Baum gebannt

Am Tag vor dem folgenden Traum erhielt mein Bruder Peter anlässlich seines 70. Geburtstags von meiner Freundin eine schöne Baumrinde geschenkt, zur Erinnerung daran, dass er als Knabe im Baumklettern unschlagbar gewesen war und die Bäume stets so innig umarmt hatte…

Irgendwo in der Weite des australischen Graslandes bin ich mit Papa auf der Suche nach Mama und Peter, die seit einigen Tagen vermisst werden. Die beiden haben sich zu zweit auf einen Ausflug begeben und sind nicht mehr zurückgekehrt. Telefonisch alarmieren wir die Polizei und erhalten den Hinweis, sie seien gewiss zum Picknicken an einem kleinen See. Voller Zuversicht machen wir uns auf den Weg dorthin. Unterwegs überrascht uns ein kurzer, heftiger Regenschauer. Es ist ein langer, mühseliger Marsch auf der nassen, teilweise schlammigen oder lehmigen Erde. Mitunter müssen wir sogar waten. Auf dem Boden erblicken wir riesige Zeichnungen bizarrer Figuren, die noch so frisch sind, als hätten ein paar Aboriginals sie soeben mit den Füssen hinein gestampft. Von den vermeintlichen Urhebern ist jedoch weit und breit nichts zu sehen. Da die schlammige Erde in ständiger Bewegung ist und sich ihr Aussehen fortlaufend verändert, kann ich die gestampften Figuren nicht richtig fixieren. Dies bedaure ich sehr, habe ich doch die Hoffnung, in ihnen ein Lebenszeichen von Mama und Peter zu entdecken. Verzagt ziehen wir weiter und erreichen den kleinen See, den man uns gewiesen hat. Auch hier keine Spur von Mama und Peter. Doch da fällt mir etwas ein! Ich erinnere mich plötzlich an das Stück Baumrinde, das meine Freundin meinem Bruder tags zuvor geschenkt hat. Das Ufer des Sees ist von herrlichen Bäumen gesäumt. Mit geübtem Blick beschaue ich mir deren Stämme und entdecke an einer der Baumrinden Auffälligkeiten. Als ich genauer hinschaue, erkenne ich im Relief der Borke etwas, das ich als ein Signal der beiden Vermissten deute. Nun wird mir klar, dass Mama und Peter durch irgendeinen Zauber in diesen Baum gebannt worden sein müssen.

Walpurgisnacht auf dem Eis

Etliche meiner Tagträume sind geprägt von der kindlichen Wunschvorstellung, nach dem Tod aus himmlischen Höhen in eine Felshöhle hinab zu schweben, die von Känguruseelen bewohnt wird. Jene Höhle liegt an einem See, und dort treffe ich alle meine Lieben wieder, die verstorben sind – natürlich auch meine alte Freundin Dora. Es ist dies eine Szene, die für mich bis heute nichts von ihrer Lebendigkeit eingebüsst hat …

Ich befinde mich in einer kleinen Holzhütte. Dort ziehe ich mir Schlittschuhe an und begebe mich hinaus auf den zugefrorenen See vor der Hütte. Die Eisfläche erscheint fest und ist grösstenteils spiegelglatt. An einigen Stellen jedoch ist das Eis erkennbar dünn und brüchig, so dass man Gefahr läuft einzubrechen und zu ertrinken. Dennoch wirbele ich furchtlos in Sauseschritten über die blanke Fläche. Trotz meiner mitunter wilden Sprünge hält das Eis.

Ein Blick aufs Seeufer jedoch zeigt mir, dass sich dort Dinge abspielen, die mir eine Gänsehaut machen. Die gesamte Umgebung gleicht haargenau jener wilden, düsteren Landschaft, wie ich sie von Darstellungen der Walpurgisnacht her kenne. Die Sonne hat sich hinter schweren, grauschwarzen Wolken verkrochen. Direkt auf dem gegenüber liegenden Seeufer ragt ein breiter, an seinem Gipfel ziemlich schroff zulaufender hellgrauer Felsen empor. Er scheint aus vielen senkrecht verlaufenden, unregelmässig breiten und matt glänzenden Streifen aus Kalk oder feinen Kristallen zu bestehen. Unten, beinah am Fuss dieses Felsens, ist der Eingang zu einer Höhle, so gross wie das Hauptportal einer Kathedrale. In der Dunkelheit der Höhle sind winzige Lichtstreifen zu erkennen. Zwischen Seeufer und Felsen, im dichten Unterholz, gibt es eine kleine Lichtung, auf der ein hölzerner Handwebstuhl steht. Daran sitzt eine alte Frau von hexenähnlichem Aussehen, die ununterbrochen webt. So deutlich als seien es körperliche Schläge, verspüre ich die heftigen, ruckartigen Bewegungen ihrer Hände am Webstuhl. Jedes Mal, wenn ich auf meinen Kufen vorüber flitze, grinst mir die Alte in widerlich aufmunternder Weise zu. Doch ich ignoriere sie und tanze weiter auf dem Eis*, bis mich plötzlich eine Beklemmung packt. Ich mache halt. Unter meinen Kufen beginnt es bedrohlich zu vibrieren. Es scheint, als erzittere die gesamte Erde ringsum. Aus einem Eisloch sehe ich eine blaue Gestalt, umgeben von einem weissen Schimmer, aufsteigen. Ist dies die Seele eines Ertrunkenen? Sie schwebt zum Seeufer und von dort direkt in die Felsenhöhle, wo die Lichterscheinung fast von der Dunkelheit verschluckt wird. Was bleibt, ist ein feiner, heller Strich, der sich zuckend wie ein Irrlicht hin und her windet. Meine Beobachtungen werden von einem heftigen Beben unterbrochen, das den gesamten Felsen und seine Umgebung erzittern lässt. Ich bin von dieser gespenstischen Szene so ergriffen, dass ich erschaudere.

Nickelmänner oder: Sie tanzten für mich wie die Kängurus

Es ist auffällig, dass es mich im Traum immer wieder geradezu magisch ins Erdinnere zieht, in die Höhlen und unterirdischen Verliese. Dort ist mir schon allerlei Unheimliches widerfahren, doch gibt es auch Begegnungen der wundersamen und entzückenden Art.

Ich stehe im Traum auf dem Balkon unseres Ferienchalets in einem Berner Bergdorf. Eine herrliche Sonne scheint herab. Sinnend blicke

---

*In Wirklichkeit war ich bestenfalls eine mittelmässige Eisläuferin. Diese Sportart erwies sich jedoch als gutes Training gegen meine Gleichgewichtsprobleme.

ich hinunter ins Tal, auf den Fluss und dann hinauf zur halben Höhe des Eigers, wo die grünen Alpweiden aufhören. Darüber ragt der breite und teilweise schneebedeckte Fels steil gen Himmel. In diesem Moment wünsche ich mich so sehr, den gewaltigen Berg mühelos zu erklimmen. Aber wie?

Da bemerke ich zu meiner Überraschung, dass direkt von meinem Balkon aus eine lange, schmale, hölzerne Brücke hinüber führt. Das Bauwerk wird gestützt von abenteuerlich anmutenden Holzgerüsten und scheint recht wacklig. Wagemutig laufe ich über diese Brücke bis zur halben Höhe des Eigers. Dort endet die Brücke an einem finsteren Tunneleingang. Furchtlos betrete ich die offenbar sehr tiefe Höhle. Doch bald schon wird mir bange. Hinter einer Biegung erblicke ich in der Ferne einen winzigen Lichtstrahl. Erleichtert atme ich auf und gehe rasch darauf zu.

Beim Näher Kommen erkenne ich, dass es sich um einen riesigen, nur spärlich erleuchteten Saal handelt. Der Anblick, der mich dort empfängt, hat sowohl etwas Schauerliches als auch seltsam Schönes und Faszinierendes: Unzählige nackte, muskulöse Männer bevölkern den steinernen Dom. Ihre Körper sind ganz aus matt glänzendem Nickel, der an einigen Stellen mit leuchtendem Silberweiss überzogen ist. Die Körper sind keineswegs starr, sondern sehr geschmeidig und biegsam. Nun formieren sich diese „Nickelmänner" in langen Reihen vor mir. Ihre Gesichter, die eine äusserst ausdrucksvolle Mimik haben, sind mir gleichfalls zugewandt. Dann beginnen sie wie auf ein Kommando zunächst nur mit den Füssen, sich ruckartig in einem kräftigen, stampfenden Rhythmus zu bewegen. Nicht lange, da verändern sich ihre Bewegungen und werden zu exakt bemessenen und doch graziösen Tanzschritten. Es ist unverkennbar, dass sie mich mit ihrem anmutigen Tanz begrüssen wollen, denn stets bleiben sie mir aufmerksam zugewandt. Meine anfängliche Furcht ist wie weggeflogen. Respektvoll halte ich mich jedoch in angemessener Distanz.

Und für das, was nun geschieht, habe ich nur das Wort „Magie"! Ich spüre, wie eine starke „magnetische" Energie mich durchdringt, als die Nickelmänner beginnen, in meinem Innersten zu „lesen". Mein Leben, meine Seele – alles liegt vor ihnen wie ein aufgeschlagenes Buch! Ohne jeden Widerwillen lasse ich sie gewähren. Noch seltsamer aber als meine ausbleibende Gegenwehr ist der Umstand, dass ich genau fühle, wo sich die Nickelmänner bei meiner Innenbetrachtung jeweils gerade befinden! Ich bin sogar in der Lage, ihnen in ihrem Tun ein Stück weit entgegen zu kommen, indem ich meine innigsten Gedanken in ihre Richtung „lenke". Und ganz so, als seien sie bei ihrer „Lektüre" eben genau darauf gestossen und wollten mir deshalb eine grosse Freude bereiten, fangen die Nickelmänner plötzlich an zu hüpfen wie Kängurus!

Staunend verweile ich noch lange im Halbdunkel einer kleinen Nische und sehe dem phantastischen Treiben zu. Die gesamte Szenerie ist weiterhin nur spärlich erhellt von vielen kleinen Flammen, die aus den Felsspalten emporzüngeln.

Verzückt fühle ich mich und ganz selig. Am liebsten würde ich diese Höhle nie mehr verlassen...

Es gab einmal eine Schnalle aus matt glänzendem Nickel, die meinen Pfadigürtel zierte und die ich überaus schätzte. Ich besass allerdings auch kleine Kängurufiguren aus diesem Material. Nickel hatte es mir in meiner Kindheit angetan. Es soll auch nicht unerwähnt bleiben, dass mich manche Tänze der Aboriginals begeisterten, die etliche Elemente enthielten, die dem Hüpfen der Kängurus sehr nahe kamen.

Dieser Traum ist mir in all seinen Einzelheiten, vor allem wegen meines grossen Entzückens, bis heute in Erinnerung geblieben. Abgesehen von den geheimnisvollen Bewohnern dieser Erdkirche zeigt sich an diesem Traum aber auch, wie lange selbst kleine Details im Gedächtnis eines Menschen gespeichert bleiben. Dem Tagesbewusstsein sind sie entzogen. Sie scheinen spurlos verschwunden zu sein. Doch halten sie sich an Orten auf, die man unterirdisch nennen könnte, ganz wie die Felsenhöhle in meinem Traum – bis sie eines Nachts zurückkehren, um ihren Platz in einer gänzlich anderen Szene einzunehmen.

Kängurus überwinden sogar den Eisernen Vorhang

Vorwort

„Als ich 1967 bei der Lektüre der Fachzeitschrift „Zoologischer-Garten" auf einen Artikel stiess, der sich mit den grauen Riesenkängurus im Basler Zoo beschäftigte, konnte ich nicht ahnen, was alles aus diesem kleinen Augenblick erwachsen würde. Da ich selber zu der Zeit als Tierpflegerin im Dresdner Zoo tätig war und mein besonderes Interesse eben diesen Tieren galt, schrieb ich einen Brief an Doris Herrmann, die Verfasserin jenes Artikels.

Damit sollte ein neues Kapitel in meinem Leben beginnen, denn das Briefgespräch mit Doris, das sich Zug um Zug rasch intensivierte und freundschaftliche Bande zwischen uns knüpfte, war auch ein Dialog zwischen zwei ganz unterschiedlichen Welten: der Schweiz, in der Doris zuhause war und der DDR, in der ich damals schon über 20 Jahre lebte.

Mich hatte es nach einer Ausbildung als Geflügelzüchterin in den Zoologischen Garten gezogen, wo meine spezielle Zuneigung neben den Kängurus auch den Affen, Antilopen, Robben und Papageien galt.

Unsere Korrespondenz wurde zu einem Abenteuer, da wir uns stets bewusst waren, dass sie sich unter den wachsamen Augen der Staatssicherheit vollzog. So konzentrierten wir uns in unseren Briefen auf die Themenkreise Kängurus, Verhaltensforschung und Tiere allgemein, sowie das Persönliche und Familiäre. Politische, soziale oder ökonomische Betrachtungen vermieden wir tunlichst.

Dass es anfänglich gewisse kleine Missverständnisse und Fremdheiten im Umgang miteinander gab, darf nicht verwundern, schliesslich waren sich die Schweiz und die DDR in vielem nicht sonderlich ähnlich. Doch war es immer wieder unsere grosse, beiderseitige Liebe zur Natur, die alles überbrückte und in sich beschloss. Je länger unsere Korrespondenz währte, desto mehr rückte ein Kontinent ins Zentrum meiner Vorstellungen: Australien! Es waren die zahlreichen Beschreibungen von Doris, in denen Fauna und Flora dieses Landes Gestalt annahmen. Ich selber nutzte jede Gelegenheit, um an entsprechende

Informationen zu kommen, ohne mir jedoch Hoffnung machen zu können, jemals dorthin zu reisen. So wuchs meine Sehnsucht in zwei Richtungen: Einmal nach einer persönlichen Begegnung mit meiner Freundin Doris und dann nach jenem fernen Kontinent der – nicht zuletzt dank der Briefe – zu einem Land meiner Träume geworden war.

1989 fiel die Mauer, die Ost und West getrennt hatte. Doch erst knapp zwei Jahre später wurde meine erste Sehnsucht gestillt: Doris besuchte mich in Dresden! Ein kurzes, anfängliches „Beschnuppern"– dann war es, als wären wir auch im direkten Umgang miteinander schon lange vertraut."

Der Anfang dieses Vorworts, den ich meinem dritten Buch entnommen habe, stammt von meiner langjährigen Freundin Christel und beschreibt einfach und knapp den Beginn und Verlauf einer wunderbaren Freundschaft über die deutsch-deutsche Demarkationslinie hinweg. So merkwürdig es klingt, aber auch hier sollte den Kängurus eine besondere Rolle zukommen. Dank unseres gemeinsamen Interesses an diesen Tieren entwickelte sich ein Kontakt in den östlichen, damals sozialistischen Teil Deutschlands. Über Mauer und Stacheldraht hinweg entstand so meine wunderbare Freundschaft zu einem Menschen in der DDR, eine Verbindung, die trotz aller Schwierigkeiten und Hindernisse langsam und stetig wuchs und schliesslich in unserem Zusammentreffen nach dem Fall der Mauer ihren ersten Höhepunkt fand.

Doch der Reihe nach.

Eine Luftbrücke aus Briefen

Von der östlichen und der osteuropäischen Welt hinter dem so genannten Eisernen Vorhang mit ihren niederschmetternden Lebensbedingungen wusste ich im August 1967 nur wenig, als mich ein Brief erreichte …

Es war ein angenehmer sommerlicher Vormittag in den Schweizer Alpen. Hoch über dem Matterhorn neben einer strahlenden Sonne standen wenige weiche Wölkchen am blauen Himmel. Vor unserem Hotel in Zermatt sassen meine Mutter und ich auf der Wiese. Ein Briefträger mit voll bepacktem Anhänger radelte vors Hotel. Meine Mutter ging, nach unserer Post zu schauen. Nicht lange, da kam sie mit einem Stoss Briefe zurück. Gespannt öffnete ich einen nach dem anderen, bis ich plötzlich auf ein merkwürdiges Kuvert stiess. Etwas sonderbar Fremdes haftete ihm an, so als käme es aus einer anderen

Welt. Eine riesige, bunte Briefmarke bedeckte fast ein Achtel des gesamten Umschlags. Nachdem ich den seltsamen Umschlag eingehend betrachtet hatte, las ich den Absender: „Christel Göcking, Dresden." Noch nie zuvor hatte ich Kontakt gehabt mit der sozialistischen Welt. Zwar hatte ich einiges über das stalinistische Regime in der Sowjetunion gehört, doch die DDR bedeutete mir nichts, ganz im Gegensatz zu meiner „zweiten Heimat", dem fernen Australien. Mich beschlich das unangenehme Gefühl, möglicherweise von irgendjemand an den Kommunismus „verraten" worden zu sein … Aber nein, das Schreiben war zunächst an den Basler Zoo adressiert und dann von dort an meine Wohnadresse umgeleitet worden.

Behutsam öffnete ich den Brief.

Frau Christel Göcking
Zootierpflegerin
Zoologischer Garten Dresden, Tiergartenstr. 1

Dresden, den 9. 8. 1967

Sehr geehrte Frau Herrmann,

bitte entschuldigen Sie, wenn ich unbekannterweise an Sie schreibe. Die Anregung zu diesem Brief gab mir Ihre Abhandlung in der Zeitschrift „Zoologischer Garten". Der Bericht über die Beutelreinigung bei den grauen Riesenkängurus hat mich sehr interessiert, da ich im Dresdner Zoo die Kängurus pflege. Mein Hauptaugenmerk gilt dabei dem Verhalten der Tiere. Zwar haben wir keine „grauen Riesen", dafür aber „rote Riesen", ausserdem Derby- und Bergkängurus. Das Verhalten der Tiere, das Sie schildern, kommt dem der „roten Riesen" sehr nahe. Ich weiss nicht, ob Sie einverstanden wären, mit mir in einen Briefwechsel einzutreten.

Es würde mich sehr freuen, von Ihnen zu hören. Was sind Sie übrigens von Beruf? Führen Sie laufend Beobachtungen durch? Und beschäftigen Sie sich speziell mit den „grauen Riesen"? Bis auf eine baldige Antwort verbleibe ich unbekannterweise

Ihre Christel Göcking

Unwillkürlich musste ich lächeln, als ich diese Zeilen gelesen hatte. Mich entzückte die Vorstellung, dass es hinter dieser undurchdringlichen Mauer vor jener östlichen Welt auch Kängurus gab! Durch einen unerwarteten Zufall war ich nun auf einen gleich gesinnten Menschen gestossen. Meine Mutter bemerkte das Leuchten auf meinen Gesichtszügen und befragte mich nach dem Inhalt des Briefes. Nachdem sie ihn gelesen hatte, meinte sie voller Stolz und auch ein wenig schelmisch, nun sei ich ja wohl als Känguruforscherin bereits weltbekannt.

Kaum war ich wieder zu Hause, setzte mich hoch gestimmt an die Schreibmaschine:

Riehen, 2. September 1967

Liebes Fräulein Göcking,

Für Ihr Schreiben vom 9. 8. 67 möchte ich mich vielmals bedanken. Natürlich freue ich mich sehr, wenn meine Arbeiten über die Kängurus das Interesse Anderer finden.

Seit vielen Jahren beschäftige ich mich insbesondere mit „grauen Riesen", der einzigen Känguruart, die hier im Basler Zoo vertreten ist.

Da ich über ausreichend freie Zeit verfüge, kann ich mehrmals die Woche die Kängurus im dortigen Zoo über längere Zeit beobachten und häufige fotografische Aufnahmen machen. Zudem stehe ich mit Prof. Lang, dem hiesigen Zoodirekter, in engen Kontakt und kann mich mit ihm ausgezeichnet über all das austauschen und ergänzend informieren, was meine Forschungen und die sich daraus ergebenden Fragen betrifft.

(...)

Allzu gern würde ich einmal die Stimmen der Kängurus hören, denn ich weiss, dass sie keine wirklich stummen Tiere sind. Obgleich ich nicht hören kann, bemerke ich sofort, wenn sie irgendwelche Laute ausstossen, was ich nicht zuletzt aufgrund ihrer auffälligen Maulbewegungen registriere. (...) Seltener schon sind die d-d-d-Laute, die ich direkt von ihren Mäulern ablesen kann, ein Verfahren, in dem ich verständlicherweise sehr geschult bin.

Seit mehreren Jahren pflege ich rege englischsprachige Briefkontakte mit australischen Freunden, die alle eine mehr oder minder direkte Beziehung zu den Kängurus haben. (...)

Bevor ich schliesse, möchte ich Ihnen einige meiner markanten „Känguru-Charaktere" vorstellen, zum Beispiel Dora, meine treueste Gefährtin. (...)
Natürlich freue ich mich sehr auf Ihr Schreiben, vor allem, wenn Sie mir über „Ihre" Kängurus berichten. Selbstverständlich bin ich einverstanden, mit Ihnen zu korrespondieren.

Ich grüsse Sie vielmals herzlichst

Ihre Doris Herrmann

In diesem Brief stellte ich mich ausserdem kurz vor, verwies darauf, dass ich bereits gehörlos geboren wurde und schilderte mein besonderes Verhältnis zu den Kängurus.

Dresden, 10. September 1967

Liebes Fräulein Herrmann,

Sicherlich werde ich vieles von Ihnen erfahren, was für meine Tätigkeit als Tierpflegerin von grossem Nutzen sein kann. Die einzelnen Phasen der Beutelreinigung, wie Sie sie beschreiben, habe ich durch ausgiebige Beobachtung unserer Herde „Roter Riesen" bestätigt gefunden. (...) Bei „Mecke", dem zahmsten Tier, konnte ich jederzeit den Beutel an Wachstum des Junges kontrollieren. (...) Es gelang mir mehrmals, bei „Mecke" Milch für Laboranalysen abzumelken. Sie besass ein Faust grosses Euter und hatte von vier vorhandenen Zitzen nur eine saugbereite Zitze von 8 cm Länge ausgebildet. Bis zur Vollendung des vierten Monats ihres Jungen duldet die Kängurumutter allerdings nicht, dass andere Gruppenmitglieder intensiv ihren Beutel beschauen und sondert sich daher von ihnen ab.
Im August vergangenen Jahres habe ich das Antilopenhaus übernommen. Seitdem beschäftige ich mich beständig mit den Kängurus. (Beschwingt schilderte Christel mir an dieser Stelle die lange Reihe ihrer gelungenen und gescheiterten Zuchtversuche bei den Kängurus.)
Leider gibt es sehr wenig Literatur über diese Tiere. Das Tierkundemuseum in Dresden verfügt zwar über eine grosse Bibliothek, doch ich finde nur hin und wieder etwas über Kängurus, dazu meist auf Englisch, eine Sprache, die ich bedauerlicherweise nicht beherrsche.

Kurz zu mir: In einem Geburtsort nahe der DDR-Grenze lernte ich Geflügelzüchterin, eine Tätigkeit, die ich fünf Jahre ausübte. Anschliessend ging ich nach Erfurt in den Zoo und pflegte dort zunächst die Klein- und Menschenaffen. Nach zweijährigem Dienst wechselte ich nach Dresden, wo ich nun schon über zwei Jahre bin.

In meinem nächsten Schreiben stellte ich unter anderem die Frage, ob „ihr" Känguru bei der Beutelkontrolle überhaupt nicht festgehalten werden müsse und ob es auch auf Zuruf folge? Die Antwort erfolgte rasch: „Leider muss ich Ihnen die schlimme Nachricht übermitteln, dass Mecke, das Känguru, plötzlich verstorben ist. Ich war sehr traurig. Die Todesursache war wahrscheinlich eine Unverträglichkeit infolge unserer herbstlichen Kastanienverfütterung. (...) Ich nahm ihr Junges mit nach Hause. Doch trotz ständiger Wärmezufuhr, feucht gehaltenem, künstlichen Beutel, Körperkontakt und Milchersatz überlebte es nur drei Tage. (...) Zu Ihrer Frage: Nein, Mecke musste nicht festgehalten werden. Ich gab ihr stets einen Zwieback und schaute dann in den Beutel. Wenn sie fertig war, legte sie ihre Vorderpfoten auf meinen Rücken und wartete, bis ich die Beuteluntersuchung beendet hatte. Immer wenn ich Mecke rief, kam sie sofort herangehüpft, und durchsuchte als erstes meine Hosentaschen nach Essbarem."

Mit grosser Anteilnahme schrieb ich zurück: „…Es tut mir leid, dass Ihre liebe Mecke für immer dahin gegangen ist. Aber Sie werden gewiss sehr froh darüber sein, dass Sie ebenso das Vertrauen der anderen Kängurus geniessen, was sich ja daran zeigt, dass diese die Beutelkontrolle problemlos zulassen!"

Unser Gedankenaustausch drehte sich anfänglich vor allem um die grauen und roten „Riesen" (Kängurus) und deren unterschiedliches Verhalten im Zoo und in freier Wildbahn. Auf meine Frage, welche Hilfsmassnahmen sie der kranken Kängurumutter hatte angedeihen lassen, antwortete Christel:

„Die Beutelreinigung praktizierte ich so: Bei Mecke zog ich den Schwanz von hinten nach vorne zwischen den Hinterbeinen hindurch und legte sie dann fast auf ihren Rücken, öffne mit einer Hand den Beutel und säuberte mit der anderen sein Inneres. Dabei benutzte ich einen kleinen Schwamm, den ich öfter in lauwarmem Wasser auswusch. Zu der Zeit war das Kleine noch fest an die Zitze gehaftet, daher musste ich es sehr sorgsam reinigen. Es galt, viele kleine Schmutzteilchen, die an seinem Körper, besonders aber an seinem Köpfchen klebten, zu entfernen. Zu ergänzen ist noch, dass mir ein lange vertrauter Tierpfleger assistierte, der Meckes Beine hielt, da sie dazu neigte, auf die Seite zu fallen, was bei dieser Arbeit sehr hinderlich war. Diese Reinigung, die ich zweimal am Tag ausführte, dauerte jeweils drei bis vier Minuten. Erst ein paar Tage später war Mecke wieder so weit, ihre Arbeit selbstständig aufzunehmen."

Im Dezember 1967 bot ich Christel das ‚Du' an, und unsere Korrespondenz nahm nun immer freundschaftlichere Züge an. Einmal stellte ich ihr die Frage, woran sie „ihre" Kängurus erkennen und unterscheiden könne.

„Wie und woran ich meine Kängurus erkenne? Die klaren äusseren Unterschiede in meiner neunköpfigen Gruppe sind nur sehr gering. Den „Chinesenblick" haben alle Kängurus, am stärksten ausgeprägt ist er bei Chini, einem Weibchen mit auffallenden Gesichtszügen. Geht man allerdings tagtäglich mit den Tieren um, ändert sich der Blick und man erkennt die kleinen unterschiedlichen Merkmale. Dann die Farben des Fells, die bei jedem Känguru ziemlich unterschiedlich sein können. Die Farbskala reicht von beige, hellbraun bis zu hellgrau. Von ihrer Statur her sind die meisten Kängurus als schlank zu bezeichnen. Mompti allerdings hat wegen ihres starken Körperbaus und des längeren Fells ein fast plumpes Aussehen, was auch für Wombat gilt, der seinen Namen seiner eigentümlichen Kopfform zu verdanken hat. Andere körperliche Merkmale bzw. Fehler, aufgrund derer man die Tiere auseinander halten könnte, gibt es kaum, ausser bei Mompti, die eine auffällige Falte an der Ohrmuschel aufweist. Dafür finden sich im individuellen Verhalten zahlreiche Unterschiede. Beispielsweise ist der grösste Bock Quickly ziemlich streitsüchtig. Am zutraulichsten sind Omi, ein Weibchen und Sydney, der kleinste Bock."

Im März 1969 flog ich zum ersten Mal mit meiner Mutter nach Australien. Für meine neue Brieffreundin war dies ein Ereignis, das sie schmerzlich berührte, da es ihr die eigene Situation überdeutlich bewusst machte. „Wann fährst Du nach Australien? Wie lange wirst Du dort bleiben? Ich wünsche Dir auf jeden Fall eine gute Reise und viel Erfolg dort! Es ist mein Kindheitstraum, einmal dorthin zu reisen. Es sind vor allem die Kontakte zu den Kängurus, die mich zusätzlich darin bestärkt haben. Ich fürchte aber, es wird ein Traum bleiben."

Diese Zeilen berührten mich sehr. Es schien, als habe sie sich damit abgefunden, ein Leben lang hinter dem Eisernen Vorhang „gefangen" zu bleiben. Doch ihre Seele weilte offenbar in der Ferne. Und so gab sie „ihren" Kängurus Namen, die an Australien erinnerten: Sydney, Wombat oder Murray…

„… und wieder eine Geburt!"

„Hallo…! Hallo…! Professor Ullrich! Kommen Sie bitte ganz schnell! Wir haben schon wieder eine Geburt!" Der Direktor des Dresdner Zoos warf den Telefonhörer auf die Gabel und stürzte hinaus. Er eilte durch das ihm so vertraute Areal, bis er zu jener Stalltür kam, an der ihn Christel bereits ungeduldig erwartete. „Beeilung, Herr Professor, Beeilung!" rief sie. Atemlos betraten sie den Stall, gerade noch rechtzeitig um zu sehen, wie ein Känguruwinzling, kaum drei Minuten nach seiner Geburt, den Beutel seiner Mutter fast schon erreicht hatte, um hinein zu rutschen! Der Direktor war verblüfft."

Dies waren Christels Worte. Und weiter schrieb sie: „Hier noch einige Einzelheiten zum Ablauf einer Kängurugeburt: Nach meinen Erfahrungen dauern die Vorbereitungen im Schnitt etwa eine Stunde. Das trächtige Weibchen setzt sich, den Schwanz vorne zwischen den Hinterbeinen und reinigt es seinen Beutel. Dabei wechselt es mehrere Male ihre Stellung, vom Sitzen zum Liegen oder Stehen usf. Kurz vor dem Einsetzen des Geburtsvorganges werden die Schleimteile abgeleckt. Auch für das Neugeborene ist das Belecken durch die Mutter wichtig, wird ihm doch so die Keimhülle entfernt. Kurz darauf setzt sich der Winzling in Bewegung und steuert auf den Beutel zu, ohne dass die Mutter sonderlich Notiz davon nimmt. Das in den Beutel gelangte Kleine bemächtigt sich nun einer der vier Zitzen. Bei allen Geburten, die ich beobachtete, waren die Winzlinge dank ihrer kräftig entwickelten Vorderpfoten in der Lage, selbständig zum Beuteleingang zu „robben", eine Aktion, die üblicherweise knapp drei Minuten dauert."

Von nun an ging es im Dresdner Zoo offenbar Schlag auf Schlag, denn jeder Brief Christels enthielt spannende Neuigkeiten. „Bei den Kängurus ist wieder etwas geschehen. Du ahnst es schon:… wieder eine Geburt! „Meine zehnte!" schrieb sie voller Stolz. Diesmal war Wombat an der Reihe. Nicht lange danach berichtete Christel über die elfte Känguru-Geburt, bei der sie zugegen gewesen war. Das war wirklich rekordverdächtig, und Christel schrieb dabei jedes Mal so enthusiastisch von „ihrer" Geburt, dass man den Eindruck gewinnen konnte, sie selber sei gerade Mutter geworden…

Sehnsucht
„Liebe Doris, ich habe diese Woche mein Abschlussthema für die Meisterprüfung bekommen. Es beschäftigt sich mit der Fütterung von Kängurus in freier Wildbahn und in Gefangenschaft. Ich hätte daher eine Frage an Dich. Kannst Du mir Literaturhinweise geben oder mich an jemand vermitteln, der sich mit der australischen Flora beschäftigt? Mich interessieren vor allem die pflanzlichen Analysen, wobei mir die Angaben über Eiweiss, Fette, Kohlehydrate, Mineralstoffe, Rohfaser und Vitamine besonders wichtig sind."

Dies schrieb mir Christel 1970, und ich schickte ihr, was sie erbeten hatte. Doch dann, ganz unvermittelt, lag das Paket wieder auf meinem Schreibtisch, jetzt arg ramponiert und löcherig. Dazu der Vermerk, dass es nicht über die Grenze nach Osten gehen könne. Ein Gefühl der Ohnmacht überkam mich, aber auch die für mich neue und unangenehme Empfindung, von einer mir unbekannten Macht kontrolliert zu werden. Doch um mich zu beruhigen, sagte ich mir, Christel werde ihre Meisterprüfung auch ohne meine Hilfe erfolgreich bestehen. Was auch zutraf. Christel bestand erfolgreich, und ich sandte ihr Anfang März 1971 meine Glückwünsche. Erst 2003 erfuhr ich Dinge, denen ich damals nichts wusste, ja die ich nicht einmal ahnte.

Christel schrieb: „Im Falle einer weiterführenden Qualifizierung, die eventuell zu einem beruflichem Aufstieg führen konnte, wurde man in der DDR aufgefordert, alle brieflichen Verbindungen ins Ausland, auch die zu Verwandten oder Freunden, offen zu legen. So verlangte man damals von meinem Mann Kurt nach seiner Ingenieurs-Abschlussprüfung Angaben zum Briefwechsel seiner Ehefrau. Nachdem er diese geliefert hatte, wurde ich aufgefordert, meinen Briefkontakt zu Dir sofort aufzugeben, andernfalls Kurt keine leitende Position als Ingenieur bekleiden könne. Obwohl wir angaben, dass unsere Korrespondenz eine ausschliesslich sachbezogene sei, die sich vor allem mit Kängurus befasse, blieb die staatliche Seite unnachgiebig. Entscheidend war, dass es sich um eine Verbindung mit dem kapitalistischen Ausland handelte, zu dem natürlich auch die Schweiz gehörte. Um unsere Korrespondenz nicht zu zerstören, verzichtete Kurt in der Folge auf sein berufliches Weiterkommen. Aber auch ich hatte mich nicht von der politischen Seite drängen lassen wollen. So blieb meine Liebe zu den Tieren sowohl Beruf als auch Hobby, das mich glücklich machte!

Ich glaube, es ist nicht schwer sich vorzustellen, wie sehr mich diese späte Eröffnung meiner Freundin Christel innerlich berührte.

Trotz mancher Schwierigkeiten im familiären und gesellschaftlichen Umfeld hatte Christel ihre Prüfungen glänzend bestanden. Nun hatte ich die Gesamtkopie von Christels Diplomarbeit für den Meisterbrief in Händen. Bei der Lektüre stieg ein Gefühl tiefer Verbundenheit mit Christel in mir auf: Hier waren zwei Frauen, die eine im Osten, die andere im Westen, die sich beide mit Sachkenntnis und Hingabe den Kängurus widmeten. Zwei Gleichgesinnte, deren Liebe zu diesen Tieren eine Brücke über alle Grenzen schlug.

Christels Leben veränderte sich, als sie aus familiären und gesundheitlichen Gründen vom Zoo in den Dresdner Kulturpalast wechselte. Trotzdem besuchte sie weiterhin „ihre" Tiere im Zoo.

Am Ende eines ihrer Briefe schrieb sie: „Liebe Doris, ich weiss nicht, ob Du mit mir weiterhin im Briefwechsel bleiben möchtest, da ich doch nicht mehr im Zoo arbeite. Ich für mein Teil möchte unsere Korrespondenz sehr gerne aufrecht erhalten. Zwar gehe ich noch regelmässig in den Zoo und befasse mich mit den Tieren. Aber ich kann Dir nicht mehr so viele und genaue Hinweise geben wie zu meiner Zeit als Tierpflegerin."

In meiner Antwort versuchte ich ihre Bedenken zu zerstreuen, bekundete mein aufrichtiges Interesse an unserer Brieffreundschaft und versprach ihr, diese weiterhin zu pflegen.

Unser Briefwechsel gestaltete sich nun etwas unregelmässig. Er beschäftigte sich vor allem mit familiären Dingen und – wie hätte es anders sein können – natürlich mit den Kängurus. Unsere Korrespondenz war eine Mischung aus Erfahrungsaustausch und Schwärmerei bezüglich unserer „Lieblinge" aber auch anderer Tiere, gemischt mit Impressionen unseres jeweiligen Familienlebens und gerahmt von einem Blick aufs Wetter. Es war ein Briefwechsel, den wir beide sehr genossen, dies umso mehr, als unsere Tierliebe mit all ihren Facetten es uns ermöglichte, alltägliche wirtschaftliche und politische Schwierigkeiten, mit denen Christel zweifellos konfrontiert war, weitgehend zu ignorieren und den Blick auf unser gemeinsames Interesse zu lenken. Obgleich ich Christel gerne über die sozialen und kulturellen Verhältnisse der Länder berichtet hätte, die ich bereist hatte, war ich doch vorsichtig genug und vermied diese Themen. Über Politik liess ich kein einziges Wort fallen und beschränkte mich ausschliesslich auf zoologische und botanische Themen.

Meinen – völlig berechtigten – Verdacht, in unserem Briefverkehr einer ständigen Kontrolle zu unterliegen, behielt ich für mich.

Dieser Eindruck wurde nicht zuletzt durch Christel bestätigt, die mir mitteilte, dass meine Briefe, ganz offensichtlich von der Zensur geöffnet und gelesen, in entsprechendem Zustand bei ihr ankämen. Und dies, obgleich sie keinerlei politische Aussagen enthielten. Glücklicherweise blieben Christels Briefe fast alle unangetastet. Im Grunde jedoch erschreckte mich diese Tatsache. Und zwar weniger, weil ich an die DDR und ihr Regime dachte als vielmehr an das Dritte Reich, als meine Mutter häufig zensierte Briefe unserer Verwandte aus Halberstadt (damaliges Deutsches Reich) oder Holland erhalten hatte.

Zu diesem Zeitpunkt spürte ich mehr denn je, wie sehr ich Christel mittlerweile verbunden war, ganz gleich, ob unsere Beziehung durch eine persönliche Begegnung intensiviert werden würde oder nicht. Denn auch unsere Briefe waren etwas sehr Lebendiges. Sie sprachen, blickten den Anderen an und erzeugten ein Bild unserer persönlichen Gefühle, Gedanken, Vorstellungen und Aktivitäten.

Und doch hätte ich vielleicht etwas vorsichtiger sein, nicht so beschwingt und so selbstverständlich darüber berichten sollen, wie einfach und unkompliziert es für uns war, die Schweizer Grenze zu passieren.

Ich litt unter Gewissensbissen, sobald ich daran dachte, wie Christel und mit ihr der grösste Teil der ostdeutschen Bevölkerung dieser fundamentalen Freiheit gewaltsam beraubt wurden. Denn ich wusste ja, dass ein heimlicher Fluchtversuch Richtung Westen nur unter Todesgefahr gewagt werden konnte. Doch zum Glück für uns beide genossen unsere Briefe und Pakete „Reisefreiheit" und konnten ohne sonderliche Behinderung den Eisernen Vorhang überwinden. Und dass Christel einmal nach Basel kommen würde, blieb in jedem Fall zu wünschen und zu hoffen.

Zwar besass ich eine relativ unklare Vorstellung vom Leben in der DDR, doch war mir bekannt, dass Christel und ihr Mann keinerlei Kontakt mit der Stasi, dem Staatssicherheitsdienst, hatten. Dies war für mich die Hauptsache. So waren sie einerseits Gesetzen unterworfen, die nicht rechtsstaatlich waren, konnten andererseits aber ein ziemlich normales Leben führen, ohne allzu sehr von den staatlichen Stellen behelligt zu werden.

Nun waren schon zehn Jahre seit unseren ersten Briefen vergangen. Würden ihnen zehn weitere Jahre ohne eine persönliche Begegnung folgen? Das Durchhalten dieses Kontaktes, dem doch das

Entscheidende noch immer fehlte – eine unmittelbare Begegnung mit meiner Brieffreundin Christel – bereitete mir nun erkennbare Mühe. Ich plante eine DDR-Reise zusammen mit meiner Mutter, nicht zuletzt auch um ihretwillen, die ihre Heimatstadt Halberstadt wieder zu sehen hoffte. Doch unsere Pläne zerschlugen sich.

Inzwischen hatte ich meine dritte Australienreise hinter mir, und es schmerzte mich nach wie vor, wenn ich Christel in meinen Briefen über das Erlebte berichtete, stets im Bewusstsein, dass solche Unternehmungen für sie noch immer im Bereich des Unmöglichen lagen.

Noch ganz erfüllt von der Atmosphäre und den Erlebnissen des dreimonatigen Australien-Aufenthalts 1982 mit der Tierärztin Bettina, betrat ich meine Wohnung. Auf dem Küchentisch lagen ein paar grosse Stapel mit Postsendungen. Ich liess mein Gepäck einfach stehen, setzte mich auf den alten Bauernschemel, öffnete hastig die Kuverts und las sämtliche Briefe in einem Zug durch.

Doch ein Brief von Christel war nicht darunter, kein Umschlag mit jenen vertrauten grossen, farbigen DDR-Briefmarken. Und dies, obwohl ich mitten aus dem australischen Busch ausführlich an sie geschrieben hatte.

Dann, kurz vor Weihnachten erreichte mich ein langer Brief Christels: „Du wartest sicher schon lange auf Post von mir. (...) Am Abend spüre ich meine körperliche Schwäche schon sehr. Dann sind da noch die Kinder mit ihren Schulaufgaben. Da muss ich alleine alle Schulprobleme meistern. (Ihr Mann hatte seine Familie vor nicht allzu langer Zeit verlassen. Anm. v. mir.) Doch so darf es nicht weiter gehen! Dein Bericht aus Australien war wie immer hochinteressant. Vor allem die Zwillingsgeburt bei den Kängurus hat mich sehr erfreut. Das ist das zweitemal, dass ich so etwas erfuhr. (...)

Bei uns im Zoo hat sich viel Aufregendes ereignet, z. B. die gelungene künstliche Aufzucht eines weiblichen Kängurus. Jeden Morgen bin ich eine halbe Stunde bei den Roten Riesen drinnen im Stall und musste ein paar Mal tüchtig aufpassen, um nicht von einem sehr nervösen Bock attackiert zu werden. Ich weiss nicht, ob ich Dir schon von den neuen Parma Zwergkängurus (darunter ein Weibchen mit einem Beuteljungen) berichtet habe. Ich bin gespannt, ob dieses Junge sich gut entwickelt und bald herausschaut."

Meine Erleichterung war gross. Also war unsere Verbindung nicht in Vergessenheit geraten! Viele Jahre lang ging es nun so weiter. Unser Briefwechsel war mehr oder weniger unregelmässig und folgte im Wesentlichen unseren doch sehr unterschiedlichen Lebensrhythmen.

Einmal berichtete mir Christel: „Als wir neulich die Sonderausstellung „Porzellan aus China" im Dresdner Zwinger besuchten, stiessen wir ganz unvermittelt auf eine Reisegruppe aus Basel. Im selben Augenblick dachte ich an dich. Vielleicht klappt es ja doch, dass wir uns irgendwann einmal sehen."

Diese Zeilen brachten mich fast zum Weinen. Ich hatte das Gefühl, als müsse diese östliche Welt bis in alle Ewigkeit unverändert starr und abgeschlossen bleiben. Und als bliebe mir nichts, ausser ein wenig Trost zu spenden.

Mauerfall

Wie kann man da nur hindurch kommen?! Unwillkürlich begann ich zu zittern, nachdem ich eine Weile das mannshohe Ölgemälde betrachtet hatte. Das Bild zeigte nichts anderes als eine Mauer aus sandroten Ziegeln und hellem Mörtel. Streng und exakt gemalt, ein zugemauertes Bild sozusagen. Doch in seiner Mitte schwollen aus den Ziegeln zwei grimmig blickende Augen, eine steife Nase und boshaft schmollende Lippen. Es war eine „lebendige" Mauer, die mich ansah! Das Bild erzeugte bei mir die Vorstellung, dass diese Mauer nicht nur unglaublich fest, sondern in ihrer Höhe und Länge unendlich sei. In Wirklichkeit sah sie natürlich anders aus, wie ich längst aus illustrierten Magazinen wusste. Die eigentliche Mauer, d.h. der Teil, der immer wieder abgebildet wurde, trennte den Ostteil vom Westteil Berlins. In meiner Phantasie jedoch patrouillierten die Russen wie Drahtseilartisten oben auf dieser Mauer und jeder, der es wagte, näher zu kommen, musste dies mit dem Tod bezahlen. Dies waren natürlich wieder einmal meine kindlich überzogenen Vorstellungen.

Wie hatte man es nur geschafft, so fragte ich mich, diese Mauer, am 13. August 1961 beginnend, in nicht einmal zwei Tagen zu errichten? Die Antwort erhielt ich erst viel später. Dieses Bauwerk war eben nicht traditionell und zeitraubend Ziegelstein um Ziegelstein gemauert, so wie es manche Karikaturen darstellten, sondern aus vorfabrizierten Betonplatten zusammengefügt worden. Hätte ich damals gewusst, dass diese Mauer auf Westberliner Seite von politischen Parolen, aber auch künstlerischen Malereien und Graffiti bedeckt war, hätte ich vielleicht davon geträumt, Christel mitsamt ihren Kängurus darauf abzubilden.

„Willst du extra wegen der Kängurus durch Stacheldraht und Minenfelder kriechen? Warum nimmst du nicht lieber den leichteren Weg nach Australien?"

So oder ähnlich liess sich von Zeit zu Zeit eine innere Stimme vernehmen, eine Stimme, die offenkundig Schabernack mit mir trieb. Dennoch drückte sie etwas aus, was sich in mir all die Jahre als kleine, aber hartnäckige Hoffnung erhalten hatte: Dass nämlich eines nicht allzu fernen Tages die Berliner Mauer und der Europa teilende Stacheldraht niedergerissen werden würden. Dies blieb allerdings lange politische Utopie. Dann kam der Herbst des Jahres 1989, und das Unerwartete und doch so lang Erhoffte geschah!

Die warmen Sommertage jenes Jahres gingen zu Ende. Langsam färbten sich die Blätter, und auf den Wiesen sprossen die Herbstzeitlosen. An der ungarisch-österreichischen Grenze begann sich ein „Schlupfloch" aufzutun, und die ersten Flüchtlinge aus der DDR durften mit Duldung der ungarischen Regierung die Grenze passieren. Das Ende der Teilung Europas hatte begonnen. Durch das Fernsehen und Zeitungsberichte erfuhr ich viel über die spannenden politischen Hintergründe und nahm regen Anteil an den Geschehnissen. Doch ich sprach mit niemandem über mein besonderes Engagement in dieser Sache, weil ich mich in einer gewissen Verlegenheit befand. Wieso beschäftigte mich all das so sehr, was auf der östlichen Seite geschah? Für mich war die Antwort klar: Christel und die Kängurus waren mittlerweile zu einem Teil meiner eigenen Welt geworden.

Herbst 1989. Die Lawine der Flüchtlinge über Ungarn nach Österreich schwoll an. In der DDR verging kaum ein Tag ohne grössere Demonstrationen. Hoffnung lag in der Luft. Das Warten auf Christels briefliche Reaktion zu all diesen unvorhersehbaren Ereignissen stellte meine Geduld auf eine harte Probe. Und so entschloss ich mich, statt jede Stunde den Fernseher anzuschalten und über Teletext die Nachrichten zu verfolgen, draussen in der Novemberkälte spazieren zu gehen, um innerlich Kraft und Zuversicht zu schöpfen.

Werden meine Träume wirklich wahr, so dass ich eines Tages Christel sehe, fragte ich mich immer wieder. Ich versuchte mir darüber klar zu werden, wieso meine Vorstellungen und Gedanken immer wieder in Richtung Eiserner Vorhang und von dort weiter nach Dresden eilten statt ins freie Australien mit seinen Kängurus. Doch in dieser Frage lag bereits die Antwort. Durch unseren langjährigen, treuen Briefwechsel war zwischen Christel und mir eine aufrichtige und tiefe Freundschaft entstanden.

Wenige Tage später geschah das Unerwartete, das sich über die Medien wie ein Lauffeuer um die Welt verbreitete: Am Abend des neunten November 1989 wurde die Grenze der DDR nach Westen geöffnet!

Die Mauer brach zusammen!

Am 20. November 1989, knapp zehn Tage nach dem Mauerfall und etliche Monate nach ihrem letzten Lebenszeichen, kam ein Brief von Christel: „ …Ich möchte mich erst einmal für mein langes Schweigen entschuldigen und für Deine Post bedanken! Es kam immer was anderes dazwischen. Bei unserer Situation hier im Land gibt es jeden Tag eine neue Überraschung. Aber es musste einfach eine Veränderung kommen! Wir sind stolz auf die erreichten Ziele, doch es gibt noch viel zu tun. Wir haben Vertrauen und Zuversicht, was die neue Regierung betrifft. Viele nutzen jetzt die Reisefreiheit, denn für die meisten ist der Westen absolutes Neuland. Und ich möchte so gern andere Zoos ansehen und neue Landschaften entdecken. Da könnten wir uns ja einmal in der Bundesrepublik treffen. Jedenfalls würde ich mich sehr freuen, dich nun endlich persönlich kennen zu lernen!"

Die Intervalle wurden nun immer kürzer, innerhalb derer mein Wunsch nach einer Begegnung mit Christel auf Einlösung drängte. Doch sollte es noch einige Zeit dauern, bis wir uns einen Weg durch die Mauertrümmer der Geschichte gebahnt hatten.

Endlich ist es soweit!

Fast zwei Jahre vergingen, in denen sich die DDR als eigener Staat auflöste und sich mit der Bundesrepublik Deutschland politisch vereinigte.

Trotz der errungenen Freiheit war dieser Neuanfang für viele Ostdeutsche eine schwierige, ja chaotische Zeit. Diese vorübergehende Unordnung und Unsicherheit, aber auch familiäre Gründe waren es, die unser Treffen so lange hinaus zögerten.

Dann, im Herbst 1991 mochte ich nicht mehr länger warten. Mit Vera, meiner jungen, lieben Reisebegleiterin, ging es ab Hannover mit einem Mietwagen Richtung Dresden. Es war eine abwechslungsreiche Fahrt durch eine schöne, mir völlig unbekannte Landschaft, die gegen Ende fast zu einer Odyssee geriet, da wir ein paar Mal die Orientierung verloren und vom Weg abkamen. Doch schliesslich erreichten wir Dresden. Zwei Tage nach unserer Ankunft traf ich Christel!

Mit klopfendem Herzen und ein wenig zittrigen Schritten begab ich mich zum verabredeten Treffpunkt am Eingangstor des Dresdner Zoos. Und da stand sie, meine liebe Christel! Es dauerte einen Augenblick, bis ich sie erkannte, denn seit zehn Jahren hatte ich kein aktuelles Foto mehr von ihr zu Gesicht bekommen. Doch obgleich sie nun 47 war und sich auf ihrem Gesicht hier und da ein paar Fältchen zeigten, Spuren eines nicht immer leichten Lebens, wirkte sie mit ihren leuchtend blauen Augen, ihrem heiteren Lächeln und ihren kurz geschnittenen, hellblonden Haaren, von denen ihr ein paar Strähnen in die Stirn fielen, noch immer jung und schön. 24 lange Jahre einer durch Mauer und Stacheldraht verhinderten Begegnung lagen in diesem Augenblick hinter uns! Einen kurzen Moment lang schauten wir uns an, dann fielen wir einander, halb lachend, halb weinend vor Freude, in die Arme! Vor lauter Rührung war ich ausserstande zu sprechen. Langsam brachte ich einige wenige Wörter über die Lippen – und Christel verstand mich, obwohl sie noch nie mit einer Gehörlosen kommuniziert hatte. Umgekehrt gewöhnte ich mich rasch daran von ihren Lippen abzulesen.

Hand in Hand mit Christel auf der einen und Vera auf der anderen Seite, so betrat ich in gehobener und beglückter Stimmung den Zoo. Ich spürte die Herzenswärme und Güte, die von Christels bäuerlich rauen Händen ausging. In diesem Augenblick war ich mir gewiss, dass das Band unserer Freundschaft künftig noch fester geknüpft werden würde.

Unseren Rundgang durch den Zoo erlebte ich wie im Traum. Christel führte uns auch zu den Papageien, für die sie als Chefin der Vogelabteilung mit verantwortlich war. Ihre grosse Zuneigung galt den bunten Aras und anderen Papageienarten. Jedoch hatte sie weiterhin ein Herz für die Kängurus. Und so geleitete sie uns auch bis zu einer schönen, mit allerlei Sträuchern besetzten Wiese, auf der die Roten Riesen lebten. Meinem Forscherblick bot sich Erstaunliches, ja Hochinteressantes: Auf den ruhenden Tieren spazierten Elstern, die das Ungeziefer aus den Fellen pickten. Es war eine herrliche Farbimpression: Das Grün der Grases, das Fuchsrot der Kängurus und das Schwarz-Weiss des Elsterngefieders. Dazu der eindrucksvolle Kontrast zwischen der Lebhaftigkeit der Vögel und der Friedfertigkeit der Roten Riesen. Nun war ich wirklich bei Christel und ihren Kängurus angekommen und mich durchrieselte ein Gefühl des Glücks.

Gegen Abend fuhren wir zu Christel am Rande Dresdens. Bei ihr sollte ich die restlichen Tage bis zu meiner Abreise wohnen. Die Zeit verging wie im Flug. Der letzte Tag brach an. Geplant war eine Autotour, die meinen Abschiedsschmerz, so hoffte ich, ein wenig mildern würde. Am Ende dieser Fahrt sollte eine Überraschung auf mich warten.

Wir fuhren durch hüglige Ebenen mit Grasweiden, wenigen Äckern und Maisfeldern, zwischen denen hier und da verstreut ein paar Bauernhäuser oder kleine Dörfer lagen. Je weiter wir fuhren, desto gespannter wurde ich. Ein zunehmend trüber Dunst liess die Sonnenstrahlen kaum passieren. Ab und zu regnete es sogar. In Stürza, einem kleinen Dorf, machten wir Halt und assen zu Mittag. Weiter ging es durch die sanft grüne Landschaft. Doch dann veränderte sich plötzlich die Umgebung. Struppiges Unterholz und kleine Wälder bestimmten das Bild. Wir passierten eine Tafel mit der Aufschrift BASTEI. Gleich hinter dieser Tafel befand sich ein Parkplatz, wo wir ausstiegen. Welches Wunder erwartet uns hier, fragte ich mich. Wir liefen wohl eine Viertelstunde, bis wir zu einer denkwürdigen Aussicht gelangten. Im ersten Moment war ich total verwirrt, da ich mich blitzschnell auf Engelsflügeln nach Australien versetzt glaubte! Nach einigen Augenblicken fand ich wieder zu mir und rief: „Es sieht genauso aus wie ‚die Blauen Berge mit drei Schwestern‘ in Australien, nicht weit von Sydney!" Tatsächlich ragten aus der tiefen, locker bewaldeten Schlucht mehrere grotesk anmutende Sandsteinfelsen empor, die an menschliche Figuren erinnerten. Ich konnte es einfach nicht glauben, doch tatsächlich waren diese Felsen den „blue mountains with three sisters" verblüffend ähnlich. Christel schien meine Gedanken gelesen zu haben, denn sie erklärte, dass dies die „Sächsische Schweiz" sei. Nun war ich wirklich verdattert. Denn hätte ich nicht mit der gleichen Berechtigung fragen können, weshalb dieser Fleck nicht SÄCHSISCHES AUSTRALIEN hiess?

Glücklichen Herzens fuhr ich am Tag darauf zurück in die Schweiz. Ein halbes Jahr darauf – so war es verabredet – würde ich Christel in Basel begrüssen.

Gemeinsam auf kleiner Tour

Wie so oft, ob zuhause oder in der australischen Wildnis, wälzte ich mich in wilden Träumen, diesmal allerdings auf meinem schmalen Sofa in der Wohnstube. Und doch überkam mich bei jedem der kurzen Schlafunterbrüche ein Glücksgefühl, war mir doch sofort wieder bewusst, dass sich Christel hier bei mir zuhause in Reinach befand, wo sie in meinem frischbezogenen Bett selig schlummerte und sich gewiss auf unser gemeinsames Frühstück freute…

Am nächsten Tag durchstreiften wir die Basler Umgebung. Dabei entging mir nicht der Ausdruck einer gewissen Versunkenheit, ja Abwesenheit in Christels Gesicht. Es schien, als beschäftige sie ihr vergangenes Leben in der DDR, dessen Ende für sie noch nicht Realität war. Besorgt betrachtete ich sie. In einem Cafe fasste ich mir ein Herz und befragte sie behutsam nach der Vergangenheit. Anfänglich zögernd, dann aber ganz offen erklärte sie mir, dass für sie die schwerste Zeit 1949 begonnen hatte, als sie, damals fünfjährig, miterleben musste, wie ihr geliebter Stiefvater bei einer Dynamitsprengung im Kali-Bergwerk sein Augenlicht verlor. Viele Monate hatte er im Spital verbracht. Ihre Mutter war jeden Tag zwischen ihrem Wohnort und Eisenach gependelt, um bei seiner Pflege mit zu helfen. Christel und ihre Schwester Karin hatten während dieser unglücklichen Zeit bei ihren Grosseltern gelebt, die einen Schuhladen hatten. Da es dort zu wenige Betten gab, schliefen die beiden kleinen Mädchen mit Wolldecken auf dem Ladentisch.

Als Christel geendet hatte, sassen wir einen Moment schweigend vor unseren Tellern und den noch halbvollen Gläsern. Dann aber erfuhr unser Beisammensein eine glückliche Wendung und wir fingen an, uns vieles, fast schon Vergessenes aus unseren Briefen wider in Erinnerung zu rufen. Es war eine grosse Erleichterung für uns, dass wir nun frei über die damaligen Ereignisse sprechen konnten.

Von nun an traf ich mich mit Christel zwei bis dreimal im Jahr, entweder in Reinach, Dresden oder anderswo. Wir unternahmen zahlreiche Ausflüge und Kurzreisen. So wanderten wir zum Beispiel im Berner Oberland über die Alpweiden und durch die Bergwälder. Das pure Naturerleben war es, das wir beide so liebten. Den Touristen-Rummel in den Kurorten dagegen mieden wir, da er uns beiden auf die Nerven ging. Wir passten uns den natürlichen Gegebenheiten an, fühlten uns gewissermassen als „Wilde." Wir erfreuten uns an der natürlichen Vielfalt, richteten unsere Aufmerksamkeit insbesondere auf seltene und gefährdete Pflanzen, wie z. B. die winzigen Orchideen, die an den Berghängen blühten oder auf den kräftigblauen Enzian.

Es war in einem der hohen Walliser Täler. Auf einer Wanderung im Spätsommer pflückte Christel am Waldrand Brombeeren und häufte sie auf meine Hand. Vertrauensvoll sah ich nicht weiter hin und liess sie in meinem Mund verschwinden. So wäre es gewiss weiter gegangen, hätte nicht Christel bei der nächsten „Ladung" mein Handgelenk blitzschnell nach unten gedrückt und mich so am raschen Verspeisen gehindert! Was war geschehen?! – Ich sah auf meine Handfläche: da sass ein winzigkleiner, grüner Frosch! Halb erschrocken, halb erleichtert setzte ich ihn zurück auf den Boden. Immerhin war ich nur um Haaresbreite dem Genuss dieser kulinarischen „Spezialität" entkommen...

Auf den abgeernteten Äckern an den Steilhängen suchte Christel so lange, bis ihre Taschen prall gefüllt waren mit frischen, erdigen Kartoffeln. (Waren das noch Erinnerungen an die Nachkriegszeit und die folgende Nahrungsmittelknappheit in der DDR, Bedingungen, die den praktischen Sinn des sich Behelfens und Organisierens bei den Menschen so gefördert hatten?) Dank ihrer Pilz-Kenntnisse fand Christel herrliche Steinpilze oder Goldröhrlinge und andere leckere Sorten in den Wäldern. Während ich früher auch mit meiner Mutter auf Pilzsuche gegangen war, so erlaubten meine Augen jetzt kaum noch eine aktive Mithilfe. Daher beliess ich es dabei, vorsichtig ein paar Pilze, die Christel mir wies, mit einem Taschenmesser aus der Erde zu schneiden, wobei ich darauf achtete, dass ihre Wurzeln nicht beschädigt wurden. Das Schönste dabei aber war für mich, ihren unverwechselbaren Duft, zusammen mit dem der Erde mit tiefen Atemzügen in mich aufzunehmen...

Es waren regnerische Tage im Wallis. Mitunter kamen die Wassermassen sintflutartig herab. In unserer Ferienwohnung erteilte ich Christel Englischunterricht, denn unsere gemeinsame Australienreise stand kurz bevor. Mit Elan und Heiterkeit absolvierten wir unsere Lektionen. Durch den unaufhörlichen Regen war die Rhone stark angestiegen und raste nun in ihrem langen Tal durch die Dörfer. Auf der grossen Wiese vor unserem Haus hatte sich ein See gebildet, der im Laufe eines Nachmittags bis zur Hauswand unserer Parterreappartements anstieg. Ab und zu guckten wir aus dem Fenster, doch noch drehte sich unser Gespräch um andere Dinge. Schliesslich legten wir eine Pause ein, und Christel nahm das Radio ans Ohr: „In Brig (Walliser Kleinstadt im unteren Rhonetal) ist Katastrophenalarm gegeben worden! Der Bahnhof und das Stadtinnere stehen unter Wasser", teilte sie mir mit. Auch in der Nähe unseres Dorfes hatte man eiligst Sandsäcke aufgeschichtet.

Der Abend kam, es wurde rasch dunkel. Die Gefahr draussen in der Dunkelheit fing nun an, die beseligende Känguru-Unterhaltung, in die wir vertieft waren, zu verdrängen. Auch die Wahl eines anderen Gesprächsstoffs vermochte uns nicht recht abzulenken. Wir schwiegen und blätterten angespannt in Journalen, als der Raum plötzlich im Dunkeln lag! In einer kurz aufkeimenden Panik glaubte ich nun völlig erblindet zu sein und tastete wild nach meiner Taschenlampe! Wie erleichtert war ich, als ich kurz darauf ihren Lichtkegel sah! Wir kramten die vorhandenen Kerzen zusammen, zündeten sie an und begannen, unser kaltes Nachtmahl vorzubereiten. Vor dem Schlafengehen schloss ich wie üblich die Wohnungstür ab. Doch Christel hielt mich davon ab und erklärte mir, dass es besser sei, sie offen zu lassen, für den Fall, dass wir ins obere Stockwerk zu der dort wohnenden Tischlerfamilie flüchten mussten. Dieser Ernstfall trat gottlob nicht ein, aber die Umsicht, die Christel bewiesen hatte, imponierte mir sehr.

Wären wir doch so umsichtig wie die Kängurus, dachte ich. Diese Tiere zeigen sowohl bei ausbrechenden Buschfeuern als auch bei rasantem Wetterumschlag kaum Panik, sondern halten auf ihrer Flucht immer wieder inne, um sich hinsichtlich des besten und gefahrlosesten Ausweges zu vergewissern. Eine solch kontrollierte Flucht bietet zumeist grössere Überlebenschancen. Gerade für uns Menschen aber ist es in solchen Extremsituationen nicht immer leicht, Vernunft walten zu lassen. Allerdings müssen sich Kängurus nicht um mögliche materielle Verluste sorgen und verspüren in dieser Hinsicht keinerlei Hemmung, während wir häufig sogar das Unsinnigste zu retten versuchen.

Trotz der widrigen Umstände schliefen wir in jener Nacht fast ungestört. Am folgenden Morgen hatte der Regen nachgelassen und die Sonne zeigte sich ab und an zwischen den Wolken. Das Wasser auf der Wiese vor dem Haus ging langsam zurück. Wir liefen die Rhone entlang. Das Ufer war mit Schlamm, entwurzelten Baumstämmen und allerlei Gerümpel bedeckt. Vereinzelt fanden wir tote oder noch lebende Forellen. Die noch lebenden Fische hob Christel vorsichtig auf und warf sie zurück in die Fluten. Nachhause zurückgekehrt, stellten wir fest, dass der elektrische Strom wieder funktionierte. Nur die Bahnstrecke via Brig, über die wir gekommen waren, blieb auf längere Zeit gesperrt.

Unsere Heimfahrt stand kurz bevor. Klug und umsichtig wie die Kängurus wählten wir eine andere sichere Route für den Heimweg. Bei strahlendem Sonnenschein fuhren wir über den Gotthart direkt nach Basel. Christel kehrte nach Dresden zurück. Doch nicht für lange Zeit. Ein paar Monate später stand sie in voller Ausrüstung wieder bei mir in Basel vor der Tür. Denn nun ging es an die Verwirklichung eines Plans, den wir beide uns schon lange vorgenommen hatten: Gemeinsam wollten wir nach Australien reisen!

Insel unserer Träume

Das Ziel hiess Rotamah-Island, eine kleine Insel, auf der ich in den Jahren zuvor ebenfalls Känguru-Feldstudien betrieben hatte und die ich neben Pebbly Beach wie meine zweite Heimat liebte. Für dieses winzige Paradies versuchte ich Christel nun zu begeistern, was mir auch mühelos gelang, denn ihre Vorfreude war unverkennbar. Die Insel mit ihrer paradiesisch opulenten Flora und Fauna ist nur gut fünf Kilometer lang und knapp einen Kilometer breit. Um dorthin zu gelangen, fährt man von Melbourne mit der Bahn und dem Bus Richtung Südosten bis an die Küste, die reich ist an Inseln und Halbinseln. Vom Festland ging es auf eine 20 minütige Überfahrt mit einem Wassertaxi. Auf Rotamah wurden wir am kleinen hölzernen Anlegesteg von einem jungen Wildhüterpaar aufs Herzlichste empfangen.

In einer schönen, weissen Villa, die als Vogelwarte wie auch als Unterkunft für Studenten oder Feriengäste diente, bezogen wir den mir von früher her vertrauten Schlafraum. „Da ist mein schönes Bett, das ich extra für Dich reserviert habe, damit Du jeden Morgen beim Aufwachen die äsenden Kängurus direkt vor Deinem Fenster sehen kannst!" schwärmte ich Christel vor. Beim Auspacken dann stiess mein Kopf gehörig an den Rahmen meines Doppelstockbettes. Christel, der meine „Kollision" nicht entgangen war, eilte zu mir: „Nein, es ist besser, wenn Du dein Traumbett am Fenster hast. Ich möchte nicht, dass Du noch mehr Beulen bekommst!" Also wechselten wir wieder die Schlafplätze. Es war diese natürliche Genügsamkeit und Bescheidenheit Christels, die ich insgeheim bewunderte und die in einem so krassen Gegensatz zu der Begeisterung stand, die sie für diesen Ort und die Natur allgemein empfand.

Im Gänsemarsch – Christel vorneweg – so streiften wir den ganzen Tag kreuz und quer durch die noch unberührte Wildnis, die uns jederzeit aufregende Ereignisse und Beobachtungen bieten sollte. Dank dieses beständigen intensiven Naturerlebens zählten wir beiden während jener sieben Wochen wohl zu den wenigen Menschen auf die Welt, für die es keinen Tag, ja nicht einmal eine Stunde der Langeweile gab! Oft liefen wir die Baumreihen der Banksia mit ihren aufrecht stehenden zylindrischen Blütenständen Hunderter leuchtend gelber Blüten entlang. Dabei passierte es mir mehr als einmal, dass ich beinahe meinen Arm um einen der Blütenstände statt um Christels Hals gelegt hätte, so sehr glichen sich beide in ihrer Anmutung; der helle ährenförmige Blütenstand sah dem kurz geschnittenen, hellblonden Haarschopf zum Verwechseln ähnlich. „Bist Du es, liebe Christel, oder ist es eine Banksia?!" fragte ich mich daher immer wieder, wenn wir an diesen in Australien so verbreiteten Pflanzen vorüber kamen. Und jedes Mal, wenn ich Christels Haarschopf hier und die Banksia dort betrachtete, überkam mich ein so wundersames Glücksgefühl wie noch nie in meinem Leben.

Rückblickend erkannte ich, wie richtig es war, Christels Interesse noch stärker in Richtung des fünften Kontinents gelenkt zu haben. Dieser würde nun, das stand für mich fest, für uns beide zu einem unverzichtbaren Lebensaspekt werden. Ich erinnerte mich, wie mich meine Mama nach einer schlaflosen Nacht wenige Wochen vor unserem Abflug sehr besorgt davor gewarnt hatte, mit Christel in ein völlig fremdes Land zu reisen. Dies könne, so meinte sie, bei Christel ein grosses Unbehagen hervorrufen. Für einen Menschen, der vierzig Jahre mit grossen Einschränkungen hinter der „Mauer" hatte leben müssen, sei es möglicherweise schwierig, sich an die westliche Freiheit zu gewöhnen. In dem anschliessenden, recht hitzigen Gespräch überzeugte ich sie schliesslich, dass es hier vor allem darum ging, einen lang gehegten Wunsch Christels endlich zu erfüllen.

Schon nach wenigen Tagen unseres Aufenthalts nannte ich Christel den „weissen Kakadu" und dies nicht nur wegen ihrer schönen Haarfarbe, sondern weil ihre grösste Liebe den Papageien, ihre zweite den Kängurus und ihre dritte den Menschenaffen gehörte. Was mir persönlich den Kontakt zu den Kängurus erleichterte, meine mimische Übung nämlich, das wandte Christel im Umgang mit den Menschenaffen an. So konnte sie sich in meisterhafter Nachahmung affenartiger Lippenbewegungen über so manches meiner ungewollten Missgeschicke amüsieren, was dermassen komisch war, dass auch aus mir das Lachen geradezu heraus brach. Dennoch war „Kakadu" ein viel schönerer und passenderer Name für sie. Karikaturen dieser Papageienart, die ich mit viel Lust und Freude anfertigte, füllten bald, auch sehr zum Gefallen Christels, unsere Reisetagebücher.

In der weissen Villa auf Rotamah hatte sich ein internationale Quartett versammelt: Da waren die jungen Wildhüter, Thierry aus Frankreich und seine australische Frau Joanna, Christel aus Ostdeutschland und ich, die Schweizerin. Bald schon nach unserer ersten Begegnung kam es zwischen den beiden Wildhütern und mir zu langen Unterhaltungen, die kaum ein Ende finden wollten. Sehr schnell erlernten die beiden die für unsere Verständigung wichtige taktile Kommunikation des Lormens und beherrschten diese bald perfekt.

Binnen kurzem verstanden sie auch meine englische Lautsprache, die allerdings ohne den australischen Akzent auskommen musste. Wenn es um längere Darstellungen, Erklärungen, schwierige Fachbegriffe oder das Tagesprogramm ging, schrieben sie es nieder, so dass ich es an Christel auf Deutsch weitergeben konnte. Dank dieser sehr persönlichen Verständigung, entstand vom ersten Tag an ein besonders vertrauensvolles, ja fast familiäres Verhältnis zwischen uns. Die beiden Wildhüter nahmen uns mit auf ausgedehnte Bootsfahrten zu verschiedenen Vogelbrutgebieten, die sich auf entfernten, unbewohnten Inseln befinden. Zu meiner grossen Freude nahm ich wahr, wie sehr Christel von diesen Eindrücken gefangen genommen wurde und mit welchem Eifer sie dieses und jenes mit ihrer Videokamera festhielt. So konnten wir einige sehr seltene Enten- und Möwenarten beobachten, die nur an wenigen Plätzen Australiens vorkommen. Auch durften wir uns am Einfangen und Beringen kleiner Singvögel beteiligen.

Ich zitiere aus einem von Christels Briefen, die sie meiner Mama schrieb: „Diese Woche ‚lief' uns eine zwei Meter lange, armdicke, schwarze Schlange über den Weg. Ich war leicht schockiert, erholte mich aber schnell. Dann platzierte ich Doris hinter mir, um das Tier in Ruhe zu filmen. Ich dachte, das glaubt uns sonst keiner. Unsere beiden Wildhüter staunten nicht schlecht, als ich ihnen die Bilder zeigte. Sie identifizierten unsere Schlange als ein sehr giftiges Exemplar! Seitdem sind wir etwas vorsichtiger."

An einem sonnigen Mittag, wir wollten die Villa gerade verlassen und näherten uns dem Gartentor, als urplötzlich jemand mit eisenhartem Griff meinen Oberarm packte und mich blitzartig herum wirbelte. In Sekundenbruchteilen verzerrte sich mein Gesichtsfeld bis ins Groteske, so dass ich die räumliche Orientierung verlor. Ich erstarrte und wartete, bis mein Sehen wieder zurückgekehrt war. Dann schaute ich mich um. Christel strich sanft über meine Schulter und lormte dann: „Schau, was da vor Dir liegt." Ich sah genauer hin, erschrak und atmete gleichzeitig auf: Wieder war es eine schwarze Schlange, kleiner und wahrscheinlich jünger, ein vermutlich giftiger „Pförtner", auf den ich beinahe getreten wäre! Allein der resolut zupackenden Art Christels hatte ich es zu danken, dass ich um Haaresbreite einem möglichen Schlangenbiss entkommen war.

Auf einem unserer Streifzüge stiessen wir auf eine aussergewöhnliche Tierart, die auf Rotamah allerdings häufig vorkommt. Es war das Tier, in das sich Christel von diesem schicksalhaften Augenblick an verlieben sollte: der Ameisenigel, lat. Echidna. Als wir jenes erste Exemplar zu Gesicht bekamen, gab mir Christel ein Zeichen stehen zu bleiben. Behutsam näherte sie sich dem in einem Gebüsch seelenruhig schlafenden Echidna. Dann holte sie mich zu sich, um zu fotografieren. Das Tier rührte sich nicht, auch dann nicht, als wir es von allen Seiten serienweise ablichteten. Sogar als Christel seine Stacheln aus einer Nähe von nur wenigen Zentimetern filmte, schlief es weiter! Es waren tolle, traumhafte Momente! Wir hatten einen Ameisenigel vor uns, der überhaupt keine Notiz von uns nahm und sich in einer anderen Welt zu befinden schien.

Christel war eine leidenschaftliche Bastlerin. Für Thierry und Joanna schnitzte sie aus einer am Meer aufgelesenen, seltsam in sich verwachsenen Wurzel eine Figur, die das Aussehen eines Possums, einer Eule und eines Schnabeltiers hatte. Dies tat sie mit soviel Geschick, dass es eine Freude war ihr zuzuschauen. Das Wildhüterpaar zeigte sich ebenso begeistert wie ich. Ich war stolz auf Christel, nicht allein wegen ihres kunsthandwerklichen Könnens, sondern vor allem darauf, wie schnell sie sich in Australien atmosphärisch eingefunden und hier neue Wurzeln geschlagen hatte!

Das Lormen beherrschte Christel mittlerweile ausgezeichnet, doch leider war ich manchmal nicht ganz bei der Sache. So geschah es eines Tages, dass Christel meine Hand ergriff und mir zu verstehen gab: „Schau, da oben der Rainbow...“ – „Ooooaaa...“ Ich unterbrach sie und richtete meinen Blick ein wenig verwundert zum Himmel, denn nichts hätte mich so sehr gefreut, als nach den vielen Jahren auf diesem Kontinent endlich einen Regenbogen zu sehen. Doch bislang war mir kein Erfolg beschieden gewesen, obwohl ich immer wieder bei Regen mit nachfolgendem Sonnenschein mit meinem Fotoapparat auf der Lauer gelegen hatte. Christel rief mich aus meinen Gedanken zurück. Energisch schüttelte sie meine Hand und buchstabierte von neuem: „Halt, ich hatte noch nicht fertig gelormt, aufpassen: ein Rainbow...“ Aber wieder unterbrach ich sie, da ich, wie auf inneren Befehl, nach oben blicken musste. Das ging noch ein paar Mal so. Weiter als bis „Rainbow...“ kam Christel nicht. Dann endlich konnte sie ihre Mitteilung und damit auch das immer wieder abgebrochene Wort zu Ende bringen:

„...RAINBOWLORIKEETS!“ Aha! Nun hatte ich verstanden! Und im selben Moment sah ich auch schon die zwei regenbogenfarbenen Papageien, die auf der Dachrinne sassen und mich anschauten, als wollten sie sich über meinen Irrtum ausschütten vor Lachen! Oft noch danach musste ich über dies seltsame und zugleich komische Missverständnis schmunzeln.

Während unserer Abendmahlzeiten sassen wir mit Thierry und Joanna direkt vor dem grossen Fenster und genossen den Blick auf die grosse Uferwiese. An den hellen Abenden grasten hier manchmal über 40 Kängurus, deren Treiben uns immer wieder zum Lachen brachte. Dabei wurde ich zum ersten und bisher einzigen Mal in meinem Leben Zeuge eines Kampfes dreier Känguruböcke! Ein Ereignis, das Christel in einem Brief an meine Mutter folgendermassen schilderte: „Gestern Abend gab es eine ,Sportveranstaltung'! Zwei Känguruböcke kämpften miteinander. Zur Ablenkung des Gegners putzten oder kratzten sie gelegentlich ihren Körper, um dann in ihrem Kampf fortzufahren und unsanfte Fusstritte auf Bauch oder Oberschenkel ihres Widersachers auszuteilen. Da kam ein dritter, noch junger Kängurubock hinzu, stellte sich in Position und hüpfte dann ganz ungeniert auf einen der Kämpfenden zu. War es vielleicht der ,Schiedsrichter', der eine Unregelmässigkeit gesehen hatte und diese ahnden wollte? Sicher nicht, denn dieser Jüngling wagte es, sich in die Kampfhandlung einzumischen. Er bekam ein paar kräftige Ohrfeigen, trotzdem drängte er einen der beiden Böcke beiseite. Der Kampf zwischen den Altböcken ging weiter, bis der Jungbock erneut versuchte sich durchzusetzen. Er sprang einen der beiden Böcke von hinten an und umklammerte dessen Oberkörper, so dass er an dem grossen Kerl hing wie eine Klette an einem dicken Pfahl! Das war dem Älteren nun doch zuviel! Er befreite sich von dem kleinen Biest. Daraufhin nahmen sie alle eine Grasmahlzeit, als wäre nichts geschehen. Es war ein sehr erheiterndes Schauspiel und wir lachten herzlich."

Eines anderen Abends bot sich uns ein ungewöhnliches Schauspiel. Christel schrieb: „Seit einigen Tagen sind nahe dem Ufersteg Delphine, die übermütig im Wasser herumtoben oder die reichen Fischgründe geniessen. Trotz Regens ging ich mit einer Plastiktüte, in die ich die Videokamera eingewickelt hatte, zu jener Stelle und holte nach einem kurzen Moment auch Doris zu mir auf den Steg. Ich glaube, sie hat sie nicht sehen können, denn kaum sprangen die Delphine heraus, waren sie auch schon wieder weg. Sie kamen so nah an uns heran wie nie zuvor. Es kam mir so vor, als wären sie extra für Doris ganz nah heran geschwommen. Dann kamen Tausende von Kormoranen, in einer Linie fischend, über das Gewässer – ein wundervoller Anblick, ganz wie ein grosses Naturballett."

Während eines Streifzuges beobachteten wir einen hellgrauen Reiher, der sich über die Baumkronen schwang und auf einem der feuchten Sumpfflecken landete. Dieses Bild der Leichtigkeit, Anmut und Eleganz liess uns vor Freude leise jauchzen. Nicht lange danach wurden wir durch eine Patrouille des Naturality Committee aufgestört. Zwei freundliche Naturschutz-Beamte sprachen mit Christel, die mir übersetzte, dass es auf der Insel einige Wilddiebe gäbe, deren Untaten durch regelmässige Streifenfahrten unterbunden werden sollten. Von diesem Zeitpunkt an waren wir nicht länger allein zu unserem Vergnügen an Ort und Stelle, sondern versuchten uns als freiwillige Helfer der Wildhüter und Naturschützer nützlich zu machen. So trugen wir, wenn wir irgendwo verdächtige Spuren illegalen Verhaltens entdeckten, diese unter Angabe von Standort und Uhrzeit in eine Karte ein. Bei den Delikten handelte es sich vorwiegend um den Raub von Echidnas und den Abschuss von Kängurus.

Auf Rotamah-Island waren Wörter wie Einsamkeit oder Langweile für uns zu Fremdwörtern geworden. Unsere Tage waren stets ausgefüllt. Entweder streiften wir aufrechten Ganges durchs Gelände oder krochen vorzugsweise auf allen Vieren, wenn es ums Anpirschen und Ausforschen ging. Nicht zu zählen waren die Begegnungen mit Tieren.

Wie beeindruckend war doch das plötzliche Erscheinen einer Herde Emus, wenn sie gemächlich unseren Weg kreuzte als sei dies das Selbstverständlichste von der Welt. Aber auch bezaubernde Impressionen der Pflanzenwelt, wie die eines alten Baumstammes im Wasser, bewachsen mit Sukkulenten in herrlichsten Farben, überraschten uns täglich immer wieder aufs neue. Dank der Naturschönheit dieser kleinen Insel, fühlten wir uns in eine Art Urlandschaft versetzt. Würden wir hier vielleicht, so fragte ich mich manchmal, auch einen ‚Baum der Erkenntnis' finden…?

Eines Tages überbrachte mir Christel eine offenbar dringlich Nachricht, die meine ganze Aufmerksamkeit erregte: Irgendwo hier, sagte sie, befinde sich ein Känguruapfelbaum! – Ein was?! – Ein Känguruapfelbaum! – Mein Atem stockte. Sofort bildete ich mir ein, dass es auch im australischen Paradies gewiss streng verboten sei, ihn zu berühren oder gar von seinen Früchten zu kosten. Doch mutig forderte ich Christel auf, sich mit mir und unserer gesamten Fotoausrüstung am nächsten Morgen dorthin aufzumachen. Bei kräftigem Sonnenschein wanderten wir stundenlang, ständig geplagt von der Hitze und den Moskitos. Seltsamerweise waren die winzigen Plagegeister nur wild nach meinem Blut, nicht nach dem Christels! Gerade diese äusseren Beschwernisse – die Strecke war ausserdem sehr unwegsam, es ging über Wurzeln und durch garstiges Gestrüpp – schienen mir klare Zeichen dafür, dass wir uns jetzt dem Areal unseres „Sündenfalls" näherten. Und dann standen wir auf einmal vor diesem etwas anderen Baum der Erkenntnis! Beim ersten Anblick und einem sorgsamen Berühren seines Stammes überkam mich das eigenartige Gefühl, von ‚Kängurugeistern' umgeben und überlistet worden zu sein! Zwischen den hellvioletten Blüten des Baumes suchte und griff ich nach einem der vielen kirschgrossen, grüngelben Äpfelchen. Kaum hatte ich es angerührt, da erfolgte meine „Vertreibung" aus diesem Garten Eden durch Heerscharen winziger umherschwärmender „Engel" – den Moskitos! Rasch klammerte ich mich an Christel fest, um mein Gleichgewicht zu sichern. Dann stolperte ich zurück auf dem sandigen Weg. War ich so vor meinem möglichen „Sündenfall" bewahrt worden? – Erst im Botanischen Garten von Sydney pflückte ich eines dieser Äpfelchen, aus dem später auf meinem Reinacher Balkon ein ganzes Heer von Bäumchen erwuchs und von denen ich oft träumte, dass sich in ihren Zweigen die Kängurus bewegten.

Der Tag unseres Abschieds von Rotamah rückte näher. Mehr denn je genossen wir die letzten Tage und Stunden. Vor allem die Abenddämmerung hatte es uns angetan. In zarten, wechselnden Pastelltönen von weissgelb, hellgrau bis hellblau spiegelte sich der Himmel in den Wellen. Auf dem Geländer des Stegs sassen hübsch aufgereiht Tauben und Enten. Auf den über das Wasser ragenden Ästen standen Scharen von Kormoranen, mit den Flügeln schlagend. Bald würde das Abendrot kommen. Und doch war es bisher nicht das Abendrot gewesen, das ich kannte, und das ich so liebte. Es war ein Naturschauspiel, das ich so nur in Australien erlebt hatte: Einen in den aufregendsten, kräftigsten Farben leuchtenden Himmel mit einem wundersamen Wechselspiel aus erregendem Gelb, Orange und feurigem Rot, das sich in ein seidiges Rotviolett verwandelte, bevor es schliesslich der Schwärze der Nacht wich.

Allmählich verblasste das Licht, die letzten gelblichen Strahlen am verschleierten Himmel färbten sich grau und traten in ein dunkles Blau über. Wir dachten an unsere bevorstehende Abreise und empfanden Traurigkeit bei dem Gedanken, auch von unseren jungen Wildhütern bald Abschied nehmen zu müssen. Wir sagten Rotamah-Island

Adieu und landeten nach einem Umweg über Tasmanien und Sydney wieder in der mitteleuropäischen Februarkälte. Noch am selben Tag reiste Christel zurück nach Dresden, glücklich und ein wenig traurig, aber in der Gewissheit, mich schon in wenigen Monaten wieder zu sehen.

EPILOG

Christel und ich reisten viel in den darauf folgenden Jahren. So zog es uns nach Italien, wo wir die Gegend um Pompeji durchstreiften, jene kurz vor Christi Geburt durch eine vulkanische Eruption verschüttete und erst Anfang des 20. Jahrhunderts wieder frei gelegte Stadt. Die Überreste der Stadt beeindruckten uns über alle Massen, und wir scheuten uns auch nicht, den Vesuv, den ehemaligen Schicksalsbringer Pompejis, zu erklimmen, einen unheimlichen, leicht rauchenden Gesellen. Dann wandten wir uns Cornwall und dem Südwesten Englands zu, einer romantischen Gegend voller Legenden von Seeräubern und Schmugglern, zudem, begünstigt durch den nahen Golfstrom, mit einer üppigen, mediterranen Vegetation gesegnet, die man teilweise aus südlichen europäischen Zonen hierher umgesiedelt hatte. Dort besuchten wir auch die zahlreichen heissen Quellen, in denen bereits die römischen Invasoren badeten.

In unserer Reisegruppe erweckten wir beide übrigens lebhaftes Interesse, und viele unserer Mitreisenden hätten allzu gern gewusst, wie ein Behinderter und ein Nichtbehinderter so gut und harmonisch miteinander auskamen. Das Erstaunen war jedenfalls gross und steigerte sich zur allgemeinen Verwunderung, als Christel den anderen eröffnete, dass es die Kängurus gewesen waren, die uns zusammen gebracht hatten.

Aber auch etwas „wildere" Unternehmungen standen auf unserem Programm, wie z. B. eine Fahrt der Hörsehbehinderten und Taubblinden ins Tessin, an der auch Christel teilnahm. Unsere tolldreisten „Piratenspiele" begleitete sie dabei mit viel Liebe und Zuwendung. Durch ihre Erfahrung mit mir, aber auch mit ihrem blinden Vater, war sie reichlich geübt im Umgang mit Behinderten und verstand sich vortrefflich auf die taktile Kommunikation. Ausgestattet mit Gummianzügen, gingen Behinderte und Begleiter in kleinen Schlauchbooten, wie eine Schar begeisterter Frösche, auf eine halsbrecherische Talfahrt im ungestümen Bett eines Wildbachs.

Wir flogen nach Israel und genossen eine herrliche Zeit in einem Kibbuz, wo es einen neu geschaffenen australischen Park gab, in dem auch einige unserer „Lieblinge" lebten. So hockten wir jeden Tag zwischen den äusserst zutraulichen Grauen Riesen, die sich selbst dann kaum von der Stelle rührten, wenn Besucher über sie hinwegstolperten. Auch schien es ihnen nichts auszumachen, von Kleinkindern unsanft getätschelt zu werden.

Nicht weit von diesem Park gab es in einem Hain eine Quelle, die sich in einen kleinen See ergoss, in dem wir uns oft gerne erfrischten, wobei Hunderte kleiner Fische unaufhörlich unseren Körper betupften und das Bad zu einem wahrhaft „prickelnden" Erlebnis werden liessen. Abends dann sassen wir oberhalb des Kibbuz an einer römischen Ruine, durch die ein Bach rauschte, in dem moslemische Männer und Frauen, vollständig bekleidet, ihre Waschungen vornahmen. Solange es noch hell genug war, beobachteten wir Eisvögel, die im Sturzflug auf das Wasser herabstiessen und sich mit ihrer Beute im Schnabel wieder davon machten. Auf dem Rückweg pflückten wir frische, süsse Datteln von auf dem Boden liegenden abgesägten Zweigen. Wenn es anfing zu dunkeln, sassen wir im Kibbuz nach dem Abendessen gemütlich an einem Holztisch bei Datteln, Wein und Kerzenschein zusammen.

Es war schon Oktober und noch sommerlich heiss, die Zeit von Sukkoth, dem Laubhüttenfest. Andächtig blickte ich hinauf zum klaren Sternenhimmel und empfand, wie sehr ich auch hier, im gelobten Land Israel, mit meinen geliebten Kängurus verbunden war, ganz so, wie ich es mir als Kind gewünscht hatte.

So träumte ich vor mich hin, als Christel plötzlich meine Hand nahm und lormte: „Fühlst Du vielleicht, dass Du einmal vor längerer Zeit eine Känguruseele verletzt hast?" Das war eine zwar gut gemeinte, aber zugleich schwierige und auch schreckliche Frage. Ich schwieg betreten und blickte erstarrt zum Himmel, als könnte ich bei den Ahnen meiner Kängurus die Antwort finden. Furchtbare Selbstzweifel stiegen in mir auf. Hatte ich irgendwann einmal in Australien etwas „Unrechtes" getan? Vielleicht aus Versehen?

Schliesslich vertraute sich mir Christel an: „Es war auf unserer Australienreise, als wir drei Tage auf Flinders Island bei Tasmanien weilten. Eines Abends gab es Steaks. Du hast sie begutachtet, vom Fleisch gekostet und gesagt, „das können wir essen, es ist sicher kein Kängurufleisch! Da muss man nämlich aufpassen, weil es so oft angeboten wird." Ich sah mir meine Portion ganz genau an und stellte fest, dass sie nicht vom Schwein und auch nicht vom Rind stammte. Aber es schmeckte prima. Als Theo, unser Reiseführer kam, fragte

ich ihn, was wir da gegessen hätten? „Wallaby" war die Antwort. –
„Wallaby?! Oh nein!!" – Das hätte ich Dir auf keinen Fall sagen dürfen, da Dir sonst das Essen wieder hoch gekommen wäre. Für Dich
war es natürlich ein absolutes Tabu, Deine so innig geliebten Kängurus, Deine ‚Vorfahren' zu verspeisen!!"

Es kostete mich grosse Mühe, die Fassung zu bewahren. Still be-
sann ich mich und bat Gott für dieses unwillentliche Missgeschick um
Vergebung. Verständnisvoll streichelte Christel meine Hand. Nach
und nach fing ich mich wieder und nahm ein paar von den Datteln, die
so wohltuend natürlich schmeckten. Dann stiessen wir miteinander an
und leerten schweigend unsere Gläser.

In diesen wenigen Minuten hatten Schuld und Vergebung sich berührt und so zum Ausgleich gefunden. Dass Christel Jahre gewartet
hatte, bis sie den richtigen Augenblick für gekommen hielt, um mir
diese fatale und beklemmende Tatsache zu eröffnen, war nicht nur ein
Akt grossen Feingefühls, sondern erlaubte dem Aufflammen meiner
Scham die unmittelbar darauf folgende Versöhnung mit der Natur.

Noch einmal Träume

Der Weg zurück

Wenige Tage vor dem Tod meiner Mutter – sie war bereits 94 Jahre alt – legten meine Freundin und ich ihr ein Stoffkänguru ins Bett. Mama dankte es uns mit einem zarten, aber strahlenden Lächeln. Ich muss vorausschicken, dass meine Mutter zeitlebens eine leidenschaftliche Pilzsammlerin war. So spürte sie in den Wäldern des Berner Oberlands und Süddeutschlands stets beachtliche Mengen essbarer Pilze auf. Sogar in Australien, einem für sie fremden Land, ging sie bei ihrer Suche niemals ganz leer aus…

Meine Mutter und ich fahren in einem 2-sitzigen Sportcoupé über eine viele Kilometer lange, schnurgerade und leicht wellige Strasse der Känguru-Insel (Südaustralien). Es ist ein wirklich höchst merkwürdiges Unternehmen – denn wir fahren rückwärts! Um den Wagen besser kontrollieren zu können, schaut meine Mama nicht in den Innenspiegel, sondern hält sich beim Chauffieren stets halb nach hinten gedreht. Warum wir ausgerechnet rückwärts fahren, ist mir ein Rätsel. Doch ich stelle keine Fragen. Ein paar Mal bekomme ich es allerdings mit der Angst, obgleich Mama den Wagen leicht und geschickt zu manövrieren versteht. Doch diese Unsicherheit währt nicht lange, weil sich meine Aufmerksamkeit nun ganz auf die Kängurus richtet. Gespannt suchen wir die Umgebung nach ihnen ab. Aber kein Tier lässt sich blicken. Wir nähern uns einer Kurve. Mama hält und bittet mich auszusteigen. Dann fährt sie langsam, nun jedoch im Vorwärtsgang, ein Stück des Weges zurück, während ich ihr mit langen Schritten nachlaufe. Am Rande eines Waldes stoppt sie, steigt aus und verkündet fröhlich lächelnd, dass sie nun Pilze suchen wolle. Mit diesen Worten nimmt sie einen Korb und steigt einen kleinen Hügel hinauf. Ein wenig ratlos bleibe ich stehen und warte. Doch sie kommt nicht mehr zurück. Verzweifelt überlege ich hin und her, wie ich mir helfen und mich aus dieser Lage befreien kann. Selber Auto zu fahren, traue ich mich nicht. Ängstlich blicke ich zur anderen Strassenseite, wo sich eine endlose Grassteppe mit vereinzelten Eukalyptusbäumen erstreckt. Da sehe ich in der Weite eine männliche Gestalt, die langsam näher kommt. Wie erleichtert, aber auch verblüfft bin ich, als ich in ihr unseren lieben und treuen Computerfachmann (Betreuer der Hörsehbehinderten) erkenne, der ebenfalls in Australien unterwegs ist. Freudig begrüssen wir uns. Gleich darauf bin ich schon wieder zu Scherzen aufgelegt und frage ihn, warum er, statt zu seinen geliebten Elchen nach Kanada, hierher zu den Kängurus gereist sei. Schliesslich mache ich ihm das Kompliment, mich nun mit ihm in angenehmer und sicherer Gesellschaft zu befinden, worin er mir beipflichtet. Wir warten noch eine Weile, doch Mama kehrt nicht mehr zurück. So beschliessen wir gemeinsam heim zu fliegen.

Fünf Tage nach diesem Traum verstarb meine Mama.

Und immer wieder K ... s!

Ich träume, dass ich die Besitzerin eines „Kängurugartens" bin. Es ist ein kleines Eden, in dem zahlreiche Kängurus leben. Vergnügt und ein wenig aufgeregt laufe ich zwischen den Tieren umher und achte darauf, dass alles seine Ordnung hat. Dabei begegne ich auch dem „Chef" meiner stattlichen Kängurugruppe. Frontal stelle ich mich ihm gegenüber. Doch er scheint etwas anderes im Schilde zu führen. Offenbar will er mich auf eine andere, mir unliebsame Weise angreifen. Blitzartig hebt er die Vorderpfoten, um auf mich los zu schlagen. Mutig stosse und drücke ich ihn mit beiden Händen fort. Für einen Augenblick biegt er wie ein Zirkusakrobat seinen Oberkörper weit nach hinten, so dass sein Hinterkopf die Steissgegend beinahe berührt.*
Danach richtet er sich wieder auf, woraufhin ich ihn sofort von mir stosse.

Beim Erwachen stelle ich fest, dass ich mich im Schlaf heftig bewegt und sogar auf meine Bettdecke eingeschlagen haben muss ...

Nach einer kleinen Pause im Halbschlaf folgt die Fortsetzung des Traums. Ich werde Zeuge einer Kängurugeburt, die im Stehen erfolgt.** Ein Känguruweibchen sondert sich von der Gruppe ab und beginnt mit den Geburtsvorbereitungen. Ich spüre, dass es nun nicht mehr lange dauern wird und bleibe in der Nähe.

Das Tier lehnt sich ein wenig zurück auf seinen Schwanz, als sei dieser ein Stuhl und reinigt gründlich seinen Beutel. Schon beginnen die Kontraktionen des Beckens, das Tier presst, die Geburt steht un-

---

*So können Känguruböcke niemals „turnen"!

**Tatsächlich gibt es mitunter Ausnahmen von der bei den grauen Riesenkängurus üblichen Geburt in der Hockstellung.

mittelbar bevor! Blitzschnell laufe ich ins Haus und rufe Tante, meine frühere Hauslehrerin, die als Feriengast bei mir weilt. Hocherfreut kommt sie, die nun alt Gewordene, sich bei mir einhakend, hinzu. Gebannt beobachten wir das Geschehen. Langsam kommt der rosafarbene Winzling aus der Geschlechtsöffnung hervor. Tante verschlägt es vor Staunen die Sprache. Dann ist das winzige Geschöpf draussen, greift mit seinen äusserst kräftigen Vorderpfötchen in die Fellhaare der Mutter und zieht sich selber voran, bis der dünne Nabelstrang abreisst. Ohne jede mütterliche Hilfe hangelt sich der Winzling geschickt weiter bis hinauf zur Beutelöffnung, in der er verschwindet.

Glücklich und auch stolz über dieses einmalige und gemeinsame Erlebnis in meinem Kängurugarten frage ich Tante, ob sie sich noch daran erinnere, wie sie einst meine Wissbegier in punkto Kängurugeburt zu stillen suchte? Ob sie noch wisse, wie sie all meine Fragen mit den Abbildungen aus dem beliebten Schmeill-Tierleben beantwortete?

Tante strahlt über das ganze Gesicht und zwinkert bejahend. Oh ja gewiss, sie erinnere sich noch sehr gut. Dann schütteln wir uns herzlich die Hände. Unser harmonisches Beisammensein geht seinem Ende entgegen, und Arm in Arm schlendern wir zum Haus zurück.

Mit Traurigkeit im Herzen erwache ich. Tante lebt ja schon so lange nicht mehr, und ich kann ihr den Traum nicht mehr erzählen.

Jedes Mal wenn ich eine Kängurugeburt am Fernseher verfolge, gehen meine Gedanken zurück zu Tante, die mir half, dieses neue, geheimnisvolle Kapitel im Buch der Kängurus aufzuschlagen.

Räucherfisch frisch aus dem Beutel

Ich bin zu Gast auf der Geburtstagsfeier eines Freundes. Im grossen, festlich dekorierten Saal herrscht Hochstimmung. Jedermann ist elegant in Smoking oder Abendrobe erschienen. Auch ich bin festlich gekleidet. Erfreut begrüsse ich alle. Danach stossen wir mit Sekt an. Mit dem Glas in der Hand schlendere ich umher, auf der Suche nach jemandem, mit dem ich mich unterhalten könnte. In diesem Augenblick erblicke ich zu meiner Verwunderung ein Känguru mit erkennbar vollem Beutel in einer Saalecke stehen! Verdutzt frage ich mich, wieso ein lebendiges Tier auch mit von der Partie ist. Haben mich meine Freunde etwa überraschen wollen? Während ich noch grübele, beugt sich das Tier weit nach vorn und wühlt mit seiner Schnauze sehr lange und offenbar unter Mühen in seinem prallen Beutel.

Dieser Anblick macht mich betroffen, da ich sofort daran denke, dass sich vielleicht ein Junges im Beutel befindet, mit dem es Komplikationen gibt. Sei es, dass es krank ist oder in einem anderen bedauernswerten Zustand. Die Mutter jedenfalls scheint sehr besorgt zu sein und um das Kleine zu kämpfen. Nach einer Weile raffe ich mich auf und schreite zur Tat. Ohne ein Wort mit irgendjemand zu wechseln, nähere ich mich behutsam dem Tier, das mir keinerlei Beachtung schenkt. Ich bücke mich zu ihm hinab und hebe sachte sein Kinn ein wenig nach oben. Es scheint sich daran nicht zu stören. Dann schaue ich ungehindert in den halboffenen Beutel. Doch was sehe ich darin? Fische! Der Beutel ist randvoll mit geräucherten Fischen! Wie und wo das Känguru zu der prächtigen kulinarischen Beutelfüllung gekommen ist, beschäftigt mich in diesem Moment nicht. Stattdessen betrachte ich liebevoll das Gesicht des Tieres und frage es leise, ob es mir gestatte in den Beutel zu greifen. Wie um dies zu bejahen, berührt das Känguru mit der Schnauze meine Hand. Beglückt und nicht ohne Stolz rufe ich die gebannt zuschauenden Festgäste herbei und weise das Servicepersonal an, grosse silberne Platten bereit zu stellen.

Dann hole ich die Fische einen nach dem anderen sorgsam aus dem Beutel und verteile sie dekorativ auf den Platten, die anschliessend auf den festlich gedeckten Tisch gestellt werden. Alles sieht äusserst delikat und sehr appetitlich aus. Nun erfreuen wir uns an den wohlschmeckenden Fischen, zu denen natürlich auch Brot, Mayonnaise, Salate und Weisswein gereicht werden...

Der vorangehende Traum vereinigt einige meiner Lieblingsmotive: Die Kängurus, das festliche Beisammensein mit Freunden bei gutem Essen. Mein Traum-Glück war hier letztlich vollkommen, da ich mich einerseits als Kängurukennerin und -interpretin beweisen und andererseits – sozusagen als Maitresse de Plaisir – die Fische aus dem Beutel „zaubern" und den Freunden als Spezialität anbieten konnte. Es ist eine unerwartete Beschenkung im doppelten Sinne: Das Känguru gibt mir etwas, das ich an die anderen, denen meine Zuneigung gilt, weitergeben kann. – Dass ich selber tatsächlich geräucherte Fische sehr schätze und sie mir daher häufig besorge, ist der nüchterne und reale Aspekt dieser Traumbetrachtung.

Pebbly Beach einmal ganz anders
In vielen meiner Träume strebe ich nach Pebbly Beach, jenem Ort, der für mich wie ein kleines Paradies auf Erden ist. Im Traum liegt dieses Pebbly Beach, wie viele der Plätze, an denen unser Herz hängt,

nicht notwendigerweise an der geographisch richtigen Stelle. Ich finde es mitunter sogar in der Schweiz oder einem anderen europäischen Land, oft dazu sehr fern von der Küste. Nichtsdestotrotz ist es in allen Fällen mein Pebbly Beach, selbst wenn ich ein wenig nach ihm suchen muss…

Ein mir unbekannter Mann chauffiert mich mit dem Auto in eine weite, üppig blühende Landschaft in Europa. Wir fahren vorbei an Wiesen und Wäldern, durch Dörfer, deren Häuser und Türme gegen alle Gesetze der Architektur und der Schwerkraft erbaut zu sein scheinen und einen bizarren, ja grotesken Anblick bieten. Viele Gebäude sind zerfallen. Es geht bergauf und bergab, durch Kurven und über Serpentinen. Bald schon haben wir die Orientierung verloren. Nun passieren wir lange Felsketten, die sich links und rechts der Strasse erstrecken. Endlich verlassen wir diesen Felskordon und gelangen auf eine gut geteerte Strasse, die plötzlich endet. Wir setzen unsere Fahrt über holprige Wege voller Schlaglöcher und schlammige, glatte Lehmböden fort. Schliesslich geht es auf schmalen, steinigen Pfaden weiter, bis wir einen frisch gepflügten Kartoffelacker erreichen. Die Räder unseres Wagens drehen durch. Nur sehr mühsam gelangen wir auf eine gute, feste Lehmstrasse, der wir bis zu einer Abzweigung folgen. Dort rufe ich gestikulierend: „Schau doch bitte, jetzt habe ich die allerwichtigste Strasse entdeckt! Sie wird mich gewiss bis zu meinem geliebten Ort führen! Wir müssen nur dort abbiegen – mach's sofort!"
Ein wenig mürrisch gibt mein unbekannter Begleiter Gas, und nun fahren wir durch ein Halbdunkel Tausender hoher Baumstämme, in das kaum je ein Sonnenstrahl dringt. Ohne meinem Fahrer etwas zu erklären über das Wie und Warum, halte ich Ausschau nach der grossen Lichtung, auf der Pebbly Beach liegen muss. Doch finde ich diese Lichtung nicht. Wo ist bloss Pebbly Beach mit seinen Holzhütten und den vielen Kängurus geblieben? Ich bin felsenfest überzeugt, dass es ganz in der Nähe sein muss! Mein Chauffeur will den schwer befahrbaren Weg nicht weiter fortsetzen. Doch ich beharre auf meinem Willen. Nun beginnt eine Fahrt, die kein Ende zu nehmen scheint und mich in einen Zustand des Irreseins versetzt.
Urplötzlich jedoch bemerke ich, dass ich mich nicht mehr zu ebener Erde, sondern in der Luft bewege! Auto und Chauffeur sind verschwunden. Ich wechsele von der Sitzposition in eine Flughaltung und schraube mich mit wenigen mächtigen Armschwüngen weiter in

die Höhe. Den Wald lasse ich unter mir und fliege über das weite Meer von Baumkronen. Lange fliege und segele ich so dahin, bis ich mit einem Mal einen grossen, hell grünen Fleck mitten im Wald erblicke Es ist eine Wiese. Wie ein Falke ziehe ich nun langsam und majestätisch meine Kreise über diesem Ort. Dort unten sehe ich Hütten und Schuppen, so klein wie Spielzeuge, zwischen den Laubbäumen. Es ist Pebbly Beach! Mit scharfen Augen spähe ich umher, vermag aber zu meiner Enttäuschung kein einziges Känguru zu entdecken. Betrübt setze ich meinen Flug fort, bis ich erwache.

Ein sich oft wiederholendes, recht trauriges Traummotiv ist Pebbly Beach ohne ein einziges Känguru. Ich träume davon, obgleich die Realität wenig Anlass für eine solche Befürchtung gibt. Und doch ist etwas aus dem Tagesgeschehen eingeflossen in diese Träume: Es sind die Meldungen über ein grosses Kängurusterben, von dem ich während meines Australienaufenthalts 2006/7 erfuhr. Auch die Region von Pebbly Beach war teilweise davon betroffen. Die dortige Population verringerte sich von 80 auf 40 Tiere. Ursache dieses Massensterbens war eine extrem lange Dürreperiode.

Nullarbor

Die Reiseeindrücke einer gut vier Tage dauernden Zugfahrt durch die weite australische Landschaft verwandelten sich ein paar Monate danach in einen unterhaltsamen und spannenden Traum. Und auch hier war ich wieder mit meinem „Animus" – meinem männlichen Seelenaspekt, wie Carl Gustav Jung ihn nennt – unterwegs…

Über die grosse und eindrucksvolle Nullarbor-Ebene zwischen West- und Südaustralien wandere ich mit einem mir aus vielen anderen Träumen vertrauten und doch fremden Mann. Zwischen uns besteht kein äusserer Kontakt, weder lautsprachlich noch gelormt. Dies beeinträchtigt unser Beisammensein jedoch nicht, da wir uns freundschaftlich zugetan sind. – Lange Zeit laufen wir über den groben Sand dieser Ebene, direkt neben dem Schotterbett der längsten einspurigen, schnurgerade verlaufenden Eisenbahnstrecke der Welt.* Nur wenige Züge fahren vorüber. Auf diesem unendlich weiten und flachen Landstrich, einer heissen Halbwüste, wächst kaum etwas ausser dürren Spinifex-Gräsern und wenigen kleinen Sträuchern.

Um möglichst rasch ans Ziel unserer Wanderung zu gelangen, wechsele ich von einem normalen Laufschritt in ein Hüpfen mit zusammengehaltenen Füssen über, ganz wie ein Känguru, was mir ein

---

* Sie hat eine Länge von etwa 450 km.

sehr schnelles Fortkommen ermöglicht. Obgleich auch mein Begleiter nun eine andere Gangart einschlägt und zu laufen beginnt, bleibt er doch mehr und mehr hinter mir zurück. Endlich nähere ich mich einer kleinen, schattigen Oase. Erschöpft lasse ich mich zu Boden fallen und warte auf meinen Gefährten. Völlig ausgelaugt trifft dieser nach einiger Zeit ein und streckt sich neben mir aus. Nach Atem ringend, verschwitzt und durstig, so starren wir ins Leere.

Nicht lange, da taucht zwischen den Sträuchern ein munterer Kellner samt zwei Tellern mit herrlicher Schokoladentorte auf! Gratis für uns beide! Und die Getränke? Es sind keine da. Der Genuss der wundervollen Torte lässt uns einen Moment lang unseren Durst vergessen. Doch nicht lange und dieser meldet sich, nun umso heftiger, wieder zurück.

Auf der Suche nach ein wenig erquickendem Nass bummeln wir durch die kleine, von ein paar Schatten spendenden Bäumen bestandene Oase und entdecken einige flache Häuser. In der Laube eines heruntergekommenen Restaurants setzen wir uns an einen noch ungedeckten Tisch. Offenbar sind wir die einzigen Gäste, die Tische ringsum sind leer. Wir warten auf das Essen und die Getränke. Hat mein Begleiter überhaupt bestellt? Keine Ahnung. Die Abendsonne steht dicht über dem als Silhouette sich abzeichnenden Horizont. Es weht ein angenehm kühler Wind aus unterschiedlichen Richtungen. Die angrenzende Wiese kleidet sich langsam in ein abendliches Dunkelgrün, besetzt mit ein paar Tupfern dunklen Ockers. Und darauf, ganz so als würden sie mir präsentiert, ruht, sich genüsslich räkelnd, eine Gruppe Roter Riesen! Es ist ein friedliches Bild. Da ich von diesem Anblick ganz gefesselt bin, bemerke ich nicht, was uns inzwischen aufgetischt worden ist. Als ich aber feststelle, dass zwei Teller mit Kängurusteaks vor uns stehen, wende ich meinen Blick blitzschnell wieder der abendlichen Idylle zu. Später betrachte ich schockiert und benommen meinen Teller, ohne ihn anzurühren. Einen Moment lang überlege ich, ob ich nicht alle Steaks heimlich unter dem Tisch verschwinden lassen soll. Meinen Begleiter scheinen diese Gefühlsnöte nicht zu stören. Offenbar respektiert er sie, lässt sich selber aber dadurch nicht beirren. Sichtlich vergnügt und mit Appetit kostet er von den Kängurusteaks. Sein Handeln missfällt mir, doch ich halte mich zurück und zeige meinen Ärger nicht. Ich bin froh, dass er sich durch meine Situation nicht irritiert zeigt, sondern mein konsequentes Handeln sogar bewundert. Noch immer haben wir nichts zu trinken. Weder Wasser noch Wein. Traurig und stumm starre ich vor mich hin.

Auf das Essen zu verzichten macht mir nichts aus, lediglich der Durst plagt mich sehr.

Es ist eine drückend heisse Sommernacht, in die mich dieser Traum entlässt, und tatsächlich bin ich beim Erwachen schweissgebadet und verspüre einen brennenden Durst.

Meine Einstellung zum Verzehr von Kängurufleisch ist eindeutig und klar und kann durch nichts relativiert werden. Dass im Traum mein „unbekannter Vertrauter", der männliche Aspekt meiner Seele, mir bei meiner strikten Ablehnung der Kängurusteaks Respekt und Sympathie entgegen brachte, werte ich als gutes Zeichen. Meine rigorose Verweigerung könnte ich natürlich auch als bestandene Prüfung verstehen. Ich sollte in Versuchung geführt werden – denn ich hatte Hunger. Der andere Teil von mir hatte keine Bedenken, vom Kängurufleisch zu essen. Doch er verstand meine Haltung. Sein Handeln verstehe ich als Symbol meiner Toleranz denjenigen gegenüber, die Kängurufleisch verzehren. Diese Position aufrecht zu erhalten fiel mir zwar nicht immer leicht, schon gar nicht in jüngeren Jahren, doch habe ich sie mir im Laufe der Zeit aus Respekt vor meinen Mitmenschen ganz zueigen gemacht.

Mein Bruder und ich

Schuldgefühle

Meinem etwas jüngeren Bruder Peter, der ebenfalls gehörlos geboren wurde und darüber hinaus noch an anderen Behinderungen litt, möchte ich ein eigenes Kapitel widmen. Der Leser wird bemerkt haben, dass ich ihn im Verlauf des bisherigen Textes nur ein paar Mal namentlich erwähnt und die Tatsache seiner Handicaps kaum gestreift habe.

Vierzig lange Jahre, bis zum Tod meiner Mama, wurde ich von einer Traumszene gepeinigt, in der mein Bruder Peter die Hauptrolle spielte. Vierzig Jahre erlebte ich im Traum die immergleiche Situation und sie versetzte mich stets aufs Neue in Panik: Weinend bittet mich meine Mutter, ich möge mich daran erinnern, dass ich früher einmal ein Brüderchen Peter hatte, das auf Nimmerwiedersehen irgendwo im Wald verschwunden sei.

Jedes Mal, wenn ich mit dieser Traumszene konfrontiert wurde, erschrak ich zutiefst und war wie gelähmt. Meine Traumreaktion war folglich auch jedes Mal dieselbe: Voller Beklemmung starrte ich meine Mutter an, ohne ein tröstendes Wort für sie zu finden. Wie in einer Zwangsvorstellung sah ich dann meinen Bruder hilflos und doch beseelt lachend in der Erde versinken, rasch bedeckt von Schichten bunten Herbstlaubs...

War diese unheimliche Traumszene Ausdruck tief sitzender Schuldgefühle? Mittlerweile bin ich überzeugt davon.

Ich war acht Jahre alt, als ich eines Tages mit meinem Bruder und Tante durch einen tiefen Wald wanderte. Es war Frühling, auf dem Waldboden breiteten sich viele bunte Blumen, und die Sonne warf ihre wärmenden Strahlen durch das hohe Laubdach herab. Gerade liefen wir einen Hügel hinunter, als Tante unvermittelt sagte, sie wolle jetzt einen Umweg machen, um Blumen zu pflücken. Ich solle alleine mit Peter abwärts laufen, unten würden wir uns wieder treffen. Behutsam führte ich meinen Bruder an der Hand. Doch plötzlich entwand er sich meiner Hand, drehte sich um und lief bergauf zurück. Aus Furcht Tante zu verlieren, rannte ich weiter und fand sie auch.

Erbost schalt sie mich: „Du bist dumm! Warum kommst du nicht mit Peter! Wo ist er?"

Ich las von ihren Lippen ab, mein Atem stockte, ich empfand Scham. Doch ich riss mich zusammen, fasste Mut und lief schnurstracks den Hügel wieder hinauf. Ich erinnere mich noch gut, wie ich mit pochendem Herzen durch dieses Labyrinth von Sträuchern, Stämmen, Ästen und Zweigen und glitzernden Blätterranken eilte und dabei immer nur daran dachte, Peter zu finden!

Dann sah ich einen wackeren, kleinen Buben, der vor mir den Hügel hinauf strebte, die zappelnden Hände fröhlich hoch in die Luft erhoben. Alles an ihm schien voller Wonne, und dies war verständlich, wusste ich doch, wie sehr er Bäume liebte. Recht unsanft zwang ich ihn zur Umkehr. Dieser kleine Vorfall hinterliess Spuren der Scham bei mir. Ich fühlte, dass ich meinem Bruder nicht gerecht geworden war und ihn im Stich gelassen hatte.

Jahrzehnte danach erörterte ich mit meiner Mama und ihrem damaligen Lebenspartner Fritz das Rätsel dieses wiederkehrenden, peinigenden Traumes. Ich wollte mich endlich von den Schuldgefühlen befreien, die dieser bei mir erneut ausgelöst und beständig wach gehalten hatte. Also berichtete ich ausführlich all das, was mich bewegte, vergass auch nicht zu erwähnen, wie ich Peter einmal ganz alleine im Wald zurückgelassen hatte. Zuletzt bat ich meine Mama und Fritz meinen wiederkehrenden Traum zu deuten.

„Peter ist mit Leib und Seele in unserem Dasein geblieben, aber es ist ihm ein Stückchen seines Geistes verloren gegangen, die Stimme zum Sprechen", entgegnete Fritz voller Güte.

Mein Bruder ist anders

In diesen Worten lag viel Wahrheit, denn bei seiner Zangengeburt hatte es Gehirnblutungen gegeben, wobei sein Sprachzentrum irreparabel geschädigt worden war.* Wäre man bei der Geburtshilfe geschickter vorgegangen, Peter wäre gewiss zu einem brüderlichen Gefährten geworden, mit dem ich mich hätte unterhalten können. Doch hatten Peter und ich gelernt, uns mit unserem Schicksal abzufinden und verständigten uns auf taktile Art. Oder ich berichtete Peter das, was ich erlebt hatte, indem ich es aufzeichnete. Dies schien ihm sehr zu gefallen, denn er freute sich.

---

*Erst sehr viel später wurde bei Peter auch das sog. Usher-Syndrom diagnostiziert.

238

Peter kam im August 1936 gehörlos auf die Welt. Er entwickelte sich prächtig und war schon als Kleiner ein richtiger Wildfang. Oft stand er an der Brüstung seines Kinderbetts und sah lange und hingebungsvoll zum Fenster hinaus. Um mich ihm zu nähern, musste ich einigen Mut aufbringen, weil er mich immer wieder an meinen krausen Haaren zog, was äusserst schmerzhaft war.

Das Gesicht meines Bruders war wie ein Spiegel seiner Seele, in dem sich mir seine Freude, sein Kummer, seine Traurigkeit und sein Übermut offenbarten. Tagtäglich blickte ich in diesen Spiegel und nahm so teil an Peters wechselnden Stimmungen. Sass oder lag ich neben ihm, meinen Körper eng an seinen gepresst, konnte ich erspüren, wie vielfältig seine Stimmlaute waren. War Peter zufrieden, vibrierte sein Körper als grunze, brumme oder lache er. Fühlte er sich unwohl oder war mit etwas nicht einverstanden, war es ein besonderes Brummen, das er von sich gab. Schrie oder weinte er, konnte ich sehr unterschiedliche Vibrationen feststellen. War mein Bruder dagegen richtig fröhlich und ausgelassen, begann er aufgeregt mit den Händen zu zappeln. Sass er währenddessen, so zappelte er sogar mit Armen und Beinen, die er oft in die Luft streckte.

Wenn ihm das Essen mundete, verlagerte sich das Zappeln auf seine Zehenspitzen unter dem Tisch. Freude und Begeisterung teilten sich bei ihm körperlich klar mit. Genau wie bei nicht behinderten Menschen verblasste das Bubenhafte seiner Gesten und Gebärden von der Pubertät bis heute. Geblieben ist sein munteres Lachen oder Brummen. Damals wie heute aber gibt es ein paar charakteristische Verhaltensweisen Peters, die seinen Gemütszustand unverkennbar anzeigen: So wird sein Mund, sobald er sich freut, kreisrund, ja man könnte von einem ,Kussmund' sprechen, und er klopft sich mit der flachen Hand auf die Brust. Gab es früher ein Wiedersehen mit den Eltern nach längerem Fortbleiben, schaute er freudig brummend oder lachend, mit den Händen zappelnd, in ihre Gesichter. Genauso geschieht es noch heute, wenn er alte Freunde wieder sieht. Die Art und Weise, wie er dies tut, zeigt, dass es für ihn eine besonders schöne Begrüssung war und ist. Ein Händeschütteln gibt es dabei zumeist nicht. Winkt man ihm beim Abschied zu, winkt er voller Einverständnis zurück.

Konventionelle Gesten des Dankes konnte Peter zeitlebens nur schwer zum Ausdruck bringen. Seine Dankbarkeit äusserte sich eher in einem Lachen oder Brummen, das für mich gut abzulesen war oder in der Art und Weise, wie er mit beiden Händen nach einem Geschenk griff und es an seine Nase führte, um es zu beschnuppern. Sein „Ja" war kein Kopfnicken, sondern ein Zupacken seiner Hände, sein „Nein" ein demonstratives Zurückweisen, begleitet von unzufriedenem Brummen. Doch es gab Ausnahmen. Einmal erzählte mir Mama stolz, wie sie mit dem etwa achtjährigen Peter im Bäckerladen vor einer grossen Auswahl von Torten gestanden hatte. Als sie ihm ein Stück anbot, hatte er plötzlich seinen Zeigefinger verneinend hin und her bewegt.

Wut und Enttäuschung machten sich bei meinem Bruder durch heftige Schläge mit Händen oder Fäusten gegen die Wände, aber auch gegen sich selbst, bemerkbar. Manchmal fuchtelte er dabei in der Luft umher. Einmal sass ich in der Stube bei der Handarbeit, als Peter wütend hereingestürzt kam, die Tür hinter sich verriegelte und sein perfekt gebautes Lego-Häuschen aus Holz zertrümmerte. Ich ging hinaus und erkundigte mich bei Mama, was mit ihm los war. Dabei erfuhr ich, dass Peter etwas an der Heizung beschädigt hatte, was ihm eine Ohrfeige eintrug. Die Art seiner überaus heftigen Reaktion zeigte, dass mein Bruder seine Schuld anerkannte, indem er sich selber bestrafte. Zunächst sperrte er sich ein und zerstörte dann – als Höhepunkt seiner Selbstbestrafung – sein liebevoll gebautes Häuschen!

Ein Künstler ganz eigener Art

Die täglichen, sehr mühevollen Sprechübungen, die Tante mit meinem Bruder abhielt, scheiterten. Dafür zeigte sich, dass er über viel praktische Intelligenz verfügte. Bereits mit knapp vier Jahren lernte Peter das Zu- und Aufknöpfen seines Leibchens, das er einige Zeit danach selbstständig an- und ausziehen konnte. Doch würde es ihm auch gelingen, sich die Schuhe selber zuzubinden? Ja, es gelang ihm! Mit unermüdlicher Geduld brachte ich es sich selber bei, und das Resultat dieser Bemühungen erfüllte ihn mit Stolz und Freude.

Am Schönsten für ihn war das Zeichnen mit Blei- oder Farbstiften.

In diesen ‚Fächern' befand sich Peter auf dem Niveau gleichaltriger nicht Behinderter. Das war verblüffend. Besonders auffällig waren seine ausgezeichnete Beobachtungsgabe und die Fähigkeit, das Gesehene zu Papier zu bringen. Es stellte sich heraus, dass er die Dinge, die ihm auf Spaziergängen oder Fahrten begegnet waren, mit erstaunlicher Genauigkeit wiedergeben konnte. So hatten es ihm zum Beispiel Fensterformen angetan, gotisch oder barock, die er in alten Städten und Dörfern gesehen hatte. Peter liebte diese Fenster und zeichnete sie aus verschiedenen Perspektiven, geschlossen oder geöffnet. Im Verlauf der Zeit ging er zur Darstellung von Bäumen über, die er in unserem Garten oder im Wald antraf. Fasziniert verharrte er mitunter lange vor ihnen, betrachtete ihre Stämme, Äste und Zweige, um sie später säuberlich zu Papier zu bringen. Besonders ergreifend für den Beobachter war, wenn Peter, vor einem Baum stehend, seine Arme ausbreitete und den Stamm umarmte. Wollte er so die Beschaffenheit der Baumrinde eines Stammes, seine Dicke und Festigkeit erspüren und erkunden, oder waren dies Regungen seiner Seele, eine wahrhaftige und tief empfundene Zuneigung zu einem „Pflanzenwesen", wie man sie z. B. von einigen Naturvölkern noch kennt?

Die Darstellung der feinen Verästelungen und Verzweigungen der Baumkronen beherrschte er meisterhaft. Dieses Hin und Her, Drunter und Drüber im Wachstum des Baumes hatte sich ihm stark eingeprägt. Sein Lieblingsbaum war eine Buche mit einem dicken, ersten, stark gebogenen untersten Ast, die in unserem Garten stand und die Peter, der auch ein passionierter Baumkletterer war, oft bezwang.

Mit neun hatte mein Bruder einen Fimmel für Licht und Schatten. Sein Interesse an diesem Phänomen war immens, ja er war geradezu gebannt davon! Hierbei war für Peter die Sonne das allerwichtigste Objekt. Jeden Tag beobachtete er im Kinderzimmer oder bei Spaziergängen mit grosser Hingabe die Bewegungen der Lichtstrahlen und die der Schatten. So „unterrichtete" er sich selber über den Gang der Sonne und wurde sich des Verhältnisses von Tag und Nacht – so schien es jedenfalls – bewusst. Stand die Sonne bei einem unserer langen Spaziergänge bereits tief am Horizont, zerrte Peter beharrlich und zwang uns zur Heimkehr, noch ehe der Abend herein brach. In den Bergen versäumte er die eindrucksvollen Sonnenuntergänge nicht einmal. Zwar besass er keine Armbanduhr und war auch nicht imstande, die Zeit abzulesen, dafür aber verfügte er über eine unglaublich präzise gehende innere Uhr. Dieses Zeitempfinden war so zuverlässig, dass es ihm als späterer Erwachsener möglich war, einmal festgelegte Zeiten stets pünktlich und ohne jede Aufforderung einzuhalten.

Bei Mama und Rösli, unserem Hausmädchen, lernte Peter schnell, sich im Haushalt nützlich zu machen. Er zeigte sich sehr geschickt beim Abtrocknen des Geschirrs oder dem Putzen des Gemüses. Auch das Tischdecken konnte man ihm übertragen. Später dann entdeckte er seine Lieblingsbeschäftigungen im Haushalt: das Waschen, was damals noch im Zuber stattfand, dass Auf- und Abhängen der Wäsche und das Bügeln, Tätigkeiten, denen er sich bis heute widmet.

Peter und der Papagei

Vor allem eine Episode aus dem Leben meines Bruders wird mir unvergesslich bleiben. Über viele Wochen stand bei uns auf einem niedrigen Tisch ein grosses Vogelbauer mit einem grünen Papagei. Dieses prächtige Exemplar verhielt sich gegenüber allen und jedem äusserst angriffslustig, hackte und biss gern zu. Niemand wagte daher, die Gitterstäbe zu berühren, da dies sofort eine Attacke des Vogels zur Folge hatte. Ganz anders verhielt sich das Tier dagegen bei Peter. Ihm gegenüber zeigte sich der Papagei friedlich und zutraulich, ja es entstand eine innige Beziehung zwischen beiden. Manchmal hatte es den Anschein, als habe sich mein Bruder in diesen gefiederten Gesellen geradezu verliebt! Es war ein wunderbares Verhältnis zwischen Mensch und Tier, wobei man den Eindruck gewinnen konnte, als fühle der Papagei, dass Peter der einzige Mensch in seiner Umgebung war, der ihn wirklich ins Herz geschlossen hatte. Dennoch waren wir alle sehr ängstlich und besorgt und versuchten, Peter vom Käfig fern zu halten. Mein Papa erzählte mir einmal, dass sich Peter mit seinem Hinterkopf direkt vor dem Käfig aufgestellt habe, woraufhin der Vogel ihn sanft und zärtlich mit seinem Schnabel liebkoste, ein Vorgang, der Peter sehr behagte.

Eines Abends wurden wir Zeugen einer anrührenden Szene. Wieder einmal kniete Peter sehr lange vor dem Käfig. Dann schob er seine Hand hinein, und der Papagei kniff sie zärtlich. Je öfter der Vogel ihn kniff, desto weiter rückte Peters Hand in den Käfig vor. Dieses Spiel zeigte, wie vergnüglich die Gemeinschaft mit dem geliebten Vogel für ihn war.

Aber auch Fische und frei lebende Vögel mochte er sehr. Dass wir jedes Jahr im Winter die Vögel fütterten, wusste Peter natürlich. Einmal, es war Sommer, entdeckte Peter einen grossen, schwarzgrauen Nachtfalter auf dem Boden. Sofort eilte er in die Küche, holte ein paar Brotstücke und legte sie vor das Tierchen hin. Es war sehr erheiternd.

Zum Schluss noch die hübsche Geschichte von der Eulenuhr. Deren sich hin und her bewegende Augen faszinierten Peter ungeheuerlich, und trotz unseres Verbots spielte er immer wieder mit dieser hölzernen Uhr. Die Schelte, die es ihm eintrug, brachte ihn auf einen lustigen Einfall: Eines Abends vor dem Schlafengehen kam Peter im Nachthemd noch einmal zu uns an den Tisch, schlich langsam mit schelmischem Lächeln zur Eulenuhr, eine Hand ausgestreckt, als wolle

er den Tannenzapfen, der als Perpendikel (Uhrpendel) diente, jeden
Augenblick herunter reissen. Dabei kalkulierte er schlau mit der Reaktion unserer Mama, die vor Schreck aufspringen würde und ... genau
das tat sie, worauf Peter und dann wir alle in herzliches Gelächter
ausbrachen. Da meinem Bruder dieses Spiel gut gefiel, wiederholte er
es einige Male. Es war für uns alle eine Freude zu sehen, dass sich
Peter auf seine Weise zu einem Jugendlichen entwickelt hatte, der auch
Streichen nicht abgeneigt war.

Ein Leben im Heim
Seit seinem 13. Lebensjahr ist mein Bruder durch verschiedene
Heime gegangen. Sein Gesundheitszustand blieb in all den Jahren einigermassen stabil, wenngleich er aufgrund von Depressionen 25 Jahre
in einer Psychiatrie verbringen musste.

Zuerst wurde Peter in ein Heim für normal Hörende, aber geistig
Behinderte aufgenommen. Diese Einrichtung befand sich in unserer
nahen Umgebung, und da er dort gut und liebvoll versorgt wurde und
die Wochenenden und Ferien bei uns zuhause verbrachte, hielt sich
unser Trennungsschmerz in Grenzen. In jenem Heim zählte er zu den
leichter zu Betreuenden, da die meisten seiner Mitbewohner bestän-
diger Hilfe bedurften. Bei so mancher Gelegenheit erwies Peter sich
sogar als zuverlässiger, kräftiger Helfer seiner gehbehinderten Kameraden.

Ein besonderes Erfolgserlebnis hatte er, als er sich einen Pullover
stricken konnte, nachdem er gelernt hatte Wolle zu spinnen. Dieser
Pullover wurde am ‚Tag der offenen Tür' ausgestellt und erntete viel
Lob.

Mit 25 Jahren kam Peter in ein Heim für gehörlose Männer unter-
schiedlicher Behinderung. Dort erweiterte sich das Spektrum seiner
Tätigkeiten erheblich. So war nicht nur das Bügeln seine Domäne,
sondern Peter begann sich auch für das Weben schöner Teppiche zu
begeistern. Eine seiner Kreationen schaffte es sogar in ein erstklassiges
Restaurant! Nebenbei widmete er sich hingebungsvoll vielen kleinen
Pflichten im Haushalt. Für die Spaziergänge oder das Einkehren gewann er im Lauf der Jahre gute Freunde und Gesellschafter.

Lange Zeit erfreute sich mein Bruder daran, mit seinem Feldstecher die Natur und insbesondere die Landschaft in ihren Einzelheiten näher zu betrachten. Doch dann ereilte ihn ein weiterer Schick-

salsschlag: er begann zu erblinden. Anfänglich glaubte Peter an eine Trübung der Linsen seines Feldstechers. Also machte er sich an deren Säuberung. Als er sich jedoch bewusst wurde, dass es sich um eine fortschreitende Verschlechterung seiner Augen handelte, verfiel er in eine Depression. Die unendlich lange Zeit, die er daraufhin in der Psychiatrie verbringen musste, muss ein Martyrium für ihn gewesen sein, da es dort jeglicher persönlichen, liebevollen Betreuung ermangelte. In diese, für ihn unsäglich schwere Zeit fiel auch der Tod unseres Vaters, ein Ereignis, das ihn offenkundig auf geheimnisvollen Wegen erreichte, das er aber nicht hatte verarbeiten können. (Ich habe bereits kurz darüber berichtet.) Wie mein Bruder diese unglückliche Zeit durchstehen konnte, in der ihm jede Aussicht auf eine Verbesserung seiner Situation fehlte, davon konnte ich mir lange kaum ein Bild machen. Mir war lediglich bekannt, dass er aufgrund der hohen Dosierung starker Psychopharmaka meist apathisch und kaum ansprechbar war. Als man später die Dosierung verringerte, hellte sich seine Stimmung auf, und er konnte auch wieder an praktischen Tätigkeiten teilhaben. Doch Peters Depressionen hielten an. Es war für uns alle sehr traurig zu sehen, wie sein Lachen, sein Brustbeklopfen sowie sein Kussmund, allesamt Anzeichen seiner gehobenen Stimmung, die noch ab und an bei ihm zu beobachten gewesen waren, schliesslich ganz ausblieben. Dagegen häuften sich nun bei ihm Ausfälle gegen das Pflegepersonal, Hilferufe eines an seiner Ohnmacht Erstickenden und gegen sie Rebellierenden. Bei einigen seiner Wutanfälle schlug sich mein Bruder die Stirn an Türen und Wänden blutig.

1991 wurde er in ein neues Heim für Taubblinde aufgenommen, wo er offenkundig glücklicher war als jemals in einem anderen Heim zuvor. Man konnte es daran ablesen, dass er nun wieder mehr lachte als früher. Nach und nach erlangte er sogar beinah seine alte Fröhlichkeit wieder. Liebevoll umsorgt von den dortigen Betreuern, machte er sich bald in der Werkstatt beim Holzsägen, Prospekte falten oder beim Weben nützlich. Nun verdiente er jeden Tag einen Franken, den er sorgsam in seinem Portemonnaie verwahrte. Obwohl er niemals gelernt hatte abzulesen oder zu zählen, wusste mein Bruder seit seiner Jugend um die Funktion des Geldes. So hatte er schon früh im Café oder beim Coiffeur seinen geöffneten Geldbeutel präsentiert, wenn es ans Bezahlen ging…

Es war im Juni 2004, unsere Mama lag im Sterben, als meine Freunde mich baten, Peter möge doch auch zu ihr ans Krankenbett kommen. Natürlich willigte ich ein, fuhr aber heim, um ihn alleine Abschied nehmen zu lassen. Es war, wie ich mir später berichten liess, ein sehr langer, friedvoller Abschied.

Zurückgekehrt in sein Heim, überkamen ihn Trauer und Zorn. Am darauf folgenden Tag ereignete sich etwas Seltsames, wovon ich Mitteilung erhielt. Während ich mich mit Freundinnen bei Mama aufhielt, die gegen 13.30 Uhr verstarb, lachte zu genau derselben Zeit, gut 150 Kilometer weit entfernt, Peter urplötzlich auf! Was hatte ihn ausgerechnet in jenem Augenblick dazu bewegt? War es ein tiefer Seelen-Impuls unserer erlösten Mama, den er empfing, ein Vorgang, den man wohl telepathisch nennen könnte? Heute bin ich fest davon überzeugt, dass es so war.

Die Trauer um unsere Mama wäre für meinen Bruder kaum zu bewältigen gewesen, hätte nicht seine Betreuerin im Heim die wundervolle Gabe der Intuition besessen.

Peter hatte ein Weedgewood-Tellerchen lange Jahre bei uns daheim ,deponiert', seinen ,Schatz', dessen er sich stets vergewisserte, wenn er am Wochenende bei uns zu Besuch war. Dieses Tellerchen hatte seinen festen Platz neben Aschenbecher und Zigaretten. Als er in das Heim für Taubblinde einzog, nahm er den Schatz mit. Das Tellerchen wurde nun zu einem wichtigen Bestandteil seiner Kommunikation. Immer, wenn ein Besuch unserer Mama bevorstand, zeigte seine Betreuerin Peter eben dieses Tellerchen, worauf dieser sofort verstand und vor Freude jubelte.

Um Peter den Tod der Mutter richtig ins Bewusstsein zu rücken, bediente sich die Betreuerin erneut jenes Tellerchens. Sie begleitete ihn auf sein Zimmer, gab ihm das Tellerchen und forderte meinen Bruder auf es zu zerbrechen. Peter kam dem widerstrebend nach. Dann legten sie die Scherben behutsam in eine kleine Schachtel. Eine Woche lang veranstalteten sie nun jeden Tag für eine Stunde eine feierliche Zeremonie, bei der Kerzen entzündet und die Scherben und andere kleine Gaben Mamas betrachtet wurden. Man hat mir berichtet, dass Peter während dieser Sitzungen ein paar Mal weinte. Also realisierte er, dass seine geliebte Mama ihn nie wieder besuchen kommen würde.

Ein Jahr danach besuchte mein Bruder das Grab unserer Mama auf dem Basler Friedhof. Meine Freundin und ich waren auch dabei. Die Betreuerin legte die Schachtel mit den Scherben des Tellerchens sowie Mamas Gegenstände auf das Grab. Peter befühlte den Grabstein und verstand. Während der gesamten Rückfahrt ins Heim, so erzählte man mir später, sei er ergriffen und stumm gewesen.

Heute lebt mein Bruder trotz zunehmender altersbedingter Beschwerden ein Leben voller Zufriedenheit. Er lacht und schmunzelt wieder häufig und bringt durch seine so offenkundige Heiterkeit auch seiner Umgebung Freude. Die Scherben des zerbrochenen Tellerchens hütet er wie ein kostbares Andenken in einer schönen Schachtel.

Den ehemaligen Part des Tellerchens, den bevorstehenden Besuch unserer Mama anzukündigen, hat heute ein hölzernes Känguru übernommen. Sobald die Betreuerin es Peter zeigt, bricht er in Lachen aus, denn dies kündigt ihm nun den Besuch seiner Schwester Doris an!

Heute sieht Peter in mir nicht mehr nur die Schwester, sondern auch die Ersatzmutter und dies nicht nur wegen der vielen selbstgebackenen Kuchen, die ich ihm mitbringe. Wenn ich bei ihm bin, geschieht es nicht selten, dass seine Hand vorsichtig die meine sucht. Und dann spüre ich Peters warme, leicht zittrige Hand auf meiner, und in diesen Augenblicken fühle ich mich ihm innerlich tief verbunden, ihm, dem neben mir letzten aus unserer Familie.

Der Träume letzter Teil

Vom Verirren, nicht Weiterkommen, plötzlichen Hindernissen und anderen Schwierigkeiten
Viele meiner wiederkehrenden Träume sind geradezu gespickt mit Hindernissen und Tücken, an denen ich entsprechend oft scheitere. Manchmal habe ich dabei mein jeweiliges Ziel klar vor Augen, manchmal auch nicht. Und nicht selten bin ich einfach unterwegs, ohne zu wissen, weshalb und wohin.

Es kann auch geschehen, dass zwei Redewendungen im Traum aufeinander treffen, zu einer Szene verschmelzen und sich so auf kluge Weise ergänzen ...

Ich stehe vor dem weit geöffneten Portal eines hohen und mächtigen Turmes. Dieser Eingang zieht mich magisch an, und ich trete ein. Drinnen, in einem breiten Raum mit kleinen Butzenfenstern, herrscht geheimnisvolles Halbdunkel. Aber sofort erspähe ich einen hölzernen Treppenaufgang. Meine Neugier ist erwacht. Was wird sich wohl dort oben befinden? Vielleicht ein Schatzkämmerchen oder etwas Ähnliches? Ich greife nach dem Treppengeländer und steige langsam und vorsichtig hinauf. Die Holzstufen sind durchgetreten und manche so morsch, dass sie einzubrechen drohen. Ich gelange ins erste Stockwerk, dann ins zweite, ins dritte, schliesslich ins letzte. Doch hier gibt es rein gar nichts Geheimnisvolles zu entdecken. Nur dicke, grob gemörtelte Steinwände, ein fester Holzboden und etliche Schiesslücken, durch die ein kalter Wind bläst. Aber nein, da ist noch eine Wendeltreppe! Ich schaue nach oben. Es reizt mich, dieses aussergewöhnliche Bauwerk ganz zu erkunden, und so steige ich noch höher hinauf. Doch je höher ich komme, desto enger wird der Treppenaufstieg. Zwar sind überall kleine Fenster angebracht, die den schmalen Raum genügend erhellen, doch komme ich nur beschwerlich weiter. Bald schon laufe ich Gefahr, mit meinen Schultern buchstäblich eingeklemmt zu werden. Zudem wird es auch dunkler. Aber meine Neugier treibt mich weiter. Schliesslich kann ich keinen Schritt mehr tun – ich sitze fest! Die Treppe ist zwar noch nicht zuende, doch mir bleibt nichts anderes übrig als umzukehren. Der Abstieg gestaltet sich schwierig, da ich mich nur ganz langsam rückwärts bewegen kann. Ich bedaure sehr, nicht bis zur Turmspitze hinauf gelangt zu sein, bin aber dennoch froh, als ich wieder durch das Portal ans Tageslicht trete.

Ich glaube, es ist nicht schwer, die beiden sehr populären Redewendungen heraus zu lesen, die sich hier im Traum begegnen. Da ist zum einen mein „hoch Hinauswollen", bei dem ich mich zum Schluss jählings „in die Enge getrieben" sehe.

Schon als Kind war ich von einer unbändigen Neugier. Ein Ausdruck dieser Neugier war mein „Treppenfimmel": Sobald ich mich grosszügigen und hohen Treppenaufgängen gegenüber sah, z. B. in Hotels, konnte ich mich nicht mehr beherrschen und riss mich los, um sie hinauf zu steigen. Das gefiel meiner Mutter gar nicht, und sie eilte mir nach, um mich wieder herunter zu holen.

Als wir nach Riehen, einen Vorort Basels, umzogen, stieg ich – damals vierjährig – immer wieder auf den Estrich und von dort bis zum obersten Dachboden, wo man sich als Erwachsener nur noch gebückt bewegen kann. Doch für mich war der Aufstieg hier noch nicht zuende. Mein Gefühl sagte mir, es müsse noch weiter nach oben gehen. Doch soviel ich auch suchte, ich konnte keine weitere Treppe entdecken, denn es war einfach keine vorhanden.*

Beginn und Ende einer Australienreise sind in meinen Träumen sehr häufig mit enormen Schwierigkeiten verbunden, so wie in folgendem Beispiel.

Nach einer langen Wanderung mit schwerem Gepäck erreichen meine Mama und ich den Flughafen. Hier gelangen wir erst nach vielen Irrwegen zum Rollfeld. Dies ist jedoch keine grosse, plane Fläche, sondern eine hügelige Wiese, auf der auch einige Baumgruppen zu finden sind. Wie überhaupt der gesamte Flughafenbereich äusserst merkwürdig ist. Vor allem ist er sehr klein. Er besteht aus einem bescheidenen Hangar und einem winzigen Terminal. Das macht uns stutzig, und so erkundigen wir uns, ob dies der richtige Flughafen sei. Doch man beruhigt uns und erklärt, alles sei in Ordnung. Dennoch bleiben wir skeptisch, bis wir sehen, dass tatsächlich ein Jumbojet herein fliegt und landet. Und dies ausgerechnet auf jener ungemähten, holprigen Wiese mitten zwischen den Bäumen!

Nach dem Einchecken begeben wir uns auf steinigen, wild überwucherten Wegen zur Gangway und besteigen unsere Maschine. Ohne jede Anweisung und Hilfe einer Stewardess suchen wir die für uns re-

---

*Woher dieser Impuls des „höher und immer höher" rührt, ist mir ein Rätsel geblieben. Doch ich bin zuversichtlich, dass mir ein künftiger Traum helfen wird es zu lösen.

servierten Plätze. Wir finden sie auch und schnallen uns an. Dann warten wir geduldig auf den Abflug. Endlich dröhnen die Motoren, und die Kabine beginnt zu rütteln. Die Maschine setzt sich in Bewegung. Manchmal rollen wir so nah an den Bäumen vorüber, dass mir deren Blattwerk die Sicht nach draussen verdeckt. Die Startbahn selber ist so schmal, dass ich mehrmals einen dumpfen Ruck verspüre, wenn die Tragflächen unserer Maschine wieder eine Baumkrone abgeknickt haben. Nun geht es langsam einen kleinen Hügel hinauf, der einer Sprungschanze ähnelt. Werden wir nun endlich abheben? Dann sind wir auch schon über den Schanzenrand hinaus, doch unsere Maschine gewinnt nicht an Höhe und fliegt nur sehr tief. Glücklicherweise streifen wir keine der zahlreichen Hochspannungsleitungen. Mit Beklemmung blicke ich hinab auf die grüne Landschaft mit ihren grauen Bergen, die einfach nicht kleiner werden will. Wir fliegen unterhalb der Wolkengrenze. Langsam werde ich ungeduldig. Wieso erreichen wir nicht die richtige Flughöhe?!

Was die seltsam idyllische und nicht ungefährlich erscheinende Startbahn betrifft, so ist es möglich, dass sich in ihr ein Erinnerungsbild wiederholt. Der Blick aus der Flugzeugkabine gleicht nämlich dem aus der Strassenbahn, mit der ich viele Male durch eine bäuerlich geprägte Landschaft gefahren bin. Auf dieser Fahrt passierte es immer wieder, dass das Blattwerk der teilweise sehr nahen Bäume das Wageninnere verdunkelte, was einen starken Eindruck bei mir hinterliess. Hinzu kommt eine gewisse Anspannung, unter der ich in der Tagesrealität stehe, sobald wir den Airport erreichen und die Prozeduren des Eincheckens, der Passkontrolle etc. beginnen. Ich verspüre dann stets eine unbestimmte Erwartung, gemischt aus Hoffnung und Sorge, dass auch alles wie am Schnürchen klappen möge.

Manchmal werde ich so sehr vom Fernweh geplagt, dass ich nicht weiss, wo mir der Kopf steht. Es ist das Gefühl, eigentlich im „Känguruland" Australien zuhause zu sein und nicht in der Schweiz. Daraus erwächst immer wieder die „geniale" kindliche Idee, meine nächste Heimreise auf irgendeine Art zu verhindern oder wenigstens zu verzögern, um noch ein wenig länger oder vielleicht sogar ganz in Australien verweilen zu dürfen.

Nachdem ich bereits seit Monaten von meiner letzten Australienreise zurück war in der Schweiz, holte mich ein Traum in eben diese Vergangenheit zurück…

Meine Mama und ich befinden uns auf der Heimreise nach Europa. Mit unserem schweren Gepäck warten wir in einer Laube am Ufer eines kleinen Sees. Über uns strahlt eine milde Sonne. Ich werfe einen letzten Blick auf den Busch, um vielleicht noch ein paar Kängurus zu erspähen. Doch die Tiere befinden sich hinter einer Wiesenböschung. Ich bin den Tränen nahe. Ganz unvermittelt stupst Mama mich an: „Beeil Dich, die Fähre ist schon da!" Doch das, was sie eine Fähre genannt hat, ist nichts anderes als ein kleiner, alter, ziemlich verrotteter Kahn. Er hat weder Ruder noch Motor oder Segel, ja nicht einmal einen Fährmann. Es ist ein erschreckender Anblick! Angesichts dieser Umstände bleibt uns nichts anderes übrig, als die Sache selber in die Hand zu nehmen.

Mit unguten Gefühlen laden wir unser Gepäck auf das Boot und steigen hinein. Der Kahn schwankt so heftig, als wolle er auf der Stelle kentern. Nachdem er sich wieder stabilisiert hat, bewegt er sich, wie von Geisterhand gesteuert, ganz alleine vom Ufer fort. Unser Boot hat durch die Lasten einen solchen Tiefgang, dass nur noch der obere Teil der Bordwand über den Wasserspiegel ragt. Der See ist schmutzig braun und trübe, doch glücklicherweise ruhig und fast ohne Wellengang. Dann ein erneuter Schreck: Wir bemerken ein kleines Leck, durch das Wasser langsam ins Boot sickert. Zum Schöpfen fehlt uns ein geeigneter Eimer oder Kübel. Dennoch treiben wir nun mit der Strömung langsam aber sicher dem anderen Ufer des Sees entgegen. Endlich verspüre ich ein Rumpeln unter dem Kiel – wir liegen auf dem Sand. Das rettende Ufer, eine Landzunge, ist erreicht! Ich bin erleichtert.

Doch auch hier findet sich niemand, der uns beim Ausladen des Gepäcks hilft. So machen wir uns unter grossen Mühen daran, die während der Überfahrt durchnässten und nun schweren Koffer aus dem Boot zu schaffen und sie bis zu einer trockenen Stelle zu schleppen. Hier erwartet uns bereits ein imposantes Schiff, mit dem wir auf einem schmalen, aber gut befahrbaren Fluss direkt zum Airport gebracht werden sollen. Der Kapitän begrüsst uns freundlich, und wir können unser noch nasses Gepäck sogleich einchecken. Ich mische mich unter die vielen anderen Passagiere und erfrische mich mit ein paar Getränken. Irgendwann verliere ich meine Mutter aus den Augen. Sie wird vermutlich in ihrer Kabine sein, um die feuchten Kleider zu wechseln, denke ich. Jetzt bin ich wieder voller Zuversicht, dass unsere Reise ohne weitere Störungen verlaufen wird. Befriedigt stehe ich an Deck und betrachte die vorübergleitende flache Landschaft mit ihren schmucken Eukalyptusbäumen. Bald schon kommt das Rollfeld mit seinen Flugzeugen in Sicht.

Noch bevor ich das Flugzeug besteige, erwache ich.

Zwei Vorfälle könnten den letzten Traum entscheidend mit beeinflusst haben: Eine recht glimpflich verlaufene „Seenot" auf der Rückfahrt nach Rotamah-Island, als der Motor unseres schwer beladenen Bootes bei hohem Wellengang plötzlich streikte und ein unfreiwilliges „Bad" in Südschweden, bei dem meine Mutter, eine schlechte Schwimmerin, in einen Waldsee fiel und nur unter Mühen gerettet werden konnte.

Oft geht es in meinen Träumen in nördliche Regionen. Wo genau das Geschehen stattfindet, lässt sich allerdings – wie so oft in Träumen – nicht sagen.

Wie sehr ich lernte, nach dem Tod meiner Mama in allen Belangen freier und selbstständiger zu denken und zu handeln, zeigt der folgende Traum.

Nun kann ich sogar Auto fahren!

Ich mache mit meiner Mama Ferien in einem reizenden Chalet im winterlichen Gebirge. Bei unserem ersten Spaziergang werden wir auf einer Anhöhe im Wald von einem Rudel fuchsroter Kängurus überrascht. Ich bin erstaunt darüber, wie gelassen sie der winterlichen Kälte trotzen und sogar unter dem Schnee nach Gräsern und Kräutern suchen. Mich packt die Lust, auf die Pirsch zu gehen.

Früh am folgenden Morgen, meine Mama schläft noch, schleiche ich mich hinaus und fahre mit unserem Auto fort. Ich möchte auf jeden Fall noch vor dem Frühstück zurück sein, damit Mama meine Abwesenheit nicht bemerkt und sich über mein Fortbleiben beklagt.

Die Fahrt mit dem Auto ist wunderbar. Traumhaft sicher und routiniert lenke ich den Wagen. Die ansteigende Strasse führt durch den Wald und ist sehr kurvenreich und glatt. Doch geschickt manövriere ich den Wagen den Berg hinauf, ohne ins Rutschen zu kommen. Oben angelangt, empfangen mich die wärmenden Strahlen der Morgensonne. Am Strassenrand sitzen viele Leute und frühstücken. Ich steige aus und geniesse eine Weile die Aussicht auf die schneebedeckten Berge. Vom leicht abfallenden Hang her halte ich auch Ausschau nach Kängurus. Aber es sind keine zu sehen. Dafür viele Schafe und Hasen sowie ein paar Rehe. Ich warte noch einen Moment, dann fahre ich enttäuscht wieder zurück.

Inzwischen hat sich die Luft erwärmt, es beginnt zu tauen. Von den Hängen gehen kleine Lawinen nassen Schnees auf die Fahrbahn nieder. Ich kämpfe hinter dem Lenkrad gegen diese Widrigkeiten und werde dadurch so beansprucht, dass ich ein paar Mal den richtigen Weg verfehle. Obgleich ich jedes Mal wieder umkehre und es erneut versuche, gelingt es mir doch nicht, ins Tal und damit zu unserem Chalet zurück zu finden. Die Zeit drängt und meine Angst wächst, wenn ich daran denke, dass meine Mama mit dem fertigen Frühstück bereits auf mich wartet...

Auch Totgeglaubte leben länger
Nicht weit von meinem elterlichen Haus in Riehen gab es den Wenkenpark, eine grosse und sehr schöne Grünanlage mit gepflegten Rasenflächen, vereinzelten Tannen und Laubbäumen und einem Weiher. Dort gingen wir oft spazieren und fütterten die Enten und Fische des Weihers...

Nachdem ich aufgestanden bin, begebe ich mich zum Frühstück mit den Eltern. Da kommt die Radiomeldung, dass ein Kängurupaar aus dem Basler Zoo entkommen sei. Ich nehme das nicht so ernst und scherze mit meinem Vater, nun hätten wir vielleicht das Glück, diese Kängurus im Wenkenpark anzutreffen. Dieser Gedanke amüsiert uns. Papa ist gerade dabei, altes Brot für die Enten und Fische zu zerkleinern. Wir machen uns bereit zu unserem Spaziergang. Obwohl ich nicht wirklich daran glaube, die verschwundenen Tiere im Park anzutreffen, schaue ich dort trotzdem eifrig umher.

Vergnügt füttert Papa am Weiher die Enten und die Fische. Gierig stürzen sich die Enten auf die Brotstücke, während die Fische versuchen, nach den versinkenden Brocken zu schnappen. Nun entdecke ich etwas Ungewöhnliches im Wasser. Zunächst traue ich meinen Augen nicht, doch dann erkenne ich deutlich die Umrisse einer grossen leblosen Gestalt. Es ist ein Kängurubock! Mir ist es ein Rätsel, wie er hierher gelangt ist. Ist er etwa durch die Strassen Basels und über die Rheinbrücke gehüpft? Oder hat er den Rhein durchschwommen? Doch mir bleibt keine Zeit für weiteres Nachsinnen und leicht verwirrt sage ich zu Papa: „Sieh mal, ist es nicht schon zu spät um ihn wiederzubeleben...?"

Kurz entschlossen handeln wir. Ich stolpere die kleine Böschung hinunter, gehe mit meinen Schuhen direkt ins Wasser und ziehe unter Aufwendung aller Kräfte das Tier heraus. Nach wenigen Augenblicken beginnt das tot geglaubte Tier sich plötzlich zu regen und erhebt sich auf die Beine. Zu meinem Schrecken stürzt es sofort auf mich los und attackiert mich heftig kratzend! So gut ich kann, weiche ich ihm aus. Fassungslos schaut Papa dem Geschehen zu, doch scheint er nicht zu wissen, wie er mir helfen soll. Schliesslich gelingt es mir, den Attacken des Tieres zu entkommen. Nun reut mich meine Rettungsaktion und ich sage zu Papa, dass es besser gewesen wäre, den Bock nicht aus dem Wasser zu ziehen, da man nie wisse, ob so ein Tier wirklich tot sei. Jetzt ist es aber höchste Zeit, den Basler Zoo zu benachrichtigen. Wir eilen heim. Vor der Haustür wartet Mama. Sichtlich belustigt berichtet ihr Papa von der seltsamen Geschichte am Weiher. Auch meine Mama scheint amüsiert, was mich ein wenig verwundert.

Wie in so vielen Träumen, vermischen sich auch hier persönliche Erfahrungen und die Geschichten anderer Leute.

Ich kenne viele Berichte und weiss auch aus eigener Beobachtung, dass Känguruböcke, die von Autos angefahren werden, nicht selten nur einen Schock erleiden, von dem sie sich rasch wieder erholen.[*] Da sie anfänglich wie tot auf der Strasse liegen, unterliegen die Leute oft dem Trugschluss, sie seien tatsächlich verendet. Doch kann es passieren, dass sich so ein scheintoter Bock quicklebendig wieder erhebt und die Umstehenden bedrängt und attackiert. Dies wurde mir berichtet.

Daher wird empfohlen, reglos daliegende und äusserlich nicht verletzte Känguruböcke keinesfalls zu berühren. Um sich zu vergewissern, ob ein Tier wirklich tot ist, sollte man es mit einem möglichst langen Ast ein wenig traktieren. Gerät man ohne solche Vorsichtsmassnahme an einen Bock, der sich nur in Schockstarre befindet, kann dies aber auch andere, mindestens ebenso fatale Folgen haben.

Ein Mann, der einmal auf einen offenbar verendeten Kängurubock stiess, wollte sich einen Spass machen und streifte dem reglos daliegenden Tier seine Weste über. Plötzlich jedoch erhob sich das Känguru und stob in langen Sätzen davon. Mit ihm machten sich auch Geldbörse, Ausweispapiere und ein paar andere Wertgegenstände aus dem Staub!

*Die Böcke sind erheblich kräftiger und widerstandsfähiger als die Weibchen.

Aboriginals

Was für Menschen leben in Australien?
Waren es wirklich nur die Kängurus, die mich immer wieder wie ein Magnet nach Australien zogen? Lebten denn nicht auch Menschen schon sehr lange auf dieser riesigen Insel am anderen Ende der Welt? Dies waren unangenehme und ein wenig peinliche Fragen, denen ich mich irgendwann stellen musste. Ich gestehe, dass ich mich den Aboriginals, den ursprünglichen Herren Australiens, in einer sonderbaren Mischung aus Scheu und Beklemmung nie richtig zu nähern gewagt hatte. Dieser Zurückhaltung hatte ich mich insgeheim immer geschämt.

Mit etwa 11 Jahren wurde mir allmählich bewusst, an was für einem Ort meine umschwärmten Tiere lebten. Es war tropisch heiss dort wie in Afrika, dem mir bis dato einzigen bekannten heissen Land. Dass es in Australien hellhäutige Menschen gab, wusste ich. Allerdings hatte ich keine rechte Vorstellung von ihrer Landessprache. In kindlicher Vereinfachung glaubte ich, es werde an einem so weit entfernten Ort auch eine dementsprechend „abgeschiedene" Sprache gesprochen. Eines Tages jedoch befragte ich Papa und erfuhr, dass man dort Englisch sprach. Das verblüffte mich, da ich Englisch für eine Sprache gehalten hatte, die zu Europa gehörte. Sofort erklärte ich mich bereit, sie eines Tages zu erlernen. Soweit so gut. Irgendwann jedoch begann ich zu überlegen, ob es nicht, so wie in Afrika, auch in Australien Schwarze gäbe? Die Antworten aus meiner Familie hierzu waren ausweichend oder oberflächlich.

Eines Nachmittags besuchte ich mit meiner Mutter das Völkerkundemuseum in Basel. Dort drängte ich in die australische Abteilung. Schon der Treppenaufstieg war flankiert von einer Reihe eindrucksvoller Speere. Sofort fragte ich Mama, ob die Australier damit auf Kängurujagd gingen? Sie bejahte, doch war mir damals noch nicht klar, dass sie selber von diesen Dingen herzlich wenig wusste. Dagegen überraschte sie mich mit der Frage, ob ich mir – gesetzt den Fall, ich lebte selber in Australien – gleichfalls Gesicht und Körper bemalen würde? Zunächst begriff ich nicht, was sie damit meinte. Bis meine Mutter auf Schwarzweiss – Fotografien der Ureinwohner wies, die die Wände zierten. Nun war mir endgültig klar, dass es tatsächlich dunkelhäutige Menschen in Australien gab. Was ich sonst noch sah, begeisterte mich allerdings wenig. Im Gegenteil. Die vielen blendend weissen Linien und Punkte, die die schwarzen Körper teilweise von oben bis unten bedeckten, erregten Abscheu in mir. Leicht verstimmt verneinte ich Mamas Frage und meinte nur, dass mir dies als hellhäutiger Mensch gewiss niemals gefiele. Doch was wusste ein Kind schon von australischer Kultur und Tradition...?

Als Heranwachsende baute ich mein Wissen über die Ureinwohner langsam aus, wobei jede neue Information von einem Schwarm tagträumerischer Phantasien begleitet wurde.

So gab es eine Zeit, in der ich wissbegierig unsere Lexika nach allem durchforschte, was Australien betraf. Dabei entdeckte ich Bilder mit Gesichtern verschiedener Stämme der Ureinwohner. Wegen ihrer zusammengezogenen Hautfalten, der breiten Nasenflügel und wulstigen Augenbrauen hinterliessen die meisten Gesichter bei mir einen ziemlich schrecklichen Eindruck. Was mich allerdings verblüffte, war das fast blonde oder rötliche Haar beim einen oder anderen. Während des Betrachtens der Bilder überkam mich das Gefühl, es hier mit unnahbaren Urwesen zu tun zu haben, denen ich persönlich niemals gegenüber stehen würde. Lange noch nach unserem Museumsbesuch nagte der Zweifel an mir, ob diese Wesen Menschen waren wie wir.

Ich unterschied nun strikt die Aboriginals* von den Ureinwohnern Afrikas.

Geheime Botschaft vom Uluru?

Als Vierzehnjährige las ich oft vor dem Einschlafen Märchen oder Berichte über Erlebnisse mit Tieren, die auch Episoden aus Australien enthielten. Eines Abends stiess ich in einem alten Buch auf eine Illustration, die bei genauerer Betrachtung meine Hände zum Zittern brachte. Die Kulisse dieser Lithographie bildete eine australische Landschaft, in deren Vordergrund zwei weisse Jäger auf ihren Schultern eine Stange trugen, an der ein an Hinterfüssen und Vorderpfoten

---

*Das Wort „Neger", das mir als Kind geläufig war, habe ich für die Aboriginals nie gebraucht. Vielmehr sprach ich mit meinem beschränkten Wortschatz von ihnen als „Australiern" und meinte damit stets die dunkelhäutigen Bewohner Australiens.

gefesseltes Känguru hing, dessen Schwanz am Boden schleifte. Obschon ich wusste, dass man tatsächlich Jagd auf Kängurus machte, erregte mich dieses Bild heftig. Der Grund dafür war nicht allein die Erniedrigung der Natur, die für mich in dieser Darstellung lag. Es verletzte mein Empfinden, ausgerechnet das Tier so sehen zu müssen, das mir als „geheiligt"* erschien.

Die Folge dieses erschütternden Eindrucks war mehr als eine schlaflose Nacht. Doch selbst auf Nachfragen bezüglich der Ursache meines offenkundig schlechten Befindens blieb ich stumm. Noch eine lange Zeit danach quälte mich die Vorstellung, nicht einmal im grossen Australien könnten die Kängurus Schutz und Zuflucht finden.

Ihren Höhepunkt fand jene traurige Episode in einem Traum:

Morgengrauen in einer wüstenähnlichen Landschaft. Ein riesiger Monolith ragt aus der Gleichförmigkeit der Umgebung gegen den Himmel. Der Stein hat die Form eines leicht gebogenen Kängururückens, wie er sich zeigt, wenn das Tier sich duckt und seine Vorderpfoten auf den Boden setzt. In der Mitte der unteren Hälfte befindet sich eine höhlenartige Vertiefung, die an einen geöffneten Beutelmund erinnert.

Dieses Traumbild prägte sich mir tief ein, und ich war fortan fest davon überzeugt, dass genau dieses steinerne Gebilde in der Mitte Australiens zu finden sei. Wie überrascht, ja erschrocken war ich zwei Jahrzehnte später, als ich die farbigen Abbildungen meines ‚Traumberges' in einer Reisebroschüre wieder erkannte! Es stellte sich heraus, dass es der Ayers Rock war, der Heilige Berg der Aboriginals, den sie „Uluru" nennen…

Lange Zeit danach – ich war bereits sechsmal in Australien gewesen – träumte ich, ich befände mich auf einer Wanderung…

Ich gehe und gehe, solange bis ich keinen Boden mehr unter den Füssen habe. Schwerelos laufe ich in der Luft weiter. Ringsum nichts als helle, türkisblaue Luft, besetzt mit zarten, weissen Wölkchen Eukalyptusbäume schweben vorüber, deren Wurzeln im Nichts baumeln. In ihre Stämme eingebettet sind die Figuren gesichtsloser Frauen, eine jede mit erkennbarem Busen, einer Taille und – einem Nabel! Ihre

---

*Obwohl ich als Heranwachsende niemals einen solchen Begriff gewählt hätte, möchte ich ihn doch an dieser Stelle verwenden, da ich „heilig" mit „Heil" und folglich auch mit „heilen" assoziiere. Gerade in des Wortes letzter Bedeutung spiegelt sich viel von der Wirkung, die die Kängurus auf mich ausübten: mehr als ein Mal haben sie mich „geheilt"!

ausgebreiteten Arme finden sich zwischen den Ästen des jeweiligen Baumes.

Als ich bei meinem darauf folgenden Aufenthalt in Australien mit einer kleinen Reisegruppe ein Stück am Fuss des Ulurus entlang lief, glaubte ich mich plötzlich in jenen Traum zurück versetzt! Es war das blendend helle Türkis ringsum, das diesen Effekt bewirkt hatte.

Doch wo war ich wirklich?

Ich stand vor einem riesigen Tümpel. Die Spiegelungen des Lichts auf der Wasseroberfläche waren die Ursache meiner Sinnestäuschung. Als wir weiter wanderten, entdeckte ich zu meiner grossen Verblüffung an der steilen, rostroten Felswand des Ulurus viele kleine Löcher, die exakt den „Beutelöffnungen" entsprachen, die ich in meinem Traum vom Monolithen gesehen hatte! Lag hier vielleicht eine übersinnliche Wahrnehmung vor, eine so genannte Präkognition oder sogar eine Reinkarnationserinnerung? Beim Hinaufblicken jedenfalls überfielen mich schaurige Ahnungen dessen, was wohl in diesen Höhlen verborgen sein mochte. Ich dachte dabei an weisse Steine, „Kängurueier" sozusagen.*

Daheim in der Schweiz wob ich unter dem Eindruck dieses Erlebnisses zwei Beutel aus dickem, rostrotem Jutegarn, in die ich unregelmässig weisse und schwarze Streifen einflocht. In dem Beutel befestigte ich Gebilde aus hellem Jutegarn und Holzkugeln und installierte ein elektrisches Licht. So wollte ich der Arbeit den Charakter eines „heiliges Sinnbildes" verleihen, das zum Gedenken an die Entstehung des Känguruvolkes leuchtet.

Doch kurz zurück in meine Kindheit.

War meine Seele schon einmal dort?

Parallel zur Erweiterung meines Wortschatzes wuchs mein Leseeifer. Zu meiner grossen Begeisterung stiess ich auf Abbildungen und Beschreibungen von Bumerangs, wenngleich ich auch noch nichts von der Technik des Werfens begriff. Viele Jahre später schenkte mir eine in Sydney lebende entfernte Verwandte einen echten Bumerang, der noch heute als kostbares Exponat meine Zimmertür ziert.

Mitunter, wenn ich hinauf schaue, überkommt mich eine gewisse Beklemmung, so als spürte ich etwas von jenen geheimnisvollen Kräften, die im alten, harten Holz dieser Waffe verborgen liegen.

*Wieviele Menschen je in diese Felsöffnungen hinein geschaut haben, ist mir nicht bekannt.

Das Wort „Aboriginal"* war mir bald schon sehr vertraut. Andere nicht minder geheimnisvolle Dinge rückten dadurch in mein Blickfeld. Es waren die magischen Rituale der australischen Ureinwohner, die mich fesselten und mir ein ums andere Mal Schauer über den Rücken laufen liessen. Gab es möglicherweise eine besondere mir unbekannte Ursache für diese so starke Empfänglichkeit für australische „Schwingungen"?

Es war 1969 auf meiner ersten Australienreise, dass es mich unvermittelt wie ein Stich ins Herz traf, als meine Mutter im Flugzeug mir lächelnd eröffnete, dass wir uns nun über Australien befänden. Im ersten Augenblick glaubte ich zu spüren, ich sei von „ganz unten" auf unheimliche Art „besungen"** worden! Dieses Gefühl war unbeschreiblich, da es mich mit „denen da unten" innerlich verband, zugleich aber auch Furcht in mir erweckte, da es den Anflug einer „Schuld" in sich trug, über die ich keinerlei Rechenschaft hätte geben können. Es schien etwas mit meinem so innigen Verhältnis zu den Kängurus zu tun zu haben, die – soviel ich wusste – auch ein Totem der Aboriginals waren. So seltsam es klingen mag, aber mich beschlich die Frage, ob ich den Ureinwohnern womöglich irgendetwas „entwendet" hatte, das mit den Kängurus in Verbindung stand?

*Eigentlich ist „Aboriginal" nur ein substantiviertes Adjektiv, das jedoch aufgrund des negativen Beigeschmacks der Bezeichnung „Aborigine", die im Zuge der für die Ureinwohner brutalen und schicksalhaften Kolonisierung Australiens Verwendung fand, diese weitgehend abgelöst hat. (Weibliche Personen bezeichnet man noch immer als „Aborigine/s.") Gleichwohl ist auch dieser Ausdruck nicht ganz unproblematisch und müsste durch die rundum korrekte Bezeichnung „Indigenous Australians" (Indigene Australier) ersetzt werden. Ich habe hierauf jedoch verzichtet, um die Angelegenheit nicht zu verkomplizieren.

**Erst heute traue ich mich, ein paar Dinge über die todbringenden magischen Praktiken australischer Schamanen zu berichten. Der Grund dafür ist, dass es mir fern lag, Angst oder Schrecken zu verbreiten. Auch wollte ich vermeiden, irgendeine negative Einstellung bezüglich der Aboriginals zu wecken.
Hat ein Ureinwohner gegen elementare Gesetze seines Stammes verstossen, wird er vom Schamanen auf magische Weise zum Tode verurteilt. Dabei wird in Abwesenheit des Beschuldigten mit einem Knochen auf ihn „gezeigt". Gleichzeitig wird er „besungen", ein Schuldspruch, dessen durch keinerlei Entfernung eingeschränkte Wirkung stets auch den physischen Tod des Verurteilten zur Folge hat. Inwieweit sich diese magischen Wirkungen auch auf Weisse und damit auf Nicht-Stammesangehörige erstrecken, ist umstritten. Allerdings wurde mir erzählt, dass im Jahre 2004 drei englische Touristen von Schamanen „besungen" worden seien. Was deren „Vergehen" gewesen war, erfuhr ich nicht. Die Drei kamen nicht sofort zu Tode, sondern erst Monate nach dem „Schuldspruch", als ihr Boot kenterte und sie von Krokodilen gefressen wurden!

Gewiss war einiges an dieser Reaktion meiner übersteigerten Einbildungskraft und der für mich gänzlich neuen Situation zuzuschreiben. Dennoch bleibt es eine merkwürdige Tatsache, dass ich eben dies in jenem Moment empfand.

Jenes eigentümliche Erlebnis, das man auch als eine Art Kommunion, Zeichen einer geistigen Gemeinschaft, begreifen könnte, hielt mich noch in seinem Bann, als wir bereits zur Landung ansetzten. Doch dann gewann all meine aufgestaute Sehnsucht die Oberhand und verdrängte diese mysteriösen Gefühle. Welch eine Erlösung war es, die Gangway hinab zu steigen, auf australischem Boden zu stehen und meine Lungen mit der Luft des geliebten Landes zu füllen!

Wenige Tage später gingen Mama und ich in einem Vorort von Perth einkaufen. In einem Laden zupfte mich Mama am Ärmel, um mich auf ein paar Aboriginals aufmerksam zu machen, die sich ebenfalls im Laden aufhielten. Ich blickte mich nur kurz um und vermied es sie anzustarren. Es war eine schäbig gekleidete Frau mit einem Kind. Auf ihrem breiten, durch seine Falten merkwürdig „zusammengezogenen" Gesicht lag ein Ausdruck tiefer Niedergeschlagenheit. Wie bei vielen Angehörigen dieses entwurzelten Volkes waren auch hier offenkundig Armut und Alkoholismus ständige Begleiter. Es war ein beklemmender und bedrückender Anblick, der mich lange nicht los liess. Hinzu kam, dass ich zum ersten Mal eines der Wesen leibhaftig erblickte, mit denen ich mich schon so lange gedanklich beschäftigt hatte.

Danach stiess ich während meines Aufenthalts noch einige Male auf die dunklen, zumeist traurigen Gestalten. Die Gefühle meiner ersten Begegnung waren allerdings verebbt. Geblieben waren jedoch meine Hemmungen, einen Kontakt mit Aboriginals zu suchen und dies nicht allein, weil die Kängurus im Vordergrund meines Interesses standen. Es war auch der Ausdruck einer Barriere zwischen der so genannt zivilisierten westlichen Welt und einem ausserordentlich scheuen und zurückhaltenden Naturvolk. Dieses Verhalten ist ein Resultat leidvoller Erfahrung mit den Weissen, die ihnen fast alles raubten, was sie einst besassen. Es ist die bittere Reaktion eines Volkes, das seit der britischen Kolonialisierung einen steten Niedergang erfuhr und dessen Angehörige heute oft in furchtbarem Elend leben. Während mir einerseits das Schicksal der Ureinwohner sehr nahe ging, spürte ich andererseits doch noch immer eine gewisse Furcht, die vom Erlebnis meines vermeintlichen „Besungenwerdens" herrührte.

Obgleich ich es lange für mich behalten hatte, war es doch immer mein Wunsch gewesen, mit einem Vertreter der Aboriginals in näheren Kontakt zu treten. Vielleicht gab es sogar die Möglichkeit, diesen auszubauen und zu pflegen wie eine normale Freundschaft. Denn natürlich gab es auch Aboriginals, die westlich orientiert waren, ihren kulturellen Hintergrund jedoch nicht verleugneten und selbstbewusst auftraten, eine Haltung, mit der sie gegen die weit verbreitete Depression ihres Volkes positiv abstachen.

Jahre nach meiner Tour zum Uluru suchte ich eine anerkannte Schweizer Geistheilerin auf, in der Hoffnung, sie könne mein sich rapide verschlimmerndes Augenleiden beseitigen. Doch auch sie fand keine Lösung. Dagegen glaubte sie zu erkennen, nachdem sie mich zwei Stunden lang mit leichten Handbewegungen um Kopf und Körper ‚erkundet‘ hatte, dass ich einstmals das Oberhaupt eines aboriginalen Stammes gewesen sei, gut mit meinem Volk zusammenlebte, bis ich schliesslich durch einen Aufstand die Häuptlingswürde verlor.

Daraufhin sei ich verbannt worden. Doch bevor ich das Dorf und meinen Stamm verliess, sei mir von den Stammesältesten prophezeit worden, ich stürbe in hohem Alter und müsse, einmal wiedergeboren, mich während meines nächsten Lebens den in diesem Lande umherhüpfenden Tieren widmen, sei es im Bereich der Forschung oder nur zu meiner Freude und persönlichen Erbauung.

Ehrlich gesagt liessen mich diese Ausführungen damals ein wenig ratlos zurück.

Ich möchte aber nicht vergessen zu erwähnen, dass ich in Australien ein paar Mal tatsächlich für eine Aborigine gehalten wurde, was gewiss auf meine recht ‚wilden‘ krausen Haare und den sonnengebräunten dunklen Teint zurückzuführen war!

Erster Händedruck

Erst während meines zehnten Australienaufenthalts kam ich das erste Mal mit Aboriginals direkt in Berührung. Es war in einem exzellenten Bush-Shop, wo es eine Fülle kunsthandwerklicher Produkte der Ureinwohner zu bewundern gab. Das Ladeninnere lag im Halbdunkel, und so bemerkte ich erst im letzten Moment, dass die beiden Gestalten, die hier bedienten und die ich per Handschlag begrüsste, Aboriginals waren. Sofort schlug ich vor, diesen Shop nochmals aufzusuchen, auf dass ich mir die beiden im Sonnenlicht besser anschauen könnte. Doch als wir zurückkehrten, waren sie verschwunden. Man hatte sie als Touristenführer für eine Buschwanderung engagiert.

Dann rückte meine elfte Australienreise heran. Begleitet wurde ich erneut von Ursi. Diesmal war es meine feste Absicht, Kontakt mit den Ureinwohnern aufzunehmen. Ein glücklicher Zufall wollte es, dass wir eine viertägige Bahnfahrt von Perth nach Sydney unternahmen. Dabei entdeckte meine Begleiterin Ursi die Aborigine Wolla und ihr siebenjähriges Pflegekind John, die gleichfalls unterwegs waren. Höflich fragten wir, ob wir uns im Speisewagen zu ihnen setzen dürften. Dies wurde uns gestattet.

Das Gespräch zwischen Ursi und Wolla verlief ungezwungen und problemlos. In Sydney angekommen, verabredeten wir uns für den nächsten Tag am Flughafen, da auch Wolla von hier aus weiterfliegen wollte. Pünktlich trafen wir uns in einem Raum in der Nähe der Gates. Wolla, eine Frau um die 50, war eine aufgeschlossene, intelligente und sportliche Erscheinung. Sie erzählte uns von Kanada, Afrika und anderen Teilen der Welt, die sie schon bereist und in denen sie Vorträge über das Leben der Aboriginals gehalten hatte. Souverän akzeptierte sie meine Behinderung, nachdem sie registriert hatte, dass ich mit Ursi auf eine ihr unbekannte Art kommunizierte. Ich zeigte den beiden meinen Lormhandschuh*, von dem der kleine John so begeistert war, dass er mit grossem Eifer selber versuchte, etwas in meine Hand zu tippen. Er war ein ansehnliches Kerlchen mit kurzen Haarlocken und dunkelbrauner Haut und stammte – wie ich erfuhr – aus einer Alkoholikerfamilie. Beglückt registrierte ich, dass er mich mehrmals spontan berührte.

Ich erinnere mich noch gut an die angenehm entspannte Stimmung während des Gesprächs zwischen Ursi und Wolla. Es war für mich ein Schlüsselerlebnis, da ich den Eindruck gewann, dass die Aboriginals im Grunde nicht anders waren als ich selber. Dies machte es mir leicht, meine Scheu zu überwinden. Ursi übersetzte mir, dass Wolla bewundere, wie ich trotz meiner Behinderung mit Zuversicht, Kraft und Frohsinn meine zahlreichen Unternehmungen bestritt. Damit hatte sie mich nun ganz für sich eingenommen.

Nebenbei bemerkt, ähnelte Wollas Haar sehr dem meinen. Nicht nur, dass es genau wie meines kraus und grau meliert war, es hatte

---

*Ein Handschuh, der die taktile Kommunikation für Anfänger erleichtert, da auf seiner Innenseite das Lormalphabet mit den entsprechenden Berührungspunkten angegeben ist.

auch an etwa der gleichen Stelle einen grossen Fleck, der bereits ganz weiss war...

Ein gelungener Wurf

An einem wunderschönen Tag besuchten wir ein Aboriginal-Zentrum, wo es viel zu sehen und zu bestaunen gab. Es wurde getanzt, die archaische Technik des Feuermachens (das Quirlen eines Holzstabes) wurde demonstriert und eine Digideroo geblasen. Bei dieser Gelegenheit wurde mir gestattet, die Töne zu erfühlen, die dem dicken, langen Holzrohr entströmten, ein Erlebnis, das mich faszinierte. Später liess ich mir erklären, dass man mit diesem Instrument auch Kängurustimmen nachahmen konnte. Auf einer grossen bevölkerten Wiese durfte sich dann jedermann mit dem Bumerang versuchen. Mir war bekannt, dass der Umgang mit diesem Wurfholz ein gewisses Geschick erforderte, und so gelang es auch nur wenigen, dass der Bumerang zu ihnen zurückkehrte. Perfekt waren auch diese Würfe natürlich nicht. Nach langem Warten kam ich an die Reihe. Ein sehr dunkelhäutiger und in kräftigem Rot-Weiss-Gelb bemalter Aboriginaljunge gab mir das Holz in die Hand und zeigte mir die richtige Haltung beim Werfen, wobei er meinen Arm führte.

Würde es mir gelingen? Musste mein Wurf nicht sogar perfekt sein, als sichtbarer Beweis meiner „Stammeszugehörigkeit"...? Nein, das war Unsinn. Doch um eine einigermassen korrekte Ausführung des Wurfes wollte ich mich schon bemühen. So konzentrierte ich mich ganz auf die Bewegung meines Wurfarms, holte schwungvoll aus, das Ding flog fort – und kehrte tatsächlich nach einer scharfen Kurve ein Stück des Wegs zurück! War das vielleicht ein Zeichen...?

Jedenfalls erhielt ich für meine beachtliche Leistung einen hübschen Bumerang zum Geschenk. Beglückt betrachtete ich den jungen Aboriginal. Vorsichtig berührten meine Fingerkuppen seine Bemalung, während er mich munter anlachte und dabei seine strahlend weissen Zähne zeigte. Seine dunklen Augen leuchteten. In diesem Augenblick fühlte ich mich wie erlöst, die Furcht erregenden Blicke der Aboriginals, die mir auf Fotografien meiner Kindheit entgegengetreten waren, hatte ich gänzlich vergessen!

Man könnte dies mein zweites Schlüsselerlebnis nennen. Seit jenem Augenblick war mir klar, dass diese Menschen von Natur sehr friedlich sind. Immer wenn mich einer von ihnen berührte oder mich führend an die Hand nahm, empfand ich das Glück, diesem Volk ganz nahe zu sein. Nicht zuletzt das seelisch-körperliche sowie das materielle Elend, in dem die Mehrheit dieses Volkes lebte, hatten mir den Blick auf diejenigen verstellt, die sich gegen dieses Schicksal stemmten.

Dieser zweite Bumerang, der bei mir im Schlafzimmer an der Wand lehnt, ist für mich wie ein symbolischer Händedruck, der meine Verbundenheit mit allen Aboriginals, auch den dunklen, den armen und den bemalten Gestalten, auf immer bekräftigt.

Gegen Ende meines Aufenthalts besuchte ich noch einmal den Uluru.

Nachdem wir uns ein wenig von den Strapazen des langen Fluges erholt hatten, spazierten Ursi und ich ein Stück bis zu einer kleinen Aussichtshöhe, von der wir einen guten Blick über das Land hatten. Es war ein heller australischer Winterabend. Trotz meiner geringen Sehkraft konnte ich in der Ferne die Umrisse des Monolithen klar und deutlich erkennen. Wie überrascht war ich, als ich entdeckte, wie sehr doch dieser Heilige Berg dem Gebilde aus meinem Kindheitstraum glich. Die Ähnlichkeit war frappierend! Vor dem fahlen graugrünen Busch erhob sich der bläulich anthrazitfarbene Koloss am Horizont, wo er mit dem graublauen Himmel verschmolz. Es war ein Traumbild ganz anderer Art, eines, wie es nur die Wirklichkeit hervorzubringen vermag.

Eukala[*]

Unterwegs mit festem Ziel

Als ich Ende des Jahres 2006 nach Australien aufbrach, hatte ich ein wichtiges Anliegen mit im Gepäck. Diesmal hatte ich mir fest vorgenommen, eine Angehörige der Aboriginals zu treffen. Warum?

Nun, es war meine feste Absicht herauszufinden, was es mit meiner so innigen Verbindung zu den Kängurus auf sich hatte. Ich wollte endlich eine Antwort auf die Frage, weshalb ich mich seit meiner Kindheit so von ihnen angezogen fühlte. Fast ebenso sehr war ich interessiert zu klären, wieso ich mich in der Natur Australiens so viel wohler und heimatlicher fühlte als in der meines Geburtslandes, der Schweiz. Es war vor allem meine künstlerische Auseinandersetzung mit den australischen Ureinwohnern, die mich zu diesem Entschluss gebracht hatte.

Nebenbei bemerkt, hatte ich mich schon manchmal gefragt, was wohl gewesen wäre, wenn die Kängurus nicht in Australien, sondern in Alaska oder der grünen Hölle des Amazonas lebten?! Hätte ich mich entschliessen können, viele Monate in einem Iglu zu verbringen und mich tagelang, der bissigen Kälte trotzend, auf Skiern oder Schneeschuhen mit den Tieren auf Wanderschaft zu begeben? Oder wäre ich willens gewesen, mich durch die brütende Hitze des südamerikanischen Dschungels mit all seinen sichtbaren und unsichtbaren Gefahren zu schlagen, nur um „meinen" Tieren nahe zu sein? Dies sind Fragen, auf die ich keine schlüssige Antwort habe. Doch im Grunde sind es absurde Überlegungen, kann man doch das eine vom anderen – die Kängurus von Australien – gar nicht trennen. Sie sind ein Bestandteil der Naturgeschichte dieses Kontinents. Fest steht auch, dass vor allem sie es waren, deretwegen ich immer wieder nach Australien reiste und die mir diese Region zur liebsten in der Welt werden liessen!

Dank der persönlichen Vermittlung meiner deutschen Freundin Margit, die schon seit 30 Jahren in Australien lebt, bot sich mir dies-

[*] Eukala ist ein Pseudonym. Der richtige Name ist der Verfasserin bekannt. Er wurde jedoch auf ausdrücklichen Wunsch der betreffenden Person geändert.

mal die Gelegenheit eines Treffens mit einer Aborigine. Margit, eine ausgebildete Tierpflegerin, ist in Nordaustralien zuhause. Dort bewohnt sie ein schönes Haus im Regenwald gut 15 Autominuten von der nächsten Stadt entfernt. Auf ihrem Grundstück tummeln sich zahlreiche, von Margit selber aufgezogene Tiere, vor allem Baum- und junge Riesenkängurus. Der Platz ist in der Region bekannt, wo er als Tierpflegestation einen guten Ruf geniesst. So wird Margit immer wieder um Hilfe gebeten, wenn verwaiste Jungtiere aufgelesen werden, deren Mütter überfahren worden sind. Doch auch in anderen veterinärmedizinischen Fragen wird ihr Rat sehr geschätzt.

Margit und die Aborigine, mit der ich mich treffen sollte, hatten sich vor etlichen Jahren kennen gelernt, als es um die Rettung eines verletzten Flughundes ging. Das Tier hatte sich an einem Stacheldraht verletzt und befand sich in einem bedauernswerten Zustand. Eukala, die Aborigine, hatte sich daraufhin mit Margit in Verbindung gesetzt, die ihr riet, das Tier zuzudecken und ihr Kommen abzuwarten. Doch bei Margits Eintreffen war es bereits tot.

Dieser Unfall war ein für Eukala äusserst schockierendes Ereignis gewesen, denn der Flughund war ihr Totem und für sie daher heilig. Nun fühlte sie sich mitschuldig am Tod dieses Tieres. In Tränen aufgelöst benachrichtigte sie ihre Freunde und bat sie um Trost. Von diesem Zeitpunkt an trafen sich Eukala und Margit öfter, wobei ihre Beziehung mehr und mehr freundschaftliche Züge annahm.

Bereits Monate vor meiner Ankunft war der Termin für ein Treffen mit Eukala festgelegt worden. Ausserdem hatte ich mit Freunden und Bekannten sorgfältig die Fragen zusammengestellt, die ich Eukala zu stellen gedachte. Hier ein paar Beispiele:
Gibt es eine Erklärung für meine grosse Zuneigung zu den Kängurus?
Welche Bedeutung hat das Känguru für die Aboriginals?
Gibt es bei den Aboriginals Menschen mit einer ähnlichen Vorliebe wie meiner?
Was unterscheidet das Känguru von anderen Tieren?
Welche Rolle spielt es in den Mythen der Ureinwohner?
Ist es möglich, dass die Seele eines Menschen in die eines Tier wandert und umgekehrt?
Was bedeutet es für die Aboriginals, wenn ein Mensch immer wieder von Kängurus träumt?
Was sagt eine Aborigine dazu, dass es mein Wunsch ist, in Australien zu sterben und dort auch begraben zu werden?

Und – last but not least – bin ich vielleicht selber einmal eine von ihnen gewesen...?

Um es gleich vorweg zu nehmen – wie ein Frage- und Antwortspiel sollte unser Gespräch keineswegs verlaufen. So stellte ich nicht jede meiner mitgebrachten Fragen und erhielt auch nicht auf jede Frage eine Antwort. Und doch war das, was nun geschah, nicht nur für mich zutiefst beeindruckend.

Der grosse Tag

Der Termin unserer Begegnung nahte. Meine Spannung wuchs. Wem würde ich gegenüberstehen? Würden die Antworten auf die mich schon so lange bedrängenden Fragen Klarheit bringen?

Eukala, so wurde mir gesagt, werde mit ihrem eigenen Auto kommen. Ich erhielt noch rasch von Margit einen Schnellkurs in richtigem Umgang mit Aboriginals. Die wichtigste Grundregel sei, so wurde mir erläutert, mein Gegenüber als Gast zu betrachten und ihm die entsprechende Ehrerbietung entgegen zu bringen. Auch sei es wichtig, stets ruhig auf eine Antwort zu warten und keinerlei Ungeduld zu zeigen. Zudem solle ich mich nicht daran stossen, wenn Eukala während unseres Gesprächs umherliefe, da dies der telepathischen Kontaktaufnahme mit ihren Leuten diene. So könne sie – ohne die Hilfe irgendeines technischen Gerätes – mit anderen Aboriginals in den entferntesten Gebieten Australiens ‚kommunizieren.‘ Solche Gedankenübertragung funktioniere zwar zumeist auch im Sitzen, doch könnten Probleme bei der Übertragung ein Umherlaufen erforderlich machen. Margits Erklärungen überraschten mich nur zum Teil, da ich einiges zu diesem Thema bereits aus Büchern wusste.

Es waren ungewöhnliche Tage. Je näher unsere Begegnung heran rückte, desto mehr gerieten meine Gefühle in seltsame Schwingungen. Mir war, als würde ich aus der Ferne – vielleicht vom Uluru her? – „besungen"! Jedoch nicht dergestalt, dass man mich zum Tode verurteilte, das nicht. Vielmehr glaubte ich etwas zu spüren, das auf schönste Weise die Heilkräfte beflügelte und einer inneren Gesundung den Weg ebnete. Ich bezog diese Gefühle aber auch ganz konkret auf meine mittlerweile sehr reduzierte Sehkraft, deren Normalisierung durch das bevorstehende Treffen ich mir insgeheim erhoffte. Um auch dies vorwegzunehmen, meine Hoffnung trog, die Sehschwäche blieb.

Gleichzeitig mit meinem auf merkwürdige Weise sich verstärkenden Gefühlsleben begann auch meine Phantasie mit mir zu spielen. So hatte ich plötzlich die Vorstellung, Eukala lebe im tiefen, noch von keines Weissen Fuss betretenen Busch, ganz so wie vor der Entdeckung Australiens durch James Cook. Doch dann hatte mir Margit auf einer Autotour das solide gebaute Flachdachhaus gezeigt, in dem Eukala mit ihrer Familie wohnte und damit meine Phantasien korrigiert. Nicht allein, dass sie ein Auto besitzt, gewiss hat sie auch Telefon und Computer, dachte ich bei mir. So war die letzte Vorstellung von der Persönlichkeit Eukalas, die sich bei mir festsetzte, ein seltsames Portrait, gemischt aus westlicher Zivilisation und einer noch im Schamanentum wurzelnden Spiritualität.

Dann war der Tag unserer Begegnung unwiderruflich gekommen. Es ging auf elf Uhr. Die Sonne schien, doch ihre Strahlen waren nicht heiss. Mir wurde das Kommen des Autos signalisiert. Mit klopfendem Herzen wartete ich auf der Terrasse. Dann trat Eukala, begleitet von Margit, aus dem Haus. Sie war eine etwas rundliche Frau um die 50, ein bisschen kleiner als ich, hatte einen mittelbraunen Teint und trug ein rosafarbenes Kleid. Ihre Arme ausbreitend schritt sie auf mich zu. Es war ein unvergesslicher Augenblick – denn Eukala begrüsste mich mit einer grossen mütterlichen Wärme wie ein heimgekehrtes Kind! Wir umarmten uns, wobei wir uns liebevoll an den Schultern streichelten. In diesem Moment überkam mich ein Gefühl der Lösung, als sei ich befreit von einem jahrzehntelangen unbestimmbaren Druck, der auf mir gelastet hatte! Ich bin sicher, dass dies auf die Herzenswärme Eukalas zurückzuführen war. Diese Frau zu berühren war wundervoll. Hinzu kam, dass ich von der ersten Sekunde an das Gefühl hatte, irgendwie „familiär" mit ihr verbunden zu sein.

Gemächlich und gelassen schritten wir in den Garten, wo wir, umgeben und überdacht von den Bäumen des Regenwaldes, an einem Tisch Platz nahmen. Der Himmel hatte sich leicht bewölkt. Ein Wind war aufgekommen. Ob wohl auch ein paar Singvögel und Papageien zugegen waren, um mit ihrem Gesang und Gekreisch an unserem Beisammensein teilzunehmen? Wir alle waren in einer wundersam ausgeglichenen Stimmung. Margit, ihre Haushilfe Sandra und Ursi, meine Begleiterin, setzten sich zu uns. Meine Behinderung hatte Eukala offenbar rasch akzeptiert und zeigte keinerlei falsches Mitleid. Auch dies tat mir gut. Bald würde ich mit meinen Fragen an die Reihe kommen. Ein bisschen fühlte ich mich an eine Sprechstunde beim Arzt erinnert. Welche „Diagnose" würde Eukala wohl stellen? Was würde sie über meine Beziehung zu den Kängurus sagen? Doch ich spürte, dass dies kein passender Vergleich war, und so wischte ich ihn fort.

Wie überrascht und berührt war ich, als Ursi mir lormte, dass Eukala weine! Dies hatte ich aufgrund meines schlechten Sehvermögens nicht bemerkt. Welche Emotionen mochten es sein, die Eukala überwältigten? Offenbar beruhte der Eindruck einer starken Verbindung zwischen uns auf Gegenseitigkeit! Eukala sollte im Verlauf unseres Gesprächs noch einige Male weinen...

Ich zitiere an dieser Stelle aus einem Gedächtnisprotokoll, das Ursi und Margit noch am Tag unseres Treffens anfertigten.

„Eukala hat immer wieder bestätigt, dass sie eine ganz starke Verbindung zu ihr (Doris) spürt.

Sie musste mehrmals weinen, so stark waren die Emotionen und so stark fühlte sie die Verbindung zu Doris.“

Trotz unserer starken Empfindungen fanden Eukala und ich nun langsam und auf sehr natürliche Weise ins Gespräch. Dabei fiel auf, wie selbstverständlich Eukala mich von Beginn an als eine Angehörige ihres Volkes betrachtete. Lag dies vielleicht an meinem Äusseren? Gewiss nicht, obwohl mein stark pigmentierter, in der Sonne rasch bräunender Teint sowie die Naturkrause meines Haares mich ja zuvor schon ein paar Mal in den Augen Dritter zu einer „Aborigine“ gemacht hatten. Eukala vergewisserte sich bei den Anwesenden bezüglich meiner leiblichen Eltern. Waren sie nicht weisse Europäer?

Dem Protokoll Ursis und Margits kann man dazu entnehmen:

„Eukala: Ist Doris sicher, dass ihre Eltern die wirklichen leiblichen Eltern sind?

Für Eukala ist klar, dass Doris Aboriginals als Vorfahren haben muss.

Vom Text her und wenn Eukala Doris anschaut, von den Gefühlen, Gedanken und vom Aussehen her, kann es nicht sein, dass Doris aus Deutschland oder der Schweiz stammt.

Eukala sagt: Ich weiss es, ich kann es fühlen. Natürlich glaube ich ihren Worten, wenn sie sagt, sie stamme sicher weit zurück aus Deutschland. Ich habe keine Erklärung, aber ich fühle es ganz klar, dass sie von hier ist. Wie sie alles beschreibt, die Fragen, die sie stellt...

Auch ihre Bücher sprechen eine klare Sprache, die Footprints auf dem dritten.

Sollte tatsächlich ein Vorfahre von Doris Aboriginal gewesen sein, müsste das in den letzten 200 Jahren gewesen sein (seit Captain Cook).“

Während die anderen weiter miteinander sprachen, verabschiedete ich mich innerlich für Augenblicke von ihnen und überliess mich meinen Gedanken und Gefühlen, die Eukala soeben ganz unvermittelt in mein Herz gepflanzt hatte: War ich vielleicht wirklich eine Angehörige dieses australischen Urvolkes? Meine Gefühle waren aufgewühlt. Wo war der feste Grund meines Selbstverständnisses, die Gewissheit meines Empfindens, auf die ich bauen konnte? Es war nicht leicht in dieser verwirrenden Situation einen klaren Gedanken zu fassen. Nicht dass ich das Verlangen gehabt hätte, Eukalas Urteil als falsch oder richtig zu bewerten. Dazu waren die mich überwältigenden Gefühle bei unserer Begrüssung zu eindeutig gewesen. Zwischen ihr und mir gab es eine Nähe, die seltsam und unerklärlich war. Eukala schien weder die Känguruforscherin noch die Künstlerin in mir zu sehen, wohl aber den Menschen, in dem beide „zuhause" waren.

Da ich in jenen Momenten in mir keine Klarheit finden konnte, wandte ich mich wieder dem Gespräch zu. So erfuhr ich, dass Eukala sehr ruhig und mit grosser Gewissheit erklärte, ich sei auch eine Elder, eine alte, weise Frau der Aborigines also!

„Eukala sagt: Doris ist heimgekommen. Ich fühle, sie ist meine Elder.

Weil sie grauhaarig ist, weil sie älter ist, sie hat schon eine lange Reise hinter sich. Sie ist eine Elder bei uns und die Elders nennen wir ‚Auntie' oder ‚Uncle.' Ich habe Mühe, sie ‚nur' Doris zu nennen, sie ist mir zu nahe jetzt. Es ist Auntie Doris. Es hat nichts mit Blutsverwandtschaft zu tun. Aber ich würde Doris Auntie nennen."

Aber war eine Elder nicht eine Person, die wegen ihres Wissens um die Natur und spirituelle Fragen sowie ihres grossen Verantwortungsbewusstseins für die Belange ihres Volkes in hohem Ansehen stand? – Was hätte ich, Doris Herrmann, von all diesen Eigenschaften für mich reklamieren können?! Wie durfte ich behaupten, mich sonderlich um das Wohl der Aboriginals gekümmert zu haben? – Eher hatte ich mich zurückgehalten und eine Begegnung mit ihnen bisher nicht gerade gesucht. Ohne irgendein persönliches Verdienst als Elder bezeichnet zu werden, war etwas, das mich befremdete. – Und doch fühlte ich, dass etwas darin lag, was eine Überlegung wert war. Aber diesmal möchte ich nicht vorgreifen.

Ich erzählte Eukala von meiner Kindheit, berichtete, wie ich beim Basteln zwei bestimmte Farben so stark empfand, dass sie fast zu einer eigenen Welt für mich wurden: Lachs* und Elfenbein. Und wie ich später nicht schlecht staunte, als ich bei den Rindenmalereien der Aboriginals diese Farben wiederfand! Eukala schien hiervon nicht überrascht.

„Doris erzählt von ihrer Verbindung mit den Kängurus. Angefangen mit 3 Jahren, sehr intensiv mit 11 Jahren. Mit 5 hat sie eine Zeichnung gemacht mit Farben, die sie später auf einer Felsenzeichnung in den exakt gleichen Farben wieder fand.

Eukala: Ich bin nicht überrascht über diese Schilderung mit den Farben. Diese Farben sind für uns wichtig. Unsere Künstler drücken sich in diesen Farben aus. Doris ist eine von uns. Sie kennt die Farben. Sie hat die Farben in sich. Doris, du hast die Farben nicht gewählt. Die Farben haben dich gewählt. Sie kamen zu dir."

Eine Pause trat ein. Es war eine zarte und ergreifende Stimmung im Garten unter den Regenwaldbäumen. Eine leichte Brise hatte sich aufgemacht und bewegte das Geäst. Einige grosse, harte Samenkapseln des Eukalyptus fielen auf den Tisch. Hoch über uns, auf einem dicken Ast sass Geoffrey, ein zahmes Baumkänguru und guckte neugierig zu uns herab.

Nun kam die wichtige Frage bezüglich meiner Liebe und Passion für die Kängurus. Wie überrascht war ich, als Eukala in ihren schlichten Worten sagte, dass es die Kängurus gewesen seien, die mich „erwählt" hatten – nicht umgekehrt!

„Für Eukala ist es klar, dass das Känguru Doris ausgesucht hat, nicht umgekehrt.

Und zwar ist es bei Doris das graue Känguru."

Spontan fiel mir ein, dass ich anfangs im Basler Zoo und später dann in Pebbly Beach erlebt hatte, wie Dora, Jacqueline und andere Kängurus mich öfter zum Spielen und Mitmachen geradezu aufgefordert hatten. Aber nein, Eukalas Aussage war so nicht gemeint. Sie hatte eine grössere und umfassendere Perspektive im Auge gehabt. Sie meinte mein gesamtes Leben, das durch diesen „Ruf" in eine bestimmte Richtung gelenkt worden war!

---

*Es muss an dieser Stelle betont werden, dass der Farbton „Lachs" für mich nicht dem entspricht, was man offiziell darunter versteht. Für mich ist er identisch mit der Farbe des Lachsfleisches.

Ich schweifte in meinen Erinnerungen ab und gelangte schliesslich in meine frühe Kindheit. Hatten vielleicht bereits damals, als ich vierbeinige Wesen, wie Hund, Katze oder Bär verabscheute, geheimnisvolle „zweibeinige Tiergeister" auf mich Einfluss genommen, lange noch bevor ich zum ersten Mal ein aufrecht stehendes Känguru zu Gesicht bekam? So phantasierte ich.

Dann wendete ich meine Aufmerksamkeit wieder dem Gespräch zu und erzählte Eukala, wie sehr ich in meinem Innersten die Kängurus als menschliche Wesen empfand, aber auch, dass ich umgekehrt mich selber oft als Känguru betrachtete. Und ich berichtete ihr, dass ich manchmal davon träumte, mit Kängurus lautsprachlich zu kommunizieren und bei ihnen von den Lippen abläse, woraufhin sich die Tiere in freundliche Mitmenschen verwandelten.

„Eukala sagt: Menschen haben Tierseelen, Tiere haben Menschenseelen – es gibt keinen Unterschied. Alles ist eine Einheit."

Eukalas Erwiderung, die ich hier verkürzt aus dem Protokoll zitiere, war schlicht und in ihrer Schlichtheit überwältigend. Sie ergänzte, dass wir alle, Menschen, Kängurus und alle übrigen Tiere bis hin zu den Stechmücken, eine grosse Gemeinschaft bildeten, zu der aber auch der Regenbogen, die Pflanzen und die Steine gehörten.

„In ihrem (Eukalas) Glauben ist die Mutter Erde allumfassend. Alles gehört zusammen, man kann nichts trennen oder ausgliedern. Alles passt ineinander. Alles fügt sich ineinander."

So beschloss Eukala dieses ‚erste Kapitel.' – Mit der Vorstellung, dass auch Stechmücken zu unserer Gemeinschaft zählten, hatte ich anfangs einige Schwierigkeiten. Ich erinnerte mich nämlich ungern an deren Stiche und das schmerzhafte Jucken danach… Aber Scherz beiseite, auch sie waren ja Geschöpfe der Natur aus Fleisch und Blut – selbst wenn es das meine war.

Es war ein umfassender Gedanke, und wiewohl er mich im ersten Moment überraschte, war es doch für mich nicht so schwierig ihn nachzuvollziehen. Schliesslich hatte ich von Kind auf gelernt, die Natur in ihrer Gesamtheit zu würdigen und zu achten. Dass Eukala auch Dinge zu dieser Natur hinzuzählte, die für uns etwas ungewöhnlich sind – z. B. die Steine oder den Regenbogen – war für mich gedanklich kein wirkliches Hindernis. Oft schon hatte ich jene geheimnisvollen Kräfte gespürt, die von den Steinen ausgingen, und die wundersame Stimmung, die der Anblick eines Regenbogens zu erzeugen vermochte, war letztlich auch ein Aspekt der Kraft, die unser Universum durchfloss.

Dann kamen wir zum Thema Kängurus als Totem und zum Totemtier überhaupt.

„Das Känguru hat offensichtlich in Doris' Leben eine ungeheure Bedeutung, was von Eukala sehr anerkannt wird. Aber das Känguru hat keinerlei höheren Rang als andere Tiere, Bäume, Blätter oder sonstiges. Das Besondere ist, dass das Känguru das Totem von Doris ist. Und diese spirituelle Verbindung zum eigenen Totem kann man nicht unterbinden. (Viele Leute wollten in der Vergangenheit Doris von ihrem Interesse an Kängurus abbringen. Persönliche Anmerkung der Protokollanten.) Dies würde ihren Lebensnerv durchtrennen. Die Leute müssen das akzeptieren."

Eukala erklärte uns, dass die Aboriginals bereits bei der Geburt eines Kindes feststellen, welcher Naturname zu diesem Kind passt. Entsprechend diesem Namen wird dem Neugeborenen ein Totem zugesprochen. (Diesem Namen ist das Totem fest zugeordnet.)

Margit und Ursi notierten dazu in ihrem Protokoll:

„Language name: Schon bei der Geburt eines Kindes in einem Stamm merken die Aboriginals sofort, welcher Naturname zu dem Kind passt. Dieser Name wird zum Totem des Neugeborenen. (Kookaburra, Wasserfall, Regenbogen, Frosch, Pademelon* etc.).

Das Totem (z. B. das Känguru bei Doris) ist Bruder und Schwester dieses Menschen und muss beschützt und geachtet werden.

Das Totem ist etwas Individuelles eines jeden Menschen. Jeder hat sein eigenes Totem."

Bei Eukalas Erklärungen verspürte ich Erleichterung, denn etwas darin war mir vertraut. Vermutlich war dies die Ursache dafür, dass ich es versäumte, ihr mehr von meinem eigenen „Totem" bzw. meinen Erfahrungen mit ihm zu erzählen. Schade, denn gern hätte ich gewusst, wie sie darüber dachte. Um meine Empfindungen war es im übrigen nicht viel anders bestellt als bei Eukala. Auch für mich galten Kängurus stets als Bruder und Schwester. Und ebenso wie für Eukala war es

---

* Pademelons zählen zur Familie der Wallabies (Zwergkängurus).

auch für mich eine Ehre und erfüllte mich mit Stolz, diesen Tieren geschwisterlich verbunden zu sein. So hatte Eukala mir ganz aus dem Herzen gesprochen, als sie sagte, dass ein Totem geschützt und geachtet werden müsse.

Wer sein Totem verletzt – und sei es auch nur aus Unachtsamkeit –, wer es tötet oder sogar isst, hat mit seelischen Konsequenzen zu rechnen. Diese können sich bis zu einer schweren Depression steigern. Die Vorstellung, ich selber könnte einer Känguruseele Schaden zufügen, hat mich stets beschäftigt und zu allerlei Vorsichtsmassnahmen veranlasst. Komme ich zum Beispiel irgendwo in der Schweiz oder einem anderen europäischen Land in ein australisches Restaurant, so begnüge ich mich stets mit einer Gemüseplatte oder einer Fischspeise. Dies tue ich, um mich vor dem Erbrechen zu bewahren, denn in diesen Lokalitäten wird häufig Kängurufleisch angeboten. Den mich begleitenden Personen ist dieses Problem im allgemeinen bekannt und oft beweisen sie Mitgefühl und Takt dadurch, dass sie bewusst kein Kängurufleisch bestellen.*

Und um ihren Worten zusätzliches Gewicht zu verleihen, wiederholte Eukala etwas, das man wohl als ihr Glaubensbekenntnis bezeichnen konnte. Die Erde, so Eukala, sei für die Aboriginals wie eine Mutter, die alles umfasst. Alles gehöre zusammen, nichts könne man voneinander trennen, ohne Schaden anzurichten. Nichts dürfe man ausgliedern, alles passe zueinander und füge sich ineinander.

„Eukala: Die Verbindung zu den Vorfahren geht für uns nicht nur über den Geist oder den Verstand, sondern vor allem über die Seele und das Herz. Doris hat diese Verbindung auch. Sie nimmt sie wahr durch die Kängurus."

Dass ich tatsächlich eine besondere Verbindung zu den Kängurus besitze, verdeutlichte ich Eukala, indem ich ihr von meinen Erlebnissen mit Dora, Jaqueline und einigen anderen Tieren berichtete.

*Ein Ereignis werde ich nicht vergessen. Ich weilte mit meinen Eltern und einem ihrer Geschäftsfreunde für eine Woche in München. In einem „klassischen" Restaurant studierten wir die Speisekarte. Plötzlich erblasste ich. Mit zitternder Stimme bat ich meine Mutter, mir ein vegetarisches Gericht zu bestellen. Als sie nachfragte, was mit mir sei, getraute ich mich nicht es ihr zu sagen. Hinzu kam Mamas respektloses und ein wenig spöttisches Schmunzeln, mit dem sie mein Verhalten bedachte. (Immerhin enthielt das Menü tatsächlich Kängurusuppe!) Sie nannte mich einen Kindskopf, was mir missfiel und mich sogar ein wenig wütend machte. Diese Begebenheit wirkt bis heute nach und aus Angst, versehentlich etwas von meinem Totem zu verspeisen, vermeide ich sogar Ochsenschwanzsuppe.

Es war, als habe unser Gespräch seinen Höhepunkt nun überschritten. Erneut trat eine Pause ein. Auf dem Tisch waren meine drei Bücher ausgelegt. Margit reichte sie Eukala. Diese zeigte sich bei der Betrachtung des dritten Buchs hoch erfreut, erkannte sie auf dessen Umschlag doch die ihr vertrauten Footprints wieder.(Gemeint war seine Umschlagsgestaltung mit vielen farbigen Punkten nach Art aboriginaler Darstellungen.)

„Eukala sagt: Es ist klar zu sehen, dass sie eine senior person ist. „Geboren im Zeichen des Kängurus" (Titel meines ersten Buches, Anmerkung der Verfasserin) spiegelt ihre Sehnsucht nach dem Wissen um ihren Ursprung. Ich kann es so gut sehen. Sie ist nicht jemand, der von der Schweiz kommt. Es tut mir so leid. Sie hat so viele Jahre lang versucht, ihre Identität zu finden. Niemand hat sie gelehrt. Sie hat so viele Jahre gebraucht, um ihren Platz zu finden. Sie gehört nach Hause, sie gehört hierher. Es ist keine Reinkarnation. So etwas ist nicht Teil unserer Kultur. Unsere Vorfahren leben durch uns und wir sind ein Teil unserer Vorfahren.

Das geht immer weiter so. Diese Reise hört nie auf.

Es gibt bei den Aboriginals keine Wiedergeburt. Es gibt nur das Existieren von Anfang an durch die Vorfahren in Träumen und weil sie so standorttreu sind, dass man immer auf den Fussstapfen seiner Urahnen läuft und dadurch die Kraft und Weisheit seiner Urahnen erfährt.

Jede Nacht begegnen und erscheinen uns die Vorfahren in unseren Träumen und geben uns Kraft, Stärke, Spirit und Weisheit mit auf den Weg."

Plötzlich schaute Eukala auf meine Haare und bat mich sie berühren zu dürfen. Gern erfüllte ich ihre Bitte. Sie zupfte leicht daran und meinte, sie seien so weich wie ihre eigenen…

Ihr waren meine Irritationen während unseres Gesprächs natürlich nicht entgangen, und so versuchte sie mich zu beruhigen. Ihr musste klar sein, dass mich einige ihrer Antworten zutiefst berührt und verunsichert hatten. Daher war sie bemüht, mich ein wenig aufzuheitern. Ich müsse mir keine Sorgen machen wegen der Frage meiner Herkunft. Entscheidend sei meine Verbundenheit mit ihr, ihrem Volk, den Kängurus und der australischen Natur insgesamt. Vor allem dürfe ich, so Eukala schmunzelnd, die Gabe meines fröhlichen Lachens nicht verlieren!

„Eukala sagt: Doris muss wissen, ich möchte ihr sagen, alles ist gut, sie braucht sich keine Sorgen zu machen. Es gibt keine Unklarheiten mehr. Weil sie heim gekommen ist. Ich spüre es sehr stark. Alles ist gut. Alles was du jetzt fühlst ist normal. So soll es sein. So fühlen wir. Wir fühlen alle das gleiche. Aboriginals fühlen das gleiche, that's who we are and that's who she is. Doris ist für mich wie eine Auntie.

Wir atmen alle die gleiche Luft, wir trinken alle das gleiche Wasser. Wir tun alle das gleiche. Menschen sind keine besseren Wesen. Alles ist einander ebenbürtig. Alles ist eine Einheit, alles gehört zusammen. Nichts ist besser oder schlechter, trenne nichts."

Ich fühlte, dass sie mich verstand.

Nach gut zwei Stunden verebbten die Worte. Wir erhoben uns aus unseren Sesseln. Stumm stand ich für einige Augenblicke Eukala gegenüber. Lächelnd betrachteten wir einander. Eine kleine Ewigkeit ruhte mein Blick auf ihrem Gesicht. Ich bedankte mich für die vertrauensvolle Begegnung, und wir umarmten uns lange aufs herzlichste, wobei wir einander Rücken und Schulter streichelten.

Eukala trug mir noch auf, das Gesagte als ihr ganz persönliches Urteil zu betrachten. Grundsätzlich aber sei sie in ihren Wahrnehmungen und Gedanken dem gefolgt, was ihre Grossmutter sie einst lehrte.

„ Eukala: Alles wird gut werden.
Welcome home!"

Ein paar Tage danach rief Eukala bei uns an, erkundigte sich nach meinem Befinden und liess mir folgendes ausrichten:
"I do not want Doris to worry about the ancestors! I mentioned the ancestors because it's the connection to the real issue. Please tell Doris: Live in the now! The now is important – not the past.

Doris has a very special gift. She has been given the gift to be able to have communication with kangaroos and feel at one with them.

It is a spirit gift. Not many people have it. A big hug coming through the phone to you all!"

Die Tage nach unserer Begegnung waren ausgefüllt und liessen mir anfangs wenig Zeit über alles nachzudenken, was Eukala gesagt hatte.

Und doch waren mir ihre Aussagen stets gegenwärtig. Dass sie mich als eine Elder betrachtet hatte, war im ersten Moment befremdlich für mich gewesen. Aber nach und nach – nicht zuletzt auch ermutigt und ermuntert durch Freunde und Bekannte – wurde mir die Vorstellung vertrauter. Eine in traditionellen Stammesangelegenheiten und spirituellen Fragen der Aboriginals bewanderte und zuständige Person war ich natürlich nicht. Doch wenn man „Verantwortung" in Wissen und Handeln mit Blick auf Australien im Sinne eines aktiven Interesses interpretierte, hatte ich mich ja schon seit meiner Kindheit – wenngleich anfangs noch passiv – für wesentliche Fragen Australiens offen und empfänglich, enthusiastisch und engagiert und in diesem Sinne „verantwortlich" gezeigt! Ich war also auf meine ganz eigene Weise eine Elder. Wie ich mir – auch aus der fernen Schweiz – die Anliegen des Arten- und Naturschutzes und ganz besonders natürlich alle Fragen im Zusammenhang mit den Kängurus zu eigen gemacht und diese aufmerksam begleitet hatte, das war im Grunde durchaus „elderlike". Vor allem die Energie, mit der ich diese Aktivitäten anging und die zusätzlich durch diese in mir freigesetzt wurde, war für mich selber immer wieder verblüffend. Woher kam diese Kraft? War sie ein Zeichen dafür, dass ich auf eine mir unbegreifliche Weise „behütet" und „geführt" wurde? Möglicherweise aus der Ferne, von einem Territorium, das auf der entgegengesetzten Erdhalbkugel lag? War denn ein solch tief empfundenes Engagement wie das meine überhaupt denkbar ohne eine entsprechende „Berufung?" Und wenn ich den australischen Ureinwohnern gegenüber mitunter eine seltsame Unsicherheit an den Tag gelegt hatte, die an Scham grenzte – war sie nicht vielleicht Ausdruck einer uneingestandenen menschlichen Nähe? Lag meinem mich in Australien manchmal überwältigenden kindlichen Empfinden, die Eukalyptuswälder, die Kängurus, die Possums, alle Beuteltiere, aber auch Emus, Papageien und andere Vögel, die Felsen, ja die gesamte Vegetation gehörten mir, nur mir allein vielleicht die Gewissheit zugrunde, dass eben dort mein Zuhause war und ich insgeheim um die Einheit all dessen wusste...?

Traum

Monate danach – ich war längst wieder zurück in der Schweiz – hatte ich einen bemerkenswerten Traum.

Ich wohne alleine in meinem Elternhaus in Riehen. Die Eltern sind lange schon verstorben. Zu meiner freudigen Überraschung erscheint eines Tages Eukala in Begleitung dreier alter, grauhaariger Damen. Sie sind hellhäutig und haben runzelige Gesichter. Sie kommen mich besuchen und wollen auch bei mir übernachten. Zwischen den alten Damen und mir gibt es keine Verständigung, weder lautsprachlich noch gelormt. Doch auch der Austausch mit Eukala erfolgt weder unmittelbar sprachlich noch durch Anwendung des Tastalphabets. Nein, unsere Kommunikation ähnelt vielmehr einem „sprechenden Fühlen"! Sobald mich eine unangenehme Empfindung überkommt, bemerkt Eukala dies sofort und versetzt mich durch liebevolles Umfassen und Massieren meiner Hände in einen entspannten und wohligen Zustand. Ich bin glücklich, sobald ich ihre Wärme auf meinen Händen spüre.

Dann naht die Trennung. Meine Besucher werden zurück nach Australien reisen. Ich jedoch muss als erste fort, da ich einen dringenden Termin in der Stadt habe. Es ist ein stummes Abschiednehmen. Eukala und die alten Damen zeigen Verständnis dafür, dass ich zuerst gehe. Ich nehme einen weissen Blindenstock – und hüpfe unbeschwert die Gartentreppe hinab. Die vier begleiten mich bis zum Gartentor. Über alldem liegt eine Stimmung grossen Einvernehmens, allein die letzten Augenblicke sind voller Traurigkeit und Schmerz.

Momente der Andacht

Was da so alles spriesst, reift und blüht...

Es muss während eines sommerlichen Spaziergangs in meiner Kindheit geschehen sein, dass ich zum ersten Mal in den Mikrokosmos der Natur eintauchte und mich so in ihn vertiefte, dass ich mich vergass und irgendwie darin „verschwand".

Heiss war es, und auf den Wiesen, an den Ackersäumen und Wegrändern blühte der Mohn in seinem kräftigen und betörenden Rot. Doch auch an vielen Stellen auf den Feldern, zwischen den gelben Halmen des reifen Getreides leuchteten immer wieder seine starken roten Signale. Um mich ein wenig in die Geheimnisse der Natur einzuweihen, öffnete Mama einige der grossen noch geschlossenen grünen Knospen und zeigte mir die in ihnen noch fest zusammen gefalteten frischroten Blütenblätter. Dieser Anblick faszinierte und fesselte mich ungemein.

Von da an untersuchte ich selber das noch nicht enthüllte Innenleben der Knospen. Ich prüfte sie alle, kleine wie grosse, und immer leuchtete es mir in der noch nicht ausgereiften Knospe hellrot entgegen. In dieser Wiederholung lag etwas Meditatives – wenn man dieses Wort mit Blick auf ein Kind gebrauchen darf – denn sie bewirkte eine allmähliche Veränderung meines Bewusstseins. Etwas in mir schlug die Augen auf und begann diese Welt im Kleinen genauer und mit Hingabe zu betrachten. So nahm ich das Wachsen und Reifen der Mohnblumen bis hin zur Entfaltung ihrer Blüten mehr und mehr bewusst wahr.

Doch auch ich selber wuchs und reifte in meinem Umgang mit den Pflanzen. Dies zeigte sich daran, dass ich aufhörte, die noch geschlossenen Knospen zu öffnen. Stattdessen fing ich nun an, mich auf das Wachstum dieser Blume zu konzentrieren. Ich sah, wie sich am leicht verzweigenden Stängel mit seinen fiederspaltigen Blättern winzige, leicht behaarte Knospen bildeten, die nicht grösser wurden als etwa 15 mm. Die noch schneeweissen Blütenblättchen in der fest geschlossenen Knospe, das wusste ich von meinen vorherigen „Studien", wuchsen mit. Es regte meine Phantasie an mir vorzustellen, wie in diesem Dunkel die Blütenblätter von geheimnisvollen Kräften auf ebenso geheimnisvolle Art „bemalt" wurden. Ich wusste, dass es ein langsam voranschreitendes, stufenloses „Malen" war, von einem rötlichen Weiss über ein noch zartes Hellrot bis zum endgültigen feurigem Scharlachrot. Bekannt war mir auch, dass sich die Knospe zuerst an ihren Längsspalten lockerte, bevor sie sich sacht öffnete, um ihre nun grosse, vierblättrige Blüte zu entfalten.

Der Mohn, das war für mich auch immer die rote Farbe des Sommers!

Doch nicht allein der Mohn war mein ‚Lehrmeister', sondern auch die hinreissenden Tulpen und die Welt der Beeren. Auf meinen Entdeckungsreisen in unserem Garten erkannte ich schon bald, wie rasch die Tulpenstiele wuchsen und mit ihnen die noch fest verschlossenen Blüten, die sich nach ihrem Öffnen in herrlich verschiedenfarbige, weinglasförmige Kelche verwandelten. Ich liebte diese Kelche sehr. Am Vormittag war es ein besonderes Vergnügen für mich zu beobachten, wie das Sonnenlicht die Blüten zum Leuchten, ja fast zum Strahlen brachte. Diese Eindrücke liessen mich nicht los, und weil sie mich nicht in Ruhe liessen, mochte auch ich die Tulpen nicht in Ruhe lassen. Sorgfältig knickte ich sie am unteren Ende des Stiels ab und spazierte, mein farbenfrohes „Fähnchen" triumphierend schwenkend, in der Gegend umher, solange bis Mama mich erwischte und mir einen kräftigen Schlag auf meinen Handrücken verabreichte. Dann stellte sie die Blume sorgsam in eine Vase.

Meine Traurigkeit währte nicht lange, denn bald begann ich zu begreifen, dass alles, was aus der Erde wuchs, kein Spielzeug war. Umso unbeschwerter aber durfte ich sein, wenn es ans Beerenpflücken ging, denn sie verlangten geradezu danach verschmaust zu werden. Beeren wuchsen überall in den Hecken und Sträuchern. Walderdbeeren gab es in grossen Mengen. Bereits im Kindergartenalter lernte ich, dass im Frühling ein grosses Heer kleiner, weisser Blüten mit behaarten gelben Fruchtknoten zum Vorschein kam. Dann sah ich erwartungsvoll zu, wie aus den verwelkenden Blüten anfangs kleine, weisse Früchtchen und dann rote Erdbeeren wurden. Um in meinen Beobachtungen ganz sicher zu gehen, überprüfte ich das Gesehene und kostete in jedem Stadium von den Beeren. Dennoch war mir die Welt der Blumen und insbesondere die der Blüten stets die wichtigste.

Die ersten Anfänge meiner Neigung zum Schauen und sich Vertiefen sind dort, in meiner frühen Kindheit, zu suchen. Damals waren unser Garten und die Natur der Umgebung Schauplätze meiner ersten, noch unfreiwilligen ‚Meditationen'. Es waren Augen-Blicke im wahrsten Sinn des Wortes, meine Blicke nämlich, die auf Blüten, Steinen, Gräsern, Sträuchern, Früchten oder Käfern und Schnecken ruhten und von der Vielfalt dieser auch im Kleinen so grossen Natur gefesselt wurden.

Am Anfang war der Duft

Die Maisonne schien in den Garten und brachte das frische Grün ringsum zu glänzendem Leuchten. Durch die offenen Fenster strömte der Duft frisch gemähten Grases herein. Begierig und voller Genuss sog ich die Luft ein. Damals, in meiner Kindheit, wurden die Wiesen in den Sommermonaten noch mit der Sense gemäht, ein Erlebnis für Augen und Nase! Diese so wunderbaren ‚Aromen' wurden nicht zuletzt durch den Duft hohen, feinen Rauchs gekrönt, der von unserem Garten aufstieg, wenn mein Grossvater Laub und Zweige verbrannte. Apropos Rauch. Mit diesem Duft verbinden sich die schönsten Erinnerungen an mein Pfadfinderleben, an Ausflüge in die Berge und das abendliche Lagerfeuer. Es ist ein Geruch, der mich aufjauchzen lässt!

Es gab aber noch einen anderen aussergewöhnlichen Duft, und er entströmte Grossmutters Hausapotheke. Es waren die Baldriantropfen, die ich als Kind oft vor dem Einschlafen mit etwas Wasser verabreicht bekam. Trotz seiner bitterherben Note erschien mir dieser Geschmack keineswegs widerwärtig. Im Gegenteil. Ich brauchte den Baldrian bei der Einnahme nur zu riechen – schon überkam mich die wohlige Gewissheit, einen erquickenden Schlaf zu finden. Dal ich die Tropfen heute kaum noch verwende, bleiben Duft und Geschmack für mich fest mit meiner Kindheit verknüpft.

In der Hitze des Sommers lockte mich die schattige Kühle zum nahen Waldbach oder an den See, wo ich trank oder ein erfrischendes Fussbad nahm. Hatten wir einen mässig warmen Herbst, stieg mir das erdig strenge Aroma der überall im Wald aufschiessenden Pilze in die Nase. Im Bergwald waren es ganz besonders die gelben Eierschwämme, an denen ich mich erfreute, wenn ich zusammen mit Mama oder Tante auf die Suche ging.

Ach ja, die unsichtbare und so unendlich reiche Welt der Düfte! Ich erinnere mich, dass bis in die Mitte des letzten Jahrhunderts alle drei Jahre im Mai ein auffälliger Geruch in die Wälder, aber auch unseren Garten einkehrte. Es war ein mildes, leicht bitteres Röstaroma, mit einem Hauch von Rosmarin. Ich empfand diese Duftnote als sehr angenehm, war sie doch in gewisser Weise mit dem Maikäfer verbunden, diesem bildschönen Exemplar eines Käfers mit seinen grossen, braunen Flügeln, der zu jener Zeit noch in grösseren Schwärmen auftrat.

An sonnigen Nachmittagen kletterte das Dienstmädchen in unserem Garten auf die Buchen und schüttelte kräftig die Äste, worauf zahlreiche Maikäfer auf die ausgelegten Tücher herab ‚regneten'. Wir sammelten sie eilends in grossen Eimern, die wir rasch verschlossen, damit die Tierchen nicht wieder entkamen. Früh am Morgen trugen Tante und ich die schweren Eimer zu einer Sammelstelle im Dorf, wo die Maikäfer in grossen Öfen geröstet und dann an die Hühner verfüttert wurden. Obgleich ich wusste, was mit den Käfern im Dorf geschah, so verband ich mit jenem Duft doch nichts Böses, sondern dachte stets nur an die lebenden Maikäfer, die ich liebte und die zu betrachten mir immer ein Vergnügen war.

Als Kind verlebte ich oft viele Tage bei Verwandten von Tante, einer Bauernfamilie. Ich liebte es, alleine oder in Begleitung, auf dem Hof kleine Exkursionen zu machen. Unvergesslich geblieben sind mir die verschiedenartigen Düfte und Farben der Heuhaufen, der sowohl seltsam anziehende wie abstossende herbe ‚Duft' aus den Ställen und die wohlriechenden Blumengärten.

Als angenehm empfand ich den Geruch der Kühe und der Pferde. In der Bauernstube dagegen hatten es mir vor allem die Aromen des Holzes angetan, das in Dielen und Decken verarbeitet war und denen sich im Winter ein wenig Rauch zugesellte, wenn in der Küche der Kachelofen angefeuert wurde. Das grösste Wohlbehagen aber bereitete mir der Duft frisch gebackenen Brotes, der sich einmal in der Woche in der Küche ausbreitete.

An einem schönen Frühlingstag im Riehener Wald rief mich Tante zu sich, einen Strauss violetter Blümchen in den Händen. „Bitte riech einmal!" Ich steckte die Nase hinein. Wie herrlich es duftete! „Was sind das für Blumen?" – Es waren Veilchen. Von da an begann ich die Blumendüfte gründlicher zu erkunden. Zu meiner Verblüffung stellte ich fest, dass sie nicht alle dufteten, nicht einmal alle Rosen. Daraus zog ich den Schluss, dass eine schöne Farbe nicht automatisch angenehmen Geruch bedeutete. Und ich fand bald heraus, dass Blüten mit reizenden Farben sogar stinken konnten!

Bis heute ist es für mich immer wieder ein Wunder, wie ein Duft, sei er angenehm oder nicht, in uns Erinnerungen zu wecken vermag.

Nicht selten führt er uns in eine ganz bestimmte Situation zurück, ja manchmal nur zu einem einzigen Augenblick, den wir vielleicht längst vergessen glaubten. Zeit und Raum durchquert er, als gäbe es sie nicht. Ich glaube, es ist dies unaussprechliche Geheimnis des Duftes, der uns mit der Welt der Dinge verbindet und uns empfänglich macht für die Momente der Andacht, des innigen Denkens an etwas, insbesondere das Göttliche, das in aller Schöpfung zu erahnen ist.

Ich entdecke die magische Welt der Farben

Im Farbempfinden meiner Kindheit spielte Rot stets eine zentrale Rolle. Nie durfte es fehlen, wenn ich Farben miteinander kombinierte. Es fand sich in meinen Spielsachen, den Luftballons und der Schweizer Fahne, um nur ein paar Beispiele zu nennen. Wenn ich auf ein Rot schaute oder mit ihm malte, was ich schon früh tat, verspürte ich ein lebhaftes Wohlbefinden, ganz so, als brächte diese Farbe viel Wärme mit sich. Rot war eine Liebkosung meiner Seele. Was diese Farbe zusätzlich begünstigte, war die Tatsache, dass viele meiner Lieblingsfrüchte, aber auch andere süsse Sachen, wie Bonbons, Himbeersirup oder Marmelade, rot oder rötlich waren und meine Ess- und Trinklust anregten. Sogar in gänzlich grünen Landschaften wünschte ich mir, hier und da einen kleinen, roten Tupfer zu finden. Dann entdeckte ich, dass sie existierten und dass es ihrer viele gab: als Mohnblüten auf Wiesen und Feldern! Das befriedigte mich.

Noch bevor ich zur Schule kam, wechselte meine Lieblingsfarbe. Dem kräftigen Rot zog ich fortan ein eher sanftes Fuchsrot vor, das ich beim Papierflechten entdeckt und mich auf der Stelle darin verliebt hatte. Viele Wochen lang war es unter vielen andersfarbigen, von mir selber geflochtenen Papieren immer wieder ein fuchsrotes mit elfenbeinerner Prägung, das mich faszinierte. Bekam ich eine neue Schachtel mit Farbstiften oder Maltuben geschenkt, begeisterte ich mich stets aufs neue am Fuchsrot und benutzte Stift oder Farbe häufiger als alle anderen. Knallrot, meinen ehemaligen Favoriten, liess ich hingegen lange fast unbenutzt. Warum, konnte ich damals noch nicht ahnen. Dies wurde mir erst zwei Jahrzehnte später in Australien klar.

Als nächstes trat Braun in den Vordergrund, ein Farbton voller Erde und Aromen, wie ich sie vom Bauernhof kannte. Diese Farbe stand auch für Baumstämme, Wurzeln, Pferde und Ziegen. Beim Malen selber war ich oft so leidenschaftlich bei der Sache, dass sich das Braun bald auch auf Hosen, Jacken, Pullis und Mützen wiederfand.

Schliesslich tadelte mich Tante und meinte, ich solle endlich zu ‚bunteren' Farben greifen.

Die einzige Farbe, die ich von Kind auf bis heute mit einem üblen Geruch verbinde, ist ein „schmutziges" bräunliches Hellrosa. Auslöser dafür war eine Begebenheit auf dem Bauernhof, wo ich zusah, wie die Schweine sich gierig auf einen Trog mit braunrosa Brei stürzten. Über der Szene lag ein so furchtbarer Gestank, dass sie mir unvergesslich geblieben ist und damit auch für immer diese Farbe „eingestänkert" hat!

Auf unseren Bergwanderungen, inspiriert vom schönen, kräftigen und dominierenden Grün der Alpwiesen, entdeckte ich dann meine neue Lieblingsfarbe. Es war eben dieses Grün, teilweise kontrastiert von den grauen, schneebedeckten Felsen, das mich anregte und begeisterte.

Das sinnliche Panorama, das sich mir in den Bergen bot, war phantastisch: Der tiefblaue Enzian, die Alpenrosen und gelben Dotterblumen, das Weiss der Margeriten, die mit vielerlei Düften angereicherte und daher ungemein würzige Luft und nicht zuletzt die bunt schillernden Schmetterlinge, die die Alpenwelt wie ein flüchtiges Dekor säumten. Es war mir, als badete meine Seele in all dem!

Der Herbst bot mir die ganze Vielfalt seiner Farbvariationen, sei es im absterbenden Blattwerk der Bäume oder auf dem Erdboden. Überall traf ich auf Rostrot, Braun und Gelb, teilweise gemustert oder gescheckt. Tante erzählte mir einmal, der Herbst sei ein Maler, der mit Palette und Pinsel die grünen Blätter andersfarbig bemale…

Mit fortschreitender Entwicklung veränderte sich auch mein seelisches Verhältnis zu den Farben. Nebenbei lernte ich während meiner Berufsausbildung im Schulfach „Farbe und Form", das für mich zu den aufregendsten zählte, Farben unter diversen Gesichtspunkten zu kombinieren. Natürlich wählte ich zuerst ein sanftes Fuchsrot, setzte dunkles Olivgrün hinzu, dann Zitronengelb, ergänzte diese mit Rost- oder Braunrot und gab zuletzt noch etwas Violett und Türkisblau dazu. Damals konnte ich noch nicht wissen, dass mir diese Farben zu meiner grossen Verblüffung auf meinen Australienreisen wieder begegnen sollten. So zum Beispiel das Fuchsrot und das Rostrot bei den Kängurus und in der legendären roten Erde Australiens; Olivgrün bei den Blättern des Eukalyptus mit seinen zitronengelben Blüten und der braunroten Rinde; Violett und Türkisblau begegneten mir in der

Farbe mancher Felsen und natürlich der des Himmels. Bis heute ist mir rätselhaft, wieso ich diese Farben so treffsicher im voraus hatte erspüren können.

Last but not least traf ich in Australien auch jenes Feuerrot, meine erste grosse ‚Liebe‘, wieder! Es zeigte sich bei vielen der wundervollen Sonnenuntergänge, wo es, umrahmt von grellem Gelb und leuchtendem Orange, den gewachsenen Kreis meiner Farbempfindungen harmonisch beschloss.

Wo ist nur die Sonne?

An dieser Stelle muss ich noch einmal auf meine Ängste zurückkommen, die in diesem Zusammenhang eine nicht unwesentliche Rolle spielten. Angst und Unsicherheit sind die natürlichen Widersacher jeder beschaulichen oder andächtigen Stimmung. Daher lief ich vor allem in meiner Kindheit und Jugend ständig Gefahr, dass eine plötzlich mich übermannende Desorientierung oder Angstattacke meine kleinen Meditationen von einem Moment auf den anderen zerstörte. Dennoch waren es gerade jene Augenblicke überwundener Angst, die meine Empfindsamkeit für das innere Denken, die Andacht, steigerten. Ich bin mir sicher, dass meine Begabung für das Beschauliche durch meinen jahrzehntelangen Kampf gegen die Angst gereift und gewachsen ist. Die Befreiung von den mich hemmenden Ängsten erlebte ich zugleich als eine Erweiterung meines Empfindens. Insofern hatten Angst und Unsicherheit, trotz aller Nöte und unangenehmen Begleiterscheinungen, die sie mit sich brachten, letztlich einen positiven Sinn für mich.

Eines Tages in Riehen. Schon lange hatten wir nichts als schlechtes Wetter gehabt, kaum ein Stück blauer Himmel war zu erblicken gewesen. Wo ist die Sonne geblieben, fragte ich mich betrübt. Ist sie ganz fort aus dem himmlischen Reich? Die Sonne war nicht zu sehen, und doch war es hell. Woher kommt die Helligkeit? Auch diese Frage beschäftigte mich.

Traurig schaute ich zum Fenster hinaus. Ich befragte Tante, da ich ernsthaft befürchtete, die Sonne werde nie mehr zurückkehren. Folglich würde es auch kein schönes Wetter mehr geben. Nein, das durfte nicht sein!

Eines Abends, kurz vor dem Zubettgehen, führte mich Tante ans Fenster und sagte, nun sei die Sonne wieder da. Ich blickte hinaus – und wirklich, da war sie wieder! Tiefrot stand sie am Himmel, um-

geben von zarten, schaumigen Wolkenstreifen, die sie teilweise ver-
deckten. So jedenfalls muss Tante sie gesehen haben. Ich – sah etwas
anderes. Vor meinen Augen ging eine Sonne unter, die umgeben war
von einem hellen Ring wie der Saturn. Obgleich ich heute eingestehen
muss, dass ich etwas Irreales sah, war doch der Eindruck, den dieser
Anblick bei mir hinterliess, so stark, dass er unvergesslich blieb.*

Monate später, an einem hellen Sommerabend im Bergdorf, geschah
etwas, das mir ebenfalls bis heute im Gedächtnis geblieben ist. Wir
standen auf dem Balkon unseres Chalets. Ich sah unser Dienstmädchen auf dem Weg hinunter ins Dorf. Da überkam mich jäh der Einfall, sie unten im Dorf zu treffen, um sie zu überraschen. Eilends
stürzte ich hinaus und rannte den Weg hinunter. Der Himmel war
halb bewölkt und zeigte sich in blassem Blau. Die Sonne stand noch
recht hoch über den Bergen und blendete mich. Auf halbem Weg
packte mich plötzlich eine unbeschreibliche Angst. Die Erinnerung an
die „Saturn-Sonne" war jählings zurückgekehrt. Ich war besessen von
der Vorstellung, die Sonne könne sich jeden Moment in eine Art roten
Saturn verwandeln! Meine Angst steigerte sich fast bis zur Panik. Ich
kehrte auf dem Absatz um und lief, so schnell ich konnte, zurück.
Aber bis nachhause war es noch weit. Das Herz schlug mir bis zum
Hals, und ich konnte kaum atmen. Da kam mir der Gedanke, einfach
im nächsten Haus Schutz zu suchen. Doch zu läuten oder zu klopfen
traute ich mich nicht. Diese übergrosse Scheu war auf meine Erziehung zurück zu führen, denn es war mir strengstens verboten worden,
unerlaubt fremde Häuser zu betreten oder das Eigentum anderer anzurühren. Da mir also mein Gewissen diese Zuflucht verwehrte, setzte
ich schweren Herzens den Heimweg fort. Da kam mir Tante entgegen, die schon nach mir gesucht hatte. Sofort bemerkte sie meinen
seelischen Aufruhr. Ich fühlte mich erleichtert, verlor jedoch kein
Wort über die Sache, da ich mich nicht traute.

Jedes Mal, wenn wir später an jener Stelle vorüber kamen, zupfte
mich Tante zum Spass am Zopf, und ich stimmte in ihr heiteres Lachen
mit ein, so, als wolle ich mich selber über meine ‚Dummheit' lustig
machen.

In der folgenden Zeit empfand ich einige Beklemmung beim Anblick der Sonne, doch war dies nur vorübergehend. Während dieser
nur kurzen Periode, trennte ich gedanklich stets die Sonne von ihrem

* Die Bilder des Planeten Saturn hatte ich zuvor schon in einigen geographischen Heften
entdeckt.

Licht, denn ich erfreute mich ausgiebig an jedem schönen Wetter. Insbesondere genoss ich es morgens das von der Sonne erhellte, in frischem Grün aufleuchtende Blattwerk der Laubbäume in unserem Garten zu betrachten. Am Nachmittag sass ich oft bei geöffneter Balkontür und vertiefte mich in den matten Widerschein des Sonnenlichts auf dem Linolboden. Dies waren Augenblicke tief empfundenen Glücks.

Meine Ängste, die natürlich vor allem auf meine Hörbehinderung zurückzuführen waren, sollten noch eine Weile andauern. Ja, sie steigerten sich sogar.

Glaubte ich mich mutterseelenallein im Wald, schrie ich aus Leibeskräften nach den ‚Verschwundenen' – Eltern oder Tante –, um gleich darauf von den Herbeieilenden auf schärfste gescholten zu werden. Auch das Alleinsein in einem Zimmer, und sei es nur für wenige Augenblicke, konnte ich nicht ertragen. Dies lag vor allem daran, dass ich die Anwesenheit anderer, zum Beispiel im Nebenraum, nicht hören konnte. Sobald ich keinerlei Vibrationen über die Böden oder das Treppenhaus registrierte, wuchs das Unheimliche der Situation rasend schnell ins Unermessliche. Es war dann, als herrsche im ganzen Haus

Totenstille, die ich so deutete, dass ausser mir niemand anwesend war.

Es konnte aber auch passieren, dass ich auf der Strasse, im Haus oder in der Strassenbahn plötzlich ohne erkennbare Ursache in einen Angstzustand geriet. Dies geschah sogar in Gegenwart meiner Eltern oder der Tantes. Ich fuhr dann zusammen und packte meine Angehörigen an der Kleidung oder den Armen. Dabei fixierte ich angestrengt deren Gesichter, blieb aber stumm. Mein Aussehen in jenen Momenten muss derart merkwürdig, ja komisch gewesen sein, dass man in mich drang und fragte, was denn sei. Ich aber genierte mich, meine ‚Geheimnisse' preiszugeben.

Eines Abends, als ich mit Tante auf dem Bauernhof ihrer Familie zu Besuch war, begann ich spontan zu zeichnen. Zu jedem meiner Bilder erfand ich eine kleine Fortsetzungsgeschichte. Sie handelte von Kindern, die sich vor einem Radio in der Stube fürchteten. Genauer gesagt, fürchteten sie sich vor jenem kleinen, grünen Licht, dem so genannten magischen Auge, das sich flackernd bewegte und die Kinder so in Schrecken versetzte, dass sie in die Zimmerecken flüchteten.

Schliesslich aber fassten sie sich ein Herz, packten das Radio in einen grossen Karton und schnürten ihn zusammen. Den luden sie auf einen Karren und gaben ihn bei der Post auf, um sich endgültig von diesem Unding mit dem grünen Auge zu befreien.

Als ich mein ,Werk' beendet hatte, stimmte ich in das anerkennende Gelächter Tantes mit ein, denn nicht nur die Kinder, auch ich selber hatte mich in diesem Augenblick von meiner Angst befreit. Schliesslich war ich es gewesen, die von dem kleinen, grünen Licht in Panik versetzt worden war. Dieser Versuch, mit dem ich mich zur Tapferkeit hatte erziehen wollen, war gelungen.

Als unentbehrlicher Schutz vor meinen Ängsten erwiesen sich über längere Zeit alle Menschen, die mir in der jeweils bedrohlichen Situation am nächsten waren.

Ich erinnere mich, dass man mich eines Tages zwar streng, aber nicht ohne heitere Aufmunterung dazu überredete, selbstständig mit der Strassenbahn zu fahren und alleine von der Haltestelle nach Hause zu laufen. Doch die Zuversicht, mit der ich die Unternehmung begonnen hatte, währte nicht lange. Kaum hatte ich die Bahn verlassen, überfiel mich die alte Unsicherheit und dies, obgleich ich den Weg nach Hause gut kannte. Eine vorüber kommende Dame bemerkte meine Hilflosigkeit und nahm sich meiner an. Freundlich und hilfsbereit begleitete sie mich bis vor unser Gartentor. Als ich daheim von meiner Verlegenheit erzählte, erhielt ich das Verbot mich künftig Fremden anzuschliessen. Dies war für gewiss eine harte Lehre, doch sie half mir, meine Ängste mehr und mehr zu überwinden.

Eines Tages, ich war noch nicht 14, ersann Tante einen Plan, der meine Leiden fast wie auf einen Schlag beseitigen sollte. Liebevoll ermunterte sie mich, ein erstes Mal ganz allein von daheim fortzugehen und mit dem Tram in die Stadt zu fahren, wo wir uns in einem Restaurant treffen und gemeinsam zu Mittag essen würden. Das feine Mittagessen sollte einer Belohnung gleichkommen. Um zu verhindern, dass ich sie zu guter Letzt nicht doch noch in Anspruch nahm, verliess Tante ein paar Stunden zuvor das Haus.

Wacker machte ich mich auf den Weg, und schon nach den ersten Metern wusste ich, dass diesmal etwas anders war. Ich atmete freier und verspürte trotz einer leichten Erregung nichts von den sonst üblichen Ängsten. In der Bahn konnte ich sogar lächeln. Meine Unsicherheiten und mein Unbeholfensein schienen wie fort geblasen. Auch auf dem Weg durch die Stadt konnte ich mich gut orientieren und fand ohne Schwierigkeiten das Restaurant, unseren Treffpunkt, wo Tante mich bereits erwartete. Ich war stolz und glücklich.

Insbesondere diesen Erlebnissen ist es zu danken, dass ich bald danach selbstständig zum Einkaufen ins Dorf laufen oder in die Stadt fahren konnte. Begleitung hatte ich nicht mehr so gern, obwohl man einräumen muss, dass es viele Gefahren gab, die im Strassenverkehr lauerten.

Seit gut drei Jahrzehnten geniesse ich nun völlig eigenständig in meiner Wohnung zu leben. Ehrlich gesagt fällt es mir schwer, mein Quartier auf Dauer mit jemandem zu teilen, von Kurzaufenthalten meiner Gäste einmal abgesehen. Früher liebte ich es, an freien Sonntagen alleine ausgedehnte Spaziergänge in der hügeligen Umgebung zu machen. Dies missfiel meiner Mutter, und sie drängte mich immer wieder, doch lieber etwas mit Freunden oder Bekannten zu unternehmen. Ich wies ihr Ansinnen kurzerhand ab und liess sie mitunter nicht einmal wissen, wohin ich ging.

Bin ich allein und weiss mich ausserhalb der Sichtweite anderer Menschen, geniesse ich die Stille. Es ist ganz gewiss eine andere „Stille" als die, die ein Hörender erlebt. Ich fühle dann die Gegenwart anderer unsichtbarer, stummer Wesen, die um uns sind, und auch meine Seele gehört zu ihnen …

In der Natur

An einem prächtigen Sonntagmorgen durchstreifte ich alleine den Riehener Wald. Fröhlich lief ich durch den Wenkenpark, vorbei am Weiher und dann auf einem breiten, mir von Kindheit her vertrauten Wanderweg hinauf in den Wald. Dort hielt ich einen Moment inne, um nach einer Abzweigung Ausschau zu halten, einem Fusspfad, der jetzt unter abgebrochenem Geäst und verwesendem Laub zwischen fast senkrechten, meterhohen und von Wurzeln durchzogenen Erdwällen verborgen lag.

Oft hatte ich geträumt, dass es hier irgendwo grässliche Gespenster gäbe, die sich meiner Seele bemächtigen wollten. In anderen Träumen dagegen war ich immer wieder auf diesem schmalen Weg bis zu einem kleinen, heiligen „Tanzplatz der Kängurus" gelangt. Furcht hatte ich nicht, als ich den Weg betrat. Meine Eltern waren nie mit mir diesen Weg gegangen, gewiss in der Meinung, er führe nicht weit. Ich aber wusste es, dank eines Blicks auf die Landkarte, besser.

Und so wanderte ich nun, bis ich einen Waldhügel erreicht hatte, der sich am Ende des Weges erhob. Ich stieg hinauf. Allein war ich, ganz allein, und dieses Alleinsein genoss ich sehr. Da die Bäume nicht dicht beieinander standen, konnte die Sonne die in schönstem Grün stehenden Sträucher und Kräuter bescheinen. Weissblühende Brombeeren, Waldmeister, Buschwindröschen und – zu meiner grossen Freude – gelbe Schlüsselblumen sowie das rötlich violette Lungenkraut standen hier beieinander. Ich pflückte nichts davon, weil ich es liebte, diese prächtige Vegetation auf dem feuchten, duftenden Waldboden zu bewundern, statt einen Abglanz ihrer in meinem Zimmer in eine Vase zu stellen. Immer wieder musste ich mir meinen Weg durch dornige Brombeerzweige bahnen, deren Dornen sich in meiner Kleidung verfingen. Auf der Hügelkuppe liess ich mich eine Weile nieder, nicht zum Ausruhen, sondern um zu schauen. Die wärmenden Sonnenstrahlen berührten unendlich sanft meine entblössten Arme. Ein winziger Käfer, der auch dort Platz genommen hatte, suchte ebenfalls in diesen Genuss zu kommen. Wie herrlich die Natur doch war!

Langsam, wie benommen von dieser zauberhaft feierlichen Stimmung, erhob ich mich und stieg vorsichtig den Hügel wieder hinab. Beseelt war jeder Augenblick meines Heimweges durch den Wald, über die Wiesen, vorbei an einem Dörfchen. Dann wurden meine Schritte schneller. Bald schon würde ich daheim sein, wo mich ein feines Mittagessen aus Mamas Küche erwartete.

Der Busch gehört mir

Als ich noch jung war, fand ich mich nicht selten allein in einer unübersehbar weiten Landschaft. Jedenfalls glaubte ich völlig allein zu sein, sobald ich keinen Menschen mehr erblickte. Dies war eine für mich höchst unbehagliche Situation, die von der Vorstellung verlassen worden zu sein beherrscht wurde. Aber dieser Eindruck des Verlassenseins hing vor allem damit zusammen, dass ich weder das Rauschen der Blätter noch einen Vogelruf hören konnte. Jedes noch so kleine Geräusch hätte dieses unheimliche und beklemmende Gefühl zumindest gemildert. Vielleicht wäre es gar nicht erst aufgetreten. So aber blieb ein Bewusstsein völliger Einsamkeit.

All dies hat sich inzwischen geändert. Bin ich heute in der Natur, kann ich meine Aufmerksamkeit auf andere Dinge lenken, zum Beispiel die mich umgebenden Farben und Formen oder vielleicht den Hauch des Windes, der mich streift. Auch die Wärme der Sonnenstrahlen und die verschiedenartigen Gerüche im Busch können mir jenen Rückbezug vermitteln, den ich brauche, um mich selbst zu spüren und ganz bei mir zu sein.

Sind ausser mir noch Kängurus anwesend, fühle ich mich nicht nur angstfrei und entspannt, sondern auch glücklich. Das Schönste an diesen Augenblicken aber war und ist, dass ich in Gegenwart meiner „Lieblinge" meine Behinderung fast völlig vergesse! Daher träumte ich oft, ausschliesslich von Kängurus umgeben zu sein. Es ist nicht allein die grosse Vertrautheit mit ihnen, die ungleich grössere Nähe zu ihnen als die zu manchem Menschen, die diesen geheimen Wunsch nährt. Nein, es sind jene feierlichen Augenblicke, die ich in Gegenwart dieser Tiere erleben durfte. Manchmal, wenn sie im Schatten ruhten, fiel ich ohne jede Anstrengung in eine Art Meditation. Ohne Übertreibung kann ich sagen, dass ich dabei immer wieder das Empfinden hatte, über meine geliebten Tiere in Verbindung mit dem Schöpfer zu stehen. Es sind eben diese Momente der Andacht, jener seltsam feierlichen und ehrfürchtigen Stimmung, denen ich auch die Gewissheit verdanke, der Gemeinschaft der Kängurus – auf welche Weise auch immer – anzugehören.

Mein Glaube

Im Spiegel der Schöpfung

In aller Frühe, noch halb im Schlaf, bin ich draussen vor unserer
Hütte in Pebbly Beach, um die wundersamen Farbenspiele am morgendlichen Himmel zu schauen. Ringsum ist es noch völlig dunkel.
Nur fern im Osten, über dem Meereshorizont beim Kap, erahnt man
das Licht. Für wenige Augenblicke ist die Welt wie am ersten und
jüngsten Tag, uralt und neugeboren zugleich. Und die Dinge zeigen
sich in jenem merkwürdigen Grau, das jenseits aller Farben steht. Die
Helligkeit nimmt zu – es beginnt zu dämmern.

Dann jedoch bedeckt der Himmel sich rasch mit feinsten Wolken
und Dunstschwaden, färbt sich leicht gelb und wechselt in ein ver-
grautes Blau. Aus diesem wird helles Lila, in das der erste rosa Schimmer vordringt. Das Rosa verstärkt sich, wird rasch zu Rot, flammt
feurig auf und weitet sich langsam, vermischt sich dann mit Gelb,
Orange, Rosa sowie Lila und einem rasch heller werdenden Blau.

Gegen diese lichte Schönheit stehen die pechschwarzen Silhouetten des Kaps und der vereinzelt hervorragenden Baumwipfel, Zeugen
der noch im Dämmer liegenden Uferlandschaft.

Keine Sekunde, in der das Farbenspiel am Himmel innehielte. Immer wieder mischt es sich neu; aus Rot kann Orange werden, aus
Orange Rosa. Rosa verwandelt sich vielleicht in erregendes Purpur,
das zum Grau und Rot wandert.

Doch das Spiel der Formen ist nicht weniger faszinierend als das
der Farben. Wolken aller Art, Wolkenfetzen und Nebelstreifen nehmen teil am Spiel dieses beständigen Wandels. Da ist ein fortwährendes
Wachsen, sich Weiten, Schrumpfen, ein Zerreissen, sich Auflösen und
Verschwinden, ein sich Zusammenfinden und voneinander Lösen Und
all dies wundersame Hin und Her, Heran und Zurück, dieses Auf-
leuchten und Verblassen am Himmel vollzieht sich wie die Arbeit an
einem Gemälde, gemalt von einem unsichtbaren, göttlichen Maler,
einem Maler, der weiss um das ewige Werden und Vergehen.

Ich gehe hinunter zum Strand. Der frische Tau auf den Wiesen be-
netzt meine Turnschuhe und macht die Füsse ein wenig kalt. Auch die

Hände werden klamm. Doch meine Freude ist gross! Es ist herrlich, dem heraufziehenden Tag so voller Empfindung und Hingabe entgegen zu eilen.

Der vielfältige Wechsel von Farben und Formen spiegelt sich in den Gewässern der Lagune, den Tümpeln und der verebbenden Brandung am Strand, wo es noch einmal glitzernd aufleuchtet, bevor der Sand es aufnimmt.

Bald schon werden die Farben auf den noch dunklen Busch übergreifen.

Kurz darauf ist es so hell, dass ein Farbspiel nach dem anderen verblasst. Nur ein leuchtendes Gelb und ein paar orangefarbene Wolkenschichten bleiben. Dafür wird eine kleine Stelle beim Kap immer heller. Ein Lichtpunkt erklimmt den Horizont, wird grösser und immer grösser; die Sonne ist zurück und wirft ihr Licht weit hinaus, bis innerhalb von Sekunden das Buschwerk mit seinen Ästen, Zweigen und Stämmen, seinen Blättern und Blüten in zartem Rosa aufleuchtet!

Oben auf „Jacks Hügel" reckt ein grosser, alter Eukalyptus seine Äste in den westlichen Himmel. Auch er hüllt sich nun rasch in feines Rosa. Doch dies ist nur seine „Anprobe", denn Augenblicke später haben ihn die ersten Sonnenstrahlen erfasst, und er lodert rot auf, als stände er in Flammen! Es ist ein schauerlich-schöner Anblick. Ich bin ergriffen.

Nicht lange danach, und die Sonne ist über den Horizont gestiegen. Das Grün der Wiesen und des Blattwerks, das Blau des Himmels, auf dem ein paar weisse Wölkchen umher treiben, das Rostrot der Eukalyptusstämme, der hellbeige Sand und nicht zuletzt das wellige Graublau des Meeres verkünden den neuen Tag.

Ringsum auf den Ästen und Zweigen sitzen lustige Kookaburras und lachende Hänse, die ihr Gefieder aufplustern wie Wollpolsterknäuel. Aus dem Busch treten die Kängurus ans Morgenlicht, das nun bereits ein wenig wärmt. Die Wiesen sind belebt von den roten, blauen und grüngelben Girlanden der vielen hin und her fliegenden Papageien, deren ständige Bewegung wie ein fröhlicher Morgengruss daher kommt. Jetzt ist es unwiderruflich: Der Tag ist angebrochen!

Himmel und Hölle

Als ich mich mit dem Thema dieses Kapitels beschäftigte, tauchte die Erinnerung in mir auf, wie ich als Siebenjährige bei Tante lernte, jeden Abend im Bett mit gefalteten Händen zu beten: „Lieber Gott, gib mir eine gute Nacht. Amen." Irgendwann erlaubte mir Tante, ein eigenes Gebet zu sprechen. Und so betete ich: „Lieber Gott, bring bitte Sonne und blauen Himmel. Amen." Oder ein anderes Gebet, in welches ich meinen Bruder einschloss: „Lieber Gott, mach, dass Peter bald sprechen kann. Amen".

Fortan fühlte ich mich für den Inhalt meiner Abendgebete selber verantwortlich. Das hiess, dass ich mich nun intensiv mit den Vorstellungen vom ‚lieben Gott' beschäftigte. Ich versuchte mir auszumalen, wo und wie Er oben im Himmel wohnte, solange, bis Tante mich ‚aufklärte'. Der liebe Gott, so Tante, sei ein uralter Mann und lebe, umringt von unzähligen Engeln, den Seelen verstorbener, braver Menschen. Es sei daher auch nicht notwendig, allzu sehr um die verstorbenen Angehörigen zu trauern. Man könne – im Gegenteil – fröhlich sein, denn schliesslich sei so ein Dasein als Engel doch etwas sehr Schönes. Die Behinderten oder Schwerkranken, so Tante, würden im Himmel von ihren Leiden erlöst und tummelten sich dort als kerngesunde Engel. Alles Leid und alle Beschwernisse, die der Mensch auf Erden erlebt, gäbe es dort nicht mehr. Denn man müsse sich nun nicht mehr mit seinem alten Körper herumplagen, da man als lichte Seele diesen nicht mehr benötige. So gelangte ich zu der Überzeugung, dass auch ich einst als Engel Gesang und Musik in der Ewigkeit würde hören können.

Ich beschäftigte mich weiter mit dem Verfassen meiner Gebete. Da ich wusste, dass Er auch von weitem die Gebete des auf Erden lebenden Menschenvolks hören und somit erhören konnte, war ich mir sicher, dass Er auch mein Gemurmel würde verstehen können. Böse Menschen, so Tante, hole der Teufel in die Hölle. Diese liege im Innern von Mutter Erde. Dies alles klang ziemlich Furcht erregend, und so bemühte ich mich stets brav zu bleiben, was mir leider nicht immer gelang. Ich galt im Gegenteil als ein sehr unartiges Kind. Dies trug mir etliche unfreiwillige Abendstunden im Bett ein, während derer ich darüber nachsinnen durfte, was ich denn Gutes oder Böses am Tag getan hatte.

Eines Morgens dann konnte ich Tante erregt und begeistert berichten, beim lieben Gott im Himmel gewesen zu sein und mich mit ihm unterhalten zu haben! Tatsächlich hatte ich dies geträumt. Durch meine Darstellung sehr erheitert, bestand Tante darauf zu erfahren, wie ich denn in den Himmel gelangt sei? Nun, trotz meiner leicht verschwommenen Erinnerung wusste ich noch genau, dass ich aus meinem Bett hinauf zum nächtlichen Himmel geschwebt war.

Durch den Umgang mit ihr, unseren Hausangestellten und unserem christlichen Freundeskreis war ich mit deren Traditionen vertraut. Tante unterrichtete mich ausserdem gründlich darin, was die christlichen Feiertage mit Blick auf die biblischen Ereignisse bedeuteten. Vieles davon bewahrte ich in meinem Herzen und freute mich genauso wie meine christliche Umgebung auf die herannahenden Festtage, nicht allein der schulfreien Tage wegen, sondern auch um mitzufeiern.

Als ich elf war, trat etwas Neues in mein Leben. Durch meine Mutter lernte ich den jüdischen Glauben kennen, der mich bald schon zu faszinieren begann. Um mich mit dem Judentum und seiner Kultur vertrauter zu machen, schloss ich Freundschaft mit Paula, einem gleichaltrigen Mädchen aus einer streng gläubigen jüdischen Familie. Mit ihr traf ich mich regelmässig zum Spielen. Dank dieser Kontakte machte ich eines Tages eine aussergewöhnliche „Entdeckung", die mich anfänglich sehr irritierte.

Es war Sommer. Paula und ich wollten schwimmen gehen. Ich bat meine Mutter um ein wenig Geld, damit wir uns Eiscreme kaufen konnten. Doch sie weigerte sich und erklärte mir, dass Paula dies nicht essen dürfe, genauso wie alle anderen Speisen, die nicht ‚rein' (das Wort „koscher" kannte ich noch nicht) seien, wie zum Beispiel Schweinefleisch. – Wie? Kein Schweinefleisch? Keine Eiscreme? Ich verstand nichts von dem, was Mama sagte und fragte mich nur, warum Paula ausgerechnet keine Eiscreme essen durfte. War es vielleicht die Süsse darin? Aber es gab doch kein süsses Schweinefleisch! – Ich fand einfach nicht den gemeinsamen Nenner.

Nun lernte ich das kennen, was man die jüdischen Speisevorschriften nennt und sah, was bei den Strenggläubigen auf den Tisch kam. Wie entsetzt war ich, als mir bewusst wurde, dass bei uns daheim sehr häufig Schweinfleisch gegessen wurde. Das hiess also, dass wir nicht wirklich fromm waren. Nein, so durfte es nicht weitergehen! Ich beschloss, es von nun an genauso zu machen wie Paula und ihre jüdischen Freunde und verkündete als erstes, auf der Stelle fromm zu werden! Ich gelobte, fortan kein Schweinefleisch mehr anzurühren, aber auch um jedes andere fragwürdige Fleisch einen grossen Bogen zu machen. Tatsächlich legte ich in der Folge Speck oder Fleischstücke am Tellerrand ab und hielt mich treu an mein Gelöbnis. Einmal jedoch passierte es, dass ich aus Vergesslichkeit vom Verbotenen ass. Als mir dies bewusst wurde, befiel mich ein heftiger Weinkrampf.

Oft ermunterte mich meine Mama, bei Zusammenkünften mit meinen christlichen Freunden oder den Pfadfinderinnen mich deren Essgewohnheiten anzupassen. Doch ich weigerte mich – bis ich bemerkte, dass kleine Ess-‚Sünden' von ‚oben' keineswegs bestraft wurden. Dadurch entstand für mich eine Gefühlssituation, mit der ich mich arrangieren konnte und die ich heute fast ohne Unannehmlichkeit bewältige. Lehne ich bei Einladungen unkoschere Gerichte ab, überkommt mich regelmässig eine gewisse Scham, meinen Gastgebern gegenüber unhöflich gewesen zu sein. Tue ich ihnen den Gefallen und esse vom Verbotenen, verspüre ich keinerlei schlechtes Gewissen. Dies liegt daran, dass ich mir selber die Speisegebote aus freien Stücken auferlegt habe und diese auch strikt befolge, wenn ich allein bin. Da es meine eigenständige Entscheidung war, fühle ich mich in Gesellschaft entsprechend frei in ihrer Ausgestaltung.

Einmal als ich mit Tante in der Stadt war, sagte ich spontan und unbesonnen, von jetzt an könne ich die Christen nicht mehr lieben. Seit ich auf den jüdischen Glauben fixiert und davon überzeugt war, in ihm die einzig wahre Religion gefunden zu haben, glaubte ich tatsächlich, die Anhänger anderer Religionen gering schätzen zu müssen. Zumindest tat ich so, denn ein entsprechendes Bewusstsein besass ich nicht.

Verdutzt blieb Tante stehen und blickte mich streng an. Dann schalt sie mich, ich sei eine schlechte Pfadfinderin. Beide, Christen und Juden, seien liebe und gute Menschen. Böse und gottlose Leute gebe es hier wie dort, denen gehe man besser aus dem Weg. Beschämt und ein wenig verwirrt betrachtete ich die Vorbeigehenden. Am folgenden Abend fragte ich Mama, ob auch sie die Christen liebe. Sie bejahte dies unumwunden – ich war erleichtert.

Die Zurechtweisung und die darauf folgende Vergewisserung waren gleichermassen wichtig für mich, und ich habe ihnen, wie meiner Erziehung in Glaubensfragen insgesamt, viel zu verdanken. Aufgrund dieser toleranten, zurückhaltenden Einstellung in der Familie standen mir später die Türen überall stets offen. Gegenseitige Achtung und Respekt sind für mich bis heute die wichtigsten Prinzipien in religiösen Dingen. Persönlich versuche ich eine religiöse Selbstständigkeit zu bewahren, frei von doktrinären Glaubensvorschriften und jeder Form von Orthodoxie, die ich als ein Gefängnis empfinde. Ich erfreue mich im Gegenteil stets am kulturellen Austausch mit Menschen anderer Religionen, auch mit Atheisten. Gerade bei den letzteren ist mir immer wieder aufgefallen, dass die Ablehnung einer Konfession oder Kirche keineswegs einen Mangel im Glauben bedeuten muss. Oft sind es eben diese so genannten vermeintlich „Gottlosen", die über ein viel feineres spirituelles Empfinden und Denken verfügen und mehr Interesse an Glaubensfragen zeigen als viele der an ein strenges religiöses Reglement Gebundenen.

Ich erinnere mich noch gut, wie ich mit der atheistischen Känguruforscherin Julia auf Rotamah-Island leidenschaftliche philosophische Gespräche führte. Wir unterhielten uns vorwiegend lautsprachlich auf Englisch intensiv über mehrere Stunden, so dass wir die Zeit darüber fast vergassen und sogar unsere Studien über die Kängurus für eine Weile in den Hintergrund traten. So erzählte mir Julia, wie sie sich, von ihrer Kirche enttäuscht und mit dem Gefühl, von dieser im Stich gelassen worden zu sein, anderen Glaubensrichtungen zuwandte. Sie suchte so lange, bis sie schliesslich das fand, was sie ihre „Naturreligion" nannte. Ganz öffentlich und symbolisch demonstrierte sie dies dadurch, dass ihre Trauung nicht in einer Kirche stattfand, sondern mitten im Busch, wohin sie auch Verwandte und Freunde einlud. Dass sie und ihr Bräutigam dennoch nicht auf Brautkleid bzw. Smoking verzichteten, gab der Zeremonie, bei der Julias Onkel den Pfarrer vertreten musste, einen etwas bizarren Anstrich.

Als ich mit ihr den weiten bewaldeten Küstenstreifen von Rotamah-Island entlang wanderte, vertieften wir uns in das Thema Spiritualität, wobei mir Julia die Frage stellte, wie es möglich sei, seinen Geist an ein anderes menschliches Wesen weiter zu geben. Dies sei eine Frage der Erziehung, so ihre eigene Antwort. Sie selber wolle, wenn sie später einmal einem Kind das Leben schenke, ihren Geist an dieses weitergeben. Im Geist selber, so erklärte sie mir, liege die eigentliche Verbindung mit der Natur, die bei mir vor allem durch die Kängurus repräsentiert werde. Das, was sie sagte, war mir teilweise ein wenig fremd, doch teilten wir viele andere Gedanken, Vorstellungen und Wünsche, so zum Beispiel den, dass die Menschheit auf lange Sicht ihren Frieden mit der Natur machen möge.

Mit dem Älterwerden entwickelten sich meine Glaubensvorstellungen in eine Richtung, in der himmlische Wesen und ein nach Himmel und Hölle geschiedenes Jenseits keinen Platz mehr hatten. Mein Interesse galt nun vor allem der Frage nach meinem Selbst. Wie stand es grundsätzlich um dieses, und wo befand es sich, bevor ich auf die

Welt kam? Gab es irgendwelche Hinweise auf mein Ich oder eine Spur meiner Seele, noch bevor die ersten Lebewesen die Erde bevölkerten? War mein Ich schon als Einzeller, dann als Würmchen etc. vorhanden, sich bewusst oder unbewusst bewegend, fressend und ausscheidend und wieder fressend über eine unendlich lange Zeitstrecke? Gab es so etwas wie ein Nichts und wenn ja, würde meine Seele nach dem Tod wieder dorthin zurückkehren?

Jeder, der sich einmal mit solch grundlegenden Fragen beschäftigt hat, weiss, dass Antworten hier rar sind, wenn es sie denn überhaupt gibt. Doch mir ist es wichtig, mich immer wieder mit ihnen zu befassen, denn so bleibe ich wach für all das, was über unser alltägliches und manchmal leider auch langweiliges Leben hinausgeht. Am schönsten wäre es natürlich, wenn ich eines Tages Gewissheit in diesen Dingen erlangte! Eine solche Gewissheit aus eigener Fähigkeit zu erlangen, liegt allerdings nicht in unserer Macht. Manchmal, wenn ich mich frage, wo Anfang und Ende von allem liegen, kommt es mir in den Sinn, dass wir vielleicht gar nicht anders können als für alles einen Beginn und einen Schluss zu denken. Vermutlich müssen wir es sogar, weil dieses Schema unserem eigenen, durch Geburt und Tod begrenzten Leben entspricht. Selbst wenn die Seele unsterblich sein sollte, so ist das einzelne Leben doch endlich. Ein unendliches, sich fortwährend veränderndes Dasein ohne Anfang und Ende würde wahrscheinlich unsere Vorstellungskraft sprengen. Einmal hatte ich einen unheimlichen und zugleich wundersamen Traum. Ich war ein Licht erfülltes Genkörperchen, so etwas wie ein „Lichtsamen" und trieb inmitten eines Meeres aus Myriaden anderer leuchtender Partikel irgendwo im All! Waren das die Seelen oder ‚Seelenkeime', aus denen in Jahrmillionen künftige Menschen oder Tiere würden?*

Auch ich habe eine ‚Naturreligion'
Als Kind war ich einmal mit meiner Mutter und meinem Bruder im Riehener Wald. Auf einer kleinen Lichtung zeigte Mama mir zwei benachbarte herabhängende Zweige, an denen Erstaunliches zu be-

---

*Man kann sich vielleicht vorstellen, wie ungeheuer überrascht ich war, als ich erst vor kurzem erfuhr, dass dieser Traum verblüffend genau einer Vorstellung entspricht, die der griechische Philosoph Herakleides Pontikus, ein Schüler Platons, geäussert hat. Ich zitiere, was mir übermittelt wurde: „Er (Herakleides) behauptet, dass Seelen die Milchstrasse bewohnen, bevor sie ‚in die Zeugung' oder das irdische Dasein eintreten. Er beschreibt sie als leuchtende, fein ätherische Essenz." – Offenbar habe ich in meinem Traum eine Region des Vorwissens berührt.

obachten war: Obgleich es fast windstill war, pendelten die beiden belaubten Zweige ununterbrochen zueinander hin und voneinander fort – zueinander hin und voneinander fort! Es war, als befänden sie sich in einem Gespräch und nickten einander verständnisvoll zu oder aber sie tanzten anmutig ein „Blatt-Menuett". Warum sie sich so bewegten, war nicht zu ergründen. Ich weiss nicht mehr wieso, aber ein wenig fröstelte mich bei diesem Anblick.

Es ist möglich, dass jene Bewegung der Zweige mir damals deshalb unheimlich vorkam, weil ein Stück pflanzliche Natur, das ich bis dahin nur bedingt für „lebendig" gehalten hatte, plötzlich Regungen zeigte, die von einem eigenen ‚Willen' zu zeugen schienen. Erst viele Jahre später wurde mir klar, welch geheimnisvolles und für uns zumeist unsichtbares Leben die Flora durchpulst! Daher betrachte ich schon lange nicht mehr die Pflanzen als „tote Materie". Mittlerweile weiss ich, dass ein vielfältiges, fein aufeinander abgestimmtes Wirken unterschiedlichster Kräfte in einem Pflanzen-Organismus an dessen Gedeih und Erhalt beteiligt ist. Umfangreiche Bücher sind geschrieben worden über das geheimnisvolle Innenleben der Pflanzen. Und auch von einer „Pflanzenseele" ist manchmal die Rede, eine Benennung, die ich für einleuchtend halte.

Wie sich am Beispiel der Pflanze sehr schön zeigt, sind es die geheimen Prozesse im Innern der organischen Materie, die uns wie in einem Spiegel die Gegenwart eines Schöpfers erahnen lassen. Daher macht meine Aufmerksamkeit auch nicht an der Oberfläche der Dinge Halt, sondern richtet sich auf das Verborgene, darunter sich abspielende Geschehen. Gerade im für uns Kleinsten und damit Unscheinbarsten der Materie finden sich die ungeheuerlichsten Kräfte. Dies haben auf schreckliche Weise die Atomspaltung und die verheerenden Folgen der Bombenabwürfe auf Japan gezeigt.

Und selbst die Steine sind ja keineswegs „tot". Dass die Erze „wachsen", wussten noch unsere Ahnen. Dass Kristalle ebenfalls wachsen, wissen wir heute wieder und verwenden sie künstlich gezüchtet u. a. als Bausteine unserer elektronischen Gedächtnisse. Dem Menschen des Mittelalters war bestens bekannt, dass den Edelsteinen und Halbedelsteinen heilende Wirkungen innewohnen, die man sich zunutze machen konnte. Und wenn ich zum Beispiel daran denke, welch fast sakrale Rolle die Steine in der japanischen Kultur spielen, könnte man sogar davon sprechen, dass es vielleicht so etwas wie ein „Stein-Bewusstsein" gibt. Doch leider weiss ich zu wenig von dieser fernöstlichen Kultur.

Im Laufe meines Lebens veränderten sich meine Glaubensvorstellungen beträchtlich. Ich stellte fest, dass sie sich weit mehr in Richtung Natur bewegten als dies in der jüdischen Religion, soweit ich sie kannte, möglich war.

Meine vielfältigen Erfahrungen in der Natur haben mich gelehrt, die in ihr wirkenden Kräfte als die des universalen Schöpfers oder zumindest als eine Spiegelung seiner zu begreifen und anzuerkennen. Ich begriff aber auch, wie töricht und verblendet es war und ist, die westliche Zivilisation den Naturvölkern in vielen Dingen als überlegen darzustellen. Man muss nicht gross darüber nachdenken um einzusehen, wie sehr gerade der westliche Mensch ein Entwurzelter ist und mehr als jeder so genannt Primitive einer geistigen Heimat, einer spirituellen Bindung bedarf. Dieses Fehlen eines geistigen Bandes in den westlichen Gesellschaften wird für jedermann deutlich, der sich die furchtbare und systematisch betriebene Naturzerstörung vor Augen führt, die im letzten Jahrhundert stattgefunden hat.

Ebenso falsch und unangebracht ist es, verflossene Generationen oder Völker der Vergangenheit pauschal als dümmer und dem Menschen der Gegenwart unterlegen zu betrachten. Leider ist dies noch immer in Mode. Den Hochmut, der in dieser Geringschätzung alles Vergangenen und kulturell Andersartigen zum Ausdruck kommt, finde ich abstossend und dumm. Unsere so genannte Zivilisation hat nicht nur die grössten Kriege hervorgebracht, sondern auch den einmaligen Dünkel, sich für klüger zu halten als die gesamte Menschheit zuvor.

Es ist bekannt, dass eingeborene Völker, dank ihrer über Generationen weiter gegebenen Erfahrungen und einer starken Naturverbundenheit im Vorfeld einer Katastrophe sehr häufig das nahende Unheil spüren und sich rechtzeitig in Sicherheit bringen. Dies gilt umso mehr für die Tiere, die aufgrund ihrer Instinkte manchmal schon Tage zuvor, von Unruhe ergriffen, ihr Heil in der Flucht oder einem klugen Ortwechsel suchen.

Ich selber hatte einmal Gelegenheit, bei einem nicht ganz so dramatischen Anlass etwas Ähnliches zu beobachten. Es handelte sich um ein fast ausgewachsenes Baumkängurumännchen, das meine Freundin Margit aufgezogen hatte und mit dem sie nun ihr Schlafzimmer teilte. Dort schlief es auf einem hohen, breiten Sims an der Wand. Eines Nachts wurde das Tier plötzlich sehr unruhig. Margit schickte es vor die Tür – und einige Stunden später tobte ein heftiger Wirbelsturm ums Haus...!

Meine Erfahrungen und Gedanken haben mich gelehrt, Gott in den Dingen der Natur, den Bäumen, Wolken, Steinen, Flüssen, Bergen und Pflanzen und all den lebendigen Kreaturen zu sehen. Für mich ‚wohnt' Er in allem. Die Natur als ganzes ist für mich wie ein Spiegel Seines Wirkens. Es ist diese mittelbare Gegenwart eines anderen, höheren Wesens, das mich mit Ehrfurcht erfüllt und mein Herz höher schlagen lässt. Ohne mich dadurch in irgendein Reglement oder eine Schublade pressen zu lassen, nenne ich die Ausrichtung meines Glaubens die einer „Naturreligion".

Und wieso soll ich es nicht offen bekennen, wenn es doch wahr ist: Ein Gutteil meiner Seeligkeit sind sie, die Kängurus, denn ihnen verdankt meine Seele so viel! Immer wieder haben sie mich von Kummer und Sorgen „geheilt", in diesem Sinne sind sie mir „heilig". Wenn ich ihnen begegne und sie berühre, ist es wie ein erquickendes Bad, das mir Entspannung und neue Kraft verleiht. Es ist eine Begeisterung, die ich für diese Tiere empfinde, und wie jede Begeisterung erweckt sie die Lebenskräfte aufs Neue.

Um möglichen Missverständnissen vorzubeugen, möchte ich betonen, dass es mir nicht um eine Verklärung oder gar Anbetung der Natur als ganzes oder ihrer Einzelheiten, wie Bäume, Flüsse, Felsen oder Kängurus geht. Nein, mein Glaube bedarf keiner sakralen Orte und entsprechender Rituale. Ich trage ihn in mir, wo immer ich auch bin. Doch angesichts der Natur kräftigt er sich stets und lädt sich wieder auf wie eine „Batterie".

Tante erklärte mir irgendwann einmal humorvoll, dass, wäre nicht der Liebe Gott in mein Leben getreten, ich vermutlich die Sonnenblumen, die Bäume und ganz gewiss die Kängurus angebetet hätte. Nun, in einem gewissen Sinne bete ich sie wirklich an. Es ist vielleicht das, was man früher „Schwärmerei" nannte, die begeisterte Hingabe an ein geliebtes Wesen.

‚Vergöttern' erlaubt!

Es gab eine Phase in meinem Leben, in der eine Vielzahl alltäglicher Einflüsse mich nicht zur Ruhe, geschweige denn einer tieferen Besinnung kommen liessen. Vor allem war es der Zeitdruck bei meinen beruflichen Tätigkeiten, unter dem ich litt. Auch einige politische Ereignisse liessen mich nicht unberührt und verlangten nach einer persönlichen Stellungnahme.

Und natürlich ging mir so manches innerhalb meiner Familie sehr zu Herzen. Doch trotz all der mitunter turbulenten Ereignisse und der seelischen Unruhe, die sie bei mir auslösten, verschwanden die Kängurus nie aus meinem Herzen, ja ihr Bild verblasste nicht einmal!

Einmal, am Versöhnungstag Yom Kippur, ich war noch jung, lasen wir in der Synagoge in den Gebetbüchern. Es war dort eine lange Reihe von Sünden aufgezählt. Die Bedeutung einer Sünde aber blieb mir dunkel. Es war das so genannte „Sinnen des Herzens".* Also fragte ich Mama nach der Bedeutung. Augenzwinkernd antwortete sie mir: „Das ist, wenn Du zuviel an die Kängurus denkst!" Nun war ich in grosser Verlegenheit. Ich lächelte verschämt. Doch meine liebe Mama hatte es offenbar nicht so ernst gemeint.

Irgendetwas aber an ihrer Bemerkung machte mich betroffen und in der Folge verspürte ich jedes Jahr am Versöhnungstag ein gewisses Unbehagen, ja es wühlte mich mitunter sogar richtig auf, sobald wir im Gebetbuch beim „Sinnen des Herzens" angelangt waren. Der versteckte Vorwurf meiner Mama, die Kängurus zu „vergöttern", lag mir auf der Seele, wiewohl ich damals schon spürte, dass er im Grunde nicht berechtigt war.

Gewiss erscheint manchem aus meinem Freundes- und Bekanntenkreis meine liebevolle Zuneigung zu diesen Tieren übertrieben, vielleicht sogar befremdlich. Meine Haltung den Kängurus gegenüber war in der Tat stets emotional geprägt und trug manchmal durchaus Züge einer Verklärung. Doch darin unterscheidet sie sich nicht sonderlich von jener Verehrung, die man herausragenden Persönlichkeiten, Kunstwerken oder schönen Dingen ganz allgemein entgegenzubringen pflegt. Darüber hinaus war ich mir immer bewusst, zwischen der Zuneigung zu einem Tier und der zu einem Menschen zu unterscheiden. Das Wesentlichste dabei ist jedoch, dass diese besondere Art der Sympathie meine Einstellung zum Schöpfer niemals beeinträchtigt hat!

Eine Siesta für meine Seele

Ein Nachmittag in Pebbly Beach. Meine Blicke schweifen umher. Ringsum schöne, grüne Wiesen, auf denen Kängurus stehen und äsen oder ruhen. Mancherorts blühen Kräuter mit kleinen, rosa Blüten, die von den Kängurus als ungeniessbar gemieden werden. Über die gesamte Fläche verteilt, einzeln oder in Gruppen, stehen Eukalyptus-

---

*Der genaue Text lautet „Die Sünde, die wir vor dir begangen haben durch das Sinnen des Herzens."

bäume, Akazien und Banksias. Am oberen Rand des Wiesenabhangs befinden sich eine Reihe dünnstämmiger Bäume mit fast senkrecht empor ragenden Zweigen. In einem dieser Bäume nistet ein Flötenvogelpaar. Langsam und gemächlich hoppelt ein Känguru vorüber, einen Star auf seinem Rücken, der dort steht wie eine kleine Majestät. Ein zweiter Star fliegt herbei und macht dem ersteren seinen Platz streitig. Erregt flattern die Vögel über dem Rücken des Kängurus, das sich dadurch jedoch nicht aus der Ruhe bringen lässt.

Betörende und erquickende Düfte erfüllen die Luft, entströmen den Bäumen und Sträuchern der Umgebung, vor allem der Rinde, den Blättern und den weissen oder gelben Blüten des Eukalyptus. Nun wird dieses wunderbare natürliche Parfum angereichert mit dem zarten Odeur der Kängurus. Jetzt bin ich selig, alles ist vollkommen. Ein Lächeln huscht über mein Gesicht.

Die Zeit vergeht, ohne dass ich es bemerke. Schon ist es später Nachmittag. Langsam erhebt sich ein Känguru nach dem anderen und bewegt sich hinunter auf die Strandwiesen. Auch ich setze versonnen und heiter meine Beobachtungen fort. Bald schon versinkt die Sonne hinter den Buschhügeln. Ich stehe am Strand und blicke andächtig hinaus auf das bewegte Meer. Der Himmel zeigt sich in blassem Azurblau mit wenigen dünnen Wolkenstreifen. Ein heftiger Wind kommt auf, die Schaumkronen der Wellenkämme werden grösser. Das Brausen der Brandung bleibt für mich unhörbar – und doch fühle ich das unentwegte Hin und Her, das tobende Kreisen der Wellen tief in meiner Seele. Ein Prickeln läuft über meinen Körper. Mein Herz schlägt heftig, und irgendwie habe ich das Empfinden, als verliesse meine Seele für kurze Zeit diese Stelle und erhöbe sich in die Luft, wo sie mit den Seelen der Kängurus über der tobenden See schwebt...

Gespräche mit Doris Herrmann

(Im November/Dezember 2007 mit Michael Gaida, dem Co-Autor und Lektor des vorliegenden Buches.)

MG: Liebe Doris, nun hat der aufmerksame Leser so viel Interessantes erfahren über Sie und über Ihr Leben. Und er ist ganz bestimmt überrascht und beeindruckt, wie Sie trotz Ihrer Gehörlosigkeit und der mittlerweile auch recht starken Sehbehinderung Ihr Leben gemeistert haben. Aber Sie haben es ja nicht nur gemeistert, sondern es durch Ihre vielfältigen künstlerischen, wie auch wissenschaftlichen Interessen zu einem faszinierenden Werdegang gemacht.

Wenn Sie sich einmal zurück besinnen, was war für Sie persönlich das Wichtigste in Ihrem Leben?

DH: Natürlich waren die Kängurus stets das Wichtigste für mich. Das geht ja bis in meine Kindheit zurück. Allerdings bilden diese Tiere mehr eine Art ‚Gerüst‘, oder noch besser, einen ‚Rahmen‘. Das heisst, dass Kängurus nicht immer mein Hauptanliegen waren. Sie haben nicht nur meine Interessen in vielfältiger Weise bereichert, sondern auch in andere Richtungen gelenkt. Wie wäre mein Leben ohne Kängurus verlaufen? Hätte ich mir ohne sie andere ‚Favoriten‘ oder zentrale Themen gesucht? Das ist schwer zu sagen. Dieses Tier hat zwar immer im Zentrum meines Lebens gestanden, wenn auch nicht immer so direkt und sichtbar im Vordergrund. Dass andere Themen und Dinge zwischenzeitlich von grösserer Bedeutung für mich waren, hängt natürlich auch mit meinen persönlichen Lebensbedingungen zusammen.

So war in meiner Kindheit selbstverständlich das Erlernen der Kommunikationstechniken das Allerwichtigste. Sprechen, Schreiben und Lesen, das waren lange Zeit die Themen, die mein Leben beherrschten. Ohne diese Möglichkeiten wäre mein Leben nicht nur in der Familie und mit Freunden und Bekannten sehr eingeschränkt geblieben, sondern viele meiner Kontakte hätten überhaupt nicht stattfinden können. Und natürlich wäre auch mein Verhältnis zu den Kängurus sehr eingeschränkt geblieben. Wie hätte ich zum Beispiel meinen Mitmenschen von ihnen erzählen können? Wie über sie schreiben können? Dann kam die Berufsausbildung und meine Anfänge im Bereich der künstlerischen Arbeit. Und was auch sehr wichtig war zu der Zeit, dass ich anfing mit meinem Selbststudium. Da habe ich mich dann mit Zoologie, Biologie und speziell auch mit Verhaltensforschung beschäftigt. Danach waren es meine Australienreisen und die Feldbeobachtungen, die für mich im Mittelpunkt standen.

Nach dem Tod meines Vaters machte sich mein Streben nach Selbständigkeit stark bemerkbar. Ich zog aus der elterlichen Wohnung aus und konnte nun mein eigenes Leben führen, wenngleich ich auch weiterhin einen starken und innigen Kontakt zu meiner Mutter pflegte.

Als ich 54 war, erfuhr mein Leben eine schicksalhafte Wendung. Aufgrund einer Masernerkrankung minderte sich mein Sehvermögen beträchtlich. Also musste ich schweren Herzens fortan auf Feldstudien, die ja im Wesentlichen auf Beobachtung beruhen, verzichten. Man kann sich vorstellen, wie schlimm diese Einbusse für mich war.

Mir blieben mehr oder weniger meine Erinnerungen an jene spannende Zeit der Feldforschung im Busch, die ich dann ja auch niedergeschrieben habe.

Wegen der schweren Erkrankung meiner Mama, die noch gar nicht so lange zurückliegt, habe ich meine ganze Aufmerksamkeit dann für ein paar Jahre ihr gewidmet. Ihr Tod war ein einschneidendes Ereignis in meinem Leben. Er war für mich der letzte Schritt in die Unabhängigkeit. Es war mehr eine emotionale Unabhängigkeit. Nun war ich hauptsächlich auf mich allein gestellt.

Damit entstand aber auch ein neues Verantwortungsbewusst-sein, vor allem für meinen Bruder Peter. Er lebt in einem Heim. Für ihn bin ich jetzt nicht nur die Schwester, sondern zugleich ein Mutterersatz.

Jetzt wo ich in den 70ern bin, kümmere ich mich auch mehr denn je um die Angelegenheiten der Taubblinden. Dabei habe ich es mir zur Aufgabe gemacht mitzuhelfen, unsere Isolation von der Welt der Nichtbehinderten abzubauen. Mittlerweile habe ich selber eine Ausbildung zur Lormlehrerin gemacht. Dies ist eine wichtige Voraussetzung, um Nichtbehinderte zu unterrichten. Dadurch soll die Kommunikation zwischen den Taubblinden und normal Hörenden und Sehenden entscheidend verbessert werden. Dies setzt natürlich auch voraus, dass möglichst viele Nichtbehinderte diese Technik erlernen.

Doch bei alldem, was ich jetzt aufgezählt habe, sind doch immer die Kängurus das Wichtigste in meinem Leben geblieben. Bis heute habe ich noch Kontakt zu ihnen, auch körperlichen, wenn es möglich ist. Denn noch immer reise ich jedes Jahr nach Australien. Meine Begleiterin muss allerdings lormen können.

MG: Sie haben an anderer Stelle einmal geschrieben, dass es – ich zitiere Sie jetzt sinngemäss – für Sie als Kind sehr wichtig gewesen sei, dass das Känguru nicht wie die meisten Säugetiere vier, sondern zwei Beine habe.
Könnte man sagen, dass dieses Tier auch eine Art ‚Menschenersatz' für Sie war und ist?

DH: Ja, von meinem ersten Kindesblick an bis heute ist das Känguru für mich ein „Menschenersatz". Das bedeutet aber nicht, dass es für mich den realen Menschen ersetzt. Lassen Sie es mich so sagen: Das Känguru ist für mich das „menschlichste" unter allen Tieren. Das war es für mich von Anfang an. Selbst als ich den hoppelnden Fünfergang bei ihnen entdeckte, also ihre Fortbewegung auf Hinterfüssen, Vorderpfoten und Schwanz, hat sich mein Bild nicht geändert. Ich möchte diese gewiss etwas merkwürdige Aussage gerne erläutern.

Warum empfand ich zum Beispiel die Schimpansen niemals als ‚menschlich' so wie die Kängurus? Immerhin laufen sie manchmal genauso wie wir auf zwei Beinen, und jedes Kind lacht gerne über sie, weil sie so sehr an Menschen erinnern. Bei mir war das anders. Diese Tiere hatten zwar auch für mich etwas Komisches, aber sie waren auch zugleich Furcht erregend mit ihrem Zähnefletschen. Dann gefiel mir ihre Kopfform nicht. Die erschien mir zu plump. Und ihre hastigen, wilden Bewegungen waren einfach nicht schön anzusehen. Hinzu kam, dass ich ihre stark runzeligen Gesichter nicht mochte. Die Köpfe der Kängurus dagegen gefielen mir ausserordentlich, weil sie etwas ‚Edles' besassen. Vor allem hatten es mir ihre klugen, dunkelbraunen Augen angetan.

Als ich mich in meiner Teenagerzeit bei meinen regelmässigen Zoobesuchen mit den Kängurus anzufreunden begann, waren für mich die Augenkontakte besonders wichtig. Darin liegt das für mich eigentlich „Menschliche" dieser Tiere. Hinzu kommt ihre sehr ausgeglichene Haltung bei diesen Kontakten, die mir das Gefühl vermittelt, als unterhielte ich mich ernsthaft und intensiv mit einem Menschen.

MG: Wenn man berücksichtigt, dass das Gesicht der Affen doch irgendwie ‚menschlicher' und nicht zuletzt dadurch vertrauter auf uns wirkt – gibt es noch etwas anderes in der Physiognomie eines Kängurus, ausser der ausgeglichenen Haltung und dem Augenkon-

takt – der ja auch bei Primaten möglich ist – das es für Sie so an-
ziehend macht?

DH: Gewiss ist es möglich, auch mit den Primaten Augenkontakt
aufzunehmen. Dies ist allerdings nicht ganz unproblematisch und
kann sogar für den Menschen gefährlich sein, wenn er bestimmte Ver-
haltensmassregeln nicht befolgt. Das Mienenspiel eines Primaten ist in
vielem anders als das eines Menschen. Daher ist hier eine grosse Übung
erforderlich, wenn es zu einer affengerechten Kommunikation kommen soll.

Lieber Michael, erinnern Sie sich bitte an das Kapitel „Sich bewegen wie ein Känguru", in dem ich auch über die Affen geschrieben
habe. Ich brauche das also nicht mehr zu wiederholen. Die Kommunikation mit den Affen half mir übrigens, meinen Umgang mit den
Kängurus zu erweitern und zu verbessern. Natürlich ist die Mimik
eines Kängurus im Vergleich zu einem Primaten gering. Umso wichtiger ist das Verständnis ihrer Körpersprache. Interessant war zum
Beispiel, dass bei Dora ein leichtes, fast menschliches Kopf- und Hals-
recken zu beobachten war, wenn sie mich „ansprechen" wollte.

MG: Anders gefragt, gibt es etwas – ausser den von Ihnen er-
wähnten Äusserlichkeiten – ganz spezifisch ‚Menschliches' bei einem
Känguru? Immerhin verwandeln sich in manchen Ihrer Träume
Kängurus so, dass sie wie Menschen erscheinen, mit denen Sie auch
‚menschlich' kommunizieren können.

DH: Auch ich frage mich dies bis heute immer wieder. Wenn ich in
meiner Küche Doras Foto an der Wand betrachte, stelle ich mir oft die
Frage, war sie nun ein richtiges Känguru oder eher ein ‚Mensch'? Ich
weiss, es klingt irgendwie seltsam, aber so ist es. Ich habe ja ein paar
Mal erwähnt, dass ich früher manchmal das eigenartige Gefühl hatte,
als sei nicht einmal ihre Gestalt die eines Kängurus. Auch für mich
war dies seltsam, aber genau so war es. Ein Känguru mit einer Menschenseele, so kann man das wohl formulieren. Ähnlich erging es mir
auch mit Jacqueline und Berta, die einige Angewohnheiten hatten, die
mir sehr menschlich erschienen.

MG: Könnte man vielleicht sagen, dass Sie das Känguru auch
als eine Art idealen Menschen gesehen haben? Als einen zurück-
haltenden, ruhigen Menschen, wie Sie ihn sich immer gewünscht
haben? Nicht so wild und unberechenbar wie zum Beispiel ein Schim-
panse.

DH: Ja, da haben Sie etwas getroffen. Ehrlich gesagt liebe ich es, wenn mein Gegenüber sich ruhig und zurückhaltend verhält und mir konzentriert zuhört, auch wenn es vielleicht manchmal etwas länger dauert. Das können aber nicht alle. So mancher hat ein lebhaftes Temperament und gestikuliert gerne und oft. Das strengt mich an, und anscheinend reagiere ich darauf ein bisschen wie auf die Primaten mit ihren Armschwüngen und vor allem die Schimpansen mit ihren wilden Sprüngen. Manchmal gerate ich angesichts eines temperamentvollen Mitmenschen sogar in heimliche Wut und stelle mir in meiner Verzweiflung die ruhige Haltung eines Kängurus vor. Dann wünsche ich mir, dass sich mein Gegenüber entsprechend verwandeln möge.

MG: Glauben Sie, dass es ein Zufall war, dass Sie den Kängurus begegnet sind?

DH: Nein, das glaube ich nicht. Das war bestimmt kein Zufall. So wie es auch kein Zufall war, dass Eukala, die Aborigine, dieses Thema bei unserer Begegnung angesprochen hat. Sie sagte, dass die Kängurus mich gewählt hätten! Das war für mich zunächst völlig überraschend. Und natürlich ist es nicht einfach zu verstehen. Nicht ich habe also die Kängurus gesucht, sondern sie mich. Und was meinte sie mit „gewählt"? Das alles klingt erstmal sehr geheimnisvoll. Aber ich habe im Lauf meines Lebens einige Dinge erlebt, die man ebenfalls geheimnisvoll nennen müsste. Und je mehr ich über mein Verhältnis zu den Kängurus nachgedacht habe, desto rätselhafter war mir manchmal unsere Verbindung.

Was also könnte „gewählt" hier bedeuten? Um ehrlich zu sein, ich weiss es nicht. Und ich möchte auch hier nicht irgendeine Phantasie zum Besten geben. Allerdings ist mir bei Dora, meiner „Kängurufreundin", immer eine besondere Aufmerksamkeit, ja Anhänglichkeit mir gegenüber aufgefallen. Das ist bei Kängurus extrem ungewöhnlich.

Dabei fällt mir eine kleine Begebenheit ein. Als ich noch ein Kind war, besuchte uns oft mein Onkel. Der hatte einen Pudel. Ich erinnere mich noch genau, wie ich eines Morgens am Bettrand sass, um mir meine Pantoffeln anzuziehen. Da kam der Pudel und schnappte mir einen Pantoffel weg. Den schüttelte er heftig, warf ihn umher und verbiss sich spielerisch darin. Ich habe nicht geschrieen, sondern nur stumm zugeschaut. In jenem Augenblick tauchte in mir zum ersten Mal die Frage auf, warum steht ein Pudel, wie auch Pferde, Katzen und Hunde auf vier Beinen, wir Menschen dagegen nur auf zweien? Dieses Problem beschäftigte mich fortan. Zu meinen wichtigsten „Entdeckungen" zählte auch, dass der Pudel die Gegenstände nicht mit den Vorderpfoten „anfasste" und so mit ihnen spielte wie die Menschen es mit ihren Händen tun. Ich dachte mir damals, das ist eben so, weil er mit seinen vier Pfoten auf dem Boden steht. Mit ihnen läuft, rennt und springt er. Also benutzt er sein Maul zum Anfassen oder Anpacken und Tragen. Und da schoss mir eine Frage durch den Kopf: Gibt es auch Tiere mit einem Fell, die aufrecht stehen und auf zwei Beinen gehen und ihre Vorderläufe wie Arme hängen lassen? Kurze Zeit danach besuchte ich den Basler Zoo – und da waren sie! Sie, die ich offenbar gesucht hatte, die Kängurus!

Nimmt man diese zwei Dinge – meine Gedanken und Wünsche und kurz darauf meine erste Begegnung mit den Kängurus, könnte man schon von einem geheimnisvollen Zusammenhang sprechen, nicht wahr?

MG: Sie meinen in dem Sinne, dass es letztlich die Kängurus waren, die Sie „ausgewählt" haben, wie Eukala gesagt hat? Vielleicht wurden Sie als Kind zu ihnen hin „gelenkt?"
DH: Vielleicht.

MG: Haben Sie sich schon einmal gefragt, ob das Känguru in irgendeiner Weise mit Ihrer Hörbehinderung zu tun haben könnte? Ich denke da zum Beispiel an so was wie einen „Seelen-Begleiter" oder einen Vermittler zwischen Ihnen und der Natur.
DH: Ja, so was halte ich schon für möglich. Doch ich möchte es einmal ganz nüchtern sagen: Wäre ich ohne Hörbehinderung geboren, wäre mein Leben gewiss völlig anders verlaufen. Aber jetzt wiederhole ich mich. Ich denke, mehr sollte man dazu nicht sagen. Ein Leben ohne Naturbezug und ohne Kängurus ist für mich nicht vorstellbar. Aber ich kann es eben nur aus der Perspektive meiner persönlichen Lebensbedingungen betrachten: Ich bin gehörlos geboren und hatte beides, das Naturempfinden und die Kängurus.

MG: Ihre letzte Bemerkung, Frau Herrmann, bringt mich zwangsläufig zu der Frage, ob man dann in Ihrem Fall dem Känguru die Rolle oder Funktion eines ‚Totems' zusprechen könnte? Wenn ich Sie richtig verstehe, besteht zwischen Ihnen und den Kängurus eine Art geheimer Übereinkunft, also so was wie ein geheimes gegenseitiges

Verstehen. So könnte man es vielleicht nennen. Das heisst, Sie schützen die Tiere und widmen sich liebevoll und leidenschaftlich deren Interessen – und die Kängurus „schützen" auf geheimnisvolle Weise wiederum Sie, indem sie Ihnen ein seelisches Gleichgewicht, ein Geborgensein in der Welt, ja letztlich Ihrem Leben auch einen Sinn verleihen. Das entspricht in etwa auch der Schutz-Funktion eines Totemtieres.

Was sagen Sie dazu?

DH: Oh, das ist eine richtig komplizierte Frage! Ich will versuchen, sie Schritt für Schritt zu beantworten. Zuerst noch eine Frage: Was genau meinen Sie mit „geheimer Übereinkunft"?

MG: Sie wissen, was ein Totem ist. Ich habe Ihnen einmal geschrieben, dass ein Stammestotem für den Stamm als heilig und unantastbar gilt. Diesem Totem gegenüber empfindet jedes Stammesmitglied Ehrfurcht. Das Totem gibt aber auch etwas an „seinen" Stamm zurück. Es „schützt" die Stammesmitglieder vor schlechten und ungünstigen Einflüssen.

DH: Aha, so ähnlich hatte ich es auch verstanden. Also, ich glaube schon, dass ich das mit dem „Schutz" bestätigen kann. Wie oft bin ich als Fussgängerin unfallfrei durch den Strassenverkehr gekommen. Und das bis heute. Ich möchte mich allerdings nicht weiter dazu äussern, wer hier der ‚Schutzengel' war. Im Grunde können wir so was immer nur fühlen, niemals erkennen. Aber es ist unbestreitbar, dass zu der Zeit, als ich viele Monate unter dem Mobbing meiner Arbeitskollegen leiden musste, die Kängurus oft in meinen Träumen erschienen. Es kann sein, dass sie hier Ausdruck meiner tiefen Sehnsucht nach Harmonie und Geborgenheit waren. Jedenfalls halfen sie mir durch ihre Anwesenheit im Traum, mein seelisches Gleichgewicht und mein Selbstvertrauen wieder zu finden. Ich dachte aber auch damals oft sehr innig an sie, das ist richtig. Und eine kleine Kuriosität will ich hier nicht verschweigen. Die aus dem mitgebrachten Kängurukot gesprossenen schönen Gräser auf meinem Balkon schenkten mir zusätzlich Freude und auch Kraft, so dass ich schliesslich von mir aus den Arbeitsplatz kündigte. Ich weiss, das klingt wirklich komisch, aber so war es. Wenn man das alles zusammen nimmt, könnte es so scheinen, als ob mich die Kängurus schon ein paar Mal vor einem seelischen Kollaps bewahrt haben!

Wie diese Tiere meine Seele beschützt haben, habe ich in diesem Buch ja beschrieben.

MG: Gibt es noch andere Beispiele? Ich denke da an die vielen menschlichen Kontakte und Freundschaften, die Sie durch Ihr Interesse für die Kängurus gewonnen haben.

DH: Ja genau, ich bin sehr glücklich darüber, dass ich bei vielen Freunden und Bekannten ein lebhaftes Interesse an Kängurus wecken konnte. Da waren wir manchmal eine richtige kleine „Känguru-Gemeinde"! Es gibt aber auch Menschen, die mir unbekannt sind, die etwas von mir gelesen hatten und sich mit einem Mal für diese Tiere interessierten. Das habe ich mir berichten lassen. So stand ich beispielsweise eine Zeitlang in Email-Kontakt mit Schweizer Wallaby-Besitzern. Das sind gegen Winter und Kälte unempfindliche Zwergkängurus. Es ging um Fragen der professionellen Tierhaltung, und darin kenne ich mich ja ganz gut aus. So darf ich mich also glücklich schätzen, nicht der einzige „Kängurufan" auf dieser Welt zu sein!

MG: Liebe Doris, es war ja nun vor allem von den Kängurus die Rede, weniger von den Menschen. Lassen wir kurz einmal diese für Sie so wichtigen Tiere beiseite. Stattdessen möchte ich Sie fragen, ob es in Ihrem Leben bestimmte Menschen gab, die Sie sich zum Vorbild genommen haben? Ich meine Menschen, die so waren, dass Sie den Wunsch hatten ihnen nachzueifern.

DH: Oh, was für eine schöne Frage! Da war zunächst einmal Konrad Lorenz, der Verhaltensforscher und Nobelpreisträger, dessen Bücher mich ungemein faszinierten. Der war eine Zeitlang fast wie ein ‚göttliches Wesen' für mich. So etwas wie er wollte ich unbedingt auch machen. Und seine Schriften haben mir tatsächlich einen Weg zu meinem eigenen Forscherleben aufgezeigt. Es gab aber noch weitere Vorbilder, ja fast müsste ich von Idolen sprechen. Ich kann sie hier gar nicht alle nennen. Eines meiner Vorbilder war der international bekannte Professor Hediger, ein vormaliger Zoodirektor von Basel und von Zürich. Mit ihm hatte ich gelegentlich schriftlichen und mündlichen Kontakt. Es war ein für mich sehr fruchtbarer Gedankenaustausch. Er starb vor einem Jahrzehnt, und ich vermisse ihn noch heute sehr. Dann war da nicht zuletzt Herr Dr. Schloeth aus Basel. Er war mein Lehrer in der Verhaltensforschung und hat mich sehr ermutigt, meinen eigenen Weg zu gehen. Diesen drei Persönlichkeiten verdanke ich sehr viel.

MG: In diesem Zusammenhang möchte ich Sie fragen, welches für Sie die wichtigsten Eigenschaften eines Menschen sind?

DH: Aufgeschlossenheit in allen Dingen, Liebenswürdigkeit, Ehrlichkeit, Toleranz und vor allem Respekt.

MG: Ein letztes Mal noch zu Ihren geliebten Kängurus. Sie selber haben ein paar Mal erwähnt, dass diese Tiere nicht nur angenehme und liebenswerte Eigenschaften besitzen. So können die Böcke z. B. sehr aggressiv, sogar Furcht erregend sein. Und es gibt auch immer wieder Fälle von Jungtiertötungen durch die älteren Böcke bzw. Kannibalismus.
Wie können Sie diese ‚Schattenseiten‘ in Ihr persönliches Kängurubild einfügen?

DH: Ja, Sie haben Recht. Ich selber musste ein paar Mal solche Dinge miterleben und oft wurde mir auch darüber berichtet. Es ist befremdend, das gebe ich zu, und eine Zeitlang habe ich versucht, diese „Schattenseiten", wie Sie sagen, zu verdrängen und einfach nicht zur Kenntnis zu nehmen. Aber: Kannibalismus unter Kängurus ist eine Tatsache, auch wenn er nur selten vorkommt. Und es sind nicht nur Böcke, die beutelbedürftige Jungtiere fressen, sondern auch mitunter die eigenen Mütter oder andere Känguruweibchen. Die Gründe hierfür sind zahlreich. Neben dem Kannibalismus gibt es aber auch noch andere unangenehme Züge bei diesen Tieren. Da die Kängurumütter fremde Jungtiere nicht tolerieren, fügen sie ihnen manchmal arge Verletzungen zu. Die Jungtiere müssen also beständig auf der Hut sein vor anderen Kängurumüttern und sich im Ernstfall rechtzeitig in Sicherheit bringen.

Immer wenn ich von diesen Dingen erfuhr oder sie sogar mit ansehen musste, ging es mir regelmässig sehr schlecht. Da war ich dann plötzlich nicht mehr die Forscherin, sondern ein Mensch. Es fehlte mir dann der Abstand. Doch das ist, glaube ich, verständlich, wenn man eine so innige Beziehung zu diesen Tieren hat wie ich.

MG: Nun haben wir vieles über Sie erfahren – und doch ist eine Ihrer Aktivitäten ein wenig zu kurz gekommen: die künstlerische Arbeit! Sie haben eine Ausbildung in textilem Schaffen absolviert, Sie haben viel gezeichnet, vor allem Aquarelle, Sie haben aber auch kleine Skulpturen aus Pappmaché oder Ton, Perlen und gewickelten Drähten angefertigt. Ich durfte ein paar Ihrer Arbeiten bewundern, vor allem die Zeichnungen. Dabei ist mir aufgefallen, dass Sie neben einer Vorliebe für die naturalistische oder gegenständliche Darstellung auch eine starke Neigung zur Karikatur haben. Ich finde es

verblüffend, dass nicht einmal Ihre ‚Lieblinge‘, die Kängurus, vor Ihrer spitzen Feder sicher sind!
Woher rührt diese Neigung?
DH: Meine Begabung für das künstlerische Gestalten wurde schon recht früh bemerkt. Und sie wurde auch gefördert. Meine eigentliche Motivation zum künstlerischen Schaffen rührt aber wieder einmal von meiner starken Naturverbundenheit her.

MG: Wie meinen Sie das?
DH: Schon als junge Erwachsene verspürte ich, wie vieles in der Natur durch Menschenhand zerstört wurde. Das war unverkennbar. Also habe ich mich gefragt, was kann ich selber dagegen tun? Welchen Beitrag kann ich leisten? Ich war damals gerade in den Naturschutzbund eingetreten. Aber sollte ich an Tagungen oder Konferenzen oder Demonstrationen teilnehmen? – Nein. Meine Gehörlosigkeit stand mir im Weg. Für solche Aktivitäten war ich einfach nicht geeignet. Aber ich hatte ja andere Möglichkeiten, die für mich viel sinnvoller waren, z. B. meine künstlerischen Talente! Also habe ich spontan mit künstlerischen Darstellungen der Natur begonnen. Dabei habe ich viel Anerkennung erfahren, was mir natürlich gut tat. Angefangen habe ich mit Darstellungen des Abendrots. Dann folgten Blumen, alles sehr fröhlich und farbig, und danach habe ich für einen kleinen Bildteppich ein ganz spezielles Motiv gewählt, den Bau einer Staumauer. Damit wollte ich auf meine Weise gegen die Verschandelung der Landschaft protestieren. Dann kamen noch zehn Webbilder mit dem Thema „Erschaffung der Erde bis zum katastrophalen Untergang", also der Apokalypse.
Als ich bei meinem vierten Australienaufenthalt beim Besuch einer Scenlandschaft die bittere Erfahrung machen musste, dass Geld eine weitaus wichtigere Rolle spielt als eine unberührte, artenreiche Natur, entschloss ich mich, meinen Protest dagegen künstlerisch auszudrücken. Aus Metalldeckeln, geknüpfter Jute und dickem Hanfgarn baute ich eine Art Skulptur, die ich unter das Motto stellte: „Geld frisst Landschaft." Sie wurde öffentlich ausgestellt. Meine Hoffnung war, dass die Leute sich besinnen.
In meiner nächsten Phase widmete ich mich der Darstellung der unberührten Naturschönheit. Es waren überwiegend Abendimpressionen in der australischen Buschlandschaft mit ihrer ganzen farblichen Vielfalt. Nicht nur gegenständliche Darstellungen, sondern auch abstrakte. Hingegen habe ich die Kängurus nie abstrakt darzustellen ver-

sucht. Ich liebte sie zu sehr, um sie einem solchen Experiment auszusetzen.

Um auf die Frage nach den Karikaturen zurück zu kommen. Schon als Kind habe ich mich immer auf das damals wöchentlich erscheinende Heft „Nebelspalter" gestürzt, das voller Karikaturen war. Ich war geradezu begierig auf diese Zeichnungen und habe das Heft erst aus den Händen gelegt, wenn ich sie mir alle angeschaut hatte. Später dann entstand bei mir plötzlich das Bedürfnis, selber Karikaturen zu zeichnen. Diese Tätigkeit war stets eine wunderbare Entlastung für mich, die mich meine alltäglichen Sorgen vergessen liess, nicht zuletzt, weil das Zeichnen von Karikaturen auch mich selber sehr erheiterte. Mei-nem Papa konnte ich bis zu seinem Tod mit meinen Karikaturen im-mer wieder ein herzliches Lachen entlocken.

MG: Welche Bedeutung hat die künstlerische Tätigkeit ausserdem für Sie?

DH: Es bereitet mir einfach Freude und Spass, mit Farben und verschiedenen künstlerischen Techniken zu spielen. Und wenn es möglich ist, die Werke auch auszustellen, ist das am schönsten. Aber das künstlerische Arbeiten gehörte auch zu meiner beruflichen Tätigkeit. So habe als ich Assistentin für Ergotherapie im Altenheim und später im Wohn- und Bürozentrum für Körperbehinderte Malen, Weben, Töpfern etc. unterrichtet.

MG: Inwieweit spielt Ihre Behinderung hier eine Rolle?

DH: Eigentlich gar keine. Denn einmal vergesse ich beim künstlerischen Schaffen meine Behinderung vollständig, und ich vergleiche mich auch nicht mit anderen Künstlern. Und ausserdem hatte ich bei der öffentlichen Anerkennung als Kunstschaffende nie das Gefühl, diese wegen meiner Behinderung zu erhalten. Das war in diesem Augenblick bedeutungslos.

MG: Ihre Begegnung mit einer Aborigine – in Ihrem neuen Buch heisst sie Eukala – liegt nun schon einige Zeit zurück. Wie betrachten Sie dieses doch für Sie und gewiss auch für den Leser eindrucksvolle Ereignis aus der heutigen Sicht?

DH: Das Treffen mit Eukala wird mir unvergesslich bleiben, ganz bestimmt. Es war eine wirklich wunderbare Begegnung. Ich denke oft daran zurück, natürlich vor allem an Eukala selber. Selten habe ich in meinem Leben eine so grosse Herzenswärme bei einem anderen Menschen gespürt. Meine Erinnerung an sie ist auch durch die Dinge, die seitdem passiert sind, nicht verdrängt worden oder gar verblasst. Im Gegenteil. Diese Begegnung hat Nachwirkungen, die ich noch gar nicht alle richtig erforscht habe.

MG: Sie meinen, die Nachwirkungen dieses Gesprächs sind Ihnen noch gar nicht richtig bewusst?

DH: Genau so ist es. So war ich mit ein paar Freunden am Abend meines Geburtstages zum Essen, und wir kamen auf die Frage, ob es irgendwelche Veränderungen bei mir gäbe nach diesem Australienaufenthalt. Dies wurde von allen bejaht. Sie meinten, dass ich an Selbstbewusstsein gewonnen hätte. Mir selber fiel in dem Moment plötzlich eine weitere Veränderung ein: dass nämlich nach meiner Rückkehr aus Australien all die Beklemmung verschwunden war, die ich zuvor immer im Zusammenhang mit den Aboriginals verspürt hatte. Ich meine all die unheimlichen Geschichten, die mit dem Schamanentum und ihrem manchmal bis zum Tode führenden Zauber zu tun haben. Das hatte mich insgeheim immer bedrückt. Nun war es mit einem Mal wie fort geblasen! Seither fühle ich mich von diesen verborgenen Ängsten befreit. Natürlich frage ich mich auch, ob auch Eukala in Gedanken noch bei mir ist. Ganz sicher kann ich mir nicht sein. Dennoch glaube ich, dass auch sie etwas von unserer Begegnung behalten hat, schliesslich hat sie mich mit grosser Überzeugung ein Mitglied ihrer Gemeinschaft genannt. Ich bin sicher, so etwas kann man nicht einfach vergessen. Ich bin sehr neugierig, ob es möglich ist, eine telepathische Verbindung mit ihr aufzunehmen. Vielleicht hat Eukala dies schon von Australien aus versucht, und ich habe es bloss noch nicht bemerkt. Es wäre doch interessant, wenn so eine Gedankenübertragung richtig funktioniert! Aber mein Gefühl sagt mir, dass noch keine telepathische Kontaktaufnahme stattgefunden hat. Zum Beispiel habe ich bisher nichts in dieser Richtung geträumt. Aber vielleicht geschieht es ja ganz insgeheim, ohne dass ich davon etwas bemerke. Jedenfalls werde ich mich weiter konzentrieren und auf mögliche ‚Botschaften' achten. Bei meiner nächsten Reise nach Australien darf ein Besuch bei Eukala auf keinen Fall fehlen. Ich habe sie als ein sehr mütterliches Wesen empfunden und verspüre Sehnsucht nach ihr.

MG: Lassen Sie uns noch einmal auf das Thema Wiedergeburt zurückkommen, das bei Ihrer Begegnung mit Eukala eine wichtige Rolle gespielt hat.

Wie beurteilen Sie dies heute? Und welche Gefühle bewegen Sie dabei?

DH: Gerade was meine Gefühle angeht, ist das für mich noch immer eine sehr schwierige Frage. Lassen Sie es mich so sagen: Den Gedanken, mein voriges Leben in Australien bei den Ureinwohnern verbracht zu haben, habe ich bewahrt und in mir lebendig erhalten. Er hat für mich etwas Kostbares, obwohl er in seiner letzten Konsequenz schwierig zu verstehen ist. Aber unmöglich ist die Vorstellung nicht, im vorigen Leben dort gewesen zu sein. Wir wissen ja nichts über die Zeit, die zwischen diesen zwei Leben verstrichen ist. Es kann eine sehr lange Zeitspanne gewesen sein. Und was das Problem der anderen Rasse betrifft, so bin ich mir ziemlich sicher, dass die menschliche Seele nicht an eine Hautfarbe gebunden ist, verstehen Sie? Mehr möchte ich dazu nicht sagen.

Der Gedanke dagegen, in Australien wiedergeboren zu werden, ist mir mittlerweile irgendwie vertraut, und ich habe keine Schwierigkeiten mehr mit dieser Vorstellung. Natürlich verspüre ich einen kleinen Schauder, wenn ich daran denke, wie es wohl um die Aboriginals in der Zukunft bestellt sein wird. Wenn ich zum Beispiel daran denke, wie geldgierige Riesenunternehmen die kostbaren Felsbilder der Aboriginals, die ja so was wie deren ‚Bibel‘ sind, vernichtet haben, nur um an das Erdgas zu kommen, dann tut mir das im Herzen weh und mir wird ganz elend. Und dann kommt auch die Frage, ob es wirklich gut wäre, in Australien nach der Wiedergeburt zu sein. Aber woher weiss ich denn, ob meine Seele wirklich in Australien weiterlebt? Dies ist ein Wunsch, mehr nicht.

Eine Vorstellung aber ist mir in diesem Zusammenhang wichtig: dass unsere Seele unzerstörbar ist! Das ist für mich etwas, worauf ich grosses Vertrauen setze und was mich auch zu wunderbaren Phantasien anregt.

Es gibt einen Traum, den ich in diesem Zusammenhang erwähnen möchte. Er hat zwar nicht direkt etwas mit dem Thema Seelenwanderung zu tun, aber für mich hat er etwas, das dem Thema nah ist. Ich wartete damals etwa zwei Monate lang begierig auf einen Brief von Frau Schwallbach, weil ich erfahren wollte, ob Jacqueline, meine Kängurufreundin, noch am Leben war. Während dieses betrüblichen Wartens träumte ich einmal, dass ich vor lauter Traurigkeit gestorben war. Bin ich wirklich tot? Das habe ich mich im Traum gefragt. Meine ganze Umgebung war unglaublich hell, so hell, dass ich kaum irgendwelche Einzelheiten erkennen konnte. Meine Seele stieg zum Himmel, sie hatte aber noch meine ursprüngliche Frauengestalt. Dann gelangte ich auf eine der Wolken. Als ich näher komme, erkenne ich, dass es keine richtige Wolke ist, sondern eine irdene Fläche, die in der Schwerelosigkeit treibt. Auf dieser kleinen Erdinsel erkenne ich winzige Felsblöcke. An einen dieser Blöcke gelehnt sitzt ein junger Mann. Er hält seinen Kopf gesenkt. Ich gehe auf ihn zu. Da hebt er seinen Kopf. „Was hast Du hier zu suchen?" fragt er mich. Ich antworte ihm prompt und erkläre ihm, dass ich auf der Suche nach Jacqueline bin und dass ich nicht weiss, ob sie schon gestorben ist. Darauf sagt er sehr barsch: „Warum gehst du nicht Gott suchen? "

Ich weiss noch, wie ich erstarrte, als hätte mich der Schlag getroffen. So sehr drückte mich mein schlechtes Gewissen. Schleunigst machte ich mich aus dem Staub und entschwebte in die endlose Helligkeit, bis ich aufgewacht bin. Ich habe über diesen Traum im Buch auch berichtet.

MG: Haben Sie sich auch einmal Gedanken gemacht oder vielleicht sogar davon geträumt, wie es sein könnte, wenn unsere Seele auf ihrem Weg weiter zieht?

DH: Oh ja, das habe ich ein paar Mal versucht. Ich habe sogar gedacht, dass es bestimmt besser wäre für die Seele, kurz im Nichts ausgelöscht zu werden, damit sie sich nicht in der Ewigkeit langweilen muss. Und dann kann es ja wieder von vorn beginnen. Zuerst mit der grossen wässerigen Wärme rundherum und den Geräuschen von Herz und Darm, bis ich als ein anderer Mensch herauskomme und in die Wiege gelegt werde. Eine Ahnung davon habe ich selber einmal bekommen, und zwar als ich operiert werden sollte. Es waren endlos lange Vorbereitungen. Jedenfalls kam es mir so vor. Endlich bekam ich meine Narkose. Aber ich musste weiter warten. Wie lange würde es noch dauern, fragte ich mich. Verwirrt schaute ich mich um in dem halbdunklen Raum. Was?! Ist etwa alles schon vorüber...? Ich tastete meinen Körper ab und stiess auf einen dicken Verband. Tatsächlich! Meine zweistündige Operation war bereits vorüber, ohne dass ich es bemerkt hatte! Alles war mir vorgekommen wie der Bruchteil einer Sekunde! So ähnlich stelle ich mir das vor, was zwischen Tod und Wiedergeburt mit uns stattfindet. Unsere Seele verliert ihr Zeitbewusstsein. Vielleicht ist das die Ewigkeit.

Und wenn meine Seele wiedergeboren ist, dann bin ich natürlich nicht mehr „Doris"! Ich hätte überhaupt keine Ahnung, wer ich vorher war. Wahrscheinlich hätte ich nicht mal eine Ahnung, dass ich vorher ein anderes Leben hatte. Eigentlich kann man nichts weiter darüber sagen, weil man weder weiss, ob man als Mann oder Frau ein neues Leben beginnt. Und auch wo man wiedergeboren wird, ist nicht vorhersagbar. Es ist ja nur mein ganz inniger Wunsch, dass es bei mir Australien sein möge!

MG: Liebe Doris, wenn Sie an Ihre Behinderung denken mit Blick auf Ihre zahlreichen Aktivitäten. War die Behinderung ein ständiger Wachruf an Sie sich zu überwinden? Haben Ihre Tätigkeiten und Interessen Ihnen dabei geholfen, Ihre Behinderung leichter zu überwinden?

DH: Ja, meine persönlichen Leistungen bei meinen verschiedenen Aktivitäten waren sehr hilfreich für mich, die Behinderung zu überwinden. Als ich noch jung war, glaubte ich nicht sehr an mich. Vor allem auf künstlerischem Gebiet und in der Wissenschaft schienen mir die Ansprüche zu hoch, als dass ich dort etwas mit meiner Gehörlosigkeit etwas erreichen könnte. Hinzu kam, dass meine Mutter mir wiederholt von diesen Aktivitäten abgeraten hatte. Sie meinte, die Hörenden seien mir in beiden Bereichen weit überlegen. In der Wissenschaft seien die Anforderungen „tausendmal" zu hoch für mich. Das hat sie damals tatsächlich gesagt, ich erinnere mich noch genau. Es ging damals um mein Selbststudium, weil ich für den Besuch einer Universität zu sehr behindert war. Doch mein Drang nach Bildung war gross, das habe ich ja auch beschrieben. Und dass ich mich letztlich durchsetzen konnte und auch einigen Erfolg hatte, hat mich sehr befriedigt und die manchmal ziemlich mühevollen Anstrengungen gerechtfertigt. Aber den Aufruf zur Selbstüberwindung, den musste ich am Anfang täglich an mich richten!

MG: Glauben Sie, dass Sie ein Vorbild sein könnten für andere Menschen in einer ähnlichen Lage?
Halten Sie es eventuell sogar für möglich, dass Sie ein Vorbild sind für Nichtbehinderte? Ich meine gerade dadurch, dass Sie mit dieser ständigen Herausforderung zurecht kommen mussten, die ein Nichtbehinderter gar nicht kennt.

DH: Ja, das kann schon sein, manchmal sagen mir Bekannte Ähnliches. Auch nach einem kurzen Auftritt im Schweizer TV habe ich Emails von Nichtbehinderten bekommen, in denen eine Bewunderung zum Ausdruck kam, wie ich trotz meiner heutigen zweifachen Behinderung soviel Energie aufbringe, um mit allem gut zurecht zu kommen. Ich möchte aber eigentlich lieber als ein bescheidener Mensch wahrgenommen werden, der sich insgesamt treu geblieben ist.

Viele sagen mir, dass ich ein gutes Vorbild bin für andere Behinderte, die nicht so gut mit ihrer Situation fertig werden können. Bei solchen Gelegenheiten fühle ich mich zwar geehrt, aber im Grunde meines Herzens auch traurig. Denn wie soll ein Nichtbehinderter eine derart starke Einschränkung wirklich nachempfinden? Es ist doch zweierlei: So wie man sich nach aussen gibt und wie es da drinnen, bei einem selber, aussieht. Traurig macht es mich aber auch, wenn ich an all die ebenfalls Behinderten denke, deren Situation ich nur allzu gut nachempfinden kann.

Und wenn ich einen Menschen mit schwerer Behinderung treffe, der viel von seinem Lebensmut eingebüsst hat, versuche ich, so gut ich kann, ihn aufzumuntern und ihm wieder etwas Lebensfreude zu vermitteln. Das gelingt natürlich nicht immer. Sehr oft hat man mich gefragt, ob ich alleine mit der Strassenbahn oder dem Zug fahren könne und wie ich es anstelle, selbstständig einkaufen zu gehen oder ohne Hilfe zu lesen und zu schreiben. Darauf habe ich stets geantwortet, dass ich vieles davon dank spezieller Tricks fertig bringe. Und diese Tricks habe ich mir im Lauf des Lebens erworben. Aber ich möchte auf keinen Fall all das unterschlagen, was ich bei einem Trainer gelernt habe. Das war beim Schweizerischen Zentralverein für das Blindenwesen. Es war ein Training in lebenspraktischen Fertigkeiten. Dort habe ich zum Beispiel den Umgang mit dem Blindenlangstock gelernt, den ich seit einiger Zeit benutze. Aber auch das Orientieren auf der Strasse oder in der Wohnung.

Was mir jedoch immer ein Dorn im Auge war, das ist die Tatsache, dass noch immer viele Nichtbehinderte glauben, dass sie mit uns Mitleid haben müssten und dies auch zeigen. Natürlich ist das Leben eines behinderten Menschen oft sehr mühsam und mit vielen Anstrengungen verbunden. Ausserdem geht so manches sehr viel langsamer und umständlicher vonstatten als bei einem Nichtbehinderten. Dennoch ist es grundfalsch, einen Behinderten deshalb mit demonstrativem Mitleid zu bedenken. Das wollen wir nicht. Was wir uns wünschen, das ist Anerkennung und eine selbstverständliche Gleichbehandlung! Ich möchte das Selbstverständliche hierbei noch mal betonen. Erst dadurch kommt Normalität für einen Behinderten zustande. Und auch bei der Verständigung zwischen uns und den Nichtbehinderten hapert es noch an vielen Punkten. So müsste die taktile Kommunikation verbessert werden, so dass Nichtbehinderte lernen mit uns zu kommunizieren. Vielleicht wird dies ein Traum bleiben, ich will mich aber trotzdem weiterhin nach Kräften bemühen, in dieser Richtung auch als Vorbild aktiv zu sein.

MG: Meine letzte Frage dazu: Gibt es etwas Spezielles, das ein Hörbehinderter kann, ein Nichtbehinderter aber nicht?
DH: Ein hör- und sehbehinderter Mensch ist allemal vorsichtiger in dem, was er tut. Manchmal wünsche ich mir schon, dass auch die Nichtbehinderten ein wenig mehr Vorsicht und vor allem Rücksicht walten liessen. Nichtbehinderte sind nicht sonderlich aufmerksam ihren Mitmenschen gegenüber. – Aber dass meine Geographiekenntnisse auf Reisen meistens besser und genauer sind als die meiner Begleiterinnen, liegt dagegen nur daran, dass ich mich sehr gründlich vorbereite.

MG: Sie haben einmal in einem persönlichen Gespräch erwähnt, dass Sie gerne in Australien sterben und dort auch begraben werden möchten.
Wie lange haben Sie schon diesen Wunsch? Wie und wodurch hat er sich entwickelt?
DH: Diesen Wunsch habe ich schon sehr lange. Ich erinnere mich noch gut, als ich mit meiner Mutter zum ersten Mal das Grab meines Vaters auf dem jüdischen Friedhof in Basel besuchte. Sie zeigte mir damals die für meinen Bruder und mich bereits gekauften Grabstellen daneben. Sie war sehr überrascht, als ich sie fragte, ob ich dort unbedingt begraben werden müsse. Zu meiner Erleichterung meinte sie, ich solle selber entscheiden, wo ich begraben werden wolle. Was mich am meisten überraschte, war, dass meine Mutter dabei sogar Australien erwähnte. Sie wusste ja nur zu gut von meiner Passion für diesen Kontinent. Damals keimte mein Wunsch, in grösstmöglicher Nähe zu den Kängurus begraben zu werden.

Anfang 2007 besuchte ich Pebbly Beach wieder und fand dort einen geeigneten Platz für meine Urne. Ohne Gedenktafel oder Grabstein sollen meine sterblichen Überreste dort ruhen. Zum einen ist es gut, einen ungestörten Platz inmitten der Natur gefunden zu haben, zum anderen tut mir schon die Vorstellung eines geschändeten Friedhofs anderswo weh. Und nicht zuletzt ist Basel einfach zu weit entfernt von Australien. Ich bin fest überzeugt, dass sich die Seelen meiner verstorbenen Eltern und die meines Bruders über meinen Weggang nicht grämen, sondern erfreut sein werden über die Erfüllung meines so lang gehegten Wunsches. Und bestimmt werden wir wieder zu einer Seelengemeinschaft zusammenfinden, denn räumliche Entfernungen spielen hierbei gewiss keine Rolle.

Es gibt einen unvergesslichen Traum, den ich vor einigen Jahrzehnten hatte. Den möchte ich in diesem Zusammenhang gerne noch einmal erwähnen.

Ich bin eine Astronautin und lande auf einem Planeten, der nicht zu unserem Sonnensystem gehört. Aber er hat grosse Ähnlichkeit mit der Erde. Wie unser eigener Planet gibt es dort Meere, Seen und Flüsse, der Boden dort ist fruchtbar, es gibt eine reiche Vegetation. Und auch jener Planet ist bevölkert von Menschen und Tieren. Ich schwebe also hinab und lande auf einem sandigen Strand. Dort haben sich schon grosse Gruppen von Menschen verschiedener Hautfarben versammelt. Ganz gleich, ob Mann, Frau oder Kind, alle sind in khakifarbene Gewänder gekleidet. Diese Gewänder erinnern sehr stark an eine römische Toga.

Scheu und ergriffen von diesem Anblick bewege ich mich langsam durch die Menschenmenge und bemerke sehr rasch zu meinem freudigen Erstaunen, dass sie allesamt ungemein tolerante und friedliche Wesen sind. Obgleich ich eine Fremde bin, dazu noch in der ganz fremden Aufmachung eines Raumanzugs, respektieren sie mich auf Anhieb. Tief beeindruckt beobachte ich das Treiben dieser harmonischen Wesen und sehe mit grosser Rührung, wie die Hellhäutigen unter ihnen mit ausgebreiteten Armen auf die Dunkelhäutigen zuschreiten, um sie liebevoll zu begrüssen. Nirgendwo auf jenem Planeten entdecke ich eine Spur von Unfrieden oder gewalttätigen Konflikten. Es ist ein grosses, beglückendes und friedliches Miteinander dieser Völker. Und so beschliesse ich, nicht mehr auf die Erde zurückzukehren, wo die Sehnsucht nach Frieden für immer unerfüllt bleiben muss.

Danksagung

Viele gute Freunde und Bekannte haben mich auf meinem literarischen Weg begleitet, mich in unterschiedlichster Weise ermuntert, angeregt und korrigiert, meine Gedanken in diese oder jene Richtung gelenkt und voller Neugier, Aufmerksamkeit und Zuneigung die „Wiege" umstanden, in der mein jeweils neuestes literarisches „Geschöpf" die Welt hoffnungsvoll begrüsste.

Den Anfang machte Bettinas Tante, Dagmar Wüst, die mit sehr viel Liebe und Ausdauer mein allererstes Skript in die passende Form zu bringen versuchte. Leider wurde unser „Baby" von der Welt der Verlage nicht angenommen.

Doch Dagmars Einsatz war nicht umsonst. Sie leistete die notwendige Vorarbeit für Volker Jäger. Mit ihm präparierte ich meine autobiografischen Elemente auf dem Hintergrund meiner Erlebnisse mit den Kängurus noch einmal heraus. Er half mir zudem wie ein Therapeut, mich intensiver und bewusster mit meinen Wahrnehmungen auseinanderzusetzen und dadurch meinen Erfahrungen ein grösseres Gewicht, eine andere Bewertung zu verleihen.

Ihm folgte Maya Bräm, mit der ich meine Feldstudien an frei lebenden Kängurus in einem Buch zusammenfasste.

Mit Michael Gaida verarbeitete ich die 23 jährige Korrespondenz mit meiner Freundin Christel in der damaligen DDR. Es wurde mein drittes Buch. In seiner Eigenschaft als Co-Autor des vorliegenden vierten Buches presste er mich mit seinen unzähligen Fragen aus wie eine Zitrone.

Jeanine Lehmann, der liebevollen und sorgsamen Betreuerin all meiner Buchprojekte, für die ich keineswegs immer eine leichte Partnerin war, gelang das Kunststück, einen mitunter sehr eigenwilligen „Wirbelwind" schliesslich in eine zart fühlende „Kängurufrau" zu verzaubern!

Auch mein Werdegang zur Känguruforscherin wurde von etlichen Personen, von denen einige bereits verstorben sind, einfühlsam und liebevoll gefördert.

So war Dr. Robert Schloeth, der Zoologe und spätere Direktor des Schweizerischen Nationalparks Graubünden, mein erster ausserordentlicher Lehrmeister. Während meines kurzen Aufenthalts in einem Wildreservat der Camargue (Südfrankreich), wo ich mich – auch hoch zu Ross – in der Beobachtung wilder Rinder übte, stach mich eines Tages eine Bremse ins Bein. Aus Furcht vom Pferd zu fallen, bückte ich mich nicht, um sie zu erledigen. Ich müsse lernen, allen Widrigkeiten zu trotzen, die in Australien auf mich warteten, kommentierte dies mein Lehrer Robert. Er sollte Recht behalten.

Prof. Heini Hediger begutachtete meine erste wissenschaftliche Arbeit über Beutelreinigung. So machte er mich über Nacht zu einer richtigen Känguruforscherin. Dass er mir bei einem gemeinsamen Frühstück Salz für mein Früchtemüsli anbot, deutete ich als Zeichen ‚vertraulicher Kollegialität.'

Auch mit Prof. Ernst Lang, dem Direktor des Zoologischen Gartens in Basel hatte ich nicht nur das intellektuelle Vergnügen so mancher Fachsimpelei, sondern auch das kulinarische eines gemeinsamen Eintopfessens.

Als Prof. G. Sharman, der angesehene Känguruforscher der Forschungsstation Canberra, mir von seinem Freund berichtete, der sich auf einer Europareise beim Entzünden eines Eukalyptusblattes auch seinen Bart ‚anräucherte' und sich bei dieser Gelegenheit über den ‚wunderbaren australischen Duft in Europa' äusserte, war mir, als röche ich es selber.

Ferner gilt mein Dank Herrn Prof. Adolf Portmann vom Zoologischen Institut Basel, der damals angehenden Zoologin Frau Dr. Vreni Germann-Meyer, meiner „Kängurufreundin", mit der ich Studien im Basler Zoo betrieb, sowie Herrn Dr. Hans Wackernagel, Zoologe und Kurator der Säugetiere im Basler Zoo, der mir durch seine einfühlsamen Worte half, mich bei TV-Aufnahmen und einer Buchvernissage in ein gutes Licht zu setzen: „Doris Herrmann und ihre Kängurus sind uns ein leuchtendes Vorbild."

Denke ich an Pebbly Beach, habe ich sofort das Bild von Uschka Schwallbach vor mir, jener alten Dame aus dem zaristischen Russland, die der gute Geist der Siedlung war und sie wieder zum Leben erweckte. Ihrer Aktivität verdanke ich viele unvergessliche Stunden am Ort meiner Träume.

Auch Dr. Roman Mykytowycz, den bekannten Kaninchenforscher und seinen Sohn Marc möchte ich nicht vergessen zu erwähnen. Wie oft fingen die beiden wunderbare Fische für uns zum Frühstück! Sogar mir erteilten sie Angelunterricht, doch es fruchtete nichts. Ich hatte einfach kein Talent.

Mit Margit Cianelli aus Atherton/Tableland, Queensland hatte ich viele schöne Stunden im Kontakt mit den von ihr aufgezogenen Baumkängurus. Es war sehr erheiternd zu beobachten, wie die Tiere die Vorhänge hinaufkletterten oder in der Küche Spaghetti schmausten…

Last but not least gilt mein aufrichtiger Dank den lieben Menschen, die mich auf meinen Australienreisen begleiteten.

Die Tierärztin Dr. Bettina Becker, nahm sich meiner wie eine ältere Freundin an, ermutigte mich und half mir, meine Ängste und Unsicherheiten zu überwinden. Ihre Spontaneität war immer wieder erfrischend und anregend für mich.

Ihr Mann, Prof. Max Becker, gleichfalls Tierarzt, fotografierte in Pebbly Beach das Beutelinnere eines kranken Kängurus, womit er mir eine grosse Freude machte.

Mit meiner Freundin Christel Jacobi aus Dresden verbrachte ich eine paradiesische Zeit auf Rotamah-Island. Ihre Ruhe und Gelassenheit selbst in verzwickten und ungemütlichen Situationen, wirkten wie Balsam auf mich, und was ich nicht sah oder sofort bemerkte, das wurde von Christel auf Foto oder Video gebannt.

Mein Dank gilt auch Ursula Weiss, mit der ich schon dreimal Australien besuchte und deren „Hochgeschwindigkeits-Lormen" jeden Beobachter fasziniert sowie Kathrin Zimmermann, mit der ich ein genussreiches halbes Jahr in Australien verbrachte.

Der erst kürzlich verstorbene Dr. h.c. Heinz Schmid, körperbehinderter Ehepartner meiner besten Freundin Lilly, der das Wohn- und Bürozentrum für Körperbehinderte in Reinach geleitet hatte, trug viel zu meiner beruflichen Emanzipation im grafischen und künstlerischen Bereich bei. Stets war er mir eine kräftig strahlende Sonne mit fröhlichem Lachen.

Und zum Schluss möchte ich auch all jenen danken, die hier keine Erwähnung fanden, die aber dennoch wissen sollen, dass sie mir durch Rat und Tat, mit ihrer Kritik, ihrer Anregung, ihrer Toleranz und ihrer Anerkennung auf einem Weg halfen, den in Liebe, Vertrauen, Respekt und Bescheidenheit zu beschreiten ich mir vornahm, was mir, wie ich hoffe, auch ein wenig gelungen ist.

Bildteil

Basel, Münster um 1950

Rosa Hunziker, genannt „Tante",
mit Doris und Peter, 1937

Die neunjährige Doris und ihr
Bruder Peter mit „Horchschlauch" 1942)

Doris' Vater (*1897) um 1963

Doris' Bruder Peter, Mitte 30

Im Basler Zoo, Kängurus mit und ohne Antilopen, 50er Jahre

Aus dem Zoologischen Garten Basel
Direktor: PD Dr. E. M. Lang

Beutelreinigung beim Grauen Riesenkänguruh,
Macropus giganteus

Von Doris Herrmann, Basel

Mit 6 Abbildungen

I. Beobachtungsmethoden

Im Laufe einiger Jahre standen mir im Zoologischen Garten Basel drei Känguruhmütter zu Beobachtungszwecken zur Verfügung:

„Dora", geboren im Januar 1947,
„Trudi", importiert im März 1961, und
„Isabella", die Tochter von „Trudi", geboren im April 1961.

Ferner noch ein junges ♀, das zu einem besonderen Objekt der Beobachtung wurde:

„Laila", zweite Tochter von „Trudi", geboren im April 1962.

Ich führte die Beobachtungen im Außengehege durch (Feldstecher 8 × 30), wo die Känguruhs mit Kleinen Kudus und Sumpfantilopen friedlich zusammenleben; winters oder in Abendstunden dagegen im Innengehege des Antilopenhauses, wo sich günstige Möglichkeiten für nähere Studien und auch für Photoaufnahmen boten (Agfa Isopan Record DIN 32°). Um die mir und dem Publikum gegenüber — mit Ausnahme von „Dora" — scheuen Känguruhs nicht zu irritieren, verzichtete ich auf den Elektronenblitz. Ich habe es „Dora", der ältesten Känguruhmutter zu verdanken, daß sie mir nicht bloß zu meinen reichlichen Forschungen „verhalf", sondern es mir sogar dank ihrer Anhänglichkeit gestattete, ihren Beutel zu betasten, um die Lage des Jungen festzustellen.

II. Normale Beutelreinigung

Erstens ist zu beachten, daß die ♀♀ die Beutelreinigung im Zeitpunkt der Kotabgabe des Beuteljungen vornehmen. Zweitens ist wesentlich, daß dabei — gemäß Angaben von Herrn Dr. Sharman — Darmmassage erfolgt. Obwohl die Reinigungsarbeiten im Innern des Beutels niemals zu verfolgen sind, genügt die Beobachtung von außen doch, um Einblick in die Jungenpflege zu erhalten.

Doris' Publikation über die Beutelreinigung in „Der zoologische Garten",
Band 33, Heft 6, 1967

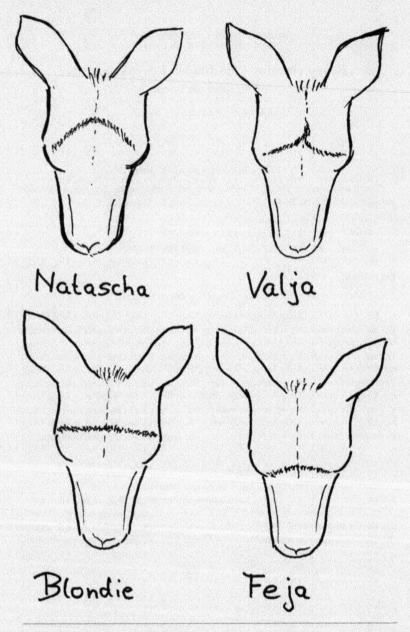

Natascha   Valja

Blondie   Feja

Doris' Kängurustudien, verschiedene Stirnzeichnungen, die ‚physiognomischen'
Unterscheidungsmerkmale bei Kängurus

Doris an ihrem PC

Doris mit ihrer Mutter Trudel an deren
90. Geburtstag, 1999

Doris daheim mit Bumerang, 2007

Doris und Peter im Heim „Tanne",
Langnau a. A. 2008

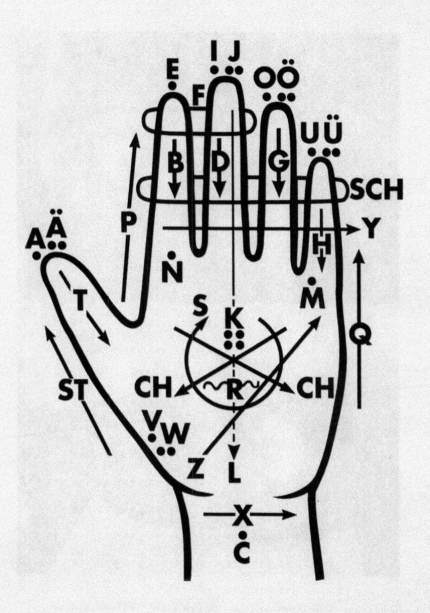

Schematische Darstellung des Lorm-Alphabets

Wandbehang „Sonnenuntergang im australischen Busch"; gewebt, geknüpft
und geflochten, 1970

Objekt „Eva hat zuerst in den Apfel gebissen", Papiermaché, geleimt, umwickelt,
geflochten, gewoben, 1983

Wandbehang „Gräser, Blumen und Schmetterlinge", gewebt, 1989

Verschiedene Skulpturen
und Hochreliefs aus Ton

Charlie Rivel, Wasserfarben, 1996
(Doris sah ihn zum ersten Mal als
Neunjährige im Zirkus KNIE)

Der berühmte Ayers Rock, von den Aboriginals „Uluru" genannt

Höhlen im Uluru, von Doris im Traum für „Kängurubeutel" gehalten

Doris bei ihrem 3. Australienaufenthalt, 1978

Pebbly Beach, Kängurutrio an der Wassertonne, 1978

„Jacqueline spielt mit dem Federvieh"

Bucht von Pebbly Beach

Seidenlaubenvogel, der „Schöpfer"
dieses blauen Mikrokosmos

Doris mit Freundin Christel ein paar Jahre nach dem Fall der Berliner Mauer in Australien, 1993

Doris im ‚Dialog' mit einem Känguru, 2008

Passion to study tree kangaroos

By Naomi Cescotto

THE Tablelands has played host this past month to an extraordinary self taught expert on the Lumholz tree kangaroo.

Doris Herrmann was born deaf and she is now blind too, but she has never let her personal challenges get in the way of her quest.

Doris saw her first kangaroo as a five-year-old in a zoo in her home country, Switzerland.

She said she had always felt sorry for animals who had to get around on four legs, and she was fascinated to meet a creature who stood proudly on two.

By the time Doris was 11, she knew kangaroos would be a life-long passion.

She kicked off her research with studies in zoology and biology.

Doris has been to Australia a dozen times over the past 40 years to do field observations.

Along the way she has had her research published in university and professional journals and had three books about her experiences with kangaroos published in German.

She has also written and illustrated a children's story *The Laughing Water*, based on an Aboriginal legend.

Doris is now 75, and losing her eyesight 20 years ago put an end to her field studies.

But she still comes back to Australia regularly because she feels at home here, with her beloved kangaroos and the Aboriginal culture.

She said one of her most wonderful experiences had been meeting a local Aboriginal elder through her friend Margit Cianelli, a former zoo keeper from Germany, who now runs Lumholz Lodge outside Atherton.

Margit's B & B is named after the area's Lumholz tree kangaroo.

Dorothy the tree kangaroo charms Atherton's Margit Cianelli and visiting kangaroo expert Doris Herrmann from Switzerland.

Communication experts

BEING both blind and deaf, Doris Herrmann communicates through a professional assistant-translator who travels with her.

They are both experts in a tactile communications technique for deaf-blind people known as "lorming".

While Doris can sign and speak in German, she cannot hear or see to receive information, so her professional lorming assistant uses a manual alphabet spelt out on Doris's hand to let her know what's going on.

It's fast to watch and Doris doesn't miss a beat in her answers.

Her only sadness is that this may be her last trip to a country where she has felt so much joy.

"I feel I have the soul of a kangaroo," Doris said through her translator.

Artikel über Doris in der australischen Zeitung „Tablelander", 1. Juli 2008

Kängurugruppe, 2008

Doris am Uluru, 2008